后浪出版公司

庞 贝

一座罗马城市的生与死

Mary Beard

［英］玛丽·比尔德——著

熊宸——译　王晨——校

民主与建设出版社

·北京·

媒体评价

这是一项宏大的综合工作，我们最杰出的古典学家之一讲述了我们所知道的——以及不知道的——关于古代庞贝的一切。比尔德出色地再现了庞贝的生活和时代，这部著作既是考古学也是历史著作。她考察了生活的方方面面，从房屋、职业、政府、食物和酒到性，以及洗浴、娱乐和宗教……比尔德的这部杰作将古代史的研究提升到了一个新水平。

——《出版人周刊》

这是一个揶揄的、高深的和丰富多彩的故事，讲的是我们对庞贝被埋没前的生活哪些是已知的，哪些是猜测……就像一个用少量手法置办一场盛宴的精明厨师一样，比尔德用她掌握的确凿证据为读者创造了一个鲜活的庞贝。尽管她是一个怀疑论者，从不假装拥有自己的食橱中没有的食材，但她知道如何利用建筑立面华而不实的花里胡哨和平庸商铺与豪宅挤在一起的乱七八糟，让它们为读者谱一首曲。

——彼得·刘易斯，《旧金山纪事报》

在本书中，比尔德向我们展示了这座城市的全貌，这座城市长期以来一直令历史学家、考古学家和古典学家着迷……对比尔德这样的历史学家来说，借鉴最新的考古发现，有可能写出讲述

1 世纪的人们如何吃饭、为房屋照明、谋生、治理自己、照顾自己的身体需要的权威著作。对她来说——正如她在这本书中所展示的那样——庞贝不是一座死城，而是一座活生生的城市。

——大卫·瓦尔顿，《密尔沃基哨兵报》

在本书中，剑桥大学古典学教授玛丽·比尔德恢复了庞贝的日常生活……但是，尽管比尔德能够提供生动而详细的描述，但庞贝同样令人着迷的是，我们不知道的还有多少……比尔德将此称为"庞贝悖论"，事实上，"对于那里的古代生活，我们同时既知之甚多又一无所知"。这也是这部博学而生动的著作读起来令人难忘的原因。2000 年前的日常生活画面让人感到惊人地熟悉，同时其中又混杂着一丝难以捉摸的神秘感。比尔德坚称："庞贝之行几乎从未让人失望过。"读了这本书就会同意这一点。

——玛乔丽·科赫，《基督教科学箴言报》

在本书中，玛丽·比尔德愉悦地推翻了关于我们在这座城市的遗骸中所看到的一切的假设，同样构建了许多假说。她断然表明，这座城市对火山喷发并不是完全没有预知的。

——凯瑟琳·A.鲍尔斯，《波士顿环球报》

在这份生动的调查报告中，这位剑桥的古典学者于博学之外还表现出对诠释过度的怀疑。"说实话，这一切都太令人困惑了。"她在评论一幅充满象征图案的画时说。考古学的推理通常是巧妙的间接推理——滴落的灰泥形成的粗糙表层暗示着逃离火山喷发的画师碰倒了架子上的灰泥桶——而比尔德的谨慎使她成为非专业人士的优秀向导，她以同样清晰的方式解释了我们所知道的和我们是如何知道的。

——《纽约客》

引人入胜的揶揄之作……比尔德怀着毫不掩饰的喜悦顽皮地打破了许多围绕着庞贝生出的幻想和误解——它们都是多年来由考古学家和古典学者引起的，不亚于维多利亚时期的小说家以及古装电影里的奢华场景的制作者所造成的。虽然许多学者通过对古代世界的日益精细的重建来打造职业生涯，但比尔德始终强调我们的知识的局限性，我们的概念的不稳定以及我们许多材料中的固有的模糊性或矛盾性。"几乎没有一丝证据能够证明这一点"是她的战斗口号，而这是一个崇高的口号……这是一本很棒的书，因为它提供的信息包含令人印象深刻的深度，博学而平易近人，更重要的是它的健谈、幽默的风格。

——史蒂夫·科茨，《纽约时报图书评论》

庞贝可能仍然令人困惑和充满挑战，但比尔德这部信息丰富的重估生动地展示了这一点。造访庞贝的游客将会欢迎书中提供的实用建议。

——朱迪斯·切特尔，《里士满时讯》

玛丽·比尔德在她的新书中以其所有的细节和复杂性唤起了人们对庞贝早已消失的生命的回忆……她向我们展示了庞贝本身，它的气味和污秽、它的性生活和迷信、它的贫穷和感伤。这是一次完全成功的唤起，由来自令人恐惧的庞大书目中的深刻知识拼贴而成。

——G. W. 鲍尔索克,《新共和》

这本绝妙的书获得了沃尔夫森奖,是如何以微妙但容易理解的方式书写过去的典范。

——朱迪斯·赖斯,《卫报》

古典学者玛丽·比尔德在那个怪异的地方寻觅了一段美好的时光,她非常精彩地赋予了它生命。

——尼古拉斯·巴格诺尔,《星期日电讯报》

目 录

1

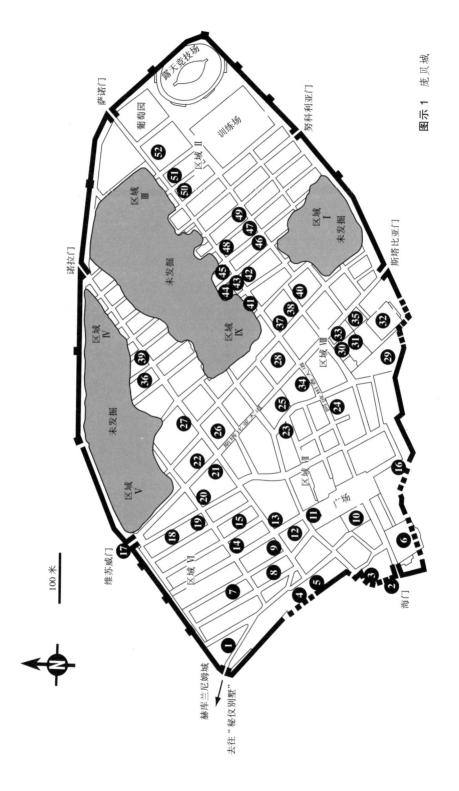

图示 1　庞贝城

图解

引 言

被打断的人生

公元 79 年 8 月 25 日凌晨时分 [1]，庞贝城的浮石大雨终于缓和下来。这似乎是个出城寻条生路的好时机。在浮石倾盆而下、来势最猛的时候，有 20 多个逃难者靠躲在城墙里才逃过一劫。他们现在组成一支稀稀拉拉的队伍，打算碰碰运气从几座东城门中的一座出城，希望能够逃离火山喷发的覆盖范围。

几个小时以前实际上已经有人尝试过这条路线。一对夫妇在逃跑途中只带了一把小小的钥匙和一盏青铜油灯（见图 1）。无论这把钥匙能打开哪把锁——房屋的、寓所的、箱子的抑或保险柜的，他们大概还是指望有一天能回到它们旁边。这盏青铜油灯在黑暗长夜和沙尘碎石中显然没什么用。不过，它在当时可是个昂贵又时髦的玩意儿，外形是一个非洲黑人的头像——我们接下来在庞贝城中还会经常碰到这样的（令我们）略微感到不适的创

---

1 也有说法认为维苏威火山喷发是在 10 月，如阿尔贝托·安杰拉的《庞贝三日》就采用了这种观点。2018 年，庞贝新发现了一处木炭涂鸦，可能对 10 月说提供了新的佐证。涂鸦中有 10 月 17 日的字样，由于木炭涂鸦很难长久保存，因此很可能是在灾难前不久，而非前一年留下的。（本书脚注均为本书审校者王晨先生所加）

图 1　人头形（或人脚形）的小灯在公元 1 世纪非常流行。灯油从他额头上的小洞注入，火焰就会在他嘴里燃烧。即便算上花瓣状的把手，整支灯也只有 12 厘米长。

造力形式。但这对夫妇没能成功逃离。1907 年，人们在这对夫妇倒下的地方发现了他们，就在城外这条路两边的宏伟大墓中的一座附近，他们和许多人一样，被浮石掩盖。事实上，他们倒下的地方毗邻一座纪念一位名为埃斯奎利娅·波拉（Aesquillia Polla）的女人的豪华墓冢，她是努米利乌斯·赫伦尼乌斯·凯尔苏斯（Numerius Herennius Celsus）的妻子。大约 50 年前，年仅 22 岁的她就已去世了（我们仍能在石碑上识读这个信息），无疑还不到她那富豪丈夫年纪的一半。凯尔苏斯出身于庞贝城里最显赫的家族之一，曾在罗马军队里担任长官，并两度当选为庞贝城地方政府的最高长官。

　　这支队伍决定冒险向同一方向逃离，这时浮石已经垒起几英尺高了。他们行进得缓慢而艰难。这批逃难者大多数都是年轻人，许多人什么也没带，或许是因为没什么可带的，也可能是因为来不及去取他们的贵重物品。有一个男人为了防身给自己配备了短剑，套着讲究的剑鞘（他身边还有一副剑鞘，不过是空的，剑可能弄丢了或者被借给了别人）。队伍中的几个妇女带了不少东西。其中一个带了一个坐在宝座上的命运女神（Fortuna）的银质小雕像，以及一把金银指环——其中一枚用链子拴了个小巧的银质阳具，可能是一个护身符（我们在接下来还会经常见到这种物件）。其他人也都有各自珍藏的小玩意儿：一个布袋中塞着一个银质的医药箱、一具雕像的小巧底座（不过雕像遗失了）和几把钥匙；一个木质珠宝盒中装着项链、耳环、银汤匙和更多的钥匙。他们也带了各自能带的现金。有些人只带了些零碎小钱，有些人却带了自己家中的全部积蓄，或是店铺收入。但这些其实也都不多。总之，整支队伍携带的钱财加起来可能也就有 500 塞斯特斯——这在庞贝大概只够买头骡子。

　　这支队伍中的一些人比前面那对夫妇走得更远一些。差不多有 15 人到达了下一个大墓冢，这是马库斯·奥贝留斯·菲尔慕斯（Marcus Obellius Firmus）的墓，位于道路前方约 20 米处。正是在这里，这群人被我们今天所谓的维苏威"火山碎屑涌浪"（pyroclastic surge）——这是一股高速移动的混合着各种气体、火山灰和熔岩的致命燃烧物，所经之处无物生还——击倒。尸体被发现时，上面散落着一些树枝，有些人手里甚至还紧紧攥着这些树枝。也许手脚灵活些的人攀上了墓旁的大树，在绝望中试图自救；不过更有可能的情形是，那股涌浪不仅将逃难者置于死地，而且让大树倒在他们身上。

　　菲尔慕斯的墓冢却走运得多。他也曾是庞贝的一名显贵，数十年前就已去世，人们甚至都已经用他的墓碑两侧来做当地的留言板了。我们至今还能在那上面看到一些角斗士表演的广告，以及闲汉在碑侧留下的涂鸦："以撒（Issa）你好，哈比图斯

（Habitus）留""欧卡苏斯（Occasus）你好，斯盖普希尼阿努斯（Scepsinianus）留"，诸如此类（哈比图斯的朋友们于是用一副巨大的阴茎和睾丸来回复他，并留言"哈比图斯你好，你五湖四海的朋友们留"）。再往上，菲尔慕斯正式的墓志铭表示，他的葬礼是当地议会出资筹办的，花费了 5000 塞斯特斯——其他地方官员还另外筹集了 1000 塞斯特斯的香火钱，并制作了"一枚盾牌"（可能是一面带肖像的盾牌，这是典型的罗马式纪念品）。换言之，这场葬礼的花销远比这群逃难者为了逃命所携带资金总和的 10 倍还要多。由此可见庞贝城里的居民有贫有富。

我们还能追溯许多其他试图逃难的故事。人们在各浮石层中总共发现了 400 多具尸体，而在如今已经固化的火山碎屑熔流中

图 2　根据受难者的尸体制成的石膏模型始终提醒着我们他们是人，是和我们一样的人。这具以手掩面的临终男性的模型尤其令人难忘，人们出于安保的目的将其放在遗址的储藏室里。如今看来，他更像在为自己的囚禁而哀叹。

还有近700具——19世纪时人们发明了一种高明的技术，能使其中的许多死亡瞬间生动再现，人们将石膏填充进肉体和衣物分解后留下的空间，于是撩起的短袍、蒙住的面庞以及受难者绝望的面容都得以一一重现（见图2）。城市广场旁的一条街道上有一支4人组成的队伍，可能是试图逃难的一家人。（石膏模型表明，）走在最前面的父亲是个魁梧的男人，眉毛粗大而浓密。他用斗篷遮住自己的头，抵挡那些坠落的火山灰和岩屑，他还随身携带了一些金首饰（一枚普通指环和几只耳环）、几把钥匙以及约400塞斯特斯，这次的现金数量还算过得去。两个年幼的女儿紧跟着他，母亲则走在最后面。她束起裙衫以便行走，并在一个小袋子中装了更多的家中的贵重物品：传家宝（几把汤匙、一对高脚杯、雕着命运女神像的圆形饰物和一面镜子）和一个矮胖的小男孩雕像，

图3 也许是某人的珍贵物品？这个矮胖的小雕像由波罗的海地区出产的红琥珀雕制而成，人们在一位未能逃生的逃难者身上找到了它。雕像只有8厘米高，可能是罗马拟剧中的某个定型角色，这项娱乐活动在庞贝十分流行（见本书347页）。

他裹着斗篷，斗篷下还露着一对光着的脚（见图 3 ）。这个雕像做工粗糙，但是用琥珀雕成的，想必是跨越了几百公里，才从波罗的海地区最近的产地运至此地；其价值可想而知。

其他发现讲述了其他的故事。一位医师在逃跑时紧紧攥着自己的工具箱，当他穿过露天竞技场旁边的训练场（palaestra，即一大片开阔的空地或训练场地），试图奔向南边的一座城门时，不幸毙命于那股致命的涌浪；市中心一所豪宅的花园里发现的那个奴隶因为脚踝上的铁箍而行动受限；一个伊西斯女神的祭司（也可能是神庙里的佣人）打包带走了神庙里值钱的东西逃命，还没跑开 50 米就命丧黄泉了。当然，还有那位被发现死在角斗士营房的一个房间里的珠光宝气的贵妇。在许多报道中，这一幕经常被当作展现罗马上层妇女偏好角斗士强健体魄的绝佳例证。表面看来，这一幕是其中一个女人在错误的时机和错误的地点被逮了个正着，让通奸丑闻暴露于历史的检审之下。可实际的情形或许要清白得多。几乎可以肯定，这位妇女根本不是在约会，而是在逃离城市时路况变得过于艰险的情况下躲进了营房。毕竟，假如她的确是在和情夫幽会，那她就得和其他 17 个人以及几条狗共享这次约会——他们所有人（以及狗）的残骸都在这个小房间里。

在庞贝这座毁灭之城里，死尸向来都是最令人震撼的景象，且极具吸引力。在 18 至 19 世纪的早期发掘工作中，尸骨可以当着前来参观的皇室成员与贵族的面恰巧被"发掘"出来（见图 4 ）。感情丰富的旅客看到这些遗骨总是思绪万千，这场灾难曾是何等残酷地折磨这些可怜的人啊，更不用提这整个感受在他们心中激起的对人类存在何其艰险和脆弱所做的更一般性的反思。英国诗人赫斯特·林奇·皮奥奇（Hester Lynch Piozzi）——在嫁给一名

图 4　名流们参观庞贝时会要求为他们重现发掘过程。图中描绘的是 1769 年奥地利皇帝视察一具尸骨，于是人们据此将这具尸骨所在的房间命名为"皇帝约瑟夫二世之家"。同行的那位妇女显然更加兴味盎然。

意大利音乐教师之后随夫姓——于 1786 年参观了一处遗址后，捕捉到（并顺带戏仿了一下）这种反应："这幅景象会引发多么可怕的想法啊！如此场景无疑会在明日再次上演，这种确定性令人毛骨悚然；今日的旁观者，也许会成为下个世纪的旅客驻足观赏的景观，他们会把我们的尸骨错认为那不勒斯人的尸骨，或许还会将其带回他们的祖国。"

事实上，早期发掘工作中出土的最著名的一个物件，是一位女性的乳房的压印，18 世纪 70 年代在城墙外不远处的一座大房屋（即所谓的迪奥梅德斯别墅［Villa of Diomedes］）里出土。在用石膏制作完整尸身模型的技术趋于成熟差不多一个世纪前，这类固体残骸使发掘者们得以看到死者、他们的衣服，甚至头发在冷却后的火山熔岩上留下的完整形态。其中唯一被成功提取出来并保存完好的一部分就是那位女性的一只乳房（的压印），邻近的博物馆一将其展出，很快就吸引来了许多游客。接着，它也成了泰奥菲尔·戈蒂耶（Theophile Gautier）一篇著名短篇小说《阿里亚·玛塞拉》（*Arria Marcella*, 1852）的灵感来源。它讲述了一位年轻的法国人返回古城寻找（或者重塑）梦中情人的故事，自从在博物馆里见到了这只乳房的压印，他就深深为之着迷，于是在时空穿梭、一厢情愿和幻想的共同作用下，他找到了他的梦中情人，也就是迪奥梅德斯别墅最后一批罗马主人中的一个。然而遗憾的是，尽管这个压印闻名遐迩，却凭空消失了，20 世纪 50 年代的一次大型搜索行动也未能寻到任何蛛丝马迹。有观点认为，19 世纪那些好奇心强的科学家在对它做一系列破坏性测试时导致它破碎了：可以说是尘归尘了。

庞贝死者的影响力一直持续到我们这个时代。普里莫·莱维（Primo Levi）的诗歌《庞贝女孩》（"The Girl-Child of Pompeii"）是借紧紧抓着自己母亲的一个女孩的石膏模型（"仿佛当午后的天空垂下黑幕，你多么想重新回到她的身体里"）反思安妮·弗兰克（Anne Frank）和一个佚名广岛女学生的命运，她们是人祸而非天灾的受难者（"上天赐予我们的灾难已然足够，在指尖摁下前，请你停下来想一想"）。在 1953 年上映的罗伯托·罗西里尼（Roberto Rossellini）的电影《意大利之旅》（*Voyage to Italy*）中（尽管票房惨淡，它还是被誉为"首部现代电影"），有两具模型还扮演了小角色。爱人们紧紧相拥，死后依旧情意绵绵，这些维苏威火山受难者令两位现代游客（英格丽·鲍曼［Ingrid Bergman］和乔治·桑德斯［George Sanders］饰演，当时鲍曼与罗西里尼还处于一段坎坷的婚姻之中）极度不安，提醒了他们彼此的关系已经变得多么疏远和了无生气。不过，以这种方式保存下来的并非只有人类受难者。其中最著名且令人动容的，是一个富裕的漂洗工（洗衣工兼布工）家的一只看门狗的模型，它被拴在原地，临死还在拼命地挣脱锁链。

这些模型必定由于人们的窥淫癖、怜悯和残忍的猎奇欲望而显得更有吸引力。就连最务实的考古学家也极力渲染他们临死前的痛苦挣扎，抑或火山岩流对人类肉体造成的破坏（"他们的大脑会沸腾……"）。有些模型仍在其发掘之地附近展出，它们会对前来这些遗址参观的游客产生一种效应，类似于"埃及木乃伊效应"：小孩将鼻子凑近玻璃橱窗，发出惊恐的尖叫，而大人则躲在相机后——尽管如此，他们对这些尸骨怀有一种同样冷酷的迷恋，这一点终归难以掩饰。

但在这其中并非只有残忍的一面。无论这些受难者是否被石膏完整重塑，他们之所以如此令人震撼，也是因为他们能让我们觉得可以借此与古代世界直接接触，能让我们从中重构人类的故事，重构跨越千年我们仍能感同身受的有血有肉的人做出的选择、决定和怀抱的希望。即使不是考古学家，我们也不难想象，仅仅携带着少数家当背井离乡会是怎样的光景。对于那位带着工具逃难的医生，我们深表同情，甚至能体会到那些带不走的东西留给他的遗憾。我们也能理解那些在上路前怀着乐观情绪把大门钥匙塞进口袋的人们，虽然最终希望落空。当我们知道那个丑陋的小琥珀雕像也被珍爱它的主人在永远离开家门前塞进行囊时，甚至这尊雕像也承载了特别的意义。

现代科学有助于我们理解这些个人的故事。与前人相比，我们能从这些现存的尸骨中提取出各种更丰富的个人信息：例如，我们能通过童年疾病和断骨的迹象相对容易地测量出人群的身高与身材（古代庞贝人比现代那不勒斯人稍微高一点，几无差别），DNA 和其他生物技术甚至可以开始被用来分析家庭关系与种族源流。一些考古学家可能在使用这些证据时过分发挥，例如，声称某个少年的骨骼生长特征表明，他在不长的一生中大半辈子都是个渔夫，而他口腔中右半边牙齿的磨损则是因为咬鱼线所致。不过除此之外，大多数推断还是有更坚实的凭证的。

例如，人们在一座大房屋的两间里屋里发现了 12 具尸体，据推测可能是房主人和他的家人及奴隶的。在这 6 个小孩与 6 个成人中，有一个将近 20 岁的女孩去世时还怀有 9 个月的身孕，胎儿的尸骨尚在腹中。可能正是因为产期将近，他们才选择躲在房子内，以期出现转机，而没有冒险仓皇出逃。自从这些尸骨在 1975 年被发现以来，人们并没有悉心予以保存。（近来一位科学家报道，"［其中一个头骨］下颌上的前臼齿被错误地补进了上颌中间门牙的空缺处"，但这一事实并不能证明古代牙医的昏庸，只能证明现代修复工作做得很粗糙。）虽则如此，把现有的各条线索——受难者的相对年龄、年轻孕妇身上的珍贵珠宝，以及她和一个 9 岁男孩同样患有轻微的遗传性脊柱疾病——拼凑起来，我们就能开始建构在这座房屋里生活的这个家庭的图景。年迈的夫妇很有可能是这座房屋的主人，丈夫 60 多岁，而 50 岁左右的妻子骸骨上有关节炎留下的明显迹象，他们应该是年轻孕妇的父母或者祖父母。从穿戴珠宝的数量推测，我们可以确定该孕妇并非奴隶，而从其患有的脊柱问题来看，她与这个家族有血缘关系，而非嫁进来的媳妇——那个 9 岁的男孩就是她弟弟。若果真如此的话，那么她和丈夫要么是和这家人住在一起，要么是为了生孩子而搬回娘家，或者干脆是碰巧在这个灾难日来访。她丈夫大概20多岁，尸骨的情况表明他的脑袋明显畸形且病态地向右偏斜。其他成人中有一个60多岁的老人和一个30岁上下的女人，既可能是亲属，也可能是奴隶。

无论他们的牙齿是否被重新黏上，对其加以仔细观察都会发现更多的细节。他们大多数牙釉质上有环状凹陷，这是由于童年时期感染病反复发作所导致的——这很好地提醒了我们古代罗马婴儿的生存状况非常危险，半数都会在10岁之前死去。（不过好在一旦撑过了10岁，就有希望再活40年，或者更久。）他们有非常明显的蛀牙，尽管仍然低于现代西方平均蛀牙程度，但已经足够表明他们的日常饮食中包含大量糖分和淀粉。在成年人中，只有年轻孕妇的丈夫没有蛀牙。但是根据牙齿状况判断，他有氟化物中毒的迹象，可能是因为他是在庞贝城外某个天然氟化物超标的地方长大的。最令人震惊的是，包括孩子在内的每一具尸骨都有大块的牙垢，其中一些有几毫米长。原因显而易见。尽管那时可能已经有牙签，甚至出现了用来光洁和美白牙齿的某种巧妙的混合制剂（在一本关于药理配方的著作中，皇帝克劳狄乌斯［Claudius］的私人医生记录了一种据说让皇后梅萨利娜［Messalina］露出了甜美笑容的混合物：配方里有烧制的鹿角、松香与岩盐），但这个时代还没有牙刷。当时的庞贝必定是个口气弥漫的城市。

陷入混乱的城市

即将临盆的女人、拴在原地的狗，以及要命的口臭……这些令人难忘的景象记录着一座罗马城市的普通日常生活突然被中途打断。这样的景象还有很多：烤炉里的面包还在烘烤着就被遗弃了；一群画师在重新装饰一个房间时夺路而逃，把颜料罐和一满桶新鲜灰泥落在了高高的脚手架上——当火山爆发时，脚手架坍塌，桶里的灰泥刚好溅落在整洁的墙壁上，形成一层厚厚的外皮，至今仍然清晰可见（见本书 163—168 页）。可剥开表层，你会发现庞贝的故事远比想象中复杂，且更加引人入胜。在许多方面，庞贝并不仅仅等同于古代的"玛丽·塞勒斯特"号（*Marie Céleste*），当这艘 19 世纪的航船被神秘地遗弃时，煮鸡蛋（据说）都还留在早餐桌上。庞贝并不只是一个在中流被冰冻的罗马城市。

　　首先，如果不是在灾难发生的几天前，庞贝居民就是在几小时前已经看到了某些征兆。我们如今唯一拥有的一份目击证词，是 25 年后小普林尼写给历史学家塔西佗的几封书信。灾难降临时小普林尼正在那不勒斯湾附近。小普林尼在信中表明，即便维苏威火山口出现"雪松状"的乌云后，也仍有一丝逃离的生机，毫无疑问，这是一种掺杂了想象的事后之明。小普林尼的叔叔是最著名的受难者之一，夺走他生命的是哮喘病和科学家的好奇心，他勇敢地，或者说愚蠢地决定要近距离观察接下来会发生什么。现在的考古学家认为，如果在最终灾难爆发的数天或者数月前就已经出现了一系列轻微震颤和小型地震，那么应该也会警醒人们撤离此地。毕竟庞贝并不是唯一受到威胁并最终被吞噬的城市，包括赫库兰尼姆（Herculaneum）和斯塔比亚（Stabiae）在内的维苏威以南大片地带都是灾区。

　　根据城中尸体的数量可以确定，的确有许多人离开了。约有1100 具尸体重见天日。城市还有尚未发掘的部分（庞贝古城有四分之一的部分尚未勘察），我们必须为这部分埋藏的尸体留有余地，还要考虑到在早期发掘中遗失的人体残骸（孩子的尸骨容易被误认为动物尸骨而被扔掉）。即便如此，要说有2000多名居民在这场灾难中丢了性命，似乎也不太可能。据估计，这里的人口总量在6400人到3万人之间，这取决于我们所设想的人口居住的密度或者我们所选择的现代参照物，但无论总人口有多少，死者都只占其中一个较小或者非常小的比例。

在浮石大雨中逃窜的人群可能只带了些他们触手可及且方便携带的物件。时间更充裕的则带走了更多家当。我们必须想象这样一幅画面：绝大部分居民尽其所能地用驴子、货车和手推车载着大批家当涌出城市。有些人做了错误的决定，他们将最珍贵的财产锁了起来，指望危机过去之后再回来。在我们于城内或附近的房子里找到的壮观珍藏——比如，令人震惊的银器收藏（见本书297—298页）——中，其中一部分是因为这个原因而被留下的。但就绝大部分而言，留给考古学家去发掘的还是一座居民们匆忙打包带走家当并离去之后的城市。这可能有助于解释庞贝城里的房屋里为何只有很少的家具、丝毫也不显得凌乱。这大概并不是因为1世纪时盛行某种现代派的极简主义审美风格。大多数主人都用货车载走了自己心爱的摆设。

这种匆忙的撤离或许也为我们在城内房屋里发现的一些古怪之处提供了解释。例如，如果一堆园艺工具出现在一个精致的餐厅里，那么这可能是因为——在我们看来则颇感意外——它们平时就放置在这个地方；同样有可能的是，在仓促逃离时，主人把家当归拢在了一起，看看决定要带走什么，于是铲子、锄头和脚手架就恰好被留在这儿了。尽管有些市民仍旧照常打理着日常营生，毫不怀疑第二天还会到来，但这毕竟不是一个处于正常状态的城市，而是一个众人奔逃的城市。

火山爆发后的数周或数月之中，许多幸存者也曾重归故里，寻找他们留下的东西，抑或从被掩埋的城市中抢救（或掠夺）那些可再度利用的资源，例如青铜、铅、大理石。此时看来，由于想要稍后将财宝取出来而将它们锁起来的做法可能并不是那么不明智。因为，庞贝许多地方都有清晰的迹象表明，曾有人穿过火山灰成功回到了这里。无论那是财宝的主人还是企图投机冒险的强盗或寻宝人，他们都凿通了通向豪宅的地道，在从一个被堵住的房间进入下一个时，墙壁上有时会留下凿洞的痕迹。19 世纪的发掘者挖出了一座几乎空无一物的大房屋，人们可以从大门上刻着的两个单词一窥他们当时的活动："此屋已凿"。这基本不可能是房主人留下的文字，因此有可能是一个掠宝者留给同伙的信息，告诉他们这座房屋已经"搞定"。

我们对这伙凿洞人几乎一无所知（但这些用拉丁文写成的信息使用了希腊字母，这表明他们是双语者，属于意大利南部的希腊 – 罗马社群，我们在第 1 章中将详加讨论）。我们也不知道他们实施劫掠的确切时间：庞贝废墟中发现了一些后灾难时期的罗马硬币，铸币日期大概在公元 1 世纪末到 4 世纪初。无论后来的罗马人在什么时候以及出于什么缘由决定向这座被掩埋的城市挖掘，都极其危险，他们可能是希望取回可观的家族财产，抑或带着劫掠来的财宝潜逃。这些地道必定十分危险，既昏暗又狭窄，如果从一些墙洞的大小来判断，有些地方只有孩子才能通过。即便是在那些稍微好走一些的地方，在那些没有被火山灰填满的地区，墙壁和天花板也都有随时坍塌的危险。

　　讽刺的是，在迄今发现的尸骨中，几乎可以肯定其中有一些不是火山爆发的受害者，而是在灾难发生之后的数月、数年甚至几个世纪之中冒险回到这座城市的人。例如，在"米南德之家"（House of the Menander）——该房子的现代名称，由在其中找到的一幅希腊戏剧家米南德的画像得名（见图 44）——的花园庭院旁的一个漂亮房间里发现了一组三人尸骨，包括两个大人和一个孩子，身上还有一把铁锹和锄头。某些考古学家认为，这些人是里面的住民，可能是奴隶，在房子快被火山灰吞没时试图夺路逃离房屋，途中命丧黄泉。也有人想象这是一群掠宝者，在试图凿出一条进入房屋的通道时，可能由于通道过于脆弱而坍塌致死。会是哪一种情形呢？

　　有关这座陷入混乱的城市的图景由于更早之前的一场天灾而变得更加复杂。在维苏威火山爆发的 17 年前，即公元 62 年，庞贝就已经受到了一场地震的严重破坏。根据史家塔西佗的记载，"大半个庞贝城毁于一旦"。几乎可以肯定，庞贝银行家卢基乌斯·卡伊基利乌斯·尤昆都斯（Lucius Caecilius Jucundus）家中发现的那对雕刻饰板描绘的就是这一事件。图像表明主要有两片地区受灾较重：广场以及面向维苏威火山的北城门附近的那片地带。在其中一块饰板上，广场上的朱庇特、朱诺和密涅瓦三神庙严重向左倾斜；神庙两侧的骑士雕像仿佛活了过来，骑手要从坐骑上栽下来（见图 5）。而在另一块饰板上，面向火山的城门则不祥地向右倾斜，与其左侧的大型分水堡正在分离。这场灾难使我们对庞贝的历史提出了最难回答的问题。它对城市生活造成了怎样的影响？它让城市花了多长时间恢复正常？或者说，庞贝是否恢复过来了？有没有可能，庞贝人在公元 79 年仍然住在一片狼

图5　一对雕刻饰板中的一块上面的浮雕，近 1 米长，描绘的是公元 62 年的地震。左边是广场上的朱庇特、朱诺和密涅瓦三神庙，摇摇欲坠。而右边是一场正在进行中的献祭活动。一头公牛正被抬上祭坛，而在这个场景的周边，点缀着各种献祭器具——一把刀、几只碗和盛放祭品的盘子。

藉中，广场、神庙、浴场，更不用说那些私人住宅，或许都还尚未修葺？

　　人们对此做过大量猜想。有观点认为，一场社会革命在地震之后席卷了庞贝。许多贵族世家决定永远离开此地，在他乡安置家业。他们的离开不仅促使释奴和新兴富人崛起，而且也让庞贝的一些较漂亮的房子从此堕入"没落"之途，它们旋即成了漂洗坊、面包坊、酒馆或者其他工商业场所。事实上，在餐厅里找到的那些园艺工具本身可能就是这种改变的一个标志：一所高级住宅被新主人急剧拉低了档次，他们将其改为经营园艺生意的基地。

　　事实或许确实如此。我们或许还有其他理由认为，公元 79 年灾难降临时，这座城市的状态绝非"正常"。然而我们无法确定所有这些改变都是由地震直接引起的。毕竟在灾难来临之前，某些产业转型可能就已经开始了。几乎可以肯定，就算不是很多，其中一些也是遵循着财富、用途和声望的固有转变模式发生转变的，这在古往今来的任何城市都有迹可循。更不用说在现代考古学界流行着那种"官员阶层"的偏见，他们自信地将社会流动性和新兴富人阶层的崛起等同于发生了变革或衰落。

　　还有一种主流意见认为，公元 79 年的庞贝还没有完成其漫长的修复工程。从我们现有的考古证据来看，塔西佗声称"大半个庞贝城毁于一旦"，可能言过其实了。但是许多公共建筑的运营状况（例如，公元79年时只有一家公共浴场是完全正常运营的）以及我们将要看到的，火山爆发时大量私人住宅里都有装潢工匠表明，（地震带来的）损失不仅十分惨重，而且（在火山爆发时）状况尚未恢复正常。17年过去了，这座罗马城市里的大部分公共浴场始终未能恢复运营，几个主神庙仍然无法使用，私人住宅一片混乱，这说明要么是资金严重短缺，要么是社会机制的瘫痪达到了令人震惊的程度，抑或二者兼有。当地议会在这近20年中到底为此做了些什么？袖手旁观而放任城市走向崩溃？

　　不过事实在这里也许同样并非它表面看起来的样子。我们能确定火山爆发时正在展开的修复工作都是针对那次地震产生的破坏的吗？当然，任何城市都几乎总有大量建筑工程在实施（从古至今，修复和建筑工作都是城市生活的核心部分），但抛开这个观点，还有一个问题使研究庞贝的考古学家产生激烈争执：地震是否只有这一场？一些人仍然坚信，公元62年的大地震是唯一一场具有毁灭性的地震，而且——没错——正是它让城市的修复工作步履维艰，直至多年以后仍未完成。但如今更多的人强调，当时必然还发生过一系列的震颤，它们曾持续数日甚至数月，最终导致火山爆发。火山学家深信不疑地告诉我们，这正是激烈的火山爆发的前兆，而且小普林尼也正是这样描述的："在之前的几天里，大地时常震动。"如果按照这个思路，那么当时匆忙展开的装潢工作就更有可能是为了修缮新近的损毁，而并非是为了收拾17年前的烂摊子而展开的一项迟来的、不合时宜的工程了。

　　至于整个城市更普遍的状况，尤其是公共建筑的，后来那些掠宝行为在这里再次被证明是使事情变得更加复杂的一个因素。显然，公元 79 年时有些公共建筑已经化为废墟。有一座俯瞰大海的庞大神庙通常被认为是献给女神维纳斯的，至今仍是一片建筑工地，尽管看起来人们想要按照比原来那座更为恢宏的规模进行修复。其他一些地方已经完全恢复正常。例如伊西斯神庙就一切照常，人们重建了它，用大量城里如今最著名的画作将其重新装饰了一番（见图 6）。

　　不过，相比之下，火山喷发时城市广场的情形要难解得多。有观点认为这就是个半废弃的残迹，几乎没有被修复过。若果真如此，那么这至少表明，委婉说来，公共生活已经不再是庞贝人生活的重心了。最糟糕的情形是，它标志着市政机制的全面崩溃，

图 6　伊西斯神庙是早期最受欢迎的景点之一，从年轻的莫扎特到《庞贝末日》(*The Last Days of Pompeii*) 的作者爱德华·布尔渥 – 利顿 (Edward Bulwer-Lytton)，无数作者和音乐家都受到了它的启发。在这幅版画中，位于中央的是主神庙，左边是用围墙包围起来的一个小水池，其中所蓄之水用于伊西斯宗教仪式。

不过我们将会看到，这与城市里的其他证据并不完全相符。近来也有观点将矛头指向了火山爆发后归来的抢救队或掠宝者。这种观点认为，广场的大部分都已经得到修复，事实上得到了改进。可由于它近来刚刚被饰以昂贵的大理石砌面，于是在城市被火山灰掩埋之后，知情的当地人就立即掘地三尺，把它们从墙上劈了下来。这样一来，整个广场看起来仿佛尚未完工或者径直被荒弃了。当然，也有可能这些抢救者是奔着装饰广场的许多昂贵青铜塑像去的。

这类争论与歧见不断为考古学会议提供养料，成为学术争论和学生论文的素材。但无论这些问题最终被如何解决（如果解决了的话），有一点是毋庸置疑的："我们的"庞贝城并非像某些旅游指南或小册子上所介绍的那样，是一个"在时空中冻结"了的正在正常运转的罗马城市。它是一个远为扑朔迷离而又引人深思的地方。它陷入一片混乱，一切都被打断，人们从中撤离又回过头来劫掠，它承载了各种不同的历史痕迹（和疮疤），这正是本书所要讲述的故事，并构成了我们所谓的"庞贝悖论"：对于那里的古代生活，我们同时既知之甚多又一无所知。

的确，这座城市为我们所提供的真实人物及其生活的生动图景，远比罗马世界的其他任何地方都更多。我们在其中见到了倒霉的情侣（"织布工苏克凯苏斯［Successus］爱上了一个叫依瑞斯［Iris］的酒肆女郎，可她毫不领情"，一则潦草的涂鸦如是说）和不知羞耻的尿床人（"我尿在床上，搞得乱七八糟，我没有撒谎／但是啊，亲爱的主人，是因为你没有提供尿壶"，在一家寄宿客房的卧室墙面上，这则韵文如此自吹自擂）。我们可以追寻到庞贝孩童的足迹，其中既有蹒跚学步的幼儿，他们将几枚硬币戳

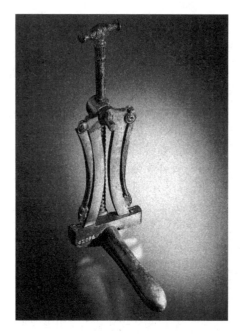

图 7　我们如今妇科使用的扩张器与庞贝城里发现的这个古代版本令人吃惊地相似。尽管其中有些零件已经遗失了，但显然这个器具的"臂"是通过旋转 T 型把手来张开的。

进一座小房屋的主厅或中庭的新鲜灰泥里去，乐此不疲，至今还能在地面上看到 70 多处印痕（不经意间为我们测定这次装修的年代提供了绝佳的证据），也有在浴场门口闲得无聊的孩子，他们在够得着的地方随手画了些火柴人，或许是在等待还在洗浴的妈妈。更不用说那些铃声刺耳的马具、骇人的医疗器械（见图 7）、从煮蛋器到蛋糕模具（如果我们没猜错的话，见图 78）的各种古怪厨具，以及那些令人不快的肠道寄生虫，人们在 2000 年后仍然能在一个厕所的边缘发现它们的痕迹。所有这些都有助于我们重新捕捉到庞贝人生活中的景象、声音与感受。

　　尽管这类细节十分容易引起共鸣，可该城的全局图景和许多更基本的问题仍然完全令人困惑。我们面临着许多难题，除了城市人口总量，城市与海的关系同样令人费解。大家一致认同，海与庞贝城之间的距离在古代远比今天近得多（如今是 2 公里）。可现代地质学家还是无法测定到底近多少。尤其令人困惑的是，在紧挨着现代观光者进城的主要通道——城市西大门——的一段城墙上，有看起来明显是系船环的东西，仿佛大海波浪几乎直接就拍打着城市的这个角落（见图 8）。唯一的麻烦在于，人们在再往西的地方也发现了罗马建筑，那是朝向大海的方向，它们不太可能是建在水底的。最有可能的解释再次回到了那些持续不断的地震活动上来。在火山爆发前的几百年中，庞贝城的海岸线和海平面必然发生了大幅变化，而人们在邻近的赫库兰尼姆发现了这种变化的清晰痕迹。

更出人意料的是，一些基本的日期也存在争议——不仅是那场大地震的日期（有可能是公元 62 年，但也可能是 63 年），也

图 8 海门附近的城墙上的这些环显然是用来系船的。几乎可以肯定，在这个城市被吞没前的几百年的历史中，海岸线发生过变化，这些系船环因此变得远离海水。

包括火山爆发的日期。本书遵循的是传统记录，即公元 79 年 8 月 24、25 日，与小普林尼的记载一致。但也有证据表明灾难可能是在这一年更晚的时候发生的，在秋冬季节。首先，如果我们翻开小普林尼《书信集》（*Letters*）的各种中世纪手抄本，就会发现它们给出的火山爆发日期不尽相同（因为中世纪的抄写员几乎总是会抄错罗马日期和数字）。另外，城市废墟中残留着的数量惊人的秋季果蔬也证实了这一点，而许多遇难者似乎还穿着厚重的羊毛衣物，根本不是意大利炎热夏季的合适装束——但如果人们是为了穿越火山灰逃生才穿上这些衣服，那就不太能反映出季节和天气。更可靠的证据来自一枚罗马硬币，据其出土之处的情形来看，不太可能是掠宝者落在那里的。而专家判定这枚硬币的铸造时间最早也是公元 79 年的 9 月。

事实上，我们对庞贝城的了解既比想象中要多，又比我们所自认为的要少。

庞贝城里的两种生活

考古学界流传着一个经典的玩笑，说的是庞贝城的两度死亡：第一次是火山爆发带来的瞬间覆灭，而第二次则是该城在 18 世纪中期被发掘以来所经历的慢性死亡。只要看一看这些遗址，就不难明白这第二层死亡的含义。尽管庞贝的考古工作者做了极大的努力，城市还是变得支离破碎，禁止游客入内之处野草蔓生，而墙上那些曾一度绚烂的彩绘图画如今也已褪色，几乎无法辨认。这是一个缓慢的荒弃过程，地震和大量观光游客的到来更是雪上加霜，而早期发掘者掌握的粗糙技术还帮了不少倒忙（尽管说实话，他们抢救出来的许多精美壁画都被保存在博物馆里，要比那些被遗留在原地的画作的遭遇好得多）；1943 年，同盟国军队炸毁了这座城市不少地方（见图 9，大多数游客不知道，例如大剧院和广场的绝大部分以及一些最著名的宅邸都基本上是战后彻底重建的，而那家现场餐厅，是建在一块轰炸中损毁尤其严重的地方上的）；窃贼和故意破坏文物的人也做了自己的贡献，对他们来说，那些占地面积大而又难以监管的遗址是最理想的目标（2003 年，一组壁画刚被发掘，就被人从墙上撬了下来，3 天后，人们在附近的一个建筑场地上发现了它们）。

但这座城市相应地也有两次生命：一次是在古代；另一次是我们如今造访的重建后的现代庞贝。这个旅游胜地仍试图为这座"在时空中冻结"的古城保存其神秘感，令我们漫步其中却感到仿佛一切都发生在昨日。但事实上，令人震惊的一点在于，尽管这座罗马古城低于如今的地平面好几尺，城市入口的特殊布局却让人几乎难以察觉我们实际上是在"向下"走入其中；古人的世界与我们的世界之间几乎实现了无缝对接。不过，我们若凝神细视，便会发现它似乎存在于毁灭与重建、古代与现代之间那片古怪的真空地带。首先，城市的大部分都被大幅重建过，并不只是在受到轰炸破坏后才开始的。只要看一看那些建筑出土时的照片，我们就会惊讶于其中大部分的破败程度（见图 10）。的确，其中一些就这样原原本本被保存了下来。但其他的得到了修缮，墙壁得到了修补和重建，新的屋顶被支了起来——这主要是为了保护建筑和其中的装饰，却常常被游客误以为是奇迹般幸存下来的古罗马遗物。

图9 1943年同盟国的轰炸使庞贝受到重创，许多重要建筑就此毁于一旦。图中所示的是空袭过后"特雷比乌斯·瓦伦斯之家"（House of Trebius Valens）的情形。战后人们对这些被炸毁的建筑做了专业的修复，以至于你根本想不到它们曾一度被毁。

图10 20世纪30年代的一次发掘。可见出土的庞贝房屋根本不是其原始的模样。实际上，火山爆发的冲击使它们看起来就像被炸毁了一样。图中，上层房间的彩绘灰泥地板坍塌下来，掉进了下面的房间里。

不仅如此，整个城市的地理面貌也全都改头换面。我们今天在庞贝城中行走，依靠的是一系列现代的街道名字，例如阿波坦查大道（Via dell'Abbondanza，一条东西向的主干道，直通广场，名称源自街上一座喷泉上雕刻的丰产女神［Abundance］像）、斯塔比亚大道（Via Stabiana，与阿波坦查大道相交，向南延伸至斯塔比亚城），以及蜿蜒小巷（Vicolo Storto，这么叫的原因很明显）。至于这些街道在古罗马时期如何称呼，我们几乎一无所知。现存的一段铭文似乎表明，我们称作斯塔比亚大道的那条街当时叫作庞贝大道（Via Pompeiana），其中还提到了另外两条无法精确定位的街道（朱庇特大道［Via Jovia］和或许与市议员［decuriones］相关的德库威阿利斯大道［Via Dequviaris］）。不过，许多街道也有可能并不像我们今天这样都有各自的名字。它们显然没有街道指示牌，也没有用街道名称和门牌号来定位地址的系统。取而代之的是一些地标：假如一个店主想运送几瓶葡萄酒，他会在上面写道（其中一个酒瓶上就是这么写的）："给酒馆老板尤克西努斯［Euxinus，大致可译为"好客先生"］，位于庞贝露天竞技场旁边。"

我们还以类似的现代方式命名了城门，以其地点或朝向来称呼它们：诺拉门（Nola Gate）、赫库兰尼姆门（Herculaneum Gate）、维苏威门（Vesuvius Gate）、海门（Marine Gate，面朝大海），诸如此类。在这方面，我们对其可能的古代称谓要了解得多。例如我们称作赫库兰尼姆门的那扇城门，古罗马居民称之为萨利尼恩西斯门（Porta Saliniensis）或萨利斯门（Porta Salis），也就是"盐门"的意思，得名于附近的腌渍作坊。我们所谓的海门或许曾经叫作广场门，这是根据几则零星古代证据再加上一些似乎可信的现代推理得出的结果；毕竟这扇门不仅面朝大海，而且也是离广场最近的城门。

既然无法确知地址的古代名称，现代的地名手册便用了一套19 世纪晚期发明的命名系统来指称各个建筑。朱塞佩·菲奥雷利（Giuseppe Fiorelli）是个将尸骨铸模技术推向极致的考古学家（也曾是个提倡革新的政治家、庞贝发掘工作中最有影响力的负责人），也正是他把庞贝城划分成了 9 块独立的区域（regiones），然后给这些区域内的街区分别编上号，并给街道上的每个住户单独编码。换言之，依据这套如今已经成为标准的考古学速记体系，"VI.xv.i"也就表示第 6 区 15 街区的 1 门，位于城市的西北方。

然而，对大多数人而言，VI.xv.i 更广为人知的称呼是"维提乌斯之家"（House of Vettii）。因为，除了那些光秃秃的现代编号，许多大房子，甚至包括一些酒肆和酒馆在内，都拥有更能唤起情感的头衔。其中一些得名于第一次被发掘出来时的环境：例如，"世纪之家"（House of the Centenary）是因为它被发掘的时间是1879 年，距离这座城市被摧毁已过去了整整 1800 年；"银婚之家"（House of the Silver Wedding）发掘于 1893 年，该名称纪念的是那一年庆祝的意大利国王翁贝托的 25 周年婚庆——讽刺的是，如今房屋本身比这场皇家婚礼更有名气。也有一些名称反映了别具纪念意义的发现：前文提及的"米南德之家"就是一例；另外还有"农牧神之家"（House of the Faun），得名于在那里发现的一尊十分著名的舞动的萨梯（或农牧神）青铜塑像（见图 12，此前它还有另外一个名字，叫"歌德之家"[House of Goethe]，因为著名德国诗人歌德的儿子在 1830 年亲眼见证了这里的部分发掘工作，却很快就去世了——不过这个悲伤的故事似乎并不比这座生动的雕像更有纪念意义）。然而，许多"维提乌斯之家"之类的住宅还是依据其罗马主人的名字来命名的，这是实现一项更宏大的计划——让这座古城恢复人的痕迹，把这些物质遗存与那些原本拥有它们、使用它们或在其中居住的真实人物匹配起来——的组成部分。

这个过程激动人心，但有时也十分棘手。有些情况下，我们可以确定这种配对符合实情。例如，对银行家尤昆都斯的房屋的识别就基本没有争议，他藏在阁楼里的那些银行档案提供了足够的证据。而当地最有名的鱼露（garum，一种典型的罗马调料，由发酵了的海洋生物制成，可以委婉地译为“鱼露”）制造商奥卢斯·乌姆布里基乌斯·斯考卢斯（Aulus Umbricius Scaurus）在他自己的高档住宅中留下了独特的记号和自己的名字——在一系列形状为瓶子的镶嵌画上，标有如下标语：“一流鱼露，来自斯考卢斯工坊。”（见图 57）而有着精美壁画的“维提乌斯之家”，则有很大把握被确认属于一对可能是释奴的夫妇——奥卢斯·维提乌斯·康维瓦（Aulus Vettius Conviva）和奥卢斯·维提乌斯·雷丝提图图斯（Aulus Vettius Restitutus）。因为在前厅发现了有这两个名字的两枚印章和一枚图章戒指，房屋外还用颜料涂写了一些类似现代竞选海报上的宣传文字（“雷丝提图图斯正在游说……选举萨比努斯［Sabinus］出任营造官”）——同时还要基于这一假设，即我们在房屋其他地方发现的刻有普布利乌斯·克鲁斯提乌斯·福斯图斯（Publius Crustius Faustus）名字的印章是属于住在楼上的某位房客的。

但是在许多情况下，证据远不足征，我们所仰赖的只是一枚图章戒指（很可能只不过是某个游客落下的）、一个写在葡萄酒瓶子上的名字，或者由同一个人署名的几则涂鸦，就好像这些涂鸦艺术家总是只在自家墙上涂写一样。其中一个尤其孤注一掷的推测与城里妓院（对古今游客来说，这里都是观光热点）的老板的名字有关：此人叫作阿非利加努斯（Africanus）。这个推测的主要依据是一个妓女的小隔间墙壁上的一条令人伤感的信息，非常有可能是某个狎客留下的："阿非利加努斯死去了［或按字面意思理解为"快死了"］，他的同学小鲁斯提库斯（Rusticus）留，为阿非利加努斯哀悼。"诚然，阿非利加努斯可能是一位当地居民：这个名字还出现在了附近的墙面上，他承诺会在当地选举中支持萨比努斯（就是雷丝提图图斯投票支持的那位候选人），我们或许可以从这个事实猜测他是当地居民。但是，要说那个小鲁斯提库斯在性交后写下的伤感文字中指的就是妓院老板，则是完全没有理由的。

这类过于乐观的尝试还有许多，但企图追溯这些古庞贝的居民，将其重新放回他们的住宅、酒肆和妓院里去，其最终的结果是显而易见的：现代人的想象使非常多的庞贝人被安置在错误的地方。或者更宽泛地说，"我们的"这个古代城市与公元 79 年被摧毁的那座古城之间存在一个巨大的鸿沟。在本书中，我将始终使用属于"我们的"庞贝城的那些地标、检索工具和术语。毕竟，我若将赫库兰尼姆门依其古代名称唤作"盐门"，会给读者造成困惑与不快。菲奥雷利发明的编号系统使我们得以在地图上快速定位某个地址，我将在参考资料部分使用这套系统。另外，那些著名的称呼或许不那么确切，比如"维提乌斯之家""农牧神之家"等，却能最快捷地帮我们回忆起某个特定的房屋或方位。然而，我也将会更详细地检视这道鸿沟，思考这座古城是如何被转化为"我们的"庞贝城的，并反思我们理解这些出土遗存的过程。

在强调这些过程时，我既会触及当下时刻，也会在某种意义上回到更加属于 19 世纪的古城体验中去。当然，19 世纪该城的游客和 21 世纪的人们一样，都沉醉于穿越回古代的幻象。但是，他们也同样对历史展现自身的方式感到好奇：对于这座罗马古城，除了我们知道"什么"，又是"如何"知道的？在那些受欢迎的旅游手册的书写惯例中，我们便能看到这一点。其中最著名的当属穆雷（Murray）的《意大利南部旅游指南》(*Handbook for Travellers in Southern Italy*)，这本于 1853 年首次出版的册子，是写给当时刚刚兴起的大众旅游团的，而非周游欧洲的贵族子女。1839 年时这里开通了铁路，成为当时最受欢迎的交通方式，火车站附近的一家酒馆则提供接待服务。在废墟间玩得筋疲力尽后，游客们便能来此享受一顿午餐。但这是个命运跌宕起伏之地：1853 年时据说这里的"老板既富有教养又乐于助人"，而到了 1865 年，我们则通常会读到这样的建议——在"和旅店老板达成有关收费的协议之前"，千万不要胡吃海塞。但无论如何，正是从这里，与快餐、水果，尤其是瓶装水相关的各种产业得以萌生，如今早已占领了遗址的外郊。

在《指南》中，穆雷不断向维多利亚时期的游客们提及各种在阐释上存在的问题，围绕那些出土的大型公共建筑的用途，他介绍了各种针锋相对的理论。那个在广场上被我们称为市场（macellum）的建筑，真的是一个市场吗？有可能是一座神庙吗？抑或兼有圣祠和小餐馆的用途？（我们将会看到，许多此类与功能相关的问题都尚未得到解决，而现代的旅游指南却大多倾向于不提及这些问题和争论，还声称这是为了给读者省去麻烦。）除了每个古代建筑的相关描述，他们还十分细致地标识出了它们被重新发现时的日期和环境。如此一来，在这些早期游客的脑海中便似乎同时出现了两条时间轴：其一是古代城市自身及其发展的历史序列，而另一条则是庞贝城逐渐在现代世界中重新出现的历史进程。

　　我们甚至可以想象，那些使尸骨或重要发现在前来参观的显贵们经过此地时恰好被适时"发掘"出来的著名伎俩，是这种关注的另一面。我们今天也许会取笑这类把戏的粗陋和观众的轻信。（难道皇室游客真的如此天真，想象这些奇妙的发现恰巧发生在他们到来的这一刻？）但是，旅游业里的伎俩常常揭示了游客们的期望与渴望，同时也暴露出当地人的狡诈。的确，游客们想见识的并不仅仅是这些文物本身，发掘过程如何让过去重见光明，也是他们感兴趣的问题。

　　这些就是我想要重新予以讨论的一些问题。

惊奇之城

　　庞贝城总是令人感到惊奇。在它面前，甚至那些最讲求实际和博学的专家也要重新考虑自己有关罗马时期意大利生活的假设。有只大陶瓶上绘有一个标记，用来宣传里面叫作"洁食鱼露"（Kosher Garum）[1] 的商品，这提示我们，像斯考卢斯那样的人

---

1 在庞贝发现的一些鱼露瓶上有 garum castum 或 allec casta（洁食鱼露）的字样，可能是专为犹太人制作的，因为信仰禁止他们吃贝类和不带鳞片的鱼。老普林尼《博物志》31.44 提到专供"神圣的犹太人"（sacris Iudaeis）和"禁欲者"（castimoniarum superstitioni）的鱼露，但是用无鳞鱼制作的（quod fit piscibus squama carentibus）。

图 11 这尊印度象牙小雕像让我们得以了解庞贝城与外界间广泛的多元文化联系。除了奢华的珠宝，这尊雕像近乎全裸，它描绘的是丰产和美貌女神拉克西米（Lakshmi）吗？还是说只是一名舞者？

可能期望打开有利可图的当地的犹太人市场（他们承诺，在那堆如今已经无法辨认成分的发酵混合制品中，没有添加任何贝类食物）。1938 年，人们在一座房屋里发现了一尊精美的象牙小雕像，于是将之命名为"印度小雕像之家"，它使我们不由地重新考虑罗马与远东之间的联系（见图 11）。这会是一个庞贝商人将其作为旅途中的小纪念品带到此地的吗？或许是来自住在部丢利城（Puteoli）附近的纳巴泰人（来自今天的约旦地区）贸易团体？同样令人意想不到的是最近发现的一具猴子尸骨，散落于当地储藏

室的一堆骨头之中，此前的发掘者没有认出来。这也许是一只来
自异域的宠物，或者更有可能的，是街边戏院或马戏团里驯服了
的表演动物，供人取乐。

　　这座城市总是充满惊奇之处，既让我们感到十分熟悉，又非
常陌生。这是一座意大利的地方性城市，视野所及不超过维苏威
火山，但它同时也是一个从西班牙到叙利亚的庞大帝国的一部分，
具有其他帝国常常拥有的全部文化与宗教的多样性。在阿波坦查
大道上一座相对不起眼的小房屋里，餐厅墙壁上大大地写着两个
著名单词——"所多玛"（Sodom）和"蛾摩拉"（Gomora）[1]，假设
这不是某个后来的掠宝者留下的阴郁评论，那么，它们就不仅仅
是某个亲历者对整个庞贝社会生活发表的道德评价或嘲讽。它还
提示我们，在这里，至少有一部分居民像熟悉维吉尔的作品那样
熟悉《创世纪》中的文字（"当时，耶和华将硫磺与火，从天上
耶和华那里，降与所多玛和蛾摩拉"）。

　　一旦我们排除女人、孩子和奴隶，那么这个小小的城镇社区
的公民主体只有区区几千人，不比一个村庄或者一所小型大学的
学生会规模更大。尽管如此，它还是远比我们想象中有更强大的
影响力，对罗马历史上的诸多重大事件都产生了深远的影响。这
便是第 1 章所要讲述的内容。

---

1 据《圣经·创世纪》记载，所多玛和蛾摩拉位于死海东南部的摩押平原，
因为罪恶深重而被上帝降下天火毁灭。

第 1 章

住在一座老城中

过往一瞥

在城里一条僻静的背街上，有一座小巧而不起眼的房屋，现在叫作"埃特鲁里亚柱之家"（House of the Etruscan Column），这里向北离城墙不远，距赫库兰尼姆门也只有几分钟的脚程。它外表普通，无论在古代世界还是今天都鲜有人涉足，但正如其现代名字所暗示的那样，房屋里藏着一件谜一样的古物。在两个主室之间的墙上嵌着一根古老的圆柱，其外观让人联想起埃特鲁里亚人——在罗马崛起之前，这支部落在公元前6世纪至前5世纪曾是意大利的一股重要势力，其影响力和定居范围均远远超出其在意大利北部的故土，延伸至庞贝附近地区——的建筑。几乎可以肯定，这根圆柱可追溯至公元前6世纪，比这座房屋的历史还要早几百年。

人们向房屋下小心挖掘，揭开了谜团的一角。事实证明，这根圆柱位于其原先的位置上，而房屋则是围绕它修建的。作为公元前6世纪一个宗教圣所的一部分，这根立柱并不用于支撑建筑，而是独立式的，可能一度曾承着一尊雕像，挨着一座祭坛（这种布局也见于其他意大利早期宗教遗址）。附近还发现了公元前6世纪的希腊陶器，据推测可能是供奉与献祭用的，还有存在大量山毛榉树的证据（树种和花粉）。这不大可能是一片自然林地；因为有人认为山毛榉树不会自然生长在意大利南部的低地上。有人据此猜测，这个庄严而古老的圣所原先可能被另外一个带有意大利早期宗教典型特征的东西——一片圣林，在这里，专门种植的是山毛榉树——所环绕。为了证实这一点，我们被要求将其与罗马城中另外一个类似的古代朱庇特圣所进行对比（在我看来这是一个相当弱的证明），后者坐落于自身周围的圣山毛榉林中：那里被称作法古塔尔（Fagutal），得名自山毛榉树的拉丁文名fagus。

　　无论我们如何设想这根立柱的原始情境、山毛榉树的多寡、是自然林地还是人工移植，故事的主线都是十分清楚的。当这个早期的圣所可能是在公元前 3 世纪时最终被房屋覆盖时，由于人们尊重立柱的宗教地位（我们可以这样猜测），它在后来的建筑中得以完整保存。几个世纪之后，在公元 79 年，人们在立于此地的这座房屋里仍能见到这根柱子：不过我们并不知道，彼时它是否还保留有某种特殊的神圣意味，抑或仅仅成了主人津津乐道的谈资（没有它的话这座房屋实在平淡无奇）。

　　有关这根立柱的小故事能提醒人们注意到重要得多的一点：它意味着庞贝在最终被摧毁之时就是一座古城，并且一望便知。尽管在大多数现代人看来，这片废墟与其他罗马城市似乎没什么不同，无论在年代还是风格上都大同小异，但事实上绝不是这个样子。首先，我们很快就会看到，严格说来，公元 79 年的庞贝作为一个"罗马式"城市不过 200 年光景。但是，正如古今大多数城市一样，这里一度也混杂着各种极新的建筑、受人尊敬的古物和巧妙修复的景物，也杂陈着古雅的旧式建筑和被悄悄荒弃的建

图 12　"农牧神之家"是城里最宏伟的房屋之一，在公元 1 世纪时也是最老式的住宅，尽管如今已经令人遗憾地破败了。从这里我们能透过前门望向主中庭，看到那个跳舞的萨梯（即农牧神）像。远方是两片大型的列柱廊花园和著名的有亚历山大像的镶嵌画（见图 13）。

筑。这里的居民无疑能够充分意识到他们城镇中存在的这些差异以及新旧事物的混合。

在所有这些"博物馆珍品"中，最使人惊奇的当属农牧神之家。它是庞贝最著名、如今参观游客最多的房屋之一。作为城里最大的房屋，它占地面积极大，约 3000 平方米，几近王室规模（例如，接近希腊北部佩拉城的马其顿王宫的规模）。它今天的名气不仅源于那尊跳舞的"农牧神"青铜塑像，而且也因为地面上那整套精美得令人眩晕的装饰镶嵌画。其中最重要的一幅叫作"亚历山大镶嵌画"（见图 13），是那不勒斯国家考古博物馆里的明星展品之一，它由无数个细小的石子和嵌片——估计数量在 150 万到 500 万之间，毕竟没人能耐心将其一一数清——精心拼制而

图13　在迄今发现的所有镶嵌画中，属"农牧神之家"里的这幅亚历山大镶嵌画最为精致，它基本上覆盖了其中一个主要展示房间的整个地面。该图版展现了其整体布局。左边的亚历山大正与波斯王大流士厮杀。后者马头的方向（已经调转）暗示，在这个年轻的马其顿人的猛烈攻击下，大流士正准备逃走。画中包含各种技艺超群的艺术手法——例如位于画面中央的马匹看起来是背对着观者的。（见彩图15）

成。它于19世纪30年代出土，其惊人的尺寸和令人困惑的混战场景激发了一个绝妙的想法，即认为它描绘的可能是荷马《伊利亚特》里的战争场面。如今我们可以确认，它展现的是年轻的亚历山大大帝（骑在马背上，在画面左侧）打败波斯王大流士的情景（在画面右侧他的战车上）。通常认为，这幅镶嵌画可能是一幅大师级的仿作，模仿的是一幅如今已经遗失了的画作，不过它也有可能是原创作品。

　　现代的参观者可能会惊讶于这座房屋的规格，或由衷赞美其精美的镶嵌画（在那不勒斯国家考古博物馆里还有另外9幅），但是很少有人会认识到，在火山爆发的那个时代，"农牧神之家"看起来到底有多么老气。这座房屋在公元前2世纪晚期铺上了镶嵌画，许多墙面都按照当时的典型风格粉刷得富丽堂皇，最终得

图示 2 "农牧神之家"。尽管大得过分（占了整整一个街区），但"农牧神之家"还是展现出许多属于更为普通的庞贝住宅的特征。例如它临街的那面由一系列商铺组成。这个版本的标准平面图引导游客从一条狭窄的通道进入两个中庭中的一个。再往后则是两片列柱廊花园。

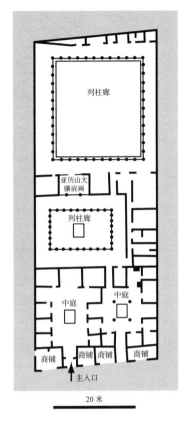

列柱廊

亚历山大镶嵌画

列柱廊

中庭　中庭

商铺　商铺 商铺　商铺

↑ 主入口

20 米

以定型，在接下来的 200 年间几乎没发生什么变化。后来的粉刷和修整都小心翼翼地遵循着它原来的风格。我们不知道它那富有的主人到底是谁（不过有一条很好的线索表明，他们应该是当地一个叫萨特利乌斯［Satrius］的历史悠久的大家族，而那尊农牧神或"萨梯"青铜塑像就成了他们名字的一个形象化的双关）。更何况我们也不清楚，到底是什么原因促使（或迫使）他们在几百年间始终保持着房屋的原貌。如今唯一清楚的是，人们在公元79 年参观"农牧神之家"的体验与我们今天参观一所历史故居或

图 14　人们在"黄金手镯之家"（House of the Golden Bracelet）的花园墙壁上发现的一组二次利用——之前被用来装饰某个圣所，或许是广场上的阿波罗神庙——的赤陶浮雕中的一幅（60 厘米高）。在这块饰板上，狄安娜女神（希腊神话中的阿尔忒弥斯）像位于右侧，胜利女神像位于左侧。

豪华古宅的感觉相差不远。人们穿过大门时会跨过另一幅镶嵌画，这回上面描绘了一个拉丁词语"HAVE"，意为"你好"，这让我们有一种置身公元前 2 世纪的感觉（"HAVE"在英文中也可译为"财富"，尽管这样的双关完全是无意的，但对这座巨大的豪宅来说似乎也是合适的）。

　　"农牧神之家"是个极端的案例。就整个城市而言，新旧元素是混杂相伴的。例如，一些明显属于旧式风格的室内装饰有时会被主人悉心保护起来，或任其剥落，就挨着时下最新潮的装饰。有一面日晷位于一间大型公共浴场的锻炼区内，让忙碌的浴者和锻炼的人们随时都能知道时间，在火山爆发时它已有 200 多年的历史了。上面还有一段十分有纪念意义的铭文，是用前罗马时期的本地语言奥斯坎语写成的。公元 79 年的庞贝城里大概只有很少几个人能够破译这段文字了，那上面说的是当地议会用他们罚款得来的资金制作了这面日晷。

我们还能看到许多其他有关保存与再利用的故事，足以与埃特鲁里亚立柱相媲美。最近有考古发现揭示了一组赤陶雕像的最终归宿，依据其主题和形制，人们断定它曾被用来装饰一座神庙，这座庙宇可能在庞贝城里，也有可能在周围的乡下，甚至可能是广场上的阿波罗神庙（见图 14）。它们是公元前 2 世纪的某个时间雕成的，可能是在公元 62 年的地震后被弃用的，最终成了一座多层豪宅的花园围墙的一部分。这座豪宅叫作"黄金手镯之家"，位于城市西部边界上，俯瞰着大海，在那里必定曾经能够看到令人惊叹的风景。这也许是建筑史上的一个出色的抢救案例，但与其原先所处的位置所具有的宗教上的神圣性相比，可就相去甚远了。

罗马之前

事实上，庞贝的历史远比其可见的遗存所暗示的更为古老。公元 79 年的庞贝城里，在还在使用的建筑中，无论是公共建筑还是私人建筑，没有一处早于公元前 3 世纪。但至少有两座该城的主要神庙能一直追溯至（公元前）6 世纪，虽然人们反复对其进行修复、重建和翻新。广场上的阿波罗神庙是其中一座，另一座是附近的密涅瓦和赫拉克勒斯神庙。它们在火山爆发时似乎就是一片废墟，可能永久地被废弃了。但是在发掘过程中，我们却在里面发现了一些更早时期的装饰性雕塑，比如公元前6世纪的陶器以及成百上千的祭品——其中许多是小型赤陶雕像，有一些显然是女神密涅瓦（希腊神话中的雅典娜）本人的雕像。此外，就像在埃特鲁里亚立柱周围进行的探索工作所显示的，在从城内其他现存建筑往下挖掘时，往往会发现年代久远得多的古建筑遗迹。

其实，目前庞贝考古的研究热点之一，就是该城的早期历史。引起专家关注的问题已经从"公元79年的庞贝城是什么样子？"转变为"该城起源于何时？是如何发展的？"这促发了一系列的从其公元1世纪的表面向下发掘的工作，以期发现在我们如今仍能看到的建筑的地址上原先是什么样子的。这是一个极其艰难的过程，尤其是因为任何人都不会为了查明现存遗迹取代了什么而将其摧毁。因此大部分工作成了"锁孔考古"，只在小面积区域向下挖掘，这样就能对立于其上的建筑只造成最低程度的损毁，也能最低限度地破坏这座观光之城的吸引力。承认吧，我们大多数人来此参观，都是被这座毁于维苏威火山的城市的废墟所吸引，而不是某些古代定居点留下的微弱痕迹。

我们所面临的挑战在于，既要把这些孤立的证据拼成一个整体，又要将其与城市平面图为我们提供的有关城市发展历史的线索匹配起来。因为，人们从很久以前就认为，庞贝城的街道布局——不同的地区有着不同形状的"街区"，而且按照略为不同的直线排列——肯定以某种方式反映了这座城市的发展历程。（见图示3）。另一个关键事实是，当下的这一圈城墙可追溯至公元前6世纪，这意味着（看起来可能令人吃惊）这个城市的最终范围早在这个时期就已经确定下来了。

庞贝

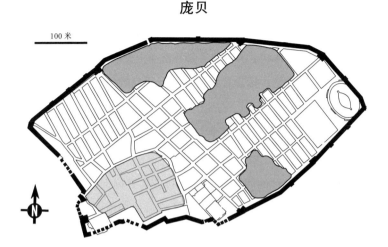

图示 3　城市发展的平面图。从街道布局中似乎能看到城市发展的年代轨迹。左下角（阴影部分）"旧城"里的街道布局呈不规则图形。而其他街区则依不同的直线排列。

　　鉴于这些证据的麻烦之处，人们在它们所揭示的历史主线问题上达成一致的程度是不寻常的。大多数人承认，就像城市的平面图所表明的，定居点的原始中心位于西南角上，那里的街道组成了不规则图形，这片地区被考古学家们堂皇地称为"旧城"。但是，在那片地区之外，从城市各地收集而来的大量早期发现（既有陶器也有建筑的证据）越来越清楚地表明，在公元前 6 世纪，庞贝城就已经是一个在城墙内分布相对广泛的社群了。事实上，城内很少有哪个地方在现存建筑之下深入挖掘后，不会出现公元前 6 世纪的痕迹，即使它们只是小碎片或极为热切的搜寻工作的结果。（"伟大的幸存者"阿马德奥·马尤里［Amadeo Maiuri］的故事便是其中一例，他在 1924 年到 1961 年间负责指挥这里的发掘工作，期间经历了法西斯政权与第二次世界大战，他经常给在他希望发现早期陶器的地方找到陶器的工人一份奖励，这在考古上是一个通常会有所收获的策略。）同样清楚的是，公元前5世纪的考古发现数量急剧下滑，到了公元前4世纪时才逐渐有所回升，直到公元前3世纪才标志着我们如今所看到的可辨识的城市发展的开始。

在这个原始中心到底有多古老或者在这片旧址及附近地区偶然发现的公元前7、前8世纪甚至前9世纪的物质是否能代表有一个此类定居社区的问题上，人们的意见就远远不那么统一了。同样，在公元前6世纪时城墙内这片区域的用途问题上，也存在着彼此针锋相对的意见。其中一种观点认为，它大部分都是圈起来的农田，而我们的考古发现则来源于各个独立的农业建筑、农舍、乡村圣所。这种观点并非不可信，但这个观点似乎制造出了数量庞大的"圣所"，无法令人信服，它们中的一些远远不像埃特鲁里亚立柱那样表现出了明显的宗教特征。

一个更加晚近的观点对此提出挑战，认为甚至早在这个阶段，城市的构架就已经趋于成熟了。其主要依据是，就我们仅有的线索而言，所有"老城"之外的早期建筑都是依循后来较为成熟的街道布局来修建的。这并不是说公元前6世纪的庞贝是现代意义上那种人口密集的城镇。实际上，即便是在公元79年，城墙内也还有大片的空地和耕地。但这一事实的确意味着当时已经建立起了一套街道网络，或者至少是某种基本形式。基于这一解读，我们可以认为，庞贝在那时就已经是个"蓄势待发"的城市了，虽然在经历了长得令人不舒服的3个世纪后它才"发端"。

同样有争议的一个问题是，这些早期庞贝居民到底是什么人。虽然城市在最后时期表现出了显著的多元文化风情，希腊艺术、

犹太饮食戒律、印度小摆设、埃及宗教等等在此融合，但这些并
非这个时期的特例。其实在公元前 6 世纪，早在罗马支配了这里
之前，在位于当时和现在都被称为坎帕尼亚（Campania）地区中
心地带的庞贝城，说奥斯坎语的本地居民已经和希腊移民之间有
了密切的交往。例如，自公元前 8 世纪始，库麦（Cumae）就有
了一个重要的希腊城镇，离那不勒斯湾 50 公里远。埃特鲁里亚
人也是当地一支重要力量。他们自公元前 7 世纪中期就开始向
此地移居，150 多年来与希腊社区争夺着这里的统治权。在庞贝
城早期发展历程中，到底哪一边提供了驱动力，我们只能猜测，
考古发现无法回答这个问题：例如，一个埃特鲁里亚水罐的碎
片几乎可以确定表明城市居民与当地的埃特鲁里亚社群有来往，

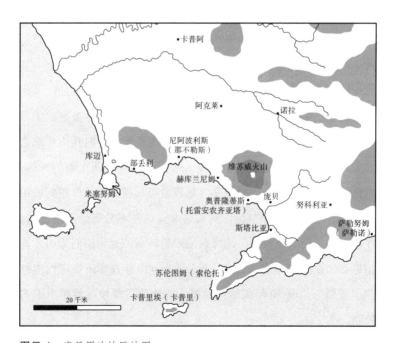

图示 4　庞贝周边地区地图

但这不能证明庞贝就是个埃特鲁里亚城镇（尽管也有人持坚决的反对意见）。

而且，古代作家似乎也并不比今人能更有把握地理清该城的早期历史。有人甚至依靠别出心裁地发明出来的词源，认为"庞贝"一词来自赫拉克勒斯的"凯旋游行"（pompa），因为据说他在西班牙战胜了怪兽格律翁（Geryon）之后曾取道于此；或者来自奥斯坎语中的"五"（pumpe），表明该城最初是由 5 个村落汇聚而成。公元前 1 世纪的希腊作家、多卷本专著《地理志》（*Geography*）的作者斯特拉波更严肃地提供了一份该城居民的名单。乍看上去，它令人振奋地与我们的某些猜想吻合："奥斯坎人曾占领庞贝，然后是埃特鲁里亚人和佩拉斯吉人 [Pelasgians，即希腊人]。"不过斯特拉波到底是否如许多乐观的学者所希望的那样接触过可信的编年史料，还是像我倾向于认为的那样在诸多不确定的因素面前两头下注，我们完全无法确定。

但是，斯特拉波的名单到佩拉斯吉人还没有完。他写道："此后便轮到了萨莫奈，还有其他各处人。但他们后来也被赶走了。"这里指的是公元前 5 世纪到前 3 世纪时庞贝开始走向我们所熟悉的那种形式的阶段。这些萨莫奈人是另一支讲奥斯坎语的部落，来自意大利的腹地，后来罗马人刻板地将其描述为一群粗野的山地战士，生性顽强而节俭，其实这么说也并不是完全不公正的。在前罗马时期的意大利，地缘政治形势转瞬即变，他们移居至坎帕尼亚，设法在此建立统治，于公元前 420 年在库麦决定性地打败了希腊人，而 50 年前这些希腊人才刚刚摆脱埃特鲁里亚人的控制。

或许正是由于这些冲突，庞贝的命运在公元前 5 世纪发生了明显的改变。事实上，一些考古学家从在该遗址几乎完全找不到这段时期的遗迹推断，这个城市在当时一度被废弃了。不过只有一段时间。到了公元前 4 世纪，庞贝或许已经成了被我们堂皇地称为"萨莫奈联邦"（Samnite Confederacy）中的一员——不过除了斯特拉波，我们几乎没有确切的证据可以证明这一点。但它毕竟位于海岸的关键位置上，又处于萨诺（Sarno）河的河口（我们对古代萨诺河河道的确切方位的了解并不比对海岸线的了解多），对上游居民而言承担着港口的作用。正如斯特拉波在暗示该城名称的另一个来源时所指出的那样，这里靠近河道，"将货船迎进来，并把它们送走（希腊语：ekpempein）"。

"但萨莫奈人后来也被赶走了"？对于驱逐者是谁，斯特拉波不用过多解释。因为这正是罗马在意大利扩张的时期，也正是在这个阶段，它从一个只能控制毗邻城镇的意大利中部小城成长为一个势力遍及整个半岛，甚至逐渐覆盖地中海全域的主宰力量。公元前 4 世纪下半叶，在罗马对抗萨莫奈人的战争的一系列战场中，坎帕尼亚只是其中之一。庞贝也在其中扮演了小角色。公元前 310 年，一支罗马舰队在此停靠后，士兵登陆前行，蹂躏并洗劫了萨诺河谷上游的乡村地带。

这些战争将意大利的几支古老政治势力都牵扯了进来：不仅仅是罗马和诸多萨莫奈部落，还有现在聚集在那不勒斯的希腊人，以及北部的埃特鲁里亚人和高卢人。但罗马也并不能轻易战胜他们。公元前 321 年，罗马军队败于萨莫奈人，被围困在一个叫"卡迪乌姆岔口"（Caudine Forks）的隘口中，可以说是罗马经历的最屈辱的败仗之一。甚至庞贝人也英勇抵抗过罗马舰队的劫掠。根据罗马史家李维的记载，就在满载而归的士兵们快要回到船上时，当地人一拥而上逮住这些劫掠者，还杀死了一些。这是庞贝反抗罗马的一场小胜。

但罗马人还是一如既往地赢到了最后。到公元前 3 世纪早期，庞贝及其在坎帕尼亚的邻邦无论是否出于自愿全都加入了罗马联盟。这些盟友基本还是完全独立的，由当地政府管辖。罗马人没有全力尝试把自己的制度强加给他们，也不要求他们使用拉丁语而废弃当地的意大利语。庞贝城的主要语言还是奥斯坎语，和萨莫奈人统治时一样。但在战争、媾和、结盟以及其他被我们时代错乱地称为"外交政策"的诸多事务方面，他们还是需要承担义务，为罗马军队提供人力，听从罗马的指令。

在很多方面，庞贝都从自己的从属地位中获得了很大好处。自公元前 3 世纪始，该城人口急剧增长，我们是从房屋数量的大幅增长推断出这一点的。到了公元前 2 世纪，一系列新型公共建筑就出现了，包括浴场、运动场、神庙、剧院、法庭等，大量私人豪宅也正是在这个时期给城市景观留下了永恒的印记，"农牧神之家"只是其中最大的一座。现在，庞贝城才第一次呈现出我们会称之为"一座城市"的样子。何以如此？

一个可能的答案是汉尼拔在公元前 3 世纪末入侵了意大利。当这些迦太基人在完成翻越阿尔卑斯山的惊人壮举后，他们挥兵南下，坎帕尼亚再次成为一个重要的角力场，一些社群仍忠于罗马，而另外一些则投奔敌军。北方的卡普阿（Capua）就是背叛者之一，它后来被罗马人围攻并被施以严厉的惩罚。另一方面，就在庞贝几公里外的努科利亚（Nuceria）仍然忠于罗马而被汉尼拔摧毁。庞贝地处战争的中心地带，难免遭到破坏，但它并未受到直接打击，当时很有可能成了一个避难所，收容那些在冲突中流离失所、无依无靠的人。这或许同样能被用来解释这个时期的房屋数量为何会急速增长，而城市发展也突然提速。换言之，在罗马最黑暗的日子里，这个城市却意外地从中受益。

另一个答案是，这是罗马帝国主义在东方的扩张以及由此带来的大量财富所导致的。虽然这些盟友并不是自发参与到罗马的征服战争中去的，但他们还是可以分一杯羹。这些利益部分来自战利品，也来自逐步与地中海东部地区建立起来的贸易纽带以及新开辟的接触希腊世界的技艺、艺术和文学传统（除了那些仍然生活于此的希腊人所提供的）的渠道。

至少有一件劫掠品似乎曾在庞贝的阿波罗神庙外被展出过，那是罗马及其盟友在公元前 146 年洗劫极其富有的希腊城市科林斯（Corinth）时得来的。至于这件作品具体是什么，我们并不知晓，或许是一座雕像，或者是豪华的金属制品，不过有一段奥斯坎语铭文得以幸存，记录了它是罗马将领穆米乌斯（Mummius）赠送的礼物。在更远的几个大型希腊贸易中心，比如提洛岛（Delos），还发现了几个庞贝城的家族姓氏。至于相关之人是否都是庞贝的本地居民，我们显然无法完全确定。但是，这类贸易往来的影响力也是显而易见的：它（至少）直接关系到庞贝精英的日常饮食。考古学家在探索赫库兰尼姆门附近的一组房屋时，曾仔细收集了各类种子以及香料和其他食物的显微痕迹，发现自公元前 2 世纪起，居民的饮食就已经十分丰富多样了，包括来自遥远异域的少量胡椒和孜然。"农牧神之家"虽然算不上典型的庞贝式住宅，但其中的大量镶嵌画——尤其是亚历山大镶嵌画那幅惊世之作——可以证实，庞贝城具有高度发达的希腊艺术文化。

简而言之，公元前 2 世纪的庞贝是个不断发展的繁荣社区，凭借它与罗马的关系而大大获益。但庞贝人虽然是罗马的盟友，却并非罗马公民。为了取得这一身份所带来的特权、成为一座真正的罗马城市，他们不得不诉诸战争。

成为罗马人

公元前 91 年，所谓的"同盟战争"（Social War）爆发了，一批意大利盟邦（socii，战争因此得名）与罗马挥戈相向。庞贝也是其中之一。如今看来，这是一场十分古怪的叛乱。因为，尽管这些盟邦的动机引发了无尽的争议，但最有可能的是，他们之所以诉诸暴力，并非因为真的想要脱离罗马世界并摆脱其统治，而是因为记恨于自己没能完全成为罗马集团的一员。换言之，他们想要的是罗马的公民权，以及随之而来的庇护、权力、影响和在罗马的投票权。由于罗马和它的盟邦已经习惯了肩并肩作战，这场以野蛮著称的冲突实际上也就成了一场内战。很容易就能料想到，军事实力远为强大的罗马获取了胜利，但这些盟邦在另一种意义上取得了胜利，因为他们如愿以偿了。罗马向一些反叛之邦授予了公民权，立刻就把它们收买了。但即使是那些顽强反抗的，在战场上被击溃后也被授予了公民权。自那时起，几乎整个意大利首次在严格意义上成了"罗马人的"半岛。

在这场战争中，庞贝于公元前 89 年被著名将领卢基乌斯·科尔内利乌斯·苏拉（Lucius Cornelius Sulla）围攻，此人后来在罗马城里成了嗜杀成性的独裁官，尽管任期不长。（公元前 82 年到前 81 年，他出价悬赏 500 多个富有政敌的项上人头，若他们不自我了断，就只能等着被残忍追杀。）为苏拉作传的普鲁塔克告诉我们，年轻的马库斯·图利乌斯·西塞罗（Marcus Tullius Cicero）当时就在苏拉麾下，不到 20 岁，数年之后，他才在罗马法庭上以卓越的演讲技艺大获成功，并由此开启了政治生涯。对崭露头角的演说者和拉丁语学习者而言，他可谓是教科书式的人物。

我们至今还能在庞贝看到苏拉当年的所作所为，人们在遗址附近找到了无数的铅弹和弩炮弹丸（相当于现在的炮弹），城墙上还残留着零星的弹孔，它们据推测是原本用来清除防御工事的弹丸未能击中目标而留下的清晰痕迹。城内靠近北方城墙的那批房屋毁损尤为严重。例如"维斯塔贞女之家"（House of the Vestals），它得名自 18 世纪的一个毫无根据的想法，那时有人认为这里曾住着一群贞女祭司，即"维斯塔贞女"。这座房屋严重损坏，即便富裕的主人成功扭转了混乱和破坏的不利。他们在战后似乎获得了一些邻居的土地，极大地扩建了他们的房子。可巧的是，近 2000 年后，"维斯塔贞女之家"再次成了战争的牺牲品，同盟国的炸弹在 1943 年 9 月将其摧毁。经过发掘，现代的弹片与罗马时期的投石弹丸就这样同时呈现在我们眼前。

庞贝人抵抗罗马火力的投入程度或历时长度我们不得而知。不过街角粉刷的那一系列奥斯坎语公告或许能为我们提供一些线索，了解他们是如何准备战斗的。通常认为这些公告是围城时留下的，在后来涂上的灰泥的层层遮盖下得以保存，又在灰泥剥落后重见天日。其含义虽然无法确定，但极有可能是对守城部队下达的指令，告诉他们应该在哪里集合（"在第 12 座塔和盐门之间"）以及听谁的指挥（"维比乌斯之子马特里乌斯［Matrius，son of Vibius］将指挥战斗"）。若是如此，那就意味着这里具有高度的组织性，并且市民的受教育程度足以让他们在紧急情况下使用书面指令。庞贝城也有外来的援助。一则关于同盟战争的史料记录了叛军将领卢基乌斯·克鲁恩提乌斯（Lucius Cluentius）前来解围的故事。他在第一次小规模交锋中占了上风，却不料苏拉杀了个回马枪，予以致命一击，将克鲁恩提乌斯的军队一直驱逐至附近的叛军大本营诺拉，据古人（未必可靠）的估计，苏拉杀了他们近 2 万人。庞贝不久后肯定也陷落了。

但与其他战败的盟友城镇受到的待遇不同，它没有遭受残酷的对待。不过，在战后不到 10 年、庞贝人已经被授予罗马公民权之后，苏拉采取了另外的报复方式。在希腊战场上的漫长战争结束后，由于需要安顿老兵，他将其中一部分安置在了庞贝，据保守估计，算上家属共有几千人。这使城市人口激增，可能使居民人数增加了近百分之五十。但它造成的影响远不止于此。罗马将此地正式纳为"殖民地"，当地政府也相应得到了改造。每年选举产生的官员被给予了新的名称，并且无疑也有了新的职责。原先奥斯坎人的行政长官（meddix tuticus）被双执法官（duoviri iure dicundo）取代，后者的字面意思是"宣布法律的两个人"。

为了反映新身份，城市的名称也发生了改变。这时庞贝的官方名称为"Colonia Cornelia Veneria Pompeiana"：Cornelia 来自苏拉的家族姓氏（Cornelius）；Veneria 意指守护神维纳斯；换言之，它成了"受女神维纳斯神圣庇护的科尔内利乌斯的殖民地庞贝"（拉丁文和英文读起来同样拗口）。正如这个称谓所示，城市的官方语言也变成了拉丁语，不过直到公元 79 年，还是有当地人在私人场合使用奥斯坎语——无疑，他们的人数越来越少。也只有这几个人或许能够破译今天还能见到的那些古奥斯坎语铭文。在这个城市最后的岁月里，他们中的某个人，可能是个嫖客，将其名字留在了一家妓院的墙上，用的就是特色鲜明的奥斯坎文字。

这些"殖民者"（他们现在常被如此称呼）使庞贝焕然一新。一个崭新的大型公共浴场在广场旁边兴建起来，在早期两位双执法官的资助下，许多其他建筑也得到了修缮，包括一个新建的桑拿房。最引人注目的是，在城市的东南角，现有的房屋被拆毁，修建了一座露天竞技场，这大概是世界上现存最早的石质露天竞技场。主入口上方的铭文显示，这个竞技场的修建要归功于另外两位杰出的新来移民的慷慨之举，他们还支持修建了一座全新的"有顶剧院"（Covered Theatre，或"Odeon"，它今天常被如此称呼），尽管他们自己没有掏腰包。我们有很好的理由相信，其中一位显贵盖乌斯·昆克提乌斯·瓦尔古斯（Caius Quinctius Valgus）[1]正是我们在拉丁文学中偶尔能见到的那个"瓦尔古斯"：他是普布利乌斯·塞尔利维乌斯·卢鲁斯（Publius Servilius Rullus）的岳父。卢鲁斯主张给罗马贫民重新分配土地，是西塞罗在 3 篇《反卢鲁斯》演讲中的主要攻讦对象。若是如此，如果西塞罗对他的评价至少有一半可信，那么这个出资兴建庞贝竞技场的人，就不是（或不仅是）一个为当地作贡献的毫无私心的慈善家了，而是一个趁着苏拉在罗马施行恐怖政策大发横财的无耻坏蛋。

至于这股新来的移民到底住在哪里，就不是很清楚了。没有任何迹象表明城内明显有一个"殖民者街区"。近来有观点认为，他们的大部分地产和土地都在郊区，既有小农场又有大别墅。对于这个棘手的问题，这是一个便利的解释，但并不全面。肯定有

---

1 拉丁语中，字母 c 在 Caius 和 Cnaius 中发 g 的音。

一些殖民者住在城里。在他们之中最富有的人（反正肯定不是最普通的）看来，理想的候选房产是城市海岸边的房屋（例如"黄金手镯之家"及邻近房屋）。它们位于城墙———旦庞贝成了罗马人统治着的据说和平的意大利的一部分，城墙在战略上就没有必要性了——之上，是多层建筑，建在急剧降至海平面的陆地陡坡上，总建筑面积几近"农牧神之家"。豪华的娱乐套房内设有大窗和阳台，一度必定非常壮观的沙滩海景能够尽收眼底（见图15）。遗憾的是，这些房屋并不定期向游客开放。它们楼层众多，有着迷宫般的回廊和楼梯，更不用说全景的视野（谁说罗马人不在乎风景？），与我们对罗马房屋的标准印象完全不同。它们必定是这个城市里最时髦的一批房产了。

　　在某种程度上，殖民者的到来直接使这里本来就已经启动了的"罗马化"进程提速了。毕竟，"农牧神之家"的主人早在公元前2世纪时就已经选用拉丁文（HAVE）来迎接他的客人，除非那块特别的镶嵌画是后来加上去的。而在公元前1世纪早期兴建公共建筑的浪潮中，其中一些建筑的建造时间可能比殖民者的到来还要早，而非像人们通常认为的那样，是由后者发起的。实际上，除非有确切的铭文证据，否则很难确定这些建筑是在殖民地建立之前还是之后修建的。有观点认为这些建筑中有许多是殖民者修建的，但就算这并不必然是错误的，也几乎完全是循环论证（殖民者热衷于修建；因此所有公元前1世纪的建筑都是他们修建的；这又反过来证明这些殖民者热衷于修建）。例如，位居广场一端的献给朱庇特、朱诺和密涅瓦的三神庙究竟是由殖民者奠基的（近来有一位考古学家声称，其测量单位似乎使用的是罗马尺，这意味着它是一座罗马建筑），还是由一座原本单独献给

图 15　"法比乌斯·鲁弗斯之家"（House of Fabius Rufus）坐落在城市西缘，旧城墙之上，从中能够看到令人艳羡的海景。为了充分利用这一优势，房屋设有大窗和阳台。

朱庇特的神庙后来改建为典型的罗马三神庙的，仍然存在争议。鉴于罗马逐渐扩大影响力，在"前罗马时期"的庞贝就已出现大量"自发的罗马化"现象是毫不足怪的。

　　然而，不可否认的是，这幅图景易于将当时的冲突程度予以淡化，毕竟在早期殖民时代，罗马移民和当地的奥斯坎居民之间矛盾重重。毫无疑问，这在一定程度上是由文化引起的冲突；尽管我对某些现代历史学家所持的观点持保留态度，他们认为高雅而爱好戏剧的庞贝人有些难以接受粗鲁而爱好观看竞技表演的老兵，我认为这种观点不仅对老兵不公，而且也过于高看庞贝人了。说得更确切些，这些移民至少在一段时间内似乎把控了城市的日常政治生活，并将本地原来的居民排斥在外。

　　这种排斥在遗址本身上留下了迹象。在现存的殖民地头几十年竞选出来的城市官员名单里，没有一个出自传统的奥斯坎人家族，而是清一色的罗马人。纪念新露天竞技场的修建的铭文表示，瓦尔古斯和其他联合赞助人是将其献给"殖民者"的。当然，从严格意义上来说，"殖民者"也包括所有被正式称为"受女神维纳斯神圣庇护的科尔内利乌斯的殖民地"里的居民。不过，尽管在严格意义上或是如此，要说这个表述囊括了城里所有的原有家族，也还是令人难以想象的。在日常言谈中，"殖民者"和"庞贝人"通常被视为城中两股独立的对抗势力，事实上，西塞罗于公元前 62 年在罗马发表的一次演讲就证实了这一点。

　　这是西塞罗为独裁官苏拉的侄子普布利乌斯·苏拉所做的辩护演讲，因为后者被指控是卢基乌斯·塞尔基乌斯·喀提林（Lucius Sergius Catilina）的同谋；在这一年早些时候，喀提林这个负债累累的贵族和不幸的革命者在一场未遂的推翻罗马政府的企图中死去。20 年前，正是这位年轻的苏拉在庞贝负责殖民地的建设。有人指控他怂恿庞贝人参与喀提林阴谋，这并非完全不可信；在回应指控时，西塞罗一度将罗马听众的注意力吸引到对庞贝当地政治问题的讨论上。这个转弯抹角的辩护令人生疑，集中在城里的"殖民者"和"庞贝人"之间的争执。他声称，部分归功于苏拉本人的介入（信不信由你），这些争执都结束了；在苏拉的支持下，双方——我们应该注意到，它们仍是两支独立的势力——都向罗马派出了使团。可是，这些争执到底是关于什么的？西塞罗含糊其词地提到了庞贝人对于"他们的选举"和"ambulatio"感到不满，后面这个拉丁词语既可以指"散步"，也可以指代任何可以散步的地方，比如"一个游廊"。

关于"选举"的争执其实不难想象。将这一点与殖民地头几任地方官员中没有当地人的名字联系起来，似乎可以确定新的政治安排以某种方式使本地居民处于不利地位。一些现代学者甚至猜想，本地居民或许被完全排除在了选举之外——尽管也有可能是以不那么极端的方式，这更为合理。至于与"散步"有关的争执到底是指什么，引发了人们的无数猜想。例如，以"ambulatio"一词的"散步"这个含义来理解，这是否意味着庞贝人在城内活动的权利受到了限制？或者某个特定的游廊禁止他们入内，否则便会构成罪行？抑或，西塞罗提到的那个词根本就不是"ambulatio"，而是（如一份该演讲的手抄本所写的那样是）"ambitio"，意为"行贿"或"腐败行为"——这样问题又回到了选举制度上来？

坦白说，这里的谜团还未被解开。但无论答案多么可疑，有一点还是很清楚的。虽然麻烦只是暂时的（几十年后，那些原先缺席的奥斯坎人名字又重新出现在了当地政府官员的名单中），可在庞贝被完全纳入罗马后的最初岁月里，当地原来的居民的日子肯定都是不太好过的。

罗马世界里的庞贝

一个众所周知的说法是，在罗马世界里，庞贝是个无足轻重的闭塞之地。唯一可炫耀的只有它出产的鱼露。老普林尼曾不经意地夸赞过这一点（"……庞贝也因其鱼露而远近闻名"），庞贝生产的这种美味显然热销于整个坎帕尼亚地区，因为我们常常能挖出专门盛装鱼露的陶瓶。甚至在高卢地区也出现过。不过，仅仅发现一个庞贝陶瓶并不必然意味着存在一个繁荣的国际出口市场，它也可能只是某个庞贝人在旅行时携带食材的容器，甚至可能是一份礼物。庞贝的葡萄酒的名声仅次于鱼露，但显然质量参差不齐。有些牌子的酒很好，但普林尼警告过我们，当地的劣质酒很可能会让你一直宿醉到第二天中午。

人们通常认为，当罗马有重大历史事件发生时，庞贝人往往不受任何打扰，安然度日。首先是在那个自由而半民主的罗马共和国垮台后，独裁统治建立、内战不断，直到奥古斯都（公元前31—公元14年在位）成立罗马帝国、建立独裁统治；此后是在皇帝接连继位的时期，其中有的像奥古斯都本人或维斯帕先（公元69年在另一场内战后继位）一样，以正直和仁慈的专制著称，其他也有像卡里古拉（公元37—41年在位）和尼禄（公元54—68年在位）这样饱受诟病的疯狂暴君。大多数时候，这些风暴中心都与庞贝城相距甚远，尽管有时候也会因为靠得有些过近而受到牵连。例如，公元前1世纪70年代末，就在殖民地建立后不久，斯巴达克斯领导的奴隶起义军暂时驻扎在维苏威火山口附近，就在城北几公里远处。人们曾在庞贝一座房屋里发现过一幅粗糙的画作，它被后世的层层装饰遮住了。在其描绘的战斗场景中，有个骑在马背上的男子被标注为"斯巴达克斯"（Spartaks，奥斯坎语），于是这个事件可能就这样被永久铭记。这个想法不错，但这幅画更有可能描绘的是一场角斗士间的决斗。

同样，在极少数情况下，庞贝也会对首都和罗马文学产生影响，无论是因为某场天灾，还是公元59年的事故所导致的。那一年，一些角斗表演突然失控，紧接着，当地居民和来自附近努科利亚的"外援"血腥地厮杀了起来，直到伤员和死难者家属上诉到皇帝尼禄本人那里，才让事情告一段落。但总体而言，庞贝城的日子还是一如既往的慵懒，没有在罗马的生活和文学中留下太多痕迹——或者反过来说，庞贝城没有受到国际地缘政治和首都精英阶层间钩心斗角的太多影响。

事实上，西塞罗甚至可以嘲笑庞贝的政治生活的懒散。有一次，他谴责尤里乌斯·恺撒可以任意指派心腹进入元老院，而不经过一般的选举程序。其中一句妙语让人联想到现代人对唐桥井（Tunbridge Wells）或者印第安纳州的南本德（South Bend, Indiana）[1]的讽刺：据说他说的是要想进入罗马的元老院十分容易，"但在庞贝却很难"。热切的庞贝政治研究者常常抓住这一点，争辩说这里的政治生活实际上充满了竞争，甚至比罗马城本身的竞争还要激烈。但其实他们误解了这个辛辣的嘲讽。西塞罗的意思大概是，"要进入上议院比成为唐桥井市长还容易"——换言之，这比你所能想到的最容易之事还要轻松。

对于庞贝城的无足轻重，考古学家持两种不同的态度。作为罗马世界里唯一在细节层次上都保存得如此完好的城市，庞贝却如此远离罗马的主流生活、历史和政治，这让大部分历史学家或公开或私下感到遗憾。相比之下，也有人为这座城市的平凡感到庆幸，认为正是因为如此，我们今天才有幸得以了解古代世界居民的生活，而他们通常被历史忽视。这里没有好莱坞式的魅力来迷惑我们的眼睛。

但庞贝绝非像人们通常所描述的那样，是一块被遗忘的与世

---

1 唐桥井市位于英格兰肯特郡西部，南本德为印第安纳大学分校所在地。两地位置闭塞，对政治缺乏兴趣。（Beard 在邮件中的解释）

隔绝之地。没错，这里不是罗马；而且按照西塞罗的说法，这里的政治生活（详见第6章）也不像首都那样残酷。在很多方面，它都只是个非常普通的地方。但是，在罗马统治下的意大利，这些普通的地方有一个特点，那就是它们往往和罗马本身密切相关。通过赞助、支援和保护的纽带，它们经常与罗马精英中的高层人士有所往来。例如，我们从奥古斯都最赏识的侄子、有望成为继承人的马克鲁斯（Marcellus）的雕像上的铭文得知，他曾一度担任庞贝"恩主"这个半官方职位。这类地方的历史就这样与罗马的历史联系在了一起。它们提供了一个可以让首都的政治戏剧再度上演的舞台。它们的成功、问题和危机足以产生远远超越地域性的影响，甚至直达首都。用现代政治术语来说，罗马治下的意大利正是一个"连动的"共同体。

庞贝在罗马城以南，仅有240公里远，其间路况良好。只要信使有足够多的坐骑换乘，紧急通知一天之内就可以从首都传达至庞贝。普通的旅行或许会花上3天，再磨蹭点儿就得要一周。不过，除了在古代的条件下从首都易于到达这一点，罗马精英及其随从们还有来庞贝旅行的好理由。那不勒斯湾那时是个广受欢迎的度假休闲胜地（至今部分地区仍是），常常被视为葱郁乡间的舒适"第二故乡"，最可贵的是还能眺望海景。公元前1世纪时，与庞贝城隔湾相望的巴亚（Baiae）城就已经是高级的享乐胜地的代名词，差不多类似于古代版的圣特洛佩（St Tropez）[1]。前文提到过，同盟战争时期，年轻的西塞罗在围攻庞贝的军队中还只是个新兵。25年后，他却在"庞贝地区"置了一所乡村住宅，尽

---

1 位于法国普罗旺斯-阿尔卑斯-蓝色海岸大区，是名流和富人的消暑天堂。

管这有些超出了他的承受范围。他把它当作远离罗马的藏身之处；公元前 49 年，内战即将打响，当他在为选择尤里乌斯·恺撒还是"伟大的"庞培而犹豫不决时，他住在这里是为了方便他随时从海路逃离。18 世纪的学者确信他们找到了这座建筑，就在赫库兰尼姆门外的一大片地产中（自那以后又被掩埋起来，见彩图 1）。但遗憾的是，他们只是稍微分析了一下西塞罗所有关于"庞贝住宅"的描述，并结合了大量一厢情愿的设想，几乎可以确定，鉴定结果是错的。

　　20 世纪也有这样一批学者体会到了同样的兴奋，他们在这座城市周边发现了另外一名显贵的住宅：这次是尼禄的第二任夫人波派娅（Poppaea）的；为了这位名媛，皇帝杀害了自己的母亲和第一任夫人奥克塔维娅（Octavia），而波派娅自己也最终死在了丈夫手上，尽管他不是故意的（他在她怀有身孕时踢了她的肚子，尽管原本并不打算杀她）。和西塞罗的情况差不多，我们有确切的证据表明她在当地有房产。人们在附近的赫库兰尼姆发现的法律文件上记载，"皇后波派娅"正是"庞贝地区"一些砖石（或瓦）建筑的所有者。她的家族可能就来自庞贝，甚至有人认为他们就是那座宽敞的"米南德之家"的主人。尽管在所有记载波派娅的（不良）品德和家庭背景的史料中都没有直接提及这一点，但是这些砖石建筑以及城里存有的大量关于当地有个著名的"波派娅"家族的证据表明，她很可能就出身自庞贝。

　　这本身已足以再次说明这个地区和罗马精英的世界有十分密切的联系，但人们寻找波派娅当地住宅遗址的愿望过于强烈，就连务实的现代考古学家也不例外。他们的主要候选对象是奥普隆蒂斯（Oplontis，现在的托雷安农齐亚塔［Torre Annunziata］，离庞贝大概 8 公里远）那栋大别墅。它也许是属于她的；因为这是一处庞大的房产，具有皇家规模。但是，尽管人们经常将之称为"波派娅别墅"，仿佛这已是既定事实一样，但证据其实是极为不可靠的，不外乎两三则模糊不清的涂鸦，甚至都不见得与波派娅或者尼禄有任何联系。以"伯里洛斯"（Beryllos）这个名字为例，它被刻在别墅的一面墙上。这也许指的是犹太史家约瑟夫斯在某处提到的那个伯里洛斯，他是尼禄众多奴隶中的一员，不过也很有可能不是。伯里洛斯是个普通的希腊名字。

我们还能从史料中看到庞贝与罗马之间的另外一种联系，在罗马史的记述中，庞贝这一次的露面是很出名的，仅次于火山爆发。此事是公元 59 年的露天竞技场暴动，罗马史家塔西佗的记录如下：

> 大概就在同时，一件很小的事故引起了罗马的两个殖民地努科利亚和庞贝之间的严重纠纷。事故是在李维涅乌斯·列古鲁斯（Livineius Regulus）主办的一次角斗士表演上发生的。关于列古鲁斯其人被逐出元老院的事情我在前文已经谈过了。在相互嘲弄的时候（这是外地城市中那些性情暴躁的公民的特征），他们对骂起来，继而就相互抛石块，最后更动起武器来了。庞贝的居民占了上风，因为比赛是在庞贝举行的。结果许多被打成残废的和负伤的努科利亚人被抬到罗马来，许多人为孩子和父母的死亡痛哭。皇帝把这一案件交给元老院处理，元老院又交给执政官。当案件最后再交到元老院进行裁决的时候，元老院决定不许庞贝市的公民在今后 10 年内再举行任何类似的集会，城内的非法团体均

图 16　该作品展现的是公元 59 年露天竞技场里那场暴动的高潮时刻。左边的露天竞技场刻画得非常细致，外面陡峭的楼梯、竞技场上的遮阳篷和外面摆设的各类货摊都清晰可见。而在右边，斗殴则已经延伸到了旁边的训练场。

予以解散。李维涅乌斯和其他煽动事端的人则被给予放逐的处分。

和李维涅乌斯一起被放逐的是当时庞贝在任的双执法官；或者说这至少是个合理的推断[1]，因为在这一年，我们知道该职位上出现了两对官员的名字。

城里遗留下来的一幅画作让这个故事更加令人难忘，这位画

---

1 骚乱爆发时在任的两位执法官为格奈乌斯·庞贝乌斯·格罗斯弗斯和格奈乌斯·庞贝乌斯·格罗斯弗斯·加维阿努斯。有人认为，2017 年在庞贝新发现的碑铭可能证实他们的确遭到流放，铭文中提到的 Pompeios in patriam suam reduceret 指的是两位庞贝乌斯被允许返还故土。但也有人认为，这里的 Pompeios 指的是庞贝城。

家出于某种原因（或许是不知悔过的极端护城倾向？）选择（或者被命令）描绘这起臭名昭著的事件。那些乍看上去仿佛是在竞技场内决斗的角斗士们可能就是暴动的庞贝人和努科利亚人，他们也在这座建筑的外围展开了战斗。

现代人和罗马人一样痴迷于角斗士文化，这使这起事件被推向了历史舞台的中央。但塔西佗的记述并不仅仅是一场发生了骚乱的角斗士表演的生动剪影。例如，他指出这场庞贝的表演是由一个遭谪贬的罗马元老举办的，此人在几年前被驱逐出了元老院（遗憾的是，塔西佗所谓的"前文"那部分内容已经遗失了）。然而，我们很难不得出这样的结论，即一位在罗马失宠的富人将庞贝视为一个他可以在其中扮演施惠者和要人角色的地方。不仅如此，我们很难不去猜测，捐助这场表演的那个声誉不佳、或许有争议的人与表演所引发的暴力活动之间是否有某种联系。在这里，塔西佗也暗示了地方社区可能能以何种方式使自身的问题在罗马引起关注。努科利亚人（尽管在其他情况下也有可能是庞贝人）显然能够前往首都，得到皇帝本人的关注，并让他给出切实的回应。至于他们是如何见到皇帝的（如果他们真的见到了的话），并没有得到说明。但这正是一座城市的罗马"恩主"（正如庞贝的马克鲁斯一样）可以发挥作用的地方，他或许会为"门客"们安排一场与皇帝或某位官员的会面，或者更有可能代表他们接手案件。规则是，意大利的地方事务在罗马的确是受关注的；至少在原则上，皇宫的大门是向他们的代表团敞开的。

可能是由于一个这类出使罗马的代表团，后来的一位皇帝介入了庞贝的事务。人们在城门外发现了一系列铭文，记录了维斯帕先的一位代理人的活动。这是一个名叫提图斯·苏维迪乌斯·克莱门斯（Titus Suedius Clemens）的军官，他"对一块被私人霸占的公有土地进行了调查，全面考察后将其归还给了庞贝城"。这个事件背后是罗马世界里经常引起纠纷的一个问题：国有土地被私人不法侵占，然后政府（罗马或者当地政府）又设法将其收回。一些历史学家猜想，新皇帝维斯帕先是自发介入上述事件的，似乎在帝国财政事务上扮演了一个新上任官员的角色。但更有可能的情形是，庞贝地方议会像之前的努科利亚人那样接近皇帝，请求他帮助收复国家财产，于是克莱门斯被指派处理此事。克莱门斯是一名长期服役的职业军人，在把维斯帕先推向皇位的内战中扮演了不光彩的角色，塔西佗将其描述为一个好战的士官，随时准备拿降低军队纪律标准来换取手下的拥护。我们不知道当他来庞贝解决土地纠纷问题时是否已经改过自新了，我们只能希望如此。不过可以肯定的是，他远为广泛地介入了城内的事务（无论应邀与否）。在流传下来的一些公告中，我们能看到他在即将到来的选举中公开支持其中一位候选人："请选举马库斯·爱比迪乌斯·萨比努斯（Marcus Epidius Sabinus）担任享司法权的双执法官之一，他得到了克莱门斯的支持。"我们也不清楚他在城中活跃了多久，但他似乎逃离了火山之灾。我们发现，他在公元 79 年 11 月将自己的名字刻在了所谓的"唱歌的门农雕像"上（这实际上是一位法老的巨型雕像，黎明时分会发出奇怪的声响），它位于埃及内陆，是罗马游客的观光热点。

事实上，庞贝就是这样存在于罗马城的半影之中的，首都的历史、文学、文化和人民也以某些有时出人意料的方式深深嵌入了这座小城市的生活和构造之中。如果说穆米乌斯洗劫科林斯得到的战利品有一部分最后来到了这座城市，那么杀害恺撒的某个

图 17 庞贝城和公元前 44 年恺撒刺杀案之间有何关联？其中一名刺客的名字被刻在了图中的桌脚上，这是在城里的一座小房屋里发现的。最有可能的解释是，这些罪犯的家产在罗马被拍卖了出去，最终来到了庞贝。

刺客至少有一部分家产也是如此。人们在一座小房屋的花园里发现了一根华丽的大理石桌脚，雕刻有狮子头，上面的铭文记载它归普布利乌斯·加斯卡·朗古斯（Publius Casca Longus）所有（见图 17）。几乎可以肯定，他就是最先刺中独裁官的那个人，而这座房屋可能归他的某个后代所有。但更有可能（考虑到这座房屋不大）的是，这并不是祖传家宅，而是朗古斯及有罪的其他当事人的部分财产，在恺撒被刺杀后，恺撒的侄孙、养子、继承人、未来的皇帝奥古斯都将其拍卖了出去。无论这根桌脚最终是如何来到庞贝的，对参观者而言，这都是一个有趣的历史话题，就像那根埃特鲁里亚立柱一样。

　　罗马城的人通常情况下是带着商业或者娱乐目的来庞贝的。除了在墙上涂鸦里留下"签名"的 6 名近卫军士兵，人们最近在庞贝的一块墓地中还发现了 4 块纪念近卫军士兵的墓碑。有的人军衔相对较高；死者里还有一名新兵，20 岁的他刚刚服役两年。对于他们在庞贝城里做什么，我们只能付诸猜测——或许和克莱门斯一样，是在执行皇帝指派的任务，或者是忙中偷闲，暂时脱离护卫在该地区居留的皇室成员的职责，甚至可能是随同皇帝本人对庞贝城做"皇家访问"。

最近有很多学者投入了大量精力，想要重建尼禄和波派娅在公元 64 年来访的细节，彼时大地震刚过去不久，据说尼禄那一年还在那不勒斯的舞台上表演过。当然，这对夫妇可能确实曾造访此地，但可以想见，其证据远非通常认为的那样确凿。最有力的证据也就是城中一座大房屋里残存的几则涂鸦。这些涂鸦难以破译或解读，它们可能提及的是这对夫妇献给维纳斯的黄金珠宝之礼，以及"恺撒"（也就是尼禄）可能造访了维纳斯神庙——尽管如果我们没有认错维纳斯神庙的话，它此时应该是一片废墟，这使这种解释说不通。就算这样，想要证明尼禄与庞贝城的关系，与最近在庞贝城外莫列金（Moregine）的一座拥有整套豪华餐厅的建筑里发现的几幅绘画相比，这就算比较好的证据了。考古学家观察到，墙上有一幅阿波罗画像看起来与皇帝本人尤其相似（见彩图 3），他们从这一点出发声称这里可能是个供给站或皇帝行宫，尼禄来访庞贝时就暂居于此。这个猜想别出心裁，足以媲美 18 世纪那些想象力丰富的古物学者。

从另一则涂鸦中，我们就能看出在解释这类证据时必须要多么谨慎。那是一句拉丁文：Cucuta a rationibus Neronis。a rationibus 的职位差不多相当于"会计师"或者"簿记员"。因此这看起来就是个简单的签名，"尼禄的簿记员库库塔"，他或许是在陪同主人造访庞贝时将名字刻在了墙上。但这样就可能误解了这个玩笑。因为 cucuta（或更通常地被写作 cicuta）在拉丁文中意为"毒药"。这更有可能是一句嘲笑尼禄的讽语，而不是一个名字有些奇怪的

人的个人签名。"毒药是尼禄的簿记员"，这句玩笑似乎暗指的是
人们对他的谴责，因为在财政陷入危机时，他曾杀死他人以获取
他们的钱财。庞贝城里的某个人显然熟知这类和皇室有关的流言。

不过，对于公元79年的来访者而言，罗马与庞贝之间最显著
的联系可能表现在这座城市的构造——建筑和艺术——复制或反
映了罗马的关切，或者甚至照搬了首都的建筑本身。这些联系包
括城市广场的布局（象征了"罗马性"的朱庇特、朱诺和密涅瓦
三神庙位于一端），还有几处用于崇拜皇帝的神庙，以及罗马著
名纪念碑的自觉复制品。在广场上最宏伟的建筑之一优马奇娅楼
（Building of Eumachia，由公元1世纪初捐助此楼的那名女性得名）
的外立面，有两处尤其引人注目的对首都建筑的"引用"。关于
这座庞大建筑的功用，至今仍有争议（有观点认为这可能是织布
工人的会馆，近来又有人认为它是奴隶市场），但是从正面看，
在沿广场一字排开的门廊下的墙上有两大段铭文，其上是必定一
度被用来陈列雕像的壁龛。尽管带有神话色彩，其中一处铭文详
细描述了埃涅阿斯的（他是维吉尔史诗的主角，在特洛伊陷落后
出逃，建立了作为新特洛伊的罗马城）功绩。另外一处铭文详细
描述了另一位神话中的罗马奠基者罗慕路斯的事迹。这两段文本
都源自类似的铭文——在第一位皇帝的典范纪念场所，罗马的奥
古斯都广场上，曾经有称颂包括埃涅阿斯和罗慕路斯在内的数百
位罗马英雄的功绩的铭文。来自首都的游客造访此地，可能不会
感到陌生。

对于这个著名的纪念场所，游客还会在庞贝发现不那么正式
的呼应之处。在我们今天称之为阿波坦查大道的那条主街旁，有
一家漂洗坊（兼有织物加工和漂洗功能）的门面上装饰着两幅令

图18　在庞贝的一家漂洗坊的外墙上，画着两位罗马的奠基者。图中是罗慕路斯，扛着他打败的敌人的盔甲，呼应着另一幅描绘埃涅阿斯带着他的父亲逃离特洛伊的绘画。两幅绘画都是以立在庞贝广场上的雕塑为基础的，而这两尊雕塑又模仿的是罗马城里的雕塑。

人印象深刻的绘画。其中一幅画的是手里拿着一件战利品的罗慕路斯（见图18），另外一幅是埃涅阿斯，正带着年迈的父亲逃离火光中的特洛伊。庞贝城里的某个机灵鬼不仅认出了第二幅画的是维吉尔描述的场景，而且还附上了一句对《埃涅阿斯纪》首行诗文（"我歌唱武器与人……"）的戏仿："我不歌唱武器与人，我要歌唱漂洗工们……"不过这些画更为特定的意义也是一定可以被认出来的。因为，根据现存对罗马奥古斯都广场上的装饰的描述，漂洗坊前门外的绘画是基于在那里占据显要位置的两组著名雕像———一个是埃涅阿斯，一个是罗慕路斯——绘制的。我们没有理由认为这是画师直接按照罗马的广场上的雕像绘制的。最有可能的是，画师依据的是优马奇娅楼门外立于铭文上方的那些雕像——大概就是埃涅阿斯和罗慕路斯，它们自身十分可能就和铭文一样是罗马城著名典范的复制品。

在这里，庞贝这座小城笑到了最后。因为奥古斯都广场上的那些雕像原件也已经遗失了。这些绘画是复制品的复制品，装饰着一座小城里的工坊墙面，如今却成为我们所拥有的最好的证据，以推想罗马城本身的一个主要的皇室委托项目及装饰规划。它向我们很好地展现了罗马和庞贝之间至今也难解难分的复杂关系。

第 2 章

街道生活

在你脚下

每一个参观庞贝的现代游客都会对其街道印象深刻：它们由大块黑色火山岩拼接而成，表面闪闪发亮；由于车辆常年川流不息，上面留下了深深的车辙印（对 21 世纪的现代人而言，很容易伤到脚踝，对于公元 1 世纪的人想必也是一样）；人行路面比街道面要高，有时高达 1 米；路面上精心安置了垫脚石，可以让行人无须费力跳下人行道便能穿过马路，同时它们彼此之间的距离足以让古代车辆在间隙中穿过。

正是这种直接亲历的感觉使庞贝街景如此令人难忘。那些车辙印几乎相当于古人的足迹，是人类活动以及曾在这些街道上奔波的过往车辆不可磨灭的记号。当我们在垫脚石上从这边的人行道跳行至另一边时，其中一部分乐趣就在于，我们知道自己正和成千上万的古罗马人行走在同一条路上。或者说这至少对我们大多数普通游客而言不失为一种乐趣。当教皇庇护九世在 1849 年驾临此处时，人们认为最好"不要让教皇大人在废墟中长途步行"，于是把一些垫脚石移走，好让他的马车——显然其轮距与古罗马人不同——通过。其中一些垫脚石再也没有复归原位。

本章将具体考察这座古城的街道和人行道。在庞贝有一种常

见的现象，即我们脚下留存着的最微小的痕迹，虽然通常不会引
起在城中漫步的大多数人的注意，却可以被用来揭露罗马人生活
中的各种有趣而又出乎意料的方面：这是一幅让我们感到既熟悉
又异常陌生的画面。我们将会看到许多步行区、单向街、交通减
速设施、道路施工、闲汉和垃圾；进一步细致敏锐地观察，我们
还能窥见那些参与城市和公路维护工程中的私人活动。不过我们
也将会看到，在庞贝的街道和广场上还发生着各种惊人的事件（包
括一个不幸的学童遭受的下流体罚），更不用说那些你无论走到
哪里都会碰到的令人不安的水体。事实上，我们大多数人都还没
有意识到，庞贝城非常像威尼斯。

　　这一切的证据大部分都源自城市构造的基本组成构件，如古
老的交通护柱、一代又一代人驾车撞击路边石留下的痕迹，或者

图 19　典型的庞贝街景。这条街通向维苏威门和分水堡（castellum
aquae，在街道尽头就可以看到）。在较高的人行道之间的街面上整齐排
列着一系列垫脚石。

一代又一代的人在喷泉边用手压按留下的痕迹。我们还可以利用那些非凡的绘画，它们提供了庞贝广场廊柱下的市井生活的景象。

街道有什么功用？

当我们在垫脚石上从这一边的人行道跳行至另一边时，往往容易忽略一个首要的问题。这个城市里的人行道何以如此之高？有两种可能的答案。这两种答案所揭示的庞贝街景与我们今天所见到的它们的状况格格不入。除了偶尔会被丢弃的水瓶或遗失的导游图弄脏，如今的庞贝街道会被定期清理，整洁而井然有序。

第一种答案是因为肮脏。至于罗马的城市普遍脏到什么程度，历史学家之间也存在分歧，这照例主要是因为古代作家留下的证据模棱两可。我们一方面能够读到诗人尤维纳尔（Juvenal）的抱怨。他是一位罗马讽刺作家，由于愤世嫉俗而从事此道，他对许多事情都感到愤怒，尤其是首都的街道状况。由于街道两旁是高耸的楼房，因此走夜路时常常遇到危险，他对此予以了生动的谴责：

> 夜间会发生其他各种危险，须得谨慎：
> 房顶大多高高在上，任何一块瓦片坠落
> 都会砸得你头破血流。想想那些被扔出窗外的
> 破碎的或漏水的瓶罐吧——它们着地的方式，它们的重量，
> 以及它们对人行道的破坏！你要是在外出晚餐前，
> 竟然不给自己立好遗嘱，那就太轻率了，
> 简直是个享受灾难的傻瓜。当你夜间行路，

> 沿途的每扇窗扉都会是死亡陷阱：
>
> 所以祈祷吧，（可怜的你！）
>
> 主妇们只不过在你头上浇一头污水，
>
> 就已经很不错啦！

更不用说传记作家苏维托尼乌斯（Suetonius）讲述的另外一则倒胃口的故事了。那是皇帝维斯帕先早年生涯中的一件轶事，这位皇帝是在维苏威火山爆发的仅仅几个月前去世的。据说，有一天，维斯帕先正在吃早餐，突然有一只流浪狗闯了进来，在早餐桌下留下一只人手，这是它在附近的十字路口刚叼起来的。对苏维托尼乌斯而言，这不是对糟糕的街区状况的控诉，而是一种征兆，预示着维斯帕先将会成为伟人（因为拉丁词 manus 一词既有"手"的意思，也意味着"权力"）。

在这种说法中，罗马街道上充斥着流浪狗、四处横飞的便壶泼出的排泄物以及混在瓦砾堆中的人体残肢，也有人对这幅可怕街景持不同意见，因为还有其他与此相矛盾的证据。就在苏维托尼乌斯讲述完人手的故事后，他还记叙了维斯帕先的早年经历中的另一件事。那时他刚满 30 岁，被选为营造官（aedilis），负责罗马城中的从公共建筑、神庙到妓院和街道的维护工作。故事中提到，维斯帕先严重忽略了街道的清洁工作，于是皇帝卡里古拉对其施以相应的惩罚：维斯帕先穿着正式的托加袍，被全身糊满泥巴。苏维托尼乌斯从中看到了另一个无法令人信服的征兆。但无论它是否是权力的象征，这至少说明罗马的最高当局在一定程度上还是关心城市的清洁工作的。

在罗马帝国的某些地方社群里，我们偶尔也能看到一些为了解决垃圾处理这个令人生畏的问题而采取的巧妙权宜措施。在庞贝毁灭 3 个世纪后的安条克（在叙利亚），我们听说那里曾施行过一项聪明的计划——来城里集市卖东西的乡下人按照规定必须在回程路上用役畜把建筑碎石带离城市。但这无济于事。农民强烈反对这个不合理的要求，他们的抱怨最终传到了皇帝耳中。

在肮脏与整洁的光谱间，庞贝的街道状况到底处于什么位置，我们不得而知。没有哪位考古学家系统地考察过，浮石袭来时街道表面都有些什么。并且，尽管我们假定庞贝的营造官多少应该与罗马城的营造官承担相同的职责，但我们不能确定，街道卫生是否是他们的首要任务，我们也不清楚他们是否有意愿保持城市整洁，更不用说他们是否有相应的资源了。我们将会看到，有理由认为户主要对他们房屋附近的人行道负一定责任。不过我猜测，与庞贝大多数合乎卫生标准的现代重建路面所倾向于表明的相比，当时的实际情况可能要糟糕得多。

因为，这个城市没有常规的城市垃圾回收机制。即便大量的商业废物和生活垃圾没有被倾倒在街面上（不过大概也有例外），作为主要交通工具的马、驴子和骡子也会遗留下大量排泄物。另外，那些住在自己店铺上面的单间房间里的庞贝市民并不总是具有完备的盥洗设施，要说他们全都不会直接在大街上随地大小便，基本不太可能。城市里产生的人类排泄物（非常粗略的估计是每年大概有 6500 吨）的一部分最终可能会堆在公路上。无疑，这个问题足以使人们偶然会看到张布出来的警告通知："要拉屎的，务必憋到你过了这个地方。"踏上路面，你所面临的风险不仅仅是扭伤脚踝；你极有可能走进的是一个臭气熏天的地方，牲畜粪便（一匹马每天可能产生 10 千克）、腐烂的蔬果以及人类的排泄物混在一起——这幅画面肯定还少不了成群的蚊蝇。

不过，要解释这些被垫高的人行道，污秽可能还不是唯一的原因。否则我们要面临一个不太可能的结论，即附近的赫库兰尼姆城的市民比其邻近城市庞贝的居民要干净优雅得多，因为我们在那里没有发现任何垫脚石或特别高的人行道。事实上，如果我们在狂风暴雨之际造访此地，也就不难发现庞贝人做出这种安排的最主要原因：那就是水。在瓢泼大雨中，街道上很快就会形成湍流，因为城市的地面是从西北向东南倾斜的，一些地方甚至很陡峭（斯塔比亚门比维苏威门低 35 米）；而与赫库兰尼姆城不同，这里的地下排水设施并不完善。街道发挥了将雨水汇集起来并穿过城墙将其排出城外，或者导入大多数在广场附近的市内下水道的作用。即使不下雨的时候，街上永不停歇的喷泉喷出的水——在城市最后几百年间由水道供给——也会涌向街道，另外还有从房屋和浴场里溢出来的水。

换言之，这些街道既是水渠，也被当作垃圾场。这种安排可以说也有一个好处，偶尔下起的瓢泼大雨以及由它引发的急流必定有助于把腐烂的垃圾冲走。

大街与小巷

就像大多数现代游客一样，大多数古代庞贝人多数时间是在城市的街道上度过的。这并不仅仅是温暖舒适的天气或舒适闲散的"地中海生活方式"造成的。除了在户外活动，许多古代庞贝居民其实别无选择。他们没有别的地方可去。没错，那些特别富有的家庭在自己的大房子和豪华住宅里有足够的活动空间：安静的休息室、阴凉的花园、奢华的餐厅，甚至是私人洗浴套间。没那么富有的人也住得足够舒适，房屋里有六七个房间。而在这个财富水平以下的许多城市居民则住在自己的店铺、酒肆或者工坊上的单间屋子里，没有"自来"水，通常也无法生火或做饭——或许除了一种小小的火盆（必然会同时成为严重的火灾隐患）。每个居住者的空间都很狭小，这种房间仅仅是一家三口或四口居住的集体宿舍。对于几乎所有日常所需，他们都要外出获取：去街上的喷泉打水，去直接朝向人行道开放的许多酒肆或小餐馆中的一家吃饭——也就是面包、水果和奶酪以及任何能够放在火盆上加工的简单调制食品外的食物（见彩图 4）。庞贝彻底颠覆了我们的社会认知。对我们而言，下馆子的是富人，而穷人为了节约只能在家开伙。在庞贝，下馆子的是穷人。

正如你所设想的那样，庞贝的街道奇形怪状，宽窄不一。一些背街小巷甚至完全没有铺砌，仍是土路，或是房屋间不起眼的窄街；而在城市更早时期，更多的是泥泞或尘土飞扬的小路，而非精心铺设的公路。它们有的相对较宽，尤其是那些贯穿城市的主要路线，也有的甚至容不下一辆车。即便如此，按照我们今天的标准，所有街道都很狭窄，大多不超过 3 米宽。按在"米南德之家"找到的那辆马车的大小来看——或者，更准确地说，找到的是铁质车轮罩及车轮配件，再加上木板在火山灰中留下的压痕——只有少数路段的宽度能够容纳两辆车迎面交错而过。而且，当通常为多层的建筑尚保存完好时，即便是相对宽阔的街面，也会比今天看起来更加狭窄拥挤。

但它们也更加鲜亮、艳丽、气势夺人。粗糙的绘画标示出了

图 20 无处不见的阳具。图中是一个被刻在铺路石上的阳具图案。但它真的像某些人所宣称的那样，指向最近的妓院吗？

当地的宗教圣所，通常位于街道交会处。阳具图案被画在墙壁上、印压于赤陶饰板上，其中一个被直接刻在了街道表面上。（对此的现代解释五花八门，从"表达好运"到"抵御邪眼[1]"，不过大多站不住脚；旅游手册上编造的街道上的阳具图案是指向当地妓院的方向标的说法，肯定是错误的。）许多房屋本来就五彩斑斓——上面有各种红色、黄色、蓝色——为竞选标语提供了方便的场地（常常一句叠着一句），此外还有"出租"信息、角斗士表演广告，以及庞贝涂鸦艺术家们的作品。"墙啊，我很惊讶你竟然还没倒下 / 你承载了如此多的涂鸦"，一首流行的庞贝打油诗如是说——城中至少有 3 个地方都写着这句诗，而它们又反过来加剧了其所哀叹的乱象。

店铺和酒肆的临街立面上常常绘有标语，用来打广告、夸示

---

1 邪眼是用恶毒的注视施加的诅咒，被认为能够带来霉运或病痛。罗马人相信阳具或性暗示的手势可以驱除这种诅咒。

图 21 羊毛工的手艺。左边是一个人在一张矮桌旁忙碌地梳羊毛。中间 4 个人正在制作毛毡。毛毡是用一种黏合剂把羊毛和动物毛发的混合物黏在一起制成的，制作过程相当麻烦。（为罗马人提供了一种相当于"防水织物"的东西。）越过另一个梳羊毛者，最右边有一个展示成品的人，他下方那排小小的字母是他的名字，维瑞昆都斯（Verecundus）。上方那些较大的字母则是一份竞选海报的部分内容。

声名（就像英国的酒吧招牌一样），一般还会展示管用的保护神像。上一章提到的那种罗慕路斯和埃涅阿斯画像就能给一个漂洗坊的外观增光添彩。而在几个街区外，有一座我们认为可能是生产和贩卖布匹的工坊，则更加引人注目（我们只能"假定"它是布匹工坊，因为这座建筑只发掘了临街部分，我们无法确定继续向深处发掘的情况）。门口的一边画有城市的保护女神维纳斯像，乘坐一辆大象拉的战车；另外一边是商人的保护神墨丘利，他站在自己的神庙上，手里攥着一大袋钱。维纳斯像下面还有一幅工人忙碌地织羊毛、制毛毡的绘画（右边那个展示成品的大概是老板本人）；位于墨丘利像下方的是女主人，也可能是一名雇工，在忙着贩卖她的货物（似乎大多都是鞋子）。

　　遗憾的是，在这类绘画中，令人印象最深刻的那一幅——19世纪时曾引起了游客的无限遐想——因为风雨的破坏如今已经彻底不复存在了。它曾装饰着一家靠近通向大海的那扇城门的酒肆的前壁。这幅大型绘画描绘的是一头大象和一两个俾格米[1]人——一句标语写着"西提乌斯（Sittius）修复了大象"。西提乌斯也许是这里的最后一位房主，他修复的可能是这幅画，甚或整个地方（"大象酒肆"）。若是如此，那么作为酒肆老板，他的名字也未免太贴切了，甚至让人怀疑这可能是个"商用名"。因为"西提乌斯"最恰切的意思是"口渴先生"。

不同的街道以及同一街道的不同路段都有着显著不同的特点。例如主路和小街的区别：前者两旁排列着店铺、酒肆，以及大大小小的民居的前门，而后者则十分狭窄，人迹罕至，仅偶尔出现一个供仆人进出的小门。其中有条街位于两个面朝阿波坦查大道的街区之间，车辆行人稀少，它的一部分甚至可以被一座水塔阻塞。后来，毗邻的那所大宅子的主人就把它"私有化"了——只有这座房屋的大门直接通向此路。无论他是否得到了市议会的授权，还是像现代的富人那样有自信心，反正他用墙把道路的两端都堵住了，营造出一块私人的附属空间（储藏区、牲畜栏或者停车场），他的仆人住的地下室可直通那里。

不过，也有些特定的区域，其特色就在于充满了各色活动。例如，从北面进入城市，刚入赫库兰尼姆门，你就会发现一条被各类服务生意占据的街道——路边有大量的酒肆和酒馆，全都使出浑身解数诱使过路游客掏钱喝酒或吃点东西。在城北另一个入口维苏威门以及城南的斯塔比亚门处，情形同样如此。但其他城门则并非如此，这说明北边和南边的道路承载着进城和出城的主要交通量，因为酒肆一般开在人多的地方，而非相反。

---

1 希腊神话中的一个矮人部落，生活在埃塞俄比亚一带，经常被描绘成肥胖滑稽的侏儒。

或者，换言之，庞贝城内只有傻瓜才会把零售店开在客流量小的地方。

有雄心的考古学家甚至试图探明，酒肆主人预期他们的顾客来自什么方向——他们的依据是柜台的确切位置，以及从何方能让来客对所售酒食一览无余。我不确定这种揣度罗马人行为的尝试是否过于牵强。但他们的结论是，两扇城门附近的店铺主要瞄准那些进城的旅人，让饥肠辘辘的他们刚刚抵达时便能享用酒食。不过，在那条从广场通向城西海门的道路旁的几家酒肆（按照这一逻辑）着眼于离城的人，或至少是离开广场的人。

我们也能从街景中的一些明显的缺失看出不同区域具有各自的特色。仍以酒肆为例，广场附近就很少有酒肆（尽管并不像现在看起来那么少：讽刺的是，位于广场几米外的现代游客休闲中心的地址上，曾有 3 家酒肆）。从那里沿着阿波坦查大道向东走，直到与斯塔比亚大道交叉的路口，沿途最多也只有两家。从这里开始，它们又再次大量出现（事实上，人们在 600 米之内就找到了超过 20 家的餐饮店），这使阿波坦查大道的东段别有“风味”。人们对此说法不一，有人认为庞贝当局不希望这类具有不太光彩联系的店铺开在城内举行典礼的主要正式场合，因此主动禁止了它们。

也许是这样吧。但有一点可以肯定，遍布着包括神庙、圣祠、市场等在内的公共建筑的庞贝广场，与现代意大利城镇的中心广场不同，在后者那里，每个拐角都有咖啡馆，它们既是娱乐休闲场所，也提供商贸之便。无疑，正是现代意大利的这幅景象使威廉·盖尔爵士（Sir William Gell）——在 19 世纪早期，这位享乐者是庞贝问题的主要权威之一——相信，广场上那座被我们认作市场的建筑曾在一定程度上起着餐厅的作用——沿街的货摊专供半私人性的就餐使用。毕竟，中心广场没有吃饭的地方怎么行呢？

不过，比庞贝各地区间的差异更重要的，是全城的城市景观所具有的总体相似性。在这方面，庞贝与许多现代西方城市完全不同，在后者那里，社会地理学家所谓的"分区"占据了统治规则。也就是说，特定的活动（无论是商业的、工业的还是与居住有关的）今天都趋于集中在城市内的不同区域，于是街道特点也随之改变：一个城郊住宅区的道路状况与商业中心内的明显不同，不仅宽窄有别，而且在规划以及与邻近建筑的关系上也有差异。这种规划也倾向于将富人与穷人截然分开，有时则是将不同种族分开。总的来说，即便是在规模相对较小的集合都市（乡村是另一码事），有钱人也都是和无产者分开居住的。高耸的出租公寓与富人的独栋豪宅互相不挨着，它们位于城内的不同地区。

也有人勇于尝试发现庞贝城里存在某种"分区"。例如，考古学家就指出了其中的"娱乐区"（纵然那里不外乎是露天竞技场和一些剧场，远非百老汇或伦敦西区这样的地方）。他们提出，城市西北部不仅有很多豪宅，再往西还有一道绝妙的海景，这并非没有道理，但也算不上确切的结论。此外他们还试图找到与从性服务到赌博等各种形式的"越轨行为"联系起来的地区，就算那不是现代意义上的红灯区。至于这座城市里到底有多少家妓院，以及我们如今如何甄别它们，长期以来存在争议，这使这个项目进一步变得复杂。（见本书314—316，321—323页）

但事实其实很简单：庞贝城里并没有我们所预期的分区，精英和非精英的住宅区之间也没有明显的差别。实际上，最豪华的私人住宅常与简陋得多的建筑并肩而立。以精美的"维斯塔贞女之家"为例，其大门就位于赫库兰尼姆门附近的酒肆中间，事实上几乎紧挨着附近几家喧闹的铁匠铺。不仅如此，即便是最豪华的住宅，临街一面也都建有小型商铺，这在城里是标准模式——作为主屋的组成部分，这些商铺显然通常不是由户主本人来管理，而是由他的食客或房客来经营。因此，游客在参观那座宏伟的"农牧神之家"时会发现，引领人远离街道的两个主入口是在一排 4 个店铺之间的。这与早期现代城市里的模式并非完全不同。在 18 世纪的伦敦，皮卡迪利广场[1]上的豪宅也挨着药剂师、制鞋匠、理发师和家具商的店铺。甚至直到今天，那不勒斯的情形也同样如此，尽管我们通常认为现代城市有分区。那不勒斯的工坊和店铺开在宏伟住宅一层的小房间里，这幅景象与我们对古代庞贝的印象最为接近。

对于这幅功能各异的建筑杂陈并处、财富水平有别的人比邻而居的惊人景象，古代城市的居民会有什么感受，我们就只能付诸猜测了。不过我怀疑，虽然"维斯塔贞女之家"富裕的房主不得不忍受铁匠无穷无尽的锤击声以及深夜里从酒肆里传来的喧闹声，但总还是强过贫穷的店铺老板，因为后者不得不忍受与他隔墙而居的人拥有大量财富、生活优裕。分区看起来造成了分裂，它也有自身的优点：至少穷人不必总会看到他们的富裕邻居作威作福。

---

1 伦敦的购物和娱乐中心，有 5 条主要道路交错于此。

图 22 在这个十字路口，我们发现了一座街上的喷泉和一个水塔，这样的水塔城里大概有十几个。从分水堡里流出来的水一般会注入水塔顶上的一个水箱里，然后被分配给附近的住户。这样做的意义在于降低水压，否则从分水堡下来的水流力道过猛。

水景

通过遗留在地面上的痕迹，我们仍能复原有关庞贝街道的故事——一瞥它们的用途以及谁在使用它们。我们已经提到过跨越积水和淤泥的垫脚石；它们被特意安置在交通枢纽和其他热闹的交叉路口，有时也直接通向豪宅大门，方便房主及其宾客进出。对于大多数现代旅客而言，街景里几乎同样令人印象深刻的部分还有水塔和街上的喷泉。尤其是后者，至今还有 40 多座留存，遍布全城，在城内每个人轻易就能到达的范围内都至少有一座；据推算，庞贝很少有居民住在距离喷泉 80 米开外的地方。

　　水塔和喷泉都隶属于一套复杂的管道系统，为全城供水。水来自城墙内附近挨着维苏威门的那座分水堡（它自身由一条通向附近群山的水道供水）——这项发明取代了之前的供水系统，那时主要依靠深井和雨水。这种新设施（罗伯特·哈里斯［Robert Harris］的畅销书《庞贝》［Pompeii］差不多使之获得了不朽的形象）可追溯至公元前 1 世纪 20 年代左右，那时是首任皇帝奥古斯都的统治时期。不过近来也有观点认为，首批受惠于公共管道供水系统的庞贝人实际上是 60 年前苏拉安置的那批殖民者，纵然这套系统后来在奥古斯都时期得到了改进。

　　这样的水塔有 10 来个，由混凝土制成，外覆当地的砖石，有 6 米高，顶部还有铅制的水箱。它们在这个系统中属于分站，通过埋在人行道下的铅制管道，将水分配到各个公共喷泉以及附近的私人住所，但要享受后面这种特权肯定是要付费的。火山爆发前夕，这个供水系统必定出了什么问题。因为，从城内各个地方的填满火山灰的深沟来看，灾难降临时许多人行道都被掘开了，水管也被迁移了。最有可能的是，在最终的火山爆发之前，作为前奏的地震对供水系统造成了破坏，于是人们立马决定展开调查，并进行抢修。

　　据考古学家推测，同样的问题或许也可以解释这一现象，即在灾难发生的时候，何以在一条僻静的小巷（位于"贞洁恋人之家"［House of the Chaste Lovers］和"工作中的画师之家"［House of the Painters at Work］之间）上，那些被家用茅厕内容物所填满的粪坑也全被挖开了，任凭秽物堆积在路边，臭气熏天。不过不太清楚的是，这种状况是如何由地震活动所导致的。也有可能，这其实就是庞贝城后街小巷上的日常情形。

　　除了单纯的分流功能，水塔还满足了另外一项更为技术性的水压调节功能，这为罗马精湛的工程技术提供了一个很好的例证。由于分水堡修建在城市的最高点上，从那里向下的陡峭坡度意味着水压可能会变得过强，尤其是在城南的低洼区域。通过将水流汇聚到顶部的水箱里并让其二度倾泻，水塔有效降低了水压。它们也是街道积水的来源之一：从一些水塔外部仍然肉眼可见的石灰沉积物来看，里面的水溢出来的情形并不罕见。

　　街上的喷泉比水塔更为常见。它们大多都遵循一种总体设计：有一个大喷嘴，源源不断的活水从中喷涌出来；喷嘴下方有一个水池，由4块巨大的火山岩石构成，承载部分流水。这些喷泉一般都位于交通枢纽和交叉路口处，也有一些从路边伸出至交通线路上来；为了保护它们免受过往车辆的破坏，人们在旁边竖立了坚固的石块，也就相当于古代的交通护柱。那些在家就能享受到私人供水的用户，无须依赖这种公共设施；它们主要是为那些不太富裕的人供水的，而从喷嘴四周石头严重磨损的表面来看，他们人数众多。庞贝今天的导游常用的噱头之一，就是向游客展示这种特殊的磨损形式是如何形成的：在大约100多年的时间里，一代又一代的庞贝人来到喷嘴边，一只手支在喷嘴一侧，另一只手则抓着水流下的水桶。

　　一些现代学者猜测，这些喷泉变成了组织化的邻里交往的中心（见本书284，404页），无论是否如此，对于当地较卑贱的居民而言，这里必然是个非正式的聚会地点。事实上，我们在一件事中了解到，有一个住在喷泉附近的房主就曾利用过这种设施有望吸引的人群。当一座新喷泉要建在他的小房屋旁时，他要把房屋的一部分拆除来腾地方，作为回应，他把起居室改造成了商铺。

单向街

当我们穿过垫脚石和喷泉下的街道表面，更加仔细地观察整个城市的街衢网络布局，就能重建其他甚至更加引人入胜的有关罗马城市街道生活的故事。从人行道或公路表面留下的最微小的线索出发，往往能引出最迷人的历史片段。

从很多方面来说，那些不断被复制的庞贝街道系统示意图具有误导性。因为，就像今天许多驾驶员发现一张陌生城市的简略地图无法警示他们哪里是行人专区或单向街道那样，古代庞贝城里的实际移动模式也难以在平面图里得到体现。示意图所暗示的自由流通的交通景象与现场证据矛盾。我们在庞贝城中也发现了步行区以及看起来像是控制车流方向的方式。近来有著作对那些车辙和垫脚石再次进行了仔细检视，甚至提出，我们可以开始重构庞贝城的单向街系统了。

采取简单的措施就能禁止车辆走上庞贝街道：例如在路面上安置大型石护柱、在交通线上布置喷泉或其他障碍物，抑或增设台阶或其他改变高度的东西使车辆无法通过。每项措施都是为了确保，至少是在最终阶段上确保庞贝广场是一片步行区。在我们对中心广场的想象性重建中，这里可能是一派车马往来川流不息的景象，这是不对的。实际上通往广场的每个入口都不对车辆开放：阿波坦查大道上设有 3 根护柱和一块较高的路边石，东南入口处则有一座专设的喷泉，如此种种。有趣的是，受到控制的并非只有驶向广场的车辆。每个入口处还能辨认出障碍或大门这类装置的痕迹，甚至能将步行者也阻挡在外。我们不知道这些门的具体用途。它们或许是在夜间用来封锁这片区域的（尽管它们更

图23　新旧交通护栏。这3块石头强调了在图片后方的广场和延伸至远方的阿波坦查大道间禁止车辆通行。左边是现代遗址管理人员拉起的塑料围栏，将游客与维修中的建筑隔开。

可能是阻拦蓄意破坏者的庞大屏障）。近来有人提出，它们也许是在广场上举行选举时用来控制选民进出并可以把那些没有投票权的人拦在外面的工具。

　　不过，确保一块中心广场由行人专用是一个方面，庞贝城交通规划的目的不仅于此。因为阿波坦查大道在300米开外处也对车辆限行，在它与斯塔比亚大道的交会处，路面骤降超过30厘米，再结实的车辆也绝对无法通过。当然，在从广场到斯塔比亚大道之间的路段上，也并非完全没有车辆来往，因为还是可以通过一些交叉路口从南方和北方来到这条大道上。但它显然不像地图上初看起来那样仿佛是一条横穿城市、畅行无阻的直达干道。路面上相对稀疏的车辙也表明这里的交通流量并不大（尽管有一位怀疑者认为，这条路在公元79年前不久曾重新铺过一次，这也能很好地解释车辙为什么相对稀疏）。还有其他迹象也能证明这段路在某些方面有点特殊。比如斯塔比亚浴场前的那一段路的路面就宽得非比寻常：它实际上在浴场入口处形成了一个小型的三角广场。当然，也正是在这一路段上，我们发现几乎没有一家酒肆和酒馆，而东边的路段不是这样的。

它到底"特殊"在什么地方，是更难回答的问题。一个合理的猜想是，或许这与阿波坦查大道这一段的位置有关，它向南通往各个剧院和古老的密涅瓦和赫拉克勒斯神庙，它的另一端通向主广场，那里也有神庙和其他公共建筑。这段路很少被用于日常的交通往来，也不像大多数人今天想象的那样是主要交通干道，那么它或许构成了一条从一个市政中心通向另一个市政中心（从广场到剧院或从剧院到朱庇特神庙）的宗教游行路线的一部分？列队游行在罗马世界是公共和宗教生活的重要组成部分：这是一种赞美诸神、向民众展现神像和神圣符号、向城市及其领袖致敬的方式。关于庞贝城里这些祭典的细节和日期如今已经失传了，但或许还有一条受眷顾的路线的痕迹留了下来。

然而，阿波坦查大道上还设有更多的路障。从斯塔比亚大道到东门（萨诺门［Sarno Gate］，根据流经城市这一侧的河流命名），大多数向南或向北的交叉路口要么车辆完全无法通行，要么虽然能让车辆通过——路面的车辙说明了这一点——但坡度很陡。这必然部分是出于限行的考虑，但再一次地，也是为了控制水流。阿波坦查大道横穿城市，三分之二的路段都随着城市建于其上的斜坡向下延伸：如果有急流从上面冲下来，那些下游的街道必然就很容易有麻烦和受到破坏。因此这些斜坡和障碍物应该是为了阻挡冲向城市较低区域的水流，它们转而将其引向阿波坦查大道并从萨诺门排放出去。因此，这条街道的一部分或许是一条"游行路线"；但另一部分肯定是一条主要的排水道。

通过设立死路（cul-de-sacs）或其他类型的路障，庞贝的交通得到了疏解，或者用现代词汇说，被"静下来"了。但是街道如此狭窄，多少还是有些常见的问题不好解决，比如在很多宽度只能容纳一辆车的路线上，如果两辆车迎面相遇会发生什么。不用说，要让其中一辆由一对骡子拉的货车沿着那条被垫脚石遏阻的路倒退，是一项不可能完成的壮举。那么，古代庞贝人是如何避免车辆狭路相逢的僵持局面经常出现的呢？他们如何才能避免在窄街上走不下去呢？

一个可能的答案是，使劲摇铃、大声呼喊、派出上前开路的男孩同时并举。在"米南德之家"发现的马车上的马饰肯定就有铃铛，可以用清脆的铃声向前方车辆警示自己的到来。但也有迹象表明，城市里有一套单向街道系统，以保证车辆来往自如。有关这一点的证据源自几十年来人们在庞贝进行考古工作所付出的心血以及一个聪明的观点，即通过车辙的精确图案和车辆撞击垫脚石或擦上街角路边石时所产生的痕迹的位置，来判断古代车辆沿某个特定路段行驶时的具体方向。

最具有说服力的一个例子在城市西北部，位于从赫库兰尼姆门到广场的路上，我们如今所谓的执政官大道（Via Consolare）和狭窄的墨丘利巷（Vico di Mercurio）的交会处（见图示5）。墨丘利巷路面中间的垫脚石西南侧有撞击痕迹，而路北的路边石则有清晰的磨痕，二者结合来看，沿墨丘利巷行驶的车辆都来自东边，在与双向通行的执政官大道交叉的路口大多都会向北转。换言之，墨丘利巷是条单向街，通行方向由东至西。那些沿执政官

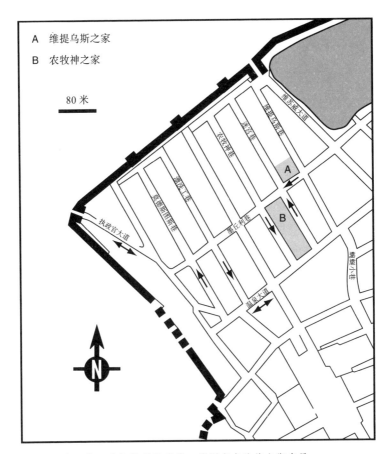

A 维提乌斯之家

B 农牧神之家

80 米

图示 5 庞贝城西北部的道路系统：推测出来的单向街布局。

大道南行的车辆，如果想要左转向东，就必须行至宽阔的温泉大道（Via delle Terme）——这是一条双向车道。人们也根据类似的证据认为，这片地区的南北向街道分工明确：莫德斯图斯巷（Vico di Modesto）和迷宫巷（Vico del Labirinto）负责北向交通，而漂洗工巷（Vico della Fullonica）和农牧神巷（Vico del Fauno）负责南向交通。

最支持此说的现代考古学家试图让我们相信庞贝交通系统化的程度非常高，但我对此十分怀疑。当他们以某些地方明显有矛盾的证据为基础，写下墨丘利巷的交通方向原本是完全相反的，它"经历过一个从东向行车道变为西向行车道的过程"的论断时，很难想象这种转变是如何发生的。谁来决定此事？如何强制实施这项决定？古代城市里没有交警或交通部门。我们也没有发现过交通标志的痕迹，尽管这里有许多其他类型的公告标识。不过，有一点看起来是毋庸置疑的，那就是我们的确能观察到城内存在着某种交通流向的模式，即便它仅仅是依靠习惯生效的。与庞贝城的车夫只能使劲摇铃并希望前方拐弯处无车驶来相比，如果人们遵循约定俗成的路线行驶，就能更有效地避免一场彻底的交通堵塞。

人行道：公共的与私人的

人行道是街道所代表的公共领域与房屋和商铺的门槛后属于更加私人的领域间的中间地带——正如人类学家所称呼的那样，它是区分内外的"阈限区域"。在临街的忙碌酒馆门前，人行道为那些老主顾或者等着酒食打包的客人提供了额外的区域。当赶着牲畜的车夫交货或稍事休息，抑或访客骑马来到大房屋前时，人行道也为他们提供了便利的拴绳柱或者用来拴绳的洞。纵观全城，在面包坊、工坊、酒馆和店铺门前，以及在私人住宅的入口处，我们至今仍能看到许多就在人行道边缘钻出的小孔，总共有几百个。

令考古学家感到困惑的是，这些洞原本被认为是固定遮阳篷用的，这样就可以在后方敞着的场地上制造阴凉场所——这个想法的部分依据是，那不勒斯人历史上就曾在店铺门口悬垂遮阳篷。情况若真是如此，那么它就使店铺和路边石之间的人行道变成了成片的由布围成的不透光的临时隧道，至少在晴天时如此。或许这就是事实。但有一个简单得多的观点与小洞的分布情况更相符，即将其视为拴动物的地方。（况且，不拴在这儿还能拴在哪儿？）即使这暗示着庞贝的街道上有着另一幅尴尬的景象：送货人的驴子被拴在狭窄的街道边，被迫与行人一起挤在人行道上，为那些艰难前行的马车让路。

无论是否有遮阳篷，这里的人行道有时必然会被太阳暴晒，热得令人难受，虽然与萎靡的现代游客走在毁弃的街道上相比，那时路两边的双层楼房的确会提供更多的阴凉（尤其是当上层房间向外伸出一块的时候）。不出所料，一些房屋主人采取了补救措施。在某些大型住宅的屋前空地上方，曾有遮篷从正面突出来，不仅为走入屋子的人提供了阴凉，也为过往的行人遮挡了阳光。有时正门两边还有石凳，同样处于遮篷提供的阴凉之中。至于我们可以想象坐在这里的到底是什么人，就取决于我们对庞贝精英人士的心态的看法了。摆放于此的石凳或许至少在一定程度上是对当地社区的一种慷慨施舍：提供了一个供所有人休息的场所。然而，它们或许仅仅是为那些等待获准进入的来访者专门设立的。事实上，我们不难想象这样一幅场景：在那些巨大的前门后钻出来一个门房，把那些没有受到邀请却坐在那里的底层民众赶走。

今天，当我们在这座城市中徜徉时，还能看到各种其他私人住宅及其附属设施侵占人行道的例子。一些房主将门前的人行道改造成了坡道，方便车辆入内。至少，这正是赫库兰尼姆门附近的一个旅馆或公寓的老板为了满足顾客的需求而采取的措施——好让他们能轻易将车辆、行李和货物挪到安全的内院。也有人利用人行道为自己建造了远比一般的更为壮观的入口。阿波坦查大道东端尽头有一处大房产，如今被称为"尤利娅·菲利克斯宅邸"（Estate [Praedia] of Julia Felix），这是根据其曾经的女主人命名的。房门前有一条阶梯行人通道，炫耀地横跨于人行道上。沿着这条街往广场方向走，就会看到"爱比迪乌斯·鲁弗斯之家"（House of Epidius Rufus）建在一个额外的露台上的前门，露台足有一米多高，建在一条已经垫高了的人行道上——这使房子与其下的街道上的街头生活隔开了，高高在上。"维提乌斯之家"的房主们则有更实际的盘算，他们在宅邸侧壁所临的那条街上插入了许多护柱。路面狭窄而且在房屋和街道之间又没有人行道加以阻隔，因此他们想必是担心漫不经心地行驶而过的车辆不小心会对房屋造成损害。

这些违规占道行为中的一些或许得到了市议会或是当地营造官的许可。露天竞技场外发现的几张粉刷的公告表明，授权街头小贩在拱门下兜售货物并给他们指定摊位的正是营造官："得到了营造官的许可。盖乌斯·阿尼尼乌斯·福尔图纳图斯（Caius Aninius Fortunatus）被授权"，公告上模糊而不完整的拉丁文写的都是诸如此类的话。那些富裕人家或许向官方递交了类似的申请。抑或他们直接认定，自己有权对房屋前的人行道随意处置。

房主们或许的确有理由这么想——我们从人行道上残留的微小痕迹就能做此判断。无论古今，大多数城市里不同地方的人行道都有着很不同的情况，漫不经心的过客很少会注意到这一点。路面是在不同时期铺好的；它们有些地方得到过修补，而人们通常并不是太在意修补路面的材料是否与周围的材料匹配。正如现代的伦敦和纽约一样，庞贝也是如此。然而，若是我们更近距离地观察庞贝，一种更为系统的差异性就会体现出来。在有些街道，人行道似乎原本就是用不同的材料铺成的（火山岩、石灰岩、凝灰岩等），而某些路段则刻意使用与房屋临街正面一致的材料。有些地方人行道上甚至还设立了障碍物，标志着一处房产（及其门前的人行道）与另一处之间的分隔。

结论很清楚了。尽管人行道肯定是由一些城市中央机构统一规划的，对宽度和高度都有明确规定，但有些人行道却是私人承担费用的，或者是房主个人支付，或者是一群人筹资，那么用什么材料就由这些付账之人选择。我们可以合理地想象，相应的维修工作也同样私人化了。这个想法被现存的一部罗马法律（刻在了青铜上，发现于意大利极南的地方）所证实，在它给出的条例中，包括关于罗马城本身的道路和人行道维修工作的规定。其基本原则在于，每位房主都要对自家门前的人行道负责，如果他维护不周，营造官就会将维修工作外包，并向失职者索赔费用。有趣的是，还有另外一项规定要求罗马的房主确保流水不会汇聚起来而给路人造成不便。对四溢的水感到头疼的，不仅仅是庞贝。

街道上的人群

迄今为止，庞贝街道上的人群形象依然十分模糊。我们发现了他们留下来的痕迹：墙上的涂鸦、喷泉边的手印以及车辆在路边石上留下的刮痕和擦痕。但我们尚未面对面地见到这里的男人、女人和孩子们，也不清楚他们日常的营生。

不过我们其实还能更进一步接近他们，这要归功于在"尤利娅·菲利克斯宅邸"里找到的那些精彩绝伦的绘画。我们之前提到过这座有着令人印象深刻的入口的宅邸，实际上在火山爆发时，这所豪宅占据的是露天竞技场附近整整两片街区。其内包含一些不同的单元：一间私人运营的商业浴场、一些出租公寓房、商铺、酒肆和餐馆、一大片果园和一座中等大小的私人住宅。里面有个大房间（9米×6米大的内院或中庭）装饰着一条彩绘饰带，离地面约2.5米高，上面显然展示的是庞贝广场上的生活景象。18世纪的发掘者们在发现它后，将其中长达11米的部分截成小块碎片送去了博物馆，墙上只留下了几块残片。其余部分发生了什么，甚至原来到底有多少（有观点认为它曾遍布整个房间，不过也只是个猜测），我们都不得而知。但有可能很多部分在当时粗糙的发掘技术下都遭到了破坏。

这些绘画如今已严重褪色。但即便如此，生动的画面还是向我们描绘出了庞贝城的市井生活——它们被发现后不久就被雕版复制了下来，结合版画，尤其可以帮助我们看清其中较模糊的部分。当然，它们并非严格意义上的写实。背景建筑是画得十分潦草的广场上的两层柱廊（不过雕像的位置及其和石柱的相对关系与地面上残留的痕迹十分相符）。到处都挤满了人，各种活动热闹非凡，即便在最繁忙的集日，想必也不至于如此。因此这里描绘的并非日常生活，而是对它的想象性再创作。这是某个庞贝画师心灵之眼中的日常街景：乞丐、小贩、学童、快餐、外出购物

图 24　这幅 18 世纪的版画将那幅如今已经严重褪色的广场生活场景绘画的诸多细节都保存了下来。位于商人身后的广场柱廊上的石柱很有意思，原来它们在古代世界是这个样子的：被用于支撑临时搭建的隔墙和门栏，上方有垂花作装饰。

的女主人……

在刻画得最精细的一部分中（见图 24），我们可以瞥见几个正在做生意的街头商贩，他们的投入程度各有不同。画面左边是一位昏昏欲睡的小五金商，身旁小桌上陈列着几把像是锤子和钳子的器物，它们是用在货摊前排成一排的罐子（也可能是拿来出售的金属罐子？）带来的。他有几名顾客：一个年轻的男孩和一个胳膊上挎着购物筐的年长男人。一笔买卖就要达成，但这个五金商似乎打上了盹，需要后面那个人来将其唤醒。右边是个鞋匠，穿着鲜红的短袍，远为积极主动地向一群顾客推销产品。这群顾客包括 4 位妇女和一个婴儿，坐在鞋匠为顾客提供的长凳上。他身后那批鞋子的展示方式令 18 世纪的摹画者感到困惑（他们将其画成悬在半空中的样子），我们如今也已经无法把原来的模样弄清楚了。最有可能的是，他搭了几个支在后面的石柱上的陈列架。这些石柱横跨整个画面背景，两两之间悬有垂花。在右边，还有一对小型骑马人雕像（从它们的位置看，可能是当地权贵——如果是皇帝的话，则理应出现在更显著的地方），它们后面两根石柱间的空间被一扇门封住了。这一切对柱廊今天的景象起到了很好的矫正作用，如今那里朴素整洁又了无生气。

我们还有许多其他和买卖有关的装饰图案。有一个部分（见图25）描绘的是，买布的妇女正在和商人讨价还价；一个男人（他是这里少数穿托加袍的人物之一——不过袍子不是白色的，而是红色的）选了一口金属炖锅，他年幼的儿子挎着一个购物篮；一位面包坊主正在向两个人兜售一篮貌似是面包卷的食物。另外在一座拱门投下的阴影处，还有一个菜贩正在出售一大堆无花果，而旁边的食品小贩则临时架起一个火盆，忙着推销他的热饮和小吃。不过，这些画展示的并非只有商业活动。底层生活也得到了描绘（见图26）：一位优雅的女主人带着奴隶或孩子，似乎在帮助那位无家可归的人，她正在施舍一个带着一只狗的衣衫褴褛的乞丐。此外还能从几头骡子和车辆的形象那里一窥庞贝的交通（见图27）。我们此前说到广场是步行专区，考虑到这一点，那么这里的车辆或许只是一种艺术发挥？或者，有方法——也许是通过阶梯上的斜坡——能让车辆在某些场合或特定时间进入这片区域？

在对庞贝日常生活的这种呈现中，地方政治也扮演着重要角色。在一个场景（见彩图7）中，几个人正在阅读一条长篇公告，这则告示写在一块木板或一个卷轴上，被固定在3个骑士雕像的基座上，横跨两端（这一次，他们或许是皇室成员，呈现为战争英雄的形象）。别处还能看到似乎正在进行中的某种法

图 25 买与卖。左边是几个女人正在为几匹布讨价还价。右边那个带着儿子来的男人在买一口锅。

图 26 一名贵妇正在向一个衣衫褴褛的乞丐（和狗）施舍钱财，背景处有两个小孩正围着柱子玩躲猫猫。前景有一座广场四周常见的那种雕像。

图 27 运输方式。右边那头驴或骡子正被装上沉重的鞍具（注意没有镫子）。左边是一辆那种曾在庞贝大街小巷穿行的车辆。

图 28 两个人坐在广场廊柱下的一条板凳上，可能是在裁决一桩法律案件。后面 3 个人用心观看着这一过程，但在隐蔽的地方有一个显得更为家常的场景：一个还在蹒跚学步的庞贝孩童想要母亲或保姆把自己抱起来。

律审判（见图 28）。两个穿着托加袍的人坐着，正聚精会神地听那个站着的人讲话——通常认为这是一个女人，不过我们没有清晰的线索判定其性别。他，或她，正在阐述某个观点，一只手指向身前年轻女孩手里拿着的一块写字板。有人猜想，这个女孩就是这宗案件的主角（或许这是一桩和监护权有关的案子），也有人认为她只不过是站在那儿举着这宗案件的证物，情形到底如何，我们无从得知。他们身后还隐约可见一尊随处可见的骑士雕像。

不过，在所有这些场景中，最吸引眼球的莫过于描绘庞贝课堂的那一幕（见图 29）。一直困扰着该城考古人员的一点就在于，孩子们到底是如何上课以及在何处上课的。我们有很多有关他们的书写和识字水平的证据（甚至还有墙上在小孩高的地方涂写的字母练习），但是——除了各种不可靠和过度乐观的辨认——这里确实没有任何学校的痕迹。这是因为，罗马教师通常不会在为特定目的修建的房屋里教学，而是会在任何有空地且阴凉的方便地点和学生一起坐下来上课。在庞贝城，这样的一个地方很有可能就在露天竞技场附近的开阔场地（训练场）上。因为正是在这里的一根廊柱上，一位教师写下了他对付款人的感激，并暗示他

图 29　庞贝课堂上粗暴的惩罚。一个犯事儿的学生遭了毒打，而其他学生还在继续上课，全神贯注地盯着他们的写字板。

对许多未偿付的单据感到沮丧："愿那些向我支付学费的人们能从诸神那里得偿所愿。"一些考古学家甚至猜测，刻在同一根石柱上的那串名字和钱数，或许就是这个可怜人的收据。

"尤利娅·菲利克斯宅邸"里的绘画描绘了广场柱廊下的一堂课。一位身披斗篷的男人炫耀般地蓄着一绺尖尖的胡子，似乎正在监督 3 个将写字板放在膝头学习的学生。其他学生，或者是这些孩子的看护人，在石柱下看着这一切。而这些人似乎都没有注意到画面右方那令人不快的景象。一个男孩的短袍被拉起来，露出了臀部（或者衣服被剥得只剩下腰带——从图片本身看不清楚是哪种情况）。他趴在另一个人背上，双脚也被紧紧抱住，正被人狠狠鞭打。即使按照不远的过去最严厉的标准来说，这似乎也是一种异常残忍的惩罚措施，而男孩那尴尬而无助的姿势只能更突出了其中的残忍。但有趣的是，这或许正好就是古时抽打学童的常见方式。公元前 3 世纪的希腊诗人希罗达斯（Herodas）写过一首轻快的小诗，讲述一位母亲为了让爱好赌博而荒废了学业的不中用的儿子科塔罗斯（Kottalos）悔改，安排教师毒打了他一顿——其中写道，其他男孩将不幸的科塔罗斯背上肩头，尤其让人联想起我们在这里看到的场景。

这些如今支离破碎且褪色的饰带提供了各类珍贵的线索，让我们得以开始给庞贝的城市景观注入生气，而且不仅仅是与身穿白色托加袍的人有关的景观（实际上有关他们的相当少）。它促使我们去想象上课的孩童、讨钱的乞丐、各路商人小贩，或者忙于公务的当地官员。女性的形象也十分突出，她们或是独自外出站在街上，或是和孩子一起，讨价还价、聊天、购物，偶尔还对比她们不幸的人慷慨解囊。不仅如此，这些绘画也暗示了庞贝曾经拥有既缤纷又杂乱的城市生活，这是我们今天在凝视那片废墟时容易遗忘的：鲜亮的衣物、便携的小桌子和火盆、柳条篮、花环和所有那些雕像。有人认为，早期罗马帝国的人口数量只比雕像数量多一到两倍——也就是说，100万人口中就有50万座雕像。庞贝城内的雕像没有这么密集，但是广场上的日常生活完全暴露在那些在世或已逝的皇帝、皇室亲属或当地显贵的铜像（或大理石雕像）警觉的目光下。

不眠之城

公元前6年，希腊城市克尼度斯（Cnidus）请求奥古斯都判决一个棘手的案件。当地一群暴徒每天夜里给一对夫妇优布鲁斯（Eubulus）和特里菲拉（Tryphera）制造麻烦，甚至包围了他们的房屋。最终，夫妇二人失去了耐心，吩咐自己的一个奴隶把一只便壶里的内容物浇到他们头上，把他们赶走。这让事态雪上加霜，因为奴隶失手，便壶掉了下去，砸死了一个暴徒。克尼度斯当地官员想要判定优布鲁斯和特里菲拉非法杀人，可皇帝本人却站在了他们一边——他认为他们才是反社会行为的长期受害者。附近一座城市的公共场所刻有他的裁定的铭文，我们因此才了解了这件事情。

无论在这件事上孰是孰非（有学者怀疑，这对夫妇或许并非如皇帝所认为的那样无辜），不考虑尤维纳尔对罗马城本身带有诗意的夸张描写，它是极少的几例中的一例，能让我们看到一个"普通"古代城市在夜晚时分可能呈现的景象：黑暗、无人监管，甚至有点吓人。夕阳西下后，庞贝街道上的情形又会如何呢？

夜晚时分的庞贝城，甚至连主街道也几乎漆黑一片。尽管罗马人尽了极大的努力在没有阳光的时间里提供照明（正如我们在庞贝看到的成千上万个铜质或陶土油灯所揭示的），结果很不理想。大多数人还是得按照从日出到日落的日光变化规律来安排作息。旅馆和酒肆会一直营业到夜晚时分，一定程度上依靠挂在敞开的店门口的油灯照明，有些灯座今天依然清晰可见。事实上，有一幅选举海报——不管是不是讽刺性的"反宣传"海报——声称"深夜酒徒"支持某个公职候选人："所有深夜酒徒都支持马库斯·科尔利尼乌斯·瓦提亚（Marcus Cerrinius Vatia）担任营造官。"不过那些大房屋则会大门紧闭，用一道坚固、冷冰冰的空白墙与外界隔离开来，只是有时会留一扇小窗。店铺和工坊也关了门，用几块遮板保卫安全，门槛处至今还能看到它们的插槽，偶尔还能看到木头本身的印痕。街上没有路灯，人行道坎坷不平，垫脚石分布散乱，到处秽物堆积，走夜路的人只能依靠一盏便携提灯和月光提供的光亮冒险前行。

但是，街道上也还是有夜生活的，远比黑暗夜色所暗示的要更为嘈杂和忙碌。除了犬吠和驴叫，或许还有人在工作。可以肯

图 30 关门的店铺？这些店铺宽敞的大门可以用沉重的木遮板来封住。这套阿波坦查大道上的遮板石膏模型向我们展示，右边的部分可以被当成一扇在店铺关门后供人出入的小门。

定，有些人是在夜间工作的。例如标语涂写工，他们有时在夜间涂写预告露天竞技场中举办的下一场角斗士表演的广告，或呼吁人们给这个或那个竞选当地公职的候选人投票的竞选海报。其中一位涂写工叫埃米利乌斯·凯莱尔（Aemilius Celer），为 30 对将要对战 5 天的角斗士张布了一份广告，他认真地在上面签上了名："埃米利乌斯·凯莱尔借助月光独自完成了这件作品。"不过这样的单独行动并不常见。有一份位于墙上高处的公告呼吁人们在接下来的选举中给盖乌斯·尤里乌斯·波利比乌斯（Caius Julius Polybius）投票，上面有涂写工跟同伴开的一个玩笑："提灯笼的家伙，把梯子稳住。"他们为何选择入夜后工作？也许是因为他们有时是在未经许可的情况下张布公告的，那里本不允许这样做。

（但也并非一贯如此，否则他们为何会签上名字？）或许是因为夜深人静的时候更方便涂写，这样就不会有人打扰他们工作或者晃动梯子。

街上的交通量或许也比我们最初所设想的要大得多。上文提到过关于维护罗马城的人行道的相关规定，在同一份文件里，其实还有一些关于车辆进入罗马城的规定。尽管有已经提到的各种例外情形（比如用于修建神庙的车辆、要从公共拆除现场运走碎石瓦砾的车辆，或者其他与重大典礼有关的车辆），基本原则是，从日出时分到第 10 个时辰为止，有轮车辆不得入城——鉴于白天的时辰通常被划分为 12 等份，因此也就是截止到傍晚或者夜幕初降时分。换言之，入夜之后，你才最有可能在首都的大街上看到车辆的踪影。的确，尤维纳尔不仅抱怨空中坠物和抢劫者，他也用同样辛辣的语言讽刺了夜间交通的嘈杂。

我们无法确定，庞贝城是否也同样实施了这些规定；尽管我们可以假设情况确实如此，这或多或少是合理的。我们也无法确定这些规定得到了多么严格的实施。法条是一码事，有意愿或有资源去执行却是另一码事。（想想描绘广场的饰带上出现的车辆，该场景明显不是在夜间……）尽管如此，我们这一章所探讨的受到管理和限行的车辆有较大的概率大部分都是入夜后才上街的。除了咆哮的狗、"深夜酒徒"的欢宴、标语涂写工们边工作边吹着口哨相互打趣，我们还可以想象车轮隆隆声、响铃叮当声，以及覆铁的车轮撞击路边石或垫脚石发出的刮擦之声。这是名副其实的一座不眠之城——而且永远也不会寂静无声。

第 3 章

房屋与住所

"悲剧诗人之家"

《庞贝末日》是爱德华·布尔渥－利顿的经典灾难小说，首次发表于 1834 年，讲的是格劳库斯（Glaucus）和伊俄涅（Ione）这对情侣试图逃离这座诅咒之城的故事。当火山碎屑漫天落下时，早已习惯在黑暗中穿行于庞贝的大街小巷的盲人女奴将他们带到了安全之处。令人悲伤的是——但这有利于剧情发展，因为她也爱上了格劳库斯——在偷吻了心爱之人后，她投水自尽。与此同时，格劳库斯和伊俄涅迁居雅典，在那里，他们皈依了基督教，从此过上了幸福的生活。

作为 19 世纪的畅销书，《庞贝末日》的魅力部分来自瑰丽的浪漫故事：火山只不过是这对情侣遇到的诸多麻烦之一——在火山爆发之前他们已经经历了各种阻碍，包括恶毒的埃及祭司以及无辜的牢狱之灾。道德教诲也是部分原因，它清晰地呈现了异教世界——也就是格劳库斯和伊俄涅逃离的地方——的堕落。不过本书的感染力很大程度上来自生动的背景描写——从露天竞技场到浴场、从广场到私人住宅，全都基于小心考证的考古学研究。布尔渥－利顿从威廉·盖尔的《庞贝图鉴》（Pompeiana）中获益良多，后者是英语世界的第一本庞贝专著，因此布尔渥－利顿宣称要将自己的小说献给盖尔。

主人公格劳库斯的房屋是以"悲剧诗人之家"（House of the Tragic Poet）为原型的，这是一处规模不大但装饰精美的房产，于 1824 年出土（见图示 6）。它很快就变得家喻户晓，被视为庞贝家庭生活的完美典范，在《庞贝图鉴》中得到了细致的描写。无疑部分归功于《庞贝末日》带来的额外声誉，几年之后，它甚至为 1854 年就开在伦敦城外西德纳姆（Sydenham）的水晶宫——这是一个结合了商业展出和博物馆功能的大型娱乐会场——里的"庞贝馆"提供了模型。对于这座早在 2000 年前就被维苏威火山吞没的房屋来说，这真是一段奇怪的余生。水晶宫里重建的"悲剧诗人之家"一定程度上忠实于原型，并且原本打算被当作接待游客的茶室——鉴于它所具有的象征家庭生活的形象，也非常合适。结果计划有变，唯一曾在这里正式坐下来品茶的游客只有维多利亚女王一人。19 世纪的法国也有一个更专门用于社交的模仿品。在巴黎蒙田大道上的一座宅邸里，哲罗姆·拿破仑亲王（Prince Jérôme Napoléon）和他的贵族朋友们喜欢身披托加袍并装作罗马人，那里的室内装潢也是根据"悲剧诗人之家"设计的。

这座房屋的废墟是在庞贝的西北角发现的，就在赫库兰尼姆

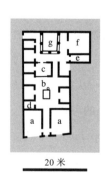

20 米

图示 6 "悲剧诗人之家"。游客可以从两间商铺（a）之间进入，穿过狭窄的通道来到中庭（b），角落里是门房的小屋（d）。档案室（c）里的镶嵌画描绘的是一群候场的演员（见彩图 17），再往后就是花园（g）。对着花园的是餐厅（f）和厨房（e）。

门和广场之间——与一处主要公共浴场仅有一街之隔，离"农牧神之家"也不远，仅隔两小片街区。当它被发掘出来后，人们根据其中一幅壁画给这座房屋取了名字——当时人们认为这幅画描绘的是一个悲剧诗人正在向听众朗诵自己的作品（如今被重新辨识为一个神话中的场景，描绘的是阿德莫托斯［Admetus］和阿尔刻斯提斯［Alcestis］正在聆听一则神谕）。我们如今所见到的房屋样式于公元前 1 世纪末成型。而留存下来的装饰，包括一系列取材于希腊神话和文学、令人叹为观止的精美壁画，是后来添上去的，是火山爆发前的 10 余年间人们对其重新整修的结果。在人们发现它们的几年后，大部分图画都被切割下来，送去了那不勒斯的博物馆，在墙壁上留下了丑陋的伤疤。没有被移走的部分——周围的装饰图案和普通墙绘——如今已经严重褪色，尽管 20 世纪30 年代人们为房屋加盖了使其免受风雨侵蚀的屋顶。与最初被发现时的情形相比，它显然远远不再那么激动人心。尽管如此，我们仍然非常有信心重建其古代风貌和结构，领略它在 19 世纪时给游客留下的深刻印象。

房屋朝向主街的那一面（见图 31）主要有两家商铺，这个位置有利于招揽从对面公共浴场出来的客人（事实上，这个地方路中间那几块垫脚石正是特意为此铺设的）。但他们卖的是什么，我们并不知晓。人们在左边的店铺里发现了一些珠宝，包括黄金耳环和珍珠耳环、手镯、项链和戒指。但正如考古学家所指出的那样，除此之外并没有足够的证据能够表明它是一个高档的珠宝店（毕竟，它们很有可能只是个珠宝首饰盒里的东西，再没有被取走罢了）。窗户很少，仅有的几扇窗也都不大，还在二楼，抬起头才能看见。不过在店铺中间有一个宽敞的房屋入口，足有 3

图 31 "悲剧诗人之家"外观的重建。其中一家商铺关了门，只有二楼有几扇窗户，整个外表看起来令人生畏。在一边悬伸出来的阳台是庞贝建筑的共同特征，比我们想象的更为常见；由于阳台是木质结构，很少有留存下来的。

米多高，我们依据门槛两边的枢孔可知它是双开门结构。在左边门的支柱上，标语涂写工曾涂写了一则支持竞选营造官一职的马库斯·霍尔科尼乌斯（Marcus Holconius）和盖乌斯·加维尼乌斯（Caius Gavinius）的公告。主人大概是鼓励这一行为的，或者至少是准许的；否则的话，这就是非常厚脸皮的擅自利用别人门柱的行为。

虽然"悲剧诗人之家"的房屋大门没能留存下来，但我们有时可以使用已经被用在了火山受难者尸体上的技术——将石膏填充到尸体腐烂之后留出的空洞里去——给其他房屋的大门塑模。根据这些模型，我们就能对这道带有金属固定件、镶着铜钉、将房屋与外部世界隔绝开来的庞大木质壁障形成鲜明的印象，它远非仅仅令人略感生畏。大门实际上没有必要拥有这样的规模、牢固程度和华丽外观。它们在那里是为了给游客和行人造成视觉上的冲击：既是一道有形的屏障，也是一种象征性的炫耀。

当然，这些门也并非总是关着的。入夜后它们确实会把房屋及里面的活动与街道上的世界隔离开来。在白天，大门通常是敞开的，可以看到房屋的内景。如果情况不是这样，那么"悲剧诗人之家"里一个极具标志性的图像就没有意义了。由于经常有溢出的水从屋内流向前厅，因此门槛正对面有个小小的排水孔，过了这个小孔，就是一幅令人难忘的镶嵌画，画中有一只亮着獠牙的狗，要不是被拴着，它随时都会猛扑过来。（见图 32）似乎是怕你没搞明白，它的身旁还有 "CAVE CANEM"（"小心恶狗"）的字样。这只有在前门微开的情况下才有可能看得到。

庞贝城里还有其他这样的警告标志，除了镶嵌画还有绘画，更不用说至死仍被拴在柱上的真狗的石膏模型了。在佩特罗尼乌斯（Petronius）创作于皇帝尼禄统治时期的小说《萨梯里卡》（*Satyrica*）里，事实上就有一处相关的描写。虽然大部分都已经

图 32 这幅看门狗的镶嵌画在"悲剧诗人之家"的正门入口（圆形固定件在这里标出了大门），狗的下面还有"CAVE CANEM" 的文字。下面位于中间的圆孔是一个排水孔——庞贝人总是有防水的意识。

遗失了，或者仅有零散的片段残留，但这部小说最有名和保存得最完整的部分是以一个那不勒斯湾附近的城市为背景的，描写了一个名叫特里马尔奇奥（Trimalchio）的人所举办的宴会，这名释奴家财万贯，但是有时候品位着实怪诞。当小说的叙述者和朋友们到达特里马尔奇奥家的前门时，首先映入眼帘的就是旁边的告示："未经主人许可，奴隶不得出行。否则鞭刑一百下。"（对一个曾经身为奴隶的人来说真是太妙了。）随后便遇上了门房，只见他身着一袭浮夸的绿衣，腰上扎着樱红色的皮带，正一边关注着门口的情况，一边将豌豆剥到银碗里；门槛上方还挂着一个金色的笼子，里面的喜鹊向来客致敬问好。不过真正令人震惊的还在后面："我差点跌个四脚朝天、断一条腿，"叙述者解释道，"因为当我们继续向前走时，在左边离门房的房间不远的地方，竟有一只巨型猛犬，它被链条给拴住了……不过是画在墙上的。在它上方有用大写字母写的一句话：CAVE CANEM，'小心恶狗'。"他在刹那间竟将那幅画当成了真狗——事实上，他们在特里马尔奇奥的宴会上的许多难以置信的奇特遭遇才刚开始。

我们不能把佩特罗尼乌斯的幻想小说太当真，那不是一部古代庞贝日常生活的指南。但它确实在这里为我们提供了一条应该如何重建"悲剧诗人之家"大门处场景的线索。这扇大门很可能在白天大部分时间里都是敞开的。但这里的安全应该不会被交给这只镶嵌画中的看门狗，虽然它看起来栩栩如生、十分吓人，甚至也不是图像所标志的那只真狗（就像特里马尔奇奥后来带到宴会上来的那只，可想而知，造成了混乱）。几乎可以肯定有个门房会始终盯着进出的人群，但比特里马尔奇奥的门房要穿得更朴素。人们通常认为楼梯下面那个地面粗糙的小房间是门房居住的房间，但也没有十足的把握。

跨过门槛，访客就来到了一条走廊上，这里一度被粉刷得无比艳丽，如今只剩下了几抹残色。两间店铺各有一扇窄门朝走廊而开，这表明无论是谁拥有这座房屋，他都和这两家商铺有着密切的关系；即使不亲自参与经营，他也可能是它们的所有者并从中获利。至少这是现代人的看法。这种布局曾经令早期观察者非常困惑。由于没有任何明显的装置和设备，尽管具有宽阔的门面这个属于店铺的典型特征，但盖尔还是怀疑它们或许根本就不是店铺，而是仆人住的房子。布尔渥－利顿的看法与此不同。他认为，它们是"专门用来接待一类访客的，无论在社会地位上还是在亲密程度上，这类人都还不够资格"进入这座房屋内部。这个想法很妙，不过肯定是错的。

行至走廊尽头，才真正进入了房屋的主体，围绕着两片露天庭院而建（见彩图 8）。第一个是中庭，装饰同样十分华丽，包括 6 幅取材自希腊神话的大型壁画。中庭的中心部分是露天的，地面上有一口水池，可以收集雨水，然后排放到一口深井里去。井口处还能看到深深的沟槽，是绳子在把装满水的吊桶拉上来时留下的痕迹。还有一批大部分非常小的房间，与中庭直接相通，有的同样粉刷得无比艳丽，两侧楼梯则通向二层。出了中庭之后就是一座花园，三面矗立着遮阴的柱廊（一种名为"列柱廊式"的布局），在它旁边有包括厨房和厕所在内的更多房间。"阿尼尼乌斯"这个名字在其中一根廊柱上出现了两次：有考古学家认为它指的是房屋主人；但同样也有可能是主人的朋友、亲戚、闲得无聊的客人，或者某个人的心上人。列柱廊的后墙上还供奉着一方小小的神龛，并且延续了花园的主题，满是画有格子和树叶的幻想风格的绘画（如今已经完全消失不见了，见彩图9）。在后面的一个角落里，有另一扇通向一条小巷的门，这条小巷紧挨着房屋的一侧。

我们不清楚这座花园里种了什么、养了什么（尽管人们在里面找到了一块可能是主人豢养的宠物龟的龟壳）。但依靠自1824年很久以后发展起来的技术，例如对种子和花粉的分析，或者对根孔的仔细发掘和石膏铸模，使考古学家得以生动而细致地重建其他房屋里的花园。比如，在"尤里乌斯·波利比乌斯之家"（House of Julius Polybius）里（年轻孕妇的尸骸就发现于此，见本书10页），有一座面积还要大一倍的花园，结果证明是一座荒芜的果园，而非我们常常想象的那样是优雅而整齐的花圃。这片10米见方的空地上有5棵大树，包括一株无花果树（从附近发现的大量碳化无花果推知）、一棵橄榄树和苹果树、樱桃树和梨树三棵果树。有些长得过于茂盛，以至于需要支护桩才能支起树枝。它们也长得很高：发掘者在地面上发现了一架梯子的印迹，有8米长，想必是用来采摘果实的。虽然如此，房屋主人还塞进去了更多的东西。在大树的树荫下生长着其他小树、灌木和矮树，还有另外8棵树在花园西面的墙上组成了树墙（这是钉孔组成的图案暗示的情形）。这8棵树的树根附近散落着赤陶碎片，表明它们曾被从罐子中取出来，然后重新种植。也许它们原是异域品种，例如柠檬树，早期需要更为细致的照料。整体而言，这片地区必定既昏暗又阴凉，足以为蕨类植物提供舒适的环境，花园边缘就发现了它们那数量庞大的孢子。

与之相比，其他房屋里的花园更加整洁而考究。就在离"尤里乌斯·波利比乌斯之家"不远的一户人家，人们最近又发现了一片列柱廊花园，主人在里面悉心布置了几何形的花圃，还有小径穿行其中。花圃被芦苇栅栏围了起来，中间则是柏树灌木丛和玫瑰组成的图案，规整而艳丽，边缘则饰以其他装饰性植物和花卉（从残余的花粉判断，包括蒿属植物和石竹）。花园界墙上爬满了葡萄藤，大量蕨类植物则顺着明渠蔓延，雨水从屋顶落下后便汇聚到这些沟渠里——更不用说还有荨麻和酢浆草属植物，它们过去和现在一样都是常见的杂草。花园里甚至发现了许多鸟蛤壳，这催生了一个迷人的想法：房屋主人在花园中漫步的时候嘴里可能还嚼着鸟蛤；不过这里也可能只不过是个扔掉没用的贝壳的便利之地，不管有没有人在花园中漫步。

无论"悲剧诗人之家"里的花园到底是什么样式的（除了乌龟和栅栏——廊柱上的固定装置表明这里至少曾有一面有栅栏——我们对它几乎一无所知），布尔渥–利顿认为这座房屋类似于 19 世纪的单身汉住宅，因此也正适合那个未婚的格劳库斯。大体而言，他认为庞贝的壁画不够优雅而颇有微词："在装饰艺术上，庞贝人的品位非常不纯正。"不过，对于这座房屋里的精美壁画，他则认为"几乎不输于拉斐尔的"。总的来说，他评价这里堪称"'梅菲尔区[1]单身汉'住宅……的楷模"：不仅是在装饰品方面，而且包括娱乐设施。事实上，小说开头就描绘了格劳库斯在列柱廊旁边的餐厅里举办的一次宴会：这是典型的罗马式宴会，有"无花果、洒满雪花的新鲜香草、凤尾鱼和鸡蛋"，随后还有一只鲜美细嫩的烤小山羊，人们一边豪饮从希俄斯岛运来的葡萄佳酿，一边大快朵颐。烤小山羊并不是他的首选。"我原本打算，"

---

1 位于伦敦市中心的高级商务区。

格劳库斯以一股忧郁的腔调说道，"为你们从不列颠弄些牡蛎来；不过既然那里的风让恺撒也吃了苦头，我们也就吃不上牡蛎了。"

布尔渥－利顿塑造了一座 19 世纪时精致的单身寓所的形象，他没有向读者指出，"悲剧诗人之家"和庞贝城里的大多数房屋，甚至最豪华的房屋一样，厨房很小，不足以准备一场奢华的宴会。他也没有提到，这里唯一的厕所就在厨房里面，或者顶多也"就在（厨房）旁边"。这同样是一种典型的安排，方便厨余垃圾的处理，虽然这与 21 世纪的卫生学观点相左（不过布尔渥－利顿可能对此没有那么吃惊，因为在 19 世纪的英国，厕所与厨房的并置并不罕见）。他想象"带基座的白色大理石花瓶里的稀有鲜花"在花园后墙的另一边盛开着，但他再一次没有提及这里有一家布匹加工工坊或者漂洗坊。漂洗过程十分肮脏，用料的主要成分是人尿；因此，皇帝维斯帕先非常著名的对尿收税，可能就是针对漂洗行业征的税。该行业的工作环境十分嘈杂，而且臭气熏天。在格劳库斯的高雅宴会上，想必会有一股明显的臭味袭来。

重建的艺术

庞贝城里幸存下来的房屋中，近乎一半都是围绕中庭建造的，有的还带有额外的列柱廊——在城里原本总共 1200 到 1300 座（对未发掘地区的粗略估算也包括在内）的"可居房屋"中，约有 500 座都是这个类型的。它们之中既有围绕屋内唯一中庭仅有 4 个房间的小房屋，也有像"农牧神之家"那种带有两个中庭和两片列柱廊的奢华住宅。不过，尽管布局各异，但它们的相似点足以使它们大致被归为一类。也就是说，尽管大小、奢华程度和细节都不相同，但它们在整体布局上有一种确定的可预测性。这其实和现代家居住房的情形非常相似：无论它们在设计上有怎样的独特气质，从街道走入屋中，你会预期自己进入的是一道玄关，而不是浴室；如果一座房屋分为两层，你会预期自己能在楼上找到卧室。

布尔渥 – 利顿强调"悲剧诗人之家"有一种令人熟悉的现代特征。在五彩缤纷的罗马独有的彩绘、设计和饮食习惯背后，他发现这个社会及其建筑与他自己所处的 19 世纪的伦敦的精英社会相去不远。大多数现代考古学家所强调的可能恰恰与之相反：庞贝房屋现在仅存的断壁残垣与公元 1 世纪的访客可能看到的景象截然不同，不仅如此，在古人那里，"房屋与住所"的观念与今人的也迥然相异。近年来，庞贝城考古工程最重大的研究课题之一，就是重塑这些房屋昔日的模样，并弄清它们的基本用途。这项工作几乎是不可避免地将重点放在了较奢华的大型住宅上，因为它们通常保存得更加完好，有着更复杂的设计，在里面也能有更多的发现，这既会使人产生更多的困惑，也给人更多的找到答案的希望。

当我们今天走进庞贝的一座豪宅时，或许会想象公元 1 世纪的庞贝富人拥护的是那种极简的现代主义审美趣味，它们十分整洁，甚至空旷得令人感到不自在，因而这种想法是可以理解的。但和街景一样，我们如今所见的（或未见的）是一种误导。首先，这里几乎所有的家具如今都已不见了，许多甚至未留一丝痕迹。许多最有价值的东西，可能也包括昂贵的家具在内，都被庞贝人自己搬走了，他们或许是在末日来临之前逃散的难民，也可能是之后到来的抢救者和掠宝者。此外，与附近的赫库兰尼姆城的情形不同，不同的火山喷发物成分及其倾泻方式使那里保存下来各类烧焦的木质家具，而庞贝却只有少量碳化的木头碎片留存。尽管如此，我们还是能大致了解何处发生了何事以及当时的情形如何，当然不仅仅是指那些偶尔留在原地的大埋石桌子。

这部分来源于人们在赫库兰尼姆城的发现，它们不可能与曾经存在于庞贝城里的东西有很大不同。它们包括从桌子到床的各种东西（见图 33），还有一扇横跨中庭后部的木屏风，既可展开又可收起。庞贝壁画中所画的家具也提供了线索。在"米南德之家"据以命名的那幅著名画作中，希腊诗人米南德所坐的那张椅子不可能与房屋中曾经使用过的椅子有很大不同（见图 44）。但是，通过我们熟悉的铸模技术，有时也可以根据硬化的火山灰上的印痕来重建庞贝的木器。例如，我们利用这个方法得知，在"尤里乌斯·波利比乌斯之家"的柱廊里，沿着一面墙排列有 5 个橱柜，里面盛有各种家居用品，从罐装食品（有一个橱柜实际上是食品柜）到家用玻璃器皿、油灯、铜质印章、一些铜锁链和一颗牙齿，应有尽有。

在其他情况下，我们甚至能根据更微弱的痕迹推断家具的存在。例如，你至今在墙上还能看见固定架子用的嵌固件——我们

图 33 附近的赫库兰尼姆城出土的木摇篮，让我们大致了解了庞贝房屋里必定曾经随处可见的家具的样子。而在庞贝，大部分木器的木头被火山物质毁掉了，只剩下了一些能帮助我们重建橱柜、椅子和床的铰链和配件。

在"悲剧诗人之家"中庭旁边的一间屋子里就发现了这类东西，为了更重要的用途，这个房间被讲究地粉刷了一番，但在那之后必定被当成储藏室来使用了。残存的骨质铰链、铜配件或铜锁同样使我们可以推断箱子和橱柜的存在。事实上，早期发掘者通常遗漏或忽略这些痕迹；即便它们被收集了起来，由于考古学记录的保存方法直到最近仍很粗疏，这意味着我们今天已经无法搞清它们到底是在哪里被发现的了（同样的情况也发生在许多意义不小的小物件上）。但我们有足够的证据可以表明，中庭可能看起来高端豪华，但它同时也是一个主要的储藏区。

在"穿比基尼的维纳斯之家"（House of Venus in a Bikini，这是一座相对较小的房屋，根据在那里找到的一尊维纳斯小雕像得名）的中庭里，人们在一个角落发现了 32 个骨质铰链，它们原本都是一个正面有门的大木橱柜留下的东西。仍然留存下来的是橱柜里的东西，包括形形色色的普通家用设备和其他小摆设：各种铜壶和盘子、一个铜盆和一个蛋糕模具、几个小玻璃瓶和罐子、一盏铜提灯、一个墨水池和一个罗盘、一面镜子、几枚青铜图章戒指、各种珠宝、一枚大理石彩蛋、九个骰子和其他游戏设备、被鉴定为脚镣的金属制品（无论正确与否），外加一些金币、银币、铜币。人们在另一个角落还发现了更多的骨质铰链和铜配件，表明这里还有另一个橱柜，里面的东西显然更值钱：一尊维纳斯小雕像、一个玻璃天鹅、一个丘比特赤陶像，还有一些水晶珠宝、一个坏了的马嚼子、几块刮板（锻炼之后用来刮掉身上汗渍的板子）和包括两个灯座在内的各种骨质、铜质小玩意儿。其中有些可能是主人匆忙离开之际留下的，有些可能是由于心怀返回的希望而快速藏匿起来的贵重物品。不过，总的印象是，这一对普通的家用储藏橱柜里的杂物和我们今天放在橱柜里的东西并无二致，全是些日用的家居必备品和早就该扔掉的破烂玩意儿，以及几个出于安全起见而收起来的贵重物品。

其他房屋的中庭基本上也是一样的。其中一个有一个装着陶器和玻璃器皿的橱柜，里面还有盛在玻璃罐中的一些食物（从里面的鱼骨判断）。另外一个中庭里则有几只大箱子，里面有一些枝状大烛台以及更多的普通家居用品和服饰（一颗纽扣表明情况可能是这样），同时还有一个直立的高大橱柜被用来储存铜、银、玻璃或陶瓷制成的最精美的餐具。不过，中庭还不仅仅与储存有关。在任何一个不是由水道直接供水的房屋里，中庭通常都有一口大井，是以我们可以预期会看到用来汲水的水桶和辘轳。除此之外，中庭或中庭旁边的房间里还常常能发现一些压重物（织布时被用来使垂直的织线绷紧），这基本可以证明，中庭里常常还摆放着一台或几台家用织机。这其实不难理解，因为织布需要相当大的空间，除了在那些最庞大的房屋里，你只能在中庭或列柱廊找到足够的空间。

织布也需要良好的光照，中庭也能很好地满足这一点。这种类型的庞贝房屋特有地结合了俗丽明艳和阴沉幽暗，这是我们最难重新感受到的一点。它们原本被粉刷得五颜六色，在很多情况下都已褪色，成了原来的颜色名副其实的"苍白仿制品"：深红褪成了粉红，明黄则变成了淡淡的奶油色。而且这还不仅仅是彩色墙壁出现的问题。尽管原先的天花板很少留存下来，但在（人们通过将在地板上找到的灰泥天花板碎片拼接起来）得以重建的地方，它们同样有时装饰得十分华丽，五彩斑斓。柱子上应该也有装饰。通常它们的柱身从下到上至少有一部分会被粉刷成正红色，不过，就在赫库兰尼姆门外的一座房屋里，一些柱子全被覆上了光彩夺目的马赛克——即便以庞贝的标准来看，这也显得过于浮夸了，现代人因此将这间房屋命名为"马赛克柱子别墅"（Villa of the Mosaic Columns）。用今天的话来说，和庞贝的街道一样，庞贝的许多房屋辣眼睛。

不过，由于室内光线普遍昏暗，刺眼的感觉可能得以减轻。因为，尽管阳光可以从敞开式的屋顶照进中庭和列柱廊花园，其他许多房间很少或几乎无法得到光照——除非有室内照明产生的光亮。的确，城西宏伟的多层房屋带有可以眺望风景的大窗子，能让人在最大程度上享受海景，但就像我们在街上看到的那样，大多数房屋的外窗都很小，并且稀少。由于这些限制条件，庞贝人难以使昏暗的地方得到充足的照明。当我们走进房屋的废墟时，仍能看到小小的天井或者位于门上方的墙洞，这是为了在关门之后仍能让室内透光而设计的。

这里还有几千盏陶灯或青铜灯，或朴素或华丽，有的是单焰式，有的是多焰式，有的挂在高高的台架上，有的直接摆在地上或桌上。它们的燃料一般是油；但近来有化学分析表明，它们似乎还出人意料地使用一种改良过的燃料。青铜灯里通常烧的是油和脂肪的混合物，而无釉陶灯里通常只有油——难道是因为多孔的陶能很快从脂肪里吸收一种难闻的味道？作为家居用品，多数陶灯都是当地工坊生产的（露天竞技场不远处就发现了一家生意兴隆的小型灯坊）。今天，那不勒斯的博物馆里还陈列着一排排各式各样的油灯，其中一盏青铜灯的外形是一只穿凉鞋的脚（火焰从大拇指处喷出），并且至少还有一盏非洲人头颅形状的灯，与我们在引言中提到的那对没能逃生的夫妇留下的那盏相似。仅在"尤里乌斯·波利比乌斯之家"，人们就找到了70多盏陶灯以及一盏青铜灯。即便如此，我们还是难以想象侧室的照明情况能够达到现代的标准，也难以想象整座房屋入夜之后除了几乎笼罩在一片黑暗之中——只能通过月光、星光、几只火盆（同时还能取暖）和几盏小油灯那微弱的光亮来照明——还能是什么情形。

几乎每个入口曾经都有各式各样的门、遮板和门帘，它们能够调节照明情况，使有些地方变得更私密。大多数庞贝房屋今天呈现出来的开敞式布局感觉，也并不完全是误导。我们将会看到，它们的设计部分是在有意凸显房屋内拥有开阔的视野。但与此同时，只要居住者愿意，所有门口或其他入口都是可以被关上或用帘子遮起来的。一旦经过提醒，你就不难发现，中庭或列柱廊附近的屋子里有用来安插屋门配件的凹槽和小洞或者固定门帘的装置留下的痕迹，那些无疑花里胡哨的门帘必定使房屋显得更加俗丽。而在没有这种屋门或门帘的地方，我们可以想象那里有独立式屏风，和赫库兰尼姆保存下来的那一扇一样。我们今天看到的柱廊是开放式的，但那里原本可能和"悲剧诗人之家"里一样，廊柱之间还围有栅栏。许多今天看起来简陋而开放的房间，也许曾是十分私密而舒适的幽静处所。尽管这份私密的代价是必须忍受黑暗。

目前为止一切都还好。不过，在这些庞贝房屋里"何事在何地发生"这个棘手的问题还是没有得到解决。我们已经窥见了中庭的情况，里面有储物柜、织布者和汲水的奴隶。不过，假如我们走进了前门，在其他房间里又会看到什么呢？或者反过来说，住在这里的人在哪儿吃饭、做饭、睡觉或如厕呢？而住在这里的人又是谁？他们有多少人呢？

有些活动的场所十分容易确定——或者我们会因为缺少这些场所而感到震惊。例如，除了最豪华的宅邸中有一些私人洗浴套间之外，一般的房屋里是没有特定的浴室或盥洗室的。尽管人们可能会经常在喷泉池里洗手或用一碗水洗脸（或洗头发），洗澡这件事还是一项公共活动，通常在城内的公共浴场里解决。即便是在由水道直接供水的房屋里，总的来说水也很少被用于盥洗或家用。通过管道而来的水大多用来供给喷泉和灌溉花园——这些罗马人在工程上的创举给富人带来了展现他们能够掌控自然力量的机会，而非鼓励他们积极改善卫生状况。

相比之下，厕所在庞贝的房屋中就很常见，而且不难辨认。一位尤其热衷于研究厕所的考古学家近来观察了 195 个厕所，其中不包括发掘之后倒塌的那些以及至今显然仍被游客用来救急的那些。基本上每座房屋都只有一间厕所（我们必须想象各种罐子和花园中的灌木丛也起着同样的作用），它们和"悲剧诗人之家"里的一样通常也是在厨房里。它们在一定程度上被与周围隔开了，不过这种情况下通常没有门的迹象——这意味着，就像在庞贝和其他地方发现了多坑位的公厕一样，罗马人并不像现代人一样在该生活领域着迷于严守个人隐私。厕所的布局非常简单：一个木座之下是一条排水沟，通常通向一个粪坑。由于它们不与供水系统连通，因此大概时不时需要倒一两桶水进去，以快速将污物冲走。

在现代人的想象中，这种相当简陋的（且臭气熏天的）设施旁边一般还有个罐子，里面有一块带柄的海绵，常见的说法是，这是罗马人用来擦屁股的。有时的确是这样。不过相关证据其实没有它经常被呈现出来的样子（不外乎是些可怕的逸闻，比如尼禄的老师哲学家塞内卡曾提到一个日耳曼囚徒宁愿将这种厕用海绵塞入喉咙自杀，也不愿意面对角斗场的野兽）那么有说服力。庞贝人也有其他的临时替代品。一个很好的例证是，在一座于庞贝最后的时日里被改造成鱼露仓库的房屋里，附近一棵无花果树的硕大树叶可能就起了替代海绵的作用。来自赫库兰尼姆附近一个大粪坑的新证据表明，人们也可能用布条解决问题。

厨房和餐厅也很容易辨识。或者说至少在较豪华的房屋里是这样的情形。在中等大小和更简陋的房屋里更有可能有一个厕所，而没有专门做饭的区域，更不用说吃饭的地方了。不过从食物和备餐这件事上，我们开始逐渐清楚意识到，这些庞贝房屋里的房间与我们可能想象的它们所具有的功能并不十分相符。

你可以根据灶台认出哪里是厨房，那里偶尔还有一个固定水池，直通供水管道的情况则更为罕见。就像我们在"悲剧诗人之家"里看到的一样，它们一般都是相当局促的小空间（见图34）。里面当然可以做饭，有时也用来制备食物（特别是如果我们认为附近的厕所还同时被用来处理垃圾）。但只有很少一些厨房大到能够处理一顿盛大宴席所必需的所有准备工作。我们也必须认为在列柱廊下的便携火盆上烤肉时，人们只能找空地做剥皮、除内脏以及其他全部准备工序，无论那是什么地方——正如特里马尔奇奥的那位门房，他在看大门的同时在门口剥豌豆。至于碟子、玻璃器皿、刀具和勺子（他们没有叉子，那是中世纪的产物）是如何以及在哪里洗净和晾干的(洗刷是现代厨房最主要的一项功能)，我们只能付诸猜测。

房屋里的所有地方都可以进食和宴饮。和厨房不同——厨房通常都太不起眼了，可能会被现代游客完全忽视——餐厅的确可能引人注目，其中一些是城内建造工艺最精湛、装饰最豪华的房

图 34　"维提乌斯之家"里典型的狭小厨房里的灶台。图里的炊具都是故意摆放在那里的——它们原本不是在这个地方被发现的。

间。拉丁语里的"餐厅"（triclinium）一词的字面意思是"三张卧榻"，反映了罗马人正式进餐时的常见模式——用餐者斜倚在卧榻上，三人可共用一张卧榻，共有三张卧榻。庞贝房屋里的"餐厅"形式各异，地点也不尽相同。有的里面配置的是可移动的木卧榻（它们或者没有留下任何痕迹，或者仅仅留下了固定装置的微弱痕迹），有的根据设计带有固定的砖石卧榻。它们有的在室内，其他的则在半露天的花园区域中（即所谓的"夏季餐厅"——人们猜测它们是庞贝人在温暖宜人的地中海夏夜用来享用晚餐的地方）。

　　向"黄金手镯之家"的花园望去，就能看到那套无比精美的部分露天的装置（见图 35）。这里只有两张表面是白色大理石的固定卧榻，分置于房间两侧。在房间尽头安置着第三张卧榻，恰好与另外两张形成了罗马餐厅的典型 U 型布局，这里还有一处引人瞩目的"水神殿"（nymphaeum）[1]。在一个表面饰有由玻璃和贝壳拼成的镶嵌画的壁龛中，内嵌一段 12 级的台阶，来自供水管道的水流沿着它像瀑布般倾泻而下——更现实一点来说，可能是一

———————

1 献给水泽仙子的纪念碑建筑，装饰有雕像和绘画，可用作圣所、水库和会议场所。

股涓涓细流。水从台阶底下被引入卧榻围着的一个蓄水池中，之后再流入挨着房间靠花园一边的另一个池塘和喷泉里。这种布局在庞贝其他地方也能见到，更不用说在罗马世界里更豪华的地方了，它想必已经十分接近罗马人心目中的宴饮天堂了。在镶嵌画上闪烁的点点光华的映衬下，轻轻溅起的水花显得更加美丽，能够在这种环境中就餐，对罗马人来说可能是一种莫大的愉悦。在"黄金手镯之家"，卧榻前沿的小壁龛里还有一排油灯，在夜晚的黑暗里，它们一定增强了整体的效果（不过卧榻前沿也可能是便于在咀嚼间隙存放点心的地方）。

　　但并非所有进餐都这么正式。我们不知道罗马人多么频繁地

图35　一个令人憧憬的餐厅。就餐的人斜倚在水流两边，水从房间末端的壁龛流到卧榻之间的蓄水池里。可以想象一下这样一幅场景——就餐的人在夜晚可以伴着潺潺的水声欣赏花园的夜景，卧榻边缘下面的小洞里或许还有油灯闪烁着火光。

用这种方式进餐。现代学者常常暗示这在罗马是一项常规活动："傍晚时分，罗马人在餐厅里吃一天中的正餐（cena）……"许多现代的古代世界指南上也是这么写的。实际上，正如我们现在读到的大多数对罗马社会生活的描述一样，这个说法极度以偏概全，它仅仅是把几位不同时代的拉丁作家的一些只言片语稍加拼凑，就仿佛代表了一般的情形似的。事实上，如果真有的话，大多数庞贝居民也只有在很少的情况下在卧榻上正式进餐；大多数房屋里也根本没有餐厅。即便是在家里不仅有一间"餐厅"而且选择多盖几间的最富有的人家，正式进餐也依然不是那么常见。我们无疑不应该想象正餐以外的进食会采用这种方式：无论庞贝人早上起床后吃的是什么，我们完全没有理由去假设他们会在"餐厅"里斜倚着进食。

庞贝人肯定能在房屋里的其他各个地点进食。在小房屋里，几乎没有选择的余地：哪里方便就在哪里吃。而在大一些的房屋里，奴隶或许会在工作时就手吃一些他能搞到的食物，或在主人视野外的奴仆居住区里解决；门房大概可以在他的小房间里畅怀痛饮。其他人可能也是随手抓点吃的，坐在列柱廊的一条长凳上，或搬一把椅子坐在中庭里的桌子旁边进食。这正是目前的证据类型所表明的。即便考虑到火山爆发前后所有可能的骚乱，庞贝房屋里的碟子、酒杯及其他餐具也分布得太广了。留给我们的印象是，人们"随时随地"就餐。

这样，庞贝的豪宅内就存在一组有趣的矛盾。庞贝人推崇一种有着特定区域及附属装备和设备的休闲进餐文化。但与此同时，我们发现这里有另一种文化，与现代的户外烧烤或快餐的文化相似。换言之，尽管许多房间都特意依照某种特定功能而设计，但庞贝房屋里的空间及可在其中进行的活动类型其实并没有特别明确的划分——这与我们自己的房屋不同，我们对卧室、客厅及浴室等都有清晰的划分界定。正如前现代时期的许多室内布局一样，庞贝的大多数房屋都有多种用途。

楼上，楼下

如果我们讨论另外两个相关的问题，这一点会变得更加清晰。人们在哪里睡觉？二楼是干什么用的？当我们试图厘清这些房屋最初的样子及其用途时，二层楼面就成了最有趣的谜团之一。我们知道，很多房屋都有一个二层楼面。有时从街道上就能直接上二楼，而租赁公寓的二楼则十分有可能是这种情形。罗马法律规定，所有权是由地面产生的，因此所有位于二楼的任何独立居住单元都不可能是由屋主所有的。其他情况下，是通过室内的楼梯上二楼的。"悲剧诗人之家"就是这种情况，只不过布尔渥－利顿回避了这个问题：他笔下的角色根本就没上过楼。

人们在这里发现了什么呢？这个问题特别难以回答，因为城内留存下来的这类上层建筑相对较少（看起来完整的房屋在很大程度上是现代重建的）。人们认为，有时在下层房间里发现的物件是城市被毁时从楼上房间穿过地板掉下来的。几乎可以肯定，庞贝银行家卢基乌斯·卡伊基利乌斯·尤昆都斯那份著名的记录蜡板就属于这种情况，这表明他把上层楼阁的一部分当作一个档案橱柜在使用，满满储藏着过期的卷宗。不过，我们无法确知这在庞贝是否是一种普遍的安排。

基于我们自己的经验，二楼房间是专门用来睡觉的，不过这个明显的答案或许只答对了一半。房屋的主要居住者应该是在楼下睡觉的。我们在中庭或列柱廊附近的小房间里常常能发现一张固定的床或卧榻的痕迹，其他房间可能会有相似但能移动的家具——不过即便如此，这些房间也不必然就是我们狭义上所指的卧室，它们只是有一张白天当沙发晚上当床使用的卧榻罢了。二楼或许更有可能是家奴睡觉的地方，如果他们不是直接睡在厨房的地板上、主人房间的门口或者主人的床边，当然，鉴于古代的奴隶可能有义务提供性服务，他们有时也睡在主人的床上。也有观点认为，这里的房间可能更多地是留给古代的房客住的，他们可能是从室内上楼进入自己的住处，或许不走临街的大门，而是通过大多数房屋都有的后门进来。事实上，二楼可能兼有三种用途：储藏、睡觉和出租。

在一个相对较小的房屋里（即"那不勒斯亲王之家"［House of the Prince of Naples］，得名自 19 世纪 90 年代目睹了它的发掘过程的一位地方贵族），至少有 3 座楼梯可以通往楼上。其中一座从外面的街道通向了一套可能是用于出租的单独的公寓房间。另一座则从中庭通向了几个充其量也只能算昏暗的房间。最近研究这座房屋的考古学家认为这里最有可能是供一小部分奴隶睡觉的房间。它们同样也有可能是阁楼储藏室。第三座楼梯从厨房通往一个敞亮得多的房间，从那里能俯瞰整个花园。它或许是另外一间租赁房（但是从厨房进入？），或许是额外的供家奴居住的房间，抑或是供家里的孩子及其奴隶看护一起居住的。如果是最后一种情况，那么另外一个有关庞贝人的小问题也就有了答案：孩子睡哪儿？除了在赫库兰尼姆发现的唯一一个木质小床（见图 33），没有任何证据表明有专门给婴儿提供的睡觉的地方。他们应该就是跟大人一起睡的，或者是跟他们的父母一起，或者更有可能是跟奴隶一起。

二楼还引发了一个甚至更大的疑问：这样一座房屋里到底住着多少人？不考虑那些有自己直通街道的独立出入通道的公寓房间，其他住民之间有着什么样的关系呢？通常，庞贝的房屋里居住的不仅仅只有一对夫妇和他们的孩子，以及几个忠心耿耿的仆人。使用《剑桥拉丁语教程》（*Cambridge Latin Course*）学习拉丁语的人都知道，里面有一个（一定程度上是）虚构出来的庞贝家庭，包括一对名叫卡伊基利乌斯（Caecilius）和梅特拉（Metella）的夫妇、他们的儿子昆图斯（Quintus），以及奴隶克莱门斯（Clemens）和厨子格鲁米奥（Grumio），但我们应该彻底抛弃这个印象。

富裕的罗马人有更大的家庭。我们通常所谓的大家庭是指祖父母、父母的兄弟姐妹和各种堂表兄弟姐妹在一起混居的松散混合状态（这种混合状态更多地属于怀旧的虚构而非历史真实），但这里的情况并非如此，它更应该算是一个大"家户"（household）——或者用某位学者更恰当的表述来说，指"一屋子人"——包括一个差不多可算是"核心家庭"的部分，以及大量的侍从和食客。他们之中不仅有奴隶（在最富有的家户里，奴隶的数量可能非常多），还有释奴。

和希腊世界不同，罗马人的家奴在服侍主人多年之后会被释放：这看起来是主人的慷慨之举，但其中混杂着人道主义的同情和经济上的自利——因为这样一来，他就不用再花钱为那些不再能做大量工作的奴隶提供食宿了，同时还能激励其他奴隶对自己保持忠顺，继续卖力工作。虚构人物特里马尔奇奥在这个等级中是一个十足的例外。大多数释奴都会以各种方式依附于原主人及其家庭并对他们负有义务，经营主人的店铺或其他商业项目，甚至仍然住在原来的房屋里——现在可能是和自己的妻子、孩子一起住在这里。事实上，拉丁语中的 familia 一词并不是我们所理解的家庭，而是指更广泛的包括奴隶和释奴在内的家户。

那么，把房主自己的核心家庭以及所有的奴隶、释奴和房客加在一起，共有多少人居住在"悲剧诗人之家"这样的房屋里呢？事实上我们只能靠猜测。有人认为床铺数量可能有助于估算。可即便我们找到一个床铺的清楚痕迹，我们也无法确定它们是否都是用来睡觉的，或者说，就算是用来睡觉的，也不能确定它能容纳几个人。（无论在庞贝还是赫库兰尼姆，人们都没有发现可辨认的"双人床"，尽管有些看起来的确够大，能睡下不止一个人，无论是成人还是小孩）。假如再加上那些挤在楼上或者我们想象中蜷缩在地板上睡觉的人，数量就根本无法估计了。一个近来对"悲剧诗人之家"居住人数的估算数值是 40 人左右。我觉得这个数字太大了。这个估算让睡在楼上的人不少于 28 个，按全城来算，居民总数将达到 3.4 万[1]，令人难以置信。即便减半，也依然显得较为拥挤，这和布尔渥 - 利顿所谓的"精致单身公寓"这个看法之间有着非常大的差距，而且这会对里面唯一的一间厕所造成不小的压力。

不过，想要重建庞贝的房屋，仅仅填补已经遗失之物的空白还远远不够，也不能满足于在空荡荡的中庭重新摆上橱柜、织机、

1　2017 年在庞贝发现的一篇墓志铭显示，参加公元 1 世纪初一次为全城公民举办的宴会的人数为 6840 人。Osanna 表示，如果认为成年男性占总人口的 27% ~ 30%，那么当时庞贝人口可能接近 3 万。

屏风和门帘，以及偶尔在这里睡觉的奴隶。在有关庞贝房屋的用途的问题上，还有更大的问题有待回答。在思考这些问题时，我们必须要看一看那部留存下来的讨论民居建筑的罗马著作是如何表述房屋的用途的，也要看一看这种表达能如何帮助我们理解庞贝城里遗留下来的东西。

用于展示的房屋

维特鲁维乌斯（Vitruvius）的《论建筑》是一部了解罗马房屋的社会功能的重要指南，它可能成书于皇帝奥古斯都统治时期。维特鲁维乌斯关心的主要问题是建造方式、公共纪念建筑和城市规划，不过他在第六卷讨论了domus，即"私人房屋"。显然，他所谓的"私人"与我们通常理解的不同。对我们来说，"家"严格区别于商业或政治世界，是你逃避公共生活的束缚和义务的港湾。与此相反，在维特鲁维乌斯的论述中，私人房屋被视为房主的公共形象的一部分，至少为他的一些属于公共生活的活动提供了背景。对于一个公共人物和他的住宅之间的这种同一性，罗马历史上有一些生动的例子：当西塞罗被迫逃亡时，他的敌人直接拆毁了他的房屋（西塞罗在结束流亡后重建了它）；就在尤里乌斯·恺撒被刺杀前不久，他的妻子梦到了自家房屋的山墙坍塌了。

维特鲁维乌斯承认房屋的不同区域有不同的功能。但他提出的区别却出人意料。例如，他没有提出按照男性活动区和女性活动区来划分房屋（这在古典时期的雅典很常见）。他也没有提出按年龄划分：维特鲁维乌斯的理想房屋蓝图里没有"育婴侧室"。他反而将房屋划分为"公用"部分和"专用"部分，没有受到邀请的访客可以进入前者，而只有被邀请的客人才能进入后者。"公用"部分包括中庭、前厅和列柱廊；"专用"部分包括内室（cubicula，尽管听起来有些老派，"内室"[chambers]是比我们常用的"卧室"[bedrooms]更好的译法）、餐厅和洗浴套间。这差不多等于划分了公共区域和私人区域，但也并非完全等同——因为，正如别的罗马作家的作品所表明的，内室中也可以进行各种公共活动，包括吟诵诗文、就餐，以及皇帝举行的审判。它和访客几乎完全不得入内的现代卧室不同，甚至主要也不是睡觉的地方。要进入这个房间，唯一的前提是受到邀请。

他还强调了房屋设计中体现的社会等级划分。承担公职的罗马政治精英得在房屋里划出一大片"公用"区来。而社会等级较低的人家里就不需要宽敞的前厅、中庭或档案室（tablinum，指的是通常位于中庭和列柱廊之间的较大的房间，"悲剧诗人之家"里就能见到，可能是给房主用的）。他们当然可以没有这些。因为他们在公共生活中并不扮演重要角色，也没有下属、侍从或门客需要照料。相反，他们得经常拜访别人家的前厅、中庭和档案室。

但维特鲁维乌斯的这套理论与我们在庞贝发现的证据并不完全吻合。例如，他似乎向我们暗示，只有气派的豪宅才有中庭，但实际上许多非常小的住宅里也有。而事实证明，维特鲁维乌斯使用的各个房间的名字，与我们在废墟中所发现的也很难对应起来（尽管现代的平面图上满是他使用的拉丁语术语）。维特鲁维乌斯提供的是罗马建筑在最高和最抽象层次上的完美典范，他肯定没有把意大利南部小城市的房屋考虑在内。不过尽管如此，他对"私人房屋"的公共用途做出的全景描述至少有助于我们更深入地了解庞贝那些较气派的房屋。

无论门房是否真的准许你走入房屋（我确定，在完全未受邀请的情况下走入房屋应该更多地属于理论而非事实上的提议），屋内情形也是故意向路人展示的。当然，房门在晚上都是关着的，禁止入内，即便在白天，望向房屋中心的视线有时也可能被屏风、内门和门帘挡住。不过这并不违背房屋布局的根本逻辑：敞开的大门让望向内部空间的人看到了一道精心展示的远景。以"悲剧诗人之家"为例，若从门外窥探，你的目光首先会被位于中庭和列柱廊之间的巨大展示房间（也就是维特鲁维乌斯所谓的档案室）所吸引，接着穿过列柱廊还能直接看到花园后墙上的神龛。"专用"区则位于视野之外，包括列柱廊旁的那个可能是餐厅的大房间，以及奴仆居住区和厨房。

在"维提乌斯之家"，一个男性生殖崇拜主题激发了更多的想象活动，它常常是现代游客的关注焦点。在庞贝找到的肖像中，

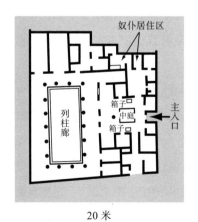

20 米

图示 7　"维提乌斯之家"。一个庞大的列柱廊花园在"维提乌斯之家"占据了很大的面积，装饰最豪华的房间都通向这里。走入房屋的访客，目光掠过象征着（而且确实真的盛装着）房主的财富的箱子后就能看到花园。

这座房屋前厅里的一幅是被拍摄和重现次数最多的一幅：庇护家户之神普利阿普斯（Priapus）的一幅绘画，他正在权衡自己的巨大阳具和一袋钱的轻重（见图 36）。画中藏着一个比较晦涩的知识点，乍一看去可能难以发现：它在展现一个值得吹嘘的勃起的生殖器，但同时也十分巧妙地在视觉上展现了两个词语——penis（阴茎）和 pendere（称量）——的双关。不过这还不是房屋里唯一的这样的人像。在古代访客的视线里，这个普利阿普斯很可能是与另一个男性生殖崇拜肖像连在一起的。当我们站在大门前，透过中庭望向列柱廊和花园（"维提乌斯之家"里没有档案室），目光会被一尊巨大的普利阿普斯大理石喷泉雕像所吸引，正好与入口的人像相呼应——不过这次的噱头是，一股水流正好从他勃起的阴茎喷涌而出。整个中庭的布局也进一步强化了力量与富足的寓意。中庭两边还有两口铜质大箱子——盛装门口那个普利阿普斯称量的各种财富——得到了突出的展示。目力无法企及之处，就是"专用"区和奴仆居住区了。

维特鲁维乌斯将房屋设计与罗马社会的等级秩序联系起来（尤其是精英人群和他们的各种侍从的关系），考古学家再次根据维特鲁维乌斯的提示，重新想象了一项典型的罗马社交仪式在庞贝的背景下是什么样子的。这种仪式是清晨的问候（salutatio），此时各类"门客"都会前来拜访富有的恩主并被赐予恩惠或金钱，自己则回报以选票，或提供更具象征意义的服务（陪同出行，或就是鼓一下掌）来提升恩主的威望。在罗马城那里，我们在尤维纳尔和马提亚尔（Martial）的诗歌中就能看到大量以门客的视角对此发出的抱怨。这两位诗人在门客中还算比较富裕，因此不出所料，他们对自己不得不遭受耻辱却只能换来微不足道的施舍最

图 36 富裕之景。普利阿普斯就在"维提乌斯之家"的大门后迎接着访客——他正在权衡他那根巨大阳具与一个钱袋的轻重。

为怨气冲天。"你许诺给我 3 个第纳瑞斯,"马提亚尔在某处抱怨道,"让我在你的庭院里履职,还要穿上我的托加袍。然后我应该站在你身边,在你的轿椅前开道,陪你去私会那 10 个寡妇,10 个左右吧……"不难想象这种社交仪式在庞贝的私人房屋中是如何展开的:门客坐在屋外的石凳上排起长队,清晨时分大门一开启,他们就从狭窄的通道走入中庭,等着和恩主交谈,而主人则高傲地坐在档案室里,是否施以恩惠全视心情而定。

对庞贝的真实情形来说,这个场景很可能过于庄重和正式了。即使清晨的问候礼在罗马城像诗人所暗示的那样常见而井然有序(我对此十分怀疑),在一个小城市里也不可能是这样的。而且我们要记得,在庞贝,这套仪式可能是在同时也是房屋里的主要储藏区的地点展开的,里面甚至可能还摆放着一台或两台织机。如果有女织工在一旁喋喋不休,还有奴隶奔走于橱柜之间,则势必会打断问候礼,所以有些考古学家提出了某种按时段划分功能的想法。按这种模式,中庭在清晨时可能是主人的活动领域,只有在他离家前去广场或办理其他公务后,这里才会成为家庭成员和奴隶的活动领域。但我不禁再次感到怀疑,难道这一切真的这么井然有序吗?

无论在罗马还是庞贝,我们都面临着过度简化这种社会关系的动态特征的危险。那些排队等着获准面见恩主的人所感到的焦虑和羞耻是事情的一个方面。将命运交给某个权贵,让他决定是否帮助你(为儿子找工作、贷一笔款或者豁免未交付的房租),那种心情我们完全能够想象。但另一方肯定也同样感到焦虑。因为,在这个讲究地位和展示的社会,恩主对门客的依赖堪比门客对恩主的依赖。让我们换个角度来想象一下这种焦虑和屈辱感吧:

当主人在档案室里正襟危坐等待门客时，却连一个人影也没看到。

尽管如此，这种展现权力、依附和庇护的仪式的确有助于揭示罗马房屋及其布局的内在逻辑。这样的房屋的目的就在于展示，甚至那些中庭周围只有少数几个房间的房屋也是如此，尽管效果没有那么强烈。

贫富之别：并非只有（一种）"庞贝房屋"

这些以一个中庭为核心、通常还有一个列柱廊花园的房屋，代表了庞贝家居住房的标准式样。部分归功于像《庞贝末日》这样的书籍，它们很长时间以来攫住了大众的想象，如今它们通常被径直简称为"庞贝房屋"，仿佛是这座城市里的家居建筑的唯一形式。但实际上它们只是众多形式中的一种。这个事实本身意味深长。庞贝有着各类在大小、样式、宏伟程度上不同的房屋，这意味着庞贝城中存在着巨大的财富差距。而这与我们在古希腊城市中发掘出来的房屋有着明显差别，后者显得更加整齐划一，大小和形制也都差不多，贫富之差至少被这一点掩盖了。可在庞贝，最小和最大的中庭式房屋之间有着云泥之别，但城内成百上千的自由居民连最小的也无力置办。讽刺的是，一些贫困的自由民甚至会羡慕许多奴隶的居住条件和环境，即便那只是些昏暗的阁楼。

那么穷人到底住在哪里呢？这有点取决于穷的定义以及贫穷的程度。有个尤其冷酷的观点认为，如果说穷指的是赤贫，那么古代的穷人是很少的：原因很简单，赤贫只会迅速导致死亡。"穷人"要谋生，就得有合适的手段获取生活来源，无论是做生意还是做手工活儿，抑或在富人的家户里有人脉。没有手段的人就无法生存，人生到此为止。

我们已经注意到了那些挨着店铺和工坊的狭小房间，它们既是起居室也是卧室。在庞贝，这种居住单元的数量或许和中庭式房屋不相上下，只是容纳的居民总量显然要少得多。再低一等的就是乞丐了，他们往往出现在广场上，让我们对挣扎在赤贫边缘的人有了一些了解。我们只能猜测他们晚上睡在哪里。不过，鉴于罗马法典对那些因为私自占用大型墓冢而亵渎了它们的人感到焦虑（后来的一份罗马法律意见书写道："只要愿意，任何人都可以检举在墓地生活或以墓穴为居所者。"），通往城市的大道两旁的宏伟家族陵墓就很可能是候选地点。不过他们也有许多其他选项，比如露天竞技场的拱门或者庙宇的柱廊。

几乎同样在社会边缘挣扎的还有住在房屋和店铺夹缝中的单间里的人，这些单间临街而设，除了一张石床什么家具都没有（见图 37）。它们通常被视为妓女的摊位，而其中几间的入口上方确实有显眼的阳具图像。不过，它们也同样可能是穷人的简陋小窝——阳具图案是代表好运的乐观象征，而非提供性服务的广告。当然，也有可能两者皆是。因为，卖淫在罗马世界往往是弱势群体最后的求生手段。对于缺乏日常支持关系网的人，这可能是最后一根救命稻草，从逃跑的奴隶到孤儿寡母，莫不如此。

在财富等级上更高一些的人那里，有其他各种房屋可以选择。城市东南角有一片我们会称之为排房的独特小型住宅。它们全是逼仄的单层寓所，有一个露天庭院，而不是一个中庭。它们排成一行，形制相同，大小一致（大致相当于小型中庭式房屋大小），

图 37　一个蔓草丛生的居住单间，仅设有一张石床。这或许是妓女的摊位？还是庞贝最廉价的卧室兼起居室？

都是公元前 3 世纪末修建的。它们可能是城市发展规划的一部分，用来接纳一波新移民（可能是在对抗汉尼拔的战争中背井离乡的难民），直到火山爆发时还有人居住，不过那时许多都已添设了一个中庭和二楼楼层。

他们可选择的出租房屋或公寓的范围也有所不同。我们已经清楚看到中庭式房屋的上层有用于出租的住所。不过也有鲜明的证据表明，城内还有一个更为系统、规模更大且目的明确的租赁市场。例如，城市南边有一道可以眺望河谷的山坡，坡上有一座相当俗丽的多层建筑，上面 3 层全是各种公寓房间和中庭式寓所。下面几层是一家私人运营的城内商业公共浴室，由于能够眺望河景，故得名"萨诺浴场"（等人的顽童的涂鸦就是在这里发现的，见本书 20 页）。这座建筑在城里是独一无二的，其整体风格与奥斯提亚的几栋更加华贵的公寓房相似。里面许多房间都明亮且通风，宽敞的窗户和平台屋顶提供了开阔的视野，与内敛的中庭式房屋迥然不同。真正的穷人不太可能租住这里的房间。那么它们是否更接近布尔渥 – 利顿所谓的单身汉寓所呢？

　　不过这里也并非没有缺点。尽管许多其他房屋的二楼公寓都有厕所（一条木凳架在墙里的斜槽上），但据我们目前所知，这里是没有的。而且由于毗邻公共浴室，特别喜欢清静的人肯定会有所不满。至少哲学家塞内卡就对此怨气冲天，他曾在罗马住过类似的房间。

　　　我楼下就是浴场。想想那些噪音吧，简直让我开始憎恨
　　自己的听觉了。当那些肌肉发达的男孩们在锻炼或举铅质哑

图38　能眺望河景的洗浴大楼。下面几层是浴场。上面几层则是住宅公寓。

铃的时候，当他们外出工作或声称要去工作的时候，我还得忍受他们嘟嘟囔囔的抱怨……最后再想想那个声音尖锐刺耳的拔毛人，他从来不会控制自己的音量，只有在给别人拔腋毛的时候，才会让他们替他发出尖叫。

塞内卡的描述有些煞风景，但他在这种情况下还是值得我们同情的。

从广场向北走 5 分钟有另一处大房产，那里的一个发现幸运地让我们对租赁市场的组织原理及其提供的各类住宅有了一些了解。就在一个街角附近，我们曾经能看到一则公告（不过现在已经消失了）：

7 月 1 日起租。在格奈乌斯·阿莱乌斯·尼基迪乌斯·迈乌斯（Cnaius Alleius Nigidius Maius）的房产阿里安娜·波利安娜公寓楼（insula Arriana Polliana）里，带夹楼的商铺 / 居住单元（tabernae cum pergulis suis）、优质上层公寓（cenacula equestria）和住房（domus）。代理人：普利姆斯（Primus），格奈乌斯·阿莱乌斯·尼基迪乌斯·迈乌斯之奴。

主人通过奴隶代理出租 3 种房间，每一种都可以和粉刷着这则公告的大房产的不同部分一一对应起来。（见图示 8）

在整个大楼——阿里安娜·波利安娜公寓楼——的中心是一座很大的中庭式房屋，里面有一个列柱廊，更远处还有一个花园（至少最终形态是这样）。这座房屋曾被称为"潘萨之家"（House of Pansa），不过这是误认，它实际上必定是属于格奈乌斯·阿

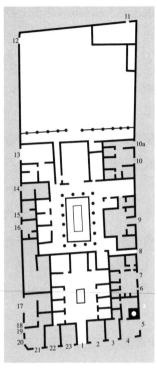

图示 8　阿里安娜·波利安娜公寓楼。整座房屋被划分为精英住宅区（非阴影部分）和小型居住单元，前者有中庭和列柱廊，从入口 1 进入，而后者则多位于房屋边缘地带，是商铺和公寓，用于出租。有楼梯通往二楼公寓。

20 米

莱乌斯·尼基迪乌斯·迈乌斯的。他是当地一个古老家族的成员，1 世纪 50、60 年代时曾活跃于当地政坛，他正在为自己的 tabernae、cenacula 和 domus 寻找租户。"tabernae"通常译为"商铺"或"工坊"，也就是主路旁的房间，门户大开是它们的典型特征（21 ~ 23，2 ~ 4）；夹层楼面原本是商铺主人及其家人起居的地方，现在已经不见了，不过在有些地方还能看到用来插横梁的洞。小巷旁边的 14 ~ 16 号房没有特别的商铺大门，可能只是用来居住的：这就是我的"商铺 / 居住单元"这个译法的由来。

上层公寓可从街边通过 18、19、6、8 和 10a 处的楼梯进入。

描述词语equestria字面上指的是罗马的贵族等级"骑士"（knights，或者equestrians），他们十分富有，本应住在更豪华的地方。因此，这个形容词用在此处，其实表达的是对某种社会名望的承诺（或期许），类似于老话中的"绅士的裁缝"（gentleman's outfitter）中"绅士"一词的用法。住房最有可能是指7、9和10号底层公寓，除非位于中心的中庭式房屋也一样将要出租且尼基迪乌斯·迈乌斯已经搬往别处。

我们很难清楚知道各类居住单元的居住者分别属于什么社会等级，不过佩特罗尼乌斯的《萨梯里卡》中的各种言论证实了物质遗存所暗示的权力等级秩序的存在。在一次家庭纷争中，特里马尔奇奥尖锐地讽刺了妻子出身卑微："如果你出生于夹楼，那你就不会睡在房屋里了。"在另一处，特里马尔奇奥的某位客人社会地位得到提升后，将自己的上层公寓转租了出去（"从7月1日起"，有趣的是，恰好与尼基迪乌斯·迈乌斯的合同生效日期一致），因为他刚刚买了一套住房。我们同样不知道租期的长短，也不清楚房客的使用权是否有保障。不过城里的另一则租赁公告——涉及"尤利娅·菲利克斯宅邸"的房间——提到，"向有声望的客人提供一套精美的洗浴套间，商铺、夹层寓所（pergulae）和上层公寓租期5年"。

不过，有一点很清楚，阿里安娜·波利安娜公寓楼在单独一座楼里完美涵盖了各种城内的住宅样式。对于那些住在夹楼中的可怜人，我们如今只能表示同情，因为他们时刻要面对邻居那相比之下显得富丽堂皇和宽敞的中庭式房屋。

不过，并不是只有较穷的人才居住在各类出租房里。也不是所有较富裕的居民都居住在"标准的"庞贝中庭式房屋里。例如，

1. 描绘乐师的镶嵌画，可能意在描绘公元前4世纪剧作家米南德一部喜剧中的一个场景。（见本书345页）来自赫库兰尼姆门外的所谓的"西塞罗别墅"。

2. 一座花园的整道墙壁上描绘了这个俄尔甫斯用音乐吸引野兽的惊人场景。（见本书173页）

3. 这是尼禄皇帝吗？这幅来自庞贝城外的一座建筑内的豪华餐厅的绘画，被认为画的是打扮成阿波罗的尼禄。因此，有人认为这里是他造访庞贝时驻足的地点——如果他真的造访过庞贝的话。（见本书 67 页）

4. 对阿波坦查大道典型的色彩艳丽的沿街景观的重建。最右端是一个十字路口的神龛，接着是一个开放式酒肆或商铺柜台。毗邻房屋的墙上涂绘着竞选公告。在上方，伸出的木质挑檐为街道和门口提供了庇荫。

5. 木工在游行队列中展示他们的技艺。最左端是他们的庇护神密涅瓦的雕像，尽管几乎仅有她的标志性盾牌留存。中间是展示木工活的模型。（见本书 398—399 页）

6. 赌博桌，来自墨丘利大道上一家酒肆里的一幅绘画。（见本书 313 页）画中人物花哨、随意的服饰与我们想象中穿白色托加袍的罗马人形成鲜明对比。

7. 来自"尤利娅·菲利克斯宅邸"的一幅保存得最好的表现广场生活场景的绘画。一群人正在查阅在柱廊前的雕像基座上展示的一条公告。（见本书 100 页）

8. 这个"悲剧诗人之家"的模型展示了该房屋从前门到后面的列柱廊的横截面。（见图示 6）在中间部分的中庭，有一口陷在地板中的井。在该房屋前半部分的上层楼阁有宽敞的房间。

9. "悲剧诗人之家"的列柱廊花园的模型。后墙上绘有花园景色。柱廊下是献祭伊菲格涅亚的著名绘画。（见图 55）

10. 来自"贞洁恋人之家"面包坊的大餐厅的绘画。（见本书296页）乍看上去这是一个优雅的场景，有舒服的靠垫和帘子，桌子上整齐地摆放着玻璃容器。但在背景中的那个妇女已经醉得几乎站不稳，在两对斜倚的两个人之间，隐约可见一个不省人事的男子。

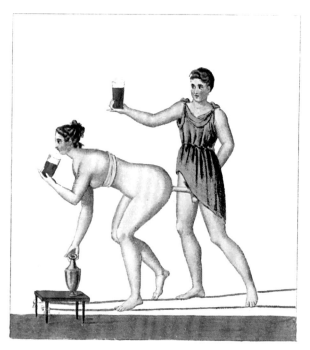

11．平衡术。这是墨丘利大道上一家酒肆里的一幅失传绘画的19世纪副本。拉紧的绳索可能是现代艺术家的想象臆造出来的。（见木书314页）

12．一个典型的罗马式奇思妙想。这个枯瘦老者的人像被设计用来以他的托盘为富有的进餐者盛放各种小食。（见本书299页）

在这个城市最后的岁月，就有一些房屋虽然还保留着我们已经提到过的几项基本要素，但里面的花园占地过度扩张，使整座房子的焦点和特征似乎都彻底发生了转变。

　　"屋大维乌斯·夸尔提欧之家"（House of Octavius Quartio，得名自商铺里发现的一枚印章戒指）是其中的一个经典案例，火山爆发时它还在修复。如平面图所示（见图示 9），房屋建筑本身的占地面积并不大，但全部的关注焦点都集中在了大花园以及它那精美的装饰和水景（利用了供水系统）上。房屋前方沿花园有一条长长的荫廊，廊道下有一条细长的水道，其上架有一座桥，两边本来还各有一排雕像。荫廊的一端有一个露天餐厅，另一端

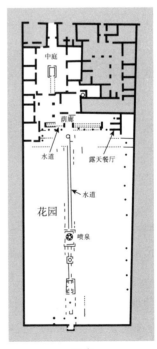

图示 9　"屋大维乌斯·夸尔提欧之家"。一处相对较小的场所，但即便如此，这座房屋里的装饰性花园的面积还是远远超过了建筑本身的。阴影部分不属于这片住宅。

20 米

则有一个装饰性的"神龛"，那里曾经有一尊狄安娜或伊西斯的女神像（留存下来的绘画中还能看见沐浴中的狄安娜和一名伊西斯祭司）。在更低的地面上有另一条直通花园另一头的长约 50 米的狭窄水道，有一些桥和拱门横跨其上，在一端和中间还有精美的喷泉，而且几乎所有可能的地方都饰有绘画。花园两边是由灌木丛和树木组成的林荫道，还有更多的荫廊。水道本身既是观赏性的水池，也是鱼池（见图 39）。

这些景观特色有很多受到了郊外罗马房屋（即"别墅"）的建筑式样的影响。别墅花园的典型特征是拥有装饰性的水道、神龛和鲜花树木间的林荫道。罗马精英喜欢给这些花园水道冠以浮夸的名称，比如"尼罗河"或"欧里波斯"（Euripus，根据优波亚岛和希腊本土之间的水域命名），西塞罗有一次嘲笑了他们的厚脸皮。不过，他非常喜爱弟弟昆图斯的一座乡间房产里的一条欧里波斯，有段时间还心心念念地想要在那里建一个神龛，献给一位鲜为人知的女神阿玛尔忒亚（Amalthea），模仿的是友人阿提库斯的别墅花园里的一处优雅园景。后来，皇帝哈德良在蒂沃利（Tivoli）的郊外宫殿里又修建了一条十分俗丽的"卡诺普斯河"（Canopus，另外一条埃及河道的名称），留存至今。别墅花园的另一个特征是它兼具生产与装饰的功能，就像那个兼做鱼池的水池。对于罗马的房主而言，经营乡间宅邸的乐趣之一就在于如何把生产功能融入观赏性的整体框架之中：让农艺与高雅融为一体。

这样一来，这种设计就将城外的房产风格带入了城内。它成功地受到了现代游客的青睐，后者喜欢在水道旁和荫廊下徜徉，一如必然也是如此的古代居民。然而，有些考古学家对此颇为嗤之以鼻。他们认为，有太多的东西被塞进了一个过于狭小的空间

图 39 "屋大维乌斯·夸尔提欧之家"那个狭长的花园的风景。一系列水池和藤架显得高雅——这是一种精致的微缩景观设计？还是一种与此地完全不相称的设计，成了某个自负的暴发户步入歧途的经典案例？考古学家在这个问题上有分歧。

（"漫步荫廊下，两个人甚至都无法并排行走，他们在每个转角处都会碰到一眼喷泉、一座小桥或一根柱子，有时还会被草丛里的小雕像绊倒"）。这里简直就是"迪士尼乐园"，其主人毫无品位，却企图模仿他人所营造的休闲乡村世界，然而后者远强于他，他们始终追求质量而非数量。

古代的艺术和装饰也可能是非常不入流的，我们要面对这个事实。这座房屋里的一些绘画，说得客气点也是品质低劣。但是，很难不去怀疑，我们之所以认为这座房屋毫无品位是因为我们接受了许多罗马精英的偏见，即使是无意识的；面对把宫殿式的设计缩小至普通民宅规模的做法，贵族会毫不犹豫地报以嘲笑。毕竟，作为一名释奴，特里马尔奇奥可能惊人地粗俗。不过，佩特罗尼乌斯的小说的有趣之处部分就在于，特里马尔齐奥对贵族精英文化的模仿还挺像模像样。在嘲笑他的同时，我们会发现自己也在嘲笑贵族精英（或者我们自己）。

在城市西部边缘的那一片房屋中，却没有一座曾被人以这种方式耻笑过；它们是在罗马殖民早期（公元前80年之后，或许是首批殖民者修建的）直接建在旧城墙上方的——它们的最终形式是沿着伸向海边急剧下降的陡坡而建，有四五层楼高（见图15）。在庞贝的所有房屋里，它们是今天在许多方面都最令人印象深刻的，若是漫步于各个楼层之中，在留存的楼梯上上下走动，会让我们有一种置身真正的古代房屋的感觉，而这在别处是很少能体会到的。

在有关现代发掘的最令人悲伤的故事中，它们的故事也是其中一个。1943年被炸毁后，人们在20世纪60年代发掘了它们，但发掘报告从来没有得到适当的公布，即便是未公布的记录和笔记也大多只有梗概。这意味着，我们对其发展历程及内部布局的细节都不甚了解。房屋之间界限何在，里面总共又有多少居住单元，很多问题都已经很难弄清楚了。它们也不对公众开放（尽管你可以在海门附近通向这个场所的主要入口处找到一个眺望它们的好视野）。这一切导致的结果是，尽管这里对那些极少数获准进入参观的幸运儿来说是一处深切难忘的观光景点，但在旅游指南、庞贝的通史著作中，甚至在学校课堂上，它们却常常没有给人留下什么印象。它们本该深刻地影响到我们对庞贝房屋的整体看法，然而事实却并非如此。

理解这些庞大的多层房产的最佳方式是，把它们想象成按维特鲁维乌斯建筑原则建成的中庭式房屋，只不过不是在水平分布上而是在纵向垂直上修建的，它们也不是封闭型的，而是面朝海景的。它们之中最壮观的一栋是"法比乌斯·鲁弗斯之家"（房屋里有多处涂鸦提到了这个名字，因此得名），从靠近城市这边的位于地平面的那一层进入，迎面就是一个中庭，就房屋的这种规模而言，它显得相对小了点儿。穿过房屋继续往前走，你会发现前面并不是"专用"区，而是下行至在靠海一边有一系列豪华休闲套房的另外两层，这些套房有着宽敞的窗口，有些外面还有阳台。而奴仆居住区则尽是些昏暗的房间，在靠山坡一边，没有任何风景可看，也没有珍贵的自然光线（见图 40）。

对主人和有幸受邀的访客而言，这里能充分享受到明亮的光线、新鲜的空气和优美的风景。一位涂鸦艺术家在一座楼梯上留下的作品把握住了其中的精髓。涂鸦中几次出现了一个名为厄帕弗洛狄图斯（Epaphroditus）的人和他女朋友的名字（"厄帕弗洛狄图斯和塔莉亚［Thalia］"），而就在他涂写的一句情诗韵文（这

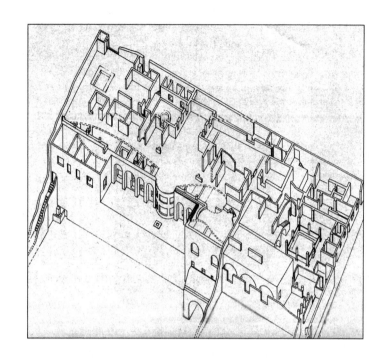

图40 "法比乌斯·鲁弗斯之家"。这幅重建的轴测图能让我们大致了解这栋多层建筑的复杂之处。从观景房可以眺望海景。而奴仆居住的房间则都挤在后面的山坡上，照例晦暗无光。

句韵文在城内各处的涂鸦中出现过几次，简直是陈词滥调："我多希望能成为你手指上的戒指，一小时就好，不用再多……"）下面，有人题写了卢克莱修的哲学长诗《物性论》卷二中的前三个字："Suave mari magno"——"这该是怎样的一件乐事啊，当在宽阔的海面上……"涂鸦者自己想必是知道这句诗的下文的："狂风卷起大浪，而自己却从陆地上看别人拼命挣扎。"

从"法比乌斯·鲁弗斯之家"向外眺望海景，想必是一件乐事。

姓名和地址

城市南边有一座小房屋，入口后面的大部分都还尚未发掘，人们在门口发现了一小块青铜铭牌。上面写着："卢基乌斯·萨特利乌斯·鲁弗斯（Lucius Satrius Rufus），皇室秘书（已退休）。"如果它真是门上的铭牌的话（看起来很有可能），那么这可能是目前为止我们在城内所发现的唯一一个这类标记。住在里面的那个人是庞贝最古老家族的一名成员，或至少与这个家族的一员有关系。他的确切家谱已不可考，因为释奴及其后代会被冠以主人的姓氏，因此萨特利乌斯或许是这个当地显贵家族的后裔，或者其祖先可追溯至这个家族的某个奴隶。既然如此，考虑到房子的实际大小和他工作的性质，我们猜测他可能属于后面这种情况。不管事实是怎样的，我们讨论的似乎是个告老还乡的本地人，他曾在罗马皇宫的管理部门工作。在自家门牌上，他骄傲地标榜了自己曾被皇室雇佣。

我们已经知晓了无数个庞贝人的名字，从萨特利乌斯或霍尔科尼乌斯·鲁弗斯这样的大家族到那些在墙上题写或被提及的单个名字或昵称（当然，这也不是说这些人就低一等，毕竟喜欢在墙上涂鸦的不仅限于社会底层的人）："你好，我的普利玛（Prima），无论你在哪儿。塞昆都斯（Secundus）留。亲爱的，请爱我""拉蒂库拉（Ladicula）是个贼""阿提梅图斯（Atimetus）让我怀孕了"。我们有时甚至能把面孔与名字对应起来，就算流传下来的当地显贵的正式雕像的确存在着美化倾向而不足信。在斯塔比亚浴场外的广场上，阿波坦查大道上有一个立于基座上的马库斯·霍尔科尼乌斯·鲁弗斯（Marcus Holconius Rufus）的雕像，他是奥古斯都时代城中的一名权贵，而他的穿戴使他看起来更像是一位战无不胜的罗马皇帝，而非一名小城官员（见图71）。也许，更写实或者至少更有趣的是一幅讽刺画，上面的"鲁弗斯"长着一个典型的罗马鼻子（见图41）。

事实证明，尤为棘手的是将这些房子与主人名字或家族一一对应起来，如果我们试图以主人一家及仆从可能住在同一所住宅里的"一屋子"人来思考，情况还会变得更为复杂。正如我们之前所看到的，许多这类辨认工作只不过是猜测，依据的是一组组选举海报，其上提到了住在附近的候选人或拉票人，或者依据印章戒指和印章石。毫不夸张地说，无论仓皇出逃的可怜避难者把印章戒指不幸地掉在了何处，考古学家都会认为那是他居住过的地方。

事实证明猜测偶尔也是可靠的，或者至少并不全错。几十年前有人提出，那个位于阿波坦查大道南部街区的小酒肆店主，是个名为阿玛兰图斯的人，其依据是酒肆外张布的一份选举公告，

图41 "这是鲁弗斯"——原文是"Rufus est"。这幅讽刺画的主人公（或受害者）被描绘成一个头戴桂冠、下巴尖尖，还有一个"罗马"大鼻子的形象。

在那上面，一个名为"阿玛兰图斯·庞贝阿努斯"（Amarantus Pompeianus，也就是"庞贝人阿玛兰图斯"的意思）的人呼吁市民同胞选举他自己的特定候选人。与此同时，根据一枚印章戒指来判断，人们认定相邻的那座小房屋属于一个叫昆图斯·梅斯特里乌斯·马克西姆斯（Quintus Mestrius Maximus）的人。

人们近来对这两座房屋进行了再发掘。新的进展表明，在庞贝城最后那几年里，这两座房屋被连通了，并且非常破败。酒肆柜台也毁了，花园荒草丛生（通过花粉分析，我们得到一些很能说明问题的欧洲蕨种子），而连通的房屋被用作储藏盛葡萄酒的双耳瓶（amphorae）的货栈。人们还发现了一匹运货的骡子的骨骼，它脚边还有一只（看门）狗。其中两个酒瓶上写着"塞克斯图斯·庞贝乌斯·阿玛兰图斯"（Sextus Pompeius Amarantus），或者就只有"塞克斯图斯·庞贝乌斯"。就算是这样，这门生意肯定是由阿玛兰图斯经营的，他的名字也出现在了附近其他几处涂鸦中。实际上，在"你好阿玛兰图斯，你好"这句涂鸦旁边画着的那个大鼻子（或者也可能是那个长胡子）也许画的就是他本人，这样的想象可能并不算太异想天开（见图 42）。那么，昆图斯·梅斯特里乌斯·马克西姆斯呢？他或许是个合作伙伴，也可

图 42 "你好阿玛兰图斯，你好"（难以辨认的拉丁语原文是"Amarantho sal〔utem〕sal〔utem〕"）。人们认为这两人中有一个大概就是阿玛兰图斯，他是这处涂鸦所在的酒肆的主人。

能只不过是那枚失落的戒指的主人。

　　事实上，我们只有在非常偶然的情况下能够确认一座房屋的房主的身份。"卢基乌斯·卡伊基利乌斯·尤昆都斯之家"是其中一例，因为尤昆都斯的账单记录从阁楼上掉了下来。更多的情况下，我们能大致确认他们是谁。尽管有一些挥之不去的疑问，但在权衡各种可能性之后，我们可以认定"维提乌斯之家"要么属于奥卢斯·维提乌斯·康维瓦和奥卢斯·维提乌斯·雷斯提图图斯兄弟之一，要么就是兄弟俩的共同财产（尽管最近有一位考古学家对此表示质疑，认为他们可能只是一对侍从，负责给进出房屋的货物盖章）。而"尤里乌斯·波利比乌斯之家"这个现代名称则得名自房屋外立面和屋内的竞选公告上出现的一个名字，他既是候选人也是拉票人。不过它也和盖乌斯·尤里乌斯·菲利普斯（Caius Julius Philippus）有很强的联系，他可能是波利比乌斯的一个亲戚，他的印章戒指出现在房屋内的一个橱柜里——所以不是偶然掉落的——而且室内的文字也提到了他的名字。

　　不过，当我们知道屋主的身份后，我们能得到什么额外的信息呢？比如阿玛兰图斯，除了给一座房屋起了一个名字带来的满足，其他一无所获。但在其他情况下，我们拥有的相关人物的进一步信息，甚至只是名字本身，也能指向有趣的方向。维提乌斯兄弟之一是当地"奥古斯都祭司团"（Augustales，既是社交俱乐部，又是祭祀团，还有政治职能，见本书286—287页）的成员，这个事实有力地表明，他们自身是释奴，因为几乎所有"奥古斯都祭司团"的成员都来自罗马社会的那个等级。至于尤里乌斯·菲利普斯和尤里乌斯·波利比乌斯，无论他们的确切关系是什么，仅仅这两个名字就表明他们的血统也可以追溯至释奴，无论公元

1 世纪中期时他们在庞贝政治精英中享有何等崇高的地位；因为
"尤里乌斯"这个名字常常是指一个被属于尤里乌斯家族的某位
早期皇帝释放的奴隶。这些都很好地说明，罗马社会中的奴隶和
自由人身份是相互渗透的。

公元 79 年：天翻地覆

我们对庞贝的房屋和房主的了解，大部分都是它们在火山爆
发前最后几年里的情况，这几乎是不可避免的。不过，我们仍然
能够看到一些标记着它们的变化过程的新设计、扩建和功能转变。
和其他城市一样，庞贝也是一个不断变化的城市。房主通过购买
邻居的部分房产或者打通隔墙来扩大自己的空间。"米南德之家"
的边界就在不断扩张和收缩，因为房主买了隔壁房屋的一部分之
后又将其转卖。而"维提乌斯之家"也是在兼并和改造两座更小
的房产后才成型的。商铺开了又关，关了又开。曾用于居住的房
间被转为他用，成了酒肆、漂洗坊和工坊。或者反过来。

人们总是容易受到诱惑，将城内任何向低端市场发生的明显
转变都归罪于公元 62 年的地震。实际上，在没有其他证据的情况
下，将这些产业转型追溯至"公元 62 年之后"总是非常便利的。
但是要注意，城内发生这类转变的时间要更早，这一点是清楚的。
有 3 家漂洗坊通常被认为是在地震之后才"接管了"这里的私人
住宅的，但一项细致的研究发现，这 3 家漂洗坊全都还有房屋的
居住功能（尽管会散发出可怕的气味）。其中至少有一家绝对是
在早于公元 62 年的时候就发生了转变。

不过，火山爆发时的确有大量施工工程和装修还在进行，比转变和翻新的通常程序所需要的要多。除此之外，还有一些证据表明有些房屋正在被废弃和降格使用。仅以我们目前已经提及的房屋为例："那不勒斯亲王之家"内的一个豪华的休闲室似乎被用来储存货物；"尤里乌斯·波利比乌斯之家"亦是如此（有些房间是空的，房屋内找到了几罐石灰，表明这里当时正在翻修）；在"穿比基尼的维纳斯之家"，重新装修的工程启动并搁置了；在"法比乌斯·鲁弗斯之家"和"维斯塔贞女之家"里，这项工程正在进行中；"米南德之家"里的私人洗浴套间大部分都已停用，有的坍塌了，有的则被拆除了；而人们在"阿玛兰图斯之家"这座小房屋里也发现了建筑材料，却没有任何施工的迹象（或许计划被中止了）。

要说所有这些活动都是出于日常维修的常规需要，或者是由公元62年那场很久以前的地震所导致的（其实许多活动显然是对公元62年之后所实施的维修工程的再次修复），似乎是令人难以置信的。几乎可以肯定，我们所见到的这些工作大多是由火山爆发前的几周或几个月内的震颤所导致的。对于公元79年夏天的庞贝户主而言，这些并不是常规的工作。在他们之中的乐天派看来，这一切一定只是粉刷的墙面上出现了一些需要修复的恼人的裂缝。而那些悲观者（和那些有闲暇为自己的未来担忧的人）一定在这个时候仔细思考了接下来到底将会发生什么。

而我们接下来要讨论的，就是其中一个乐天的家庭对这件事的反应，他们住在"工作中的画师之家"里。

第 4 章

绘画与装饰

当心：工作中的画师

公元 79 年 8 月 24 日早晨，一批画师，可能总计三四个人，出现在一个与"尤里乌斯·波利比乌斯之家"差不多相邻的大房屋里，他们要继续做一项几周前就已开始的工作。我们不知道这座房屋到底有多大或多宏伟，因为发掘工作尚未做完。目前为止我们只能看到这栋建筑的后部：一个列柱廊花园（描述见本书118—119 页）及其周围的房间，还有一扇开向旁边一条小巷的小门（见图示 10）。在花园后墙和阿波坦查大道之间有一家商铺和商业面包坊（下一章有介绍），这种高级住宅区和经济基础设施并置的布局在庞贝城十分典型。这座房屋因为明显的原因而被称为"工作中的画师之家"，它的正前门必定是向北沿街而开的。

这里显然正在进行较大规模的重新装修。列柱廊的柱廊里发现了几堆石灰、沙子和马赛克嵌片，厨房旁边的一个垃圾堆里还有地板材料。画师们在房屋的这个部分最引人瞩目的一个房间里工作，它有 50 平方米左右，可通往花园。他们想必是在中午时分还在作画时仓皇逃跑的，丢下了他们的器材和画作。人们在那里发现了圆规、脚手架的痕迹、一罐罐灰泥和混料钵，以及 50 多个装颜料的小罐（列柱廊以北的一个房间里有一个柳条篮，里面堆了一

图示 10 "工作中的画师之家"。这座房屋还没有被完全发掘。它的后部几乎紧挨着"贞洁恋人之家"的面包坊。前门必定在北边的某个地方。

些这种小罐，但大多都是空的，显然这里在施工阶段是当仓库使用的）。

　　多亏这突然的中断，使我们有了一个难得的机会，能够看到他们的作品尚未完成时的形态，从中可以再现他们的工作过程、具体工序、作画速度以及人数。一个基本原则（其实也无异于常识）是从上往下画。尽管房间最高的部分如今已经几乎损毁殆尽，但显然墙壁最顶部已经完成绘制。从掉落在地板上的碎片来看，方格天花板也是如此。墙裙以下的墙壁最底层则还没有涂上最后一道灰泥。

　　火山开始爆发的时候，画师正在画大块的中心区域。他们使用的正是湿壁画技法。也就是说，在灰泥还没干时在上面作画，

图 43　未完成的墙绘，火山爆发时被画师遗弃。乍看上去它似乎平淡无奇，但它有可能使我们重建画师使用的一些技法。中间和右手边的饰板已经被上了色——除了中间的人物场景，那里仅仅勾勒出了图案轮廓。右边的部分（图中可以看到）仍然仅仅覆盖着一层灰泥。中心饰板的底部绘制的是丘比特们在享受一场危险的战车竞赛。

颜料与灰泥融合之后，颜色就会更加稳定，而不至于轻敲一下就迅速剥落。不过这也意味着他们必须手很快，确保在灰泥凝固之前完成画作。文艺复兴时期的画家面临着与此相同的问题，他们有时把浸湿的布条盖在灰泥上，使其保持潮湿。如果仔细观察，在庞贝的其他房屋里能发现可能是这类布条的痕迹，但这里没有。同样，在其他画作上有可能发现一些压痕，那是画师为了将剩余的水分压到表面而按压灰泥留下的痕迹。

　　仔细观察北墙，我们就能准确得知这里的工作进行到了哪一步（见图 43）。已经有两块主饰板完工，一黑一红。这两块饰板大部分没画什么，只有几组微型人像为其增添了生机：其中包括一位多情的神祇正携着一个林泽仙女逃跑，还有一些喜欢体育运动的丘比特，驾驶着用山羊拉的战车比赛（领先的一辆出了严重的事故）。将这些彩色饰板分隔开的是窄一些的部分，在那上面，奇异的建筑结构和纤细得不可思议的柱子与各类鲜花、叶饰和勉强保持平衡的鸟儿交织在一起。左边还有整整一块尚未绘制：要不是灾难来袭，那天结束时，最后一层精制灰泥还是湿的，而且大概已经被涂上了匹配的黑色。

同样处于施工最后阶段的，还有墙面正中心那幅将会成为焦点的主图。在湿灰泥上，画师已经用赭黄勾勒出了卓图，为完成设计图案做了准备，同时也可以指导画师最终图像上哪些部分应该快速完成。就我们目前所知道的，上面应该包含几个人像（有一个坐在左边，有几个站在右边），上半部分已经上了点儿色，将会被涂成蓝色：由其他留存的例子来推断，几乎可以肯定这是取材自某个神话剧目中的场景。在这个饰板上，底稿相对细节丰富，还有一些精确的人体造型。

而那些精美的建筑图像则与此不同。在房间的东墙上，它们尚未画完——但在这里，灰泥上的草图总共也就只有几条粗略的直线、几何曲线（因此这里有圆规）以及偶尔会有的形状复杂的图样，比如瓮形图。看起来，这些简洁而显然属于异想天开的设计图案似乎是画师非常惯用的内容，他们可以将仅仅是最粗略的轮廓填满细节——小鸟和叶饰、豪华的建筑装饰。

我们无法进一步确定北墙中央饰板上那幅图本来的主题是什么，原因很简单：草图的大部分都被不规则滴落的灰泥形成的粗糙表层盖住了。不过，这又一次使我们了解到画师是如何工作的。

因为，灰泥的这种形态只可能是由一桶放在梯子或脚手架上的灰泥倾倒在墙面上流下来形成的，这只桶或者是在画师逃跑时被踢倒的，或者是在火山爆发时掉下来的。中央饰板的下方两边各有一个洞，中间穿着一根绳子，这说明这里临时搭过一个架子，用来搁放画师绘制主要画面时使用的颜料罐。

给残余的颜料做化学分析后，我们还能得到更多的线索。他们使用 7 种基本颜色（黑白蓝黄红绿橙），用 15 种不同色料调出不同色调。有的在当地就能容易弄到：例如从煤灰中提取黑色，而各种类型的白垩或石灰岩则能制成白色颜料。不过他们也会利用来自远方或成分更复杂的原料：做绿色颜料的绿鳞石或许来自塞浦路斯；做红色颜料的赤铁矿可能也是进口的；而所谓的埃及蓝，则可以通过将沙子、铜和某种碳酸钙混合加热来批量生产（根据普林尼的说法，它比赭黄这种基础色至少贵 3 倍）。这些颜料明显分为两种不同的类型。第一类含有有机黏合剂（可能是蛋液）。第二种没有这种调料剂，但是掺了水。这指向两种不同的绘画技法：在对干壁画（secco，画在已经干了的灰泥或图层上）进行最后润色（为建筑图案，甚至是赛车的丘比特添加额外曲线）时，使用的颜料就需要黏合剂；直接在湿灰泥上作画（fresco，湿壁画），颜料里就不用加入黏合剂。

将所有这些证据拼凑起来，我们就能对这项工作的画师队伍及其分工有个大致的了解了。他们至少有 3 个人。8 月 24 日早上，其中一个正忙着绘制北墙上的中央饰板。他身旁的一个人负责刷一层简单的黑色颜料，不需要太多的技巧（也许打翻的那个灰泥桶就是他的）。另外一个则在东墙上画着那些未完成的建筑装饰图案（这面墙的中央饰板上还没有涂灰泥，可能是打算之后再画）。

还有一个可能是在处理干壁画上的细节。不过因为没有时间上的压力（不同于湿壁画），因此更有可能是其他画师在画完湿壁画之后添加上去的。那时就是小事一桩：只需几个较有经验的匠人即可，再加上一个学徒、儿子或奴隶打下手。

至于他们都是些什么人、如何被雇用、怎么收费，以及在墙壁图案上如何做选择，我们只能付诸猜测。庞贝发现的所有绘画中，只有两幅上有疑似签名的信息，而我们在当地没有找到这类工作的收费情况的相关证据。事实上，我们所拥有的最可靠的证据来自晚得多的时期，即在公元4世纪早期公布的一组有关最高价格的帝国法规。其中，一个"人像画师"（或许就相当于在这里绘制中央饰板的画师）的日薪差不多是"墙绘画师"的2倍，是面包师或铁匠的3倍。如果"人像画师"相当于这里绘制中央饰板的画师（而不是像某些学者所认为的相当于一位肖像画艺术家），那么这类装潢应该是相当昂贵的，但也还算不上只有巨富才能支付得起。雇主和画师之间的磋商或许和今天的情况相差不远。只要有钱什么都能买得到。另外，它也是雇主的期待和奇想与画师的个人偏好、能力和看家本领间的折中。

可以肯定，庞贝房屋里的独特绘画、栩栩如生的装饰设计以及它们给视觉带来的色彩冲击，都是我们在"工作中的画师之家"里看到的那类工作方法及小规模生意产生的结果。在一条偏僻街道上，离阿玛兰图斯的酒肆仅两户之遥的地方有一座小房产，里面很可能有人从事这类绘画生意，或者至少住着一个部分以此为生的家庭。那里大门附近原本有一个木壁橱，里面装着100多罐颜料及其他工具，包括线锤、圆规、勺子和抹刀，以及用来将颜料磨成调色用的细粉的研磨器具。就算考虑到还有一些流动的劳

图 44 "米南德之家"
据以得名的画作。公
元前 4 世纪的喜剧家
米南德在这幅画里正
悠闲地阅读着自己的
作品。

力，甚至有些活是专门委托外地著名商号做的，庞贝城内大部分
房屋的绘画工作必定是像这样的几家小工坊完成的，因此不同房
产里肯定会有大量作品是出自同一位画师之手。

在没有书面证据可资佐证的情况下，要辨认哪些作品出自同
一双手，是一件既充满诱惑又很冒险的事情。一位非常杰出的考
古学家甚至成功地使自己相信，他能认出在英国费什本的所谓的
托吉杜布努斯（Togidubnus）[1] 的"皇宫"里和在庞贝以南斯塔比亚
城里的某些作品出自同一位画师之手。至于庞贝城本身，关于"谁
画了什么"的问题，早已浮现出各种理论，其中不乏离奇的想法。
例如"悲剧诗人之家"里负责主要人像场景的那个画师，就被认
出在其他 20 多个房屋中也留有画作，包括"米南德之家"那幅

1　公元 1 世纪罗马不列颠行省的雷格尼部落（Regni）的首领，费什本的罗
马庄园被认为可能是他的宫殿。

著名的米南德画像（见图 44），还有一个带有商铺的小房屋里通往厕所的走廊上画着的一幅描绘某人大小便的写实画。或许这是真的——或许不是。但是，让我自己也在这种游戏中沉浸片刻：我们已经在北墙画了画的边缘上看见一幅战车竞赛出了事故的丘比特的小装饰图案，它和"维提乌斯之家"里的一个有丘比特的场景（见彩图 21）十分相似，要说它们不是出自同一个或同一批画师之手，是难以想象的。

庞贝的色彩

如果不是被打断，那么画师在"工作中的画师之家"里完成的作品，本应是与现代人对"庞贝式绘画"的想象非常接近的。因为，庞贝在 18 世纪被重新发现，曾在欧洲掀起过一阵广泛的"罗马式"室内设计风潮。从巴黎的市中心到英国乡村，那些曾造访过庞贝废墟的人，或仅仅是读了关于那里的装潢的早期奢华刊物的读者，都开始把自己房屋里的墙面彻底改造成庞贝式的。只要有钱就能在家里营造出罗马式房间的氛围，仅需遵循一个简单的公式：将墙面涂成一种今天所谓的"庞贝红"的深红颜色（或差不多同样独特的黄色），再以幻想的建筑图案、飘浮着的林泽仙女以及古典神话中的场景加以装饰。对我们来说，这已经成了庞贝室内装饰风格的刻板印象。

当然，这并不是纯粹的发明创造。事实上，"庞贝风格"反映的是这个古代城市里最常见的室内装潢样式。除了深红，罗马人还可以选择黑色、白色和黄色（尽管我们不应忘记，火山灰的热量或许能让原本涂了黄色的部分变色，使那里看起来更红）。
许多设计图案结合了神话场景（从爱慕自己水中倒影的那喀索斯
［Narcissus］这种撩人主题到美狄亚［Medea］威胁将对自己的孩
子挥剑）和多种版本的建筑形式。这些建筑形式有时细长得令人
难以置信，有时非常成功地造成了错视效果，展现出向远处延伸
的景观，连结实的墙本身似乎差不多都消失不见了。在那些未完
成装潢的房间里以及现代人细致的模仿中，我们还能发现另一个
典型特征，即其设计图案在垂直方向上被一分为三：宽阔的中央
部分是主要的人像场景，下方是墙裙，而檐口以上的顶部则有着
更多的装饰图案（见图 45）。

　　但画师及其雇主的想象要远比这些更为丰富。环视庞贝的房
屋，你会发现墙上图案涉及的题材、主题和风格远比它们在现代

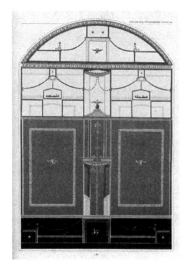

图 45　庞贝房屋的墙面通常会用彩绘的立柱、三角楣饰和墙裙来营造一个幻
想的建筑景观。这两幅绘画的效果虽然大不相同，但二者都清晰地反映了将
画面一分为三的标准分区。

图46　一个年轻女性用笔尖抵着嘴唇的画像，令人印象深刻。原作中这个细部还不到 10 厘米高。现代人毫无缘由地想象她可能是希腊女诗人萨福（Sappho）的肖像。

人的刻板印象中更广泛。精致的风景画隐没在了幻想的建筑图案之中，此外还有动人的肖像（见图 46）和静物图，更不用说那些矮小的侏儒、性爱场景和可怕的野兽，它们有的是微型图画，有的则规模宏大。有的装饰风格还远远超出你的预想，更像现代的壁纸。许多房主会用黑白图案来装饰他们长长的走廊地面和奴仆房间，它由于明显的原因而被称为斑马纹，直到 20 世纪 60 年代看起来也不会显得有何不妥。即便是高级房间可能也会用大片的反复出现的几何和植物图案来装饰，与我们所认为的"庞贝风格"完全不同（见图 47）。所有这些多样的图案是你在低头看地板前看到的，至少在较奢华的房屋里，从看门狗到偶尔出现的大规模战斗场面，几乎所有能绘在墙上的都能转化为镶嵌画的图像。庞

图47　庞贝城内的一些墙饰具有惊人的现代风格。"镀金的丘比特之家"（House of the Gilded Cupids）里的这种图案设计被认为是对织物壁挂的模仿，差不多可以冒充壁纸。

贝的"室内装潢"总是让人惊喜连连。

　　特别令人难忘的是常常覆盖了整个花园后墙的大型绘画。我们已在"悲剧诗人之家"的墙上见到了彩绘的叶饰和其他花园特征的痕迹，将现实与想象中的花园融合了起来。有的房屋中的绘画更具有异域风情。"俄耳甫斯之家"（House of Orpheus）是一座相对不太大的房屋，游客从前门就能直接望见后方的列柱廊花园，以及墙上那个大大超过等身大小的裸体俄耳甫斯像。在画中，俄耳甫斯坐在岩石上，身后是乡野风景，他正漫不经心地弹奏着自己的里拉琴，吸引了各色野兽（见彩图 2）。在另外一面花园墙壁上，一个巨大的维纳斯像出现在海面上，以有些不太舒服的姿势摊开四肢躺在贝壳里（见图 97）。在另一面墙上，还有一幅幻想的风景画，前景里有一棵棕榈树，远方则有几座大别墅，它们作为背景衬托着一个供奉埃及三神祇——伊西斯（Isis）、萨拉皮斯（Sarapis）和象征初升的太阳的幼童哈玻克拉底（Harpocrates）——的（绘制）神龛。

　　狩猎图也广受欢迎（见彩图 19）。甚至在"凯伊乌斯之家"（House of Ceii，以其可能的房主的名字命名）的小花园里，游客

图48 "凯伊乌斯之家"的花园墙壁上画着一幅狩猎图。画面笔法粗糙，留存下来的也不完整，但它还是把乡间野趣生动地带入了这个城市中的小花园里来。

也能欣赏到激烈的打猎场景。这块地方的后墙大小不超过6米×5米，上面主要是一幅引人注目的狩猎图，其中有狮子、老虎和其他各种差不多同样凶残的野兽（见图48）。接着看左边或右边，你会发现边墙上绘制的是尼罗河及其当地居民的场景——猎捕一头河马的俾格米人、斯芬克斯、神龛、蒙在斗篷里的牧羊人、棕榈树、帆船与平底货船（其中一只装载着双耳瓶）。手法略显笨拙，不过其意图大概是让走进这块小地方的人感到自己走进了另一个世界，部分是野生动物猎园，部分是富有异国情调的他乡土地。

在一些有时绘制得十分精致的饰带上以及一些有时出人意料的地方，我们还能看到各种各样的其他主题。我们已经探讨了"尤利娅·菲利克斯宅邸"中残存的画有广场生活图景的那部分饰带。但这只是众多中的一个。在"米南德之家"的私人洗浴套间的门厅里，到处都是有关神祇和英雄的功绩的讽刺画，诙谐地戏仿了那些著名的神话：正在屠杀米诺陶的忒修斯是一副胸围宽大的矮人的模样；一个一点儿也不可爱的中年维纳斯正在告诉小丘比特应该把箭射向何处（见图51）。同样是在这座房屋里，在列柱廊廊柱之间的矮墙上，狭促的表面上也挤满了图画：这边有一些苍鹭神气活现地走在丰茂的草木间，与此同时还有各种野兽相互追赶，猎狗逐鹿，野猪则在一只狮子身后嗅探气息。

在广场附近，阿波坦查大道上有个极不起眼的小房屋，如今被称作"医生之家"（House of the Doctor，因为这里发现了一些医疗器械），里面列柱廊廊柱间的墙上有一条以俾格米人为主题的饰带。画面上的他们经历了各种冒险并陷入了各种困境：有的正试图猎捕一只鳄鱼（见彩图22），一个被河马吃掉了（尽管他的一个朋友徒劳地想要把他从河马嘴里拉出来），还有一群饮酒狂欢的俾格米人正在观看一对男女在他们面前交欢。不过，其中最引人注目的一个场景看起来似乎是一群俾格米人在戏仿所罗门的审判，或者与此非常类似的某个故事。在这里，一个士兵已经

图49　在这幅画中，俾格米人上演了所罗门的审判的故事（或与之相似的故事）。被争夺的婴儿躺在桌上，马上就要被斩杀。右边是争夺婴儿的"母亲"中的一个，她正在向坐在高台上的一组判官哀求。

向那个被争夺的婴儿扬起了大斧，准备将其一劈两半，而此时争夺孩子的妇女中的一个正在向坐在高台上观看这一幕的 3 名官员乞求，她可能是孩子真正的母亲（见图 49）。如果说俾格米人的形象在城中各种装饰设计中并不罕见（比如人们在一个豪华室外餐厅的石卧榻的两侧，还有"凯伊乌斯之家"里发现了画有他们的绘画），这个带有婴儿的场景在庞贝城里也是独一无二的。

即便如此，就视觉效果和有趣的主题而言，赫库兰尼姆门外 400 米处的"秘仪别墅"（Villa of the Mysteries，部分是农场，部分是豪华住宅）中还有一组更加精妙绝伦的绘画，堪称饰带中的翘楚。它们与"维提乌斯之家"的普利阿普斯像不分伯仲，如今都是庞贝艺术的标志性象征。它们也同样出现在了从烟灰缸到冰箱贴的各种现代纪念品上——相比之下，它们还有一个优势，那就是与它们相关的纪念品可以被毫无顾忌地送给任何人。

在一个大房间里，四面墙壁上布满了立于艳红色背景中的等身人像，几乎将观赏者包围在了绘画中，形成了令人震惊的饱和性观赏的效果（见图 50）。在其中一端，酒神狄奥尼索斯懒洋洋地躺在阿里阿德涅的大腿上，后者被英雄忒修斯抛弃后又被酒神所救——这本身就是庞贝绘画中备受欢迎的一个主题。其他几面墙上，我们能看到大量的人、神和动物的奇异组合：一个裸体的男孩正在阅读一卷莎草纸（见彩图 14）；端着一个满满的托盘的女人十分抢眼；一个年迈的萨梯正弹着一把里拉琴；一个女版的潘神（Panisca）则在给一只山羊喂奶；一个带翼的"恶魔"抽打着一个裸体的女孩儿；另一个裸女正应着响板的节拍翩翩起舞；一个女人正在给自己编辫子，有翼的丘比特为她举着镜子。这些还仅仅只是挑出来的一半的内容。

图 50　"秘仪别墅"中的神秘饰带。房间尽头，酒神狄奥尼索斯躺在爱人阿里阿德涅的大腿上。在左边正对着大窗的那面墙上，能看见一队人中的几个人像：一个孩子正在阅读一个卷轴，一个坐着的女人看着他，可能是他的母亲。（见彩图 14）

　　说实话，这一切都太令人困惑了，大量的现代学术研究都没有成功揭示它的含义——或者说至少并不完全令人信服。有人认为这些图像特指酒神崇拜的入会仪式。例如，我们注意到其中有鞭打的场景，而在尽头那堵墙上的那一对神祇伴侣旁可能画有一个阳具。若果真如此，那么这个房间可能是房屋中的某种神圣区域。这并非不可能，但它无疑一点也不隐蔽，而我们可能会认为举行秘仪的房间应当是隐蔽的。事实上，这个房间向一条荫庇的门廊敞开，还能看到远处迷人的海景；房间的另一面还有一扇大窗，可以观望远山。也有人认为这些画是相当奢华的婚姻寓意画，那个在丘比特举着的镜子里端详自己的年轻女人就是新娘。若是这种情况，那么它们就并不与宗教特别相关——但在一个主要的娱乐室里有这样一套装饰是非常有可能的，就算它们有点特别。

图 51　"米南德之家"浴室中的诸神戏仿图。该素描图描摹的是一幅如今已经严重褪色的绘画，画的是一个邋遢的小丘比特在一个明显衣着寒酸过时的爱神的指导下张弓瞄准目标。

这座房屋是根据狄奥尼索斯的入会"秘仪"而被称作"秘仪别墅"的，遵循的是对这些饰带的严格的宗教式解读。事实上，这些绘画也符合这个词的通行现代含义，是"神秘"的。

　　大多数庞贝房屋如今都已经失去了它们的亮点——正如我们已经提到的，它们的内部装饰大多都已无可挽回地褪了色，甚至更糟。"米南德之家"浴室里的那些讽刺画仅有诱人的碎片留存（见图51）。我们也再也无法欣赏到浓艳鲜丽的埃及风花园景观了，由于雨淋、日晒、霜冻和一两场地震，它们自19世纪早期出土后就径直消失不见了。如今去参观这座房屋，你会发现墙上已经基本没有灰泥留存，也看不出上面画了些什么，除非凭靠信念之眼，否则除了一些模糊的斑点你就看不出什么来了。我们如今能看到的，是一群在庞贝工作的精力充沛的艺术家在它出土后为惯于空想的考古学家和美学家临摹的作品。它们似乎到了19世纪60年代就已经不复存在了。

　　不过，人们在这里还会感受到另一种震惊。"秘仪别墅"里的饰带不仅仅以其奇特的主题令人难忘，还在于包围着你的图像、人像背后的艳红背景以及壁画表面闪耀着的迷人光辉产生的整体效果。这里似乎是城内少数几处把能够给人完全的古代体验的彩绘墙壁保存下来的地方之一。

可惜事实并非如此。实际上这里并不是奇迹般地保存了下来的，而是在 1909 年 4 月出土以后被加以积极修复的产物。公平地说，我们如今所看到的大体与原版给人的印象相符。不过，这些画在一个旅馆老板组织的一次私人发掘中出土时并不是处于这样的完美状态，而后继的各种保护策略又进一步损坏了它们。这些著名图画在出土后的几个月中被暴露在自然环境中，只挂了几块布加以遮挡，这无法阻止狄奥尼索斯上方那片区域在 1909 年 6 月的那场地震中被毁。

更糟糕的问题是由地面渗入墙壁的湿气。从它们暴露在空气中那一刻起，盐分就渗入了画里，留下了恶心的白斑。出土后没几天，人们就使用一种蜡与石油的混合物反复在画的表面擦拭这些白斑。因此，不仅是那令人印象深刻的光泽本身完全不是出自古人之手（尽管古代也会在画面上使用蜡），连浓重的色彩也不是。最近一项对罗马墙绘表面进行再"发掘"的工作显示，原本的背景色明显浅得多。更有甚者，房间里大段的原始墙壁被拆除并以防潮墙壁取而代之，墙绘也先从原来的墙面上被剥离出来，然后再被嵌入新的墙面，纵然这在当时是标准做法。这一切都发生在一个德国小组在 1909 年秋赶来修复这些湿壁画并尽可能使其恢复最初的状态之前。

在庞贝城里，"秘仪别墅"的确是一座有亮点的房屋。不过，尽管它具有标志性的地位，这个亮点却并非来自古代。它在很大程度上是现代修复工作的结果。

何处摆放何物？

当西塞罗购买用来装点房屋和别墅的雕塑时，他对于何处应该摆放何物是非常挑剔的。公元前 1 世纪 40 年代，他有一次给他的一位非正式代理人朋友写了一封闹脾气的信。这位不幸的马库斯·法比乌斯·加卢斯（Marcus Fabius Gallus）买了很多雕塑，其中有一套"酒神侍者"（Bacchantes）——即酒神狄奥尼索斯（或称巴库斯 [Bacchus]）的侍女，在古代世界是疯狂、迷醉和不节制的著名象征——的大理石雕像。西塞罗承认，它们是"非常漂亮的小玩意儿"。但对于一个（象征清醒理智的）图书馆来说，它们完全是不合适的。而另一方面，一套缪斯女神像倒可能是正合适的。西塞罗的抱怨还没完。加卢斯还弄来了一座战神马尔斯的塑像。"这对我这个和平的卫士有什么好处。"西塞罗不领情地抱怨道。

西塞罗在室内陈设的整体布局上遵循着十分清楚的逻辑。主题必须与房间功能相符，或者与他想呈现的形象相符。在庞贝的房屋所选择的装饰布局中，我们是否也能探查出这种逻辑或其他某种逻辑呢？在众多的匹配中，某个特定的房间被配以某幅画作的原因是否能得到合理的解释？

其中肯定涉及一些个人好恶的元素。无论"秘仪别墅"里那些饰带的确切含义是什么（无论是狄奥尼索斯的神圣仪式场景还是一幅婚姻寓意画，又或者是学者这些年提出来的其他聪明点子），从整体效果的奢华和独特来看，就可以想到出资者对他想在房间的墙上画什么内容十分有主见，并且有相应的支付能力。"农牧神之家"里的那幅亚历山大镶嵌画也是如此，无论这件由无数小石子嵌片拼缀而成的极其昂贵的装置作品是专门为此地制作的，还是从东方进口的。某人十分想要把它安置在此处——至于原因，我们今天就别指望弄清了。不过室内装潢也不仅仅由个人好恶决定。正如我们自己的世界中有一些习以为常的文化"规则"，他们也有，规定了房屋应该有怎样的墙绘和装饰。那么我们能否重建庞贝的那些规则呢？而它们又能向我们讲述有关这座罗马城市的什么故事呢？

这些问题吸引着历代考古学家。其中有一个在 19 世纪首次广为流布的观点认为，我们在城内墙上看到的许多不同风格的墙绘源自风尚或变换着的品位。换言之，这些绘画随着时代的变化而发展，带着指明了不同装潢年代的不同风格。特别是，人们以这种方式仔细检视了人们心目中那种一贯的"庞贝式"绘画风格——大片的颜色、取材神话的场景以及建筑结构和幻想建筑图案。考古学家收集了能为单幅绘画精确定年的各种线索——无论是维特鲁维乌斯提供的，还是在灰泥未干时留下的钱币印痕（见本书 19—20 页），从而重建了一份完整的设计风格年表。这种观点认为，在门外汉看来基本性质相同的一系列画作，其实分属 4 种不同的按时代顺序排列的风格，它们一个接一个在这个时髦的城市里交替更换。在建筑学术语上，它们径直被人称为"四种风格"（Four Styles，旅游手册和博物馆标签上经常会提及），不仅适用于庞贝城，而且适用于整个罗马人的意大利。

这些风格以营造幻觉的不同手法为特征，"第一种风格"是对彩色大理石砌成的墙壁的模仿，而到了"第四种风格"则有时会呈现出结构繁复的混合建筑图案。其间的第二种所画的建筑带有更加立体的错视特征（通常认为这是由罗马殖民者引入的），

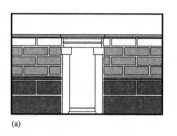

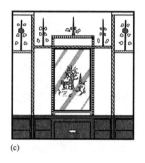

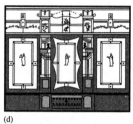

图示 11 墙饰的"四种风格"。左上角（a）是第一种风格，盛行于公元前 2 世纪。右上角（b）是第二种风格，在庞贝，这种风格通常追溯至公元前 80 年罗马殖民者到来之后。左下角（c）是第三种风格，从奥古斯都时代（约公元前 15 年）到公元 1 世纪中期。右下角（d）是第四种风格，庞贝历史上最后一个时期的风格，出现于公元 1 世纪中叶。

而第三种则遵循简洁的装饰主义风格，例如将柱子简化为柄状支撑物，山墙简化为盘卷的叶饰。在奥古斯都皇帝统治时期创作的维特鲁维乌斯对当时刚流行起来的第三种风格十分蔑视，认为它不仅是不真实的，而且几乎是不道德的："一根芦苇怎么可能撑起房顶呢？或者说枝状烛台怎么能撑起山墙装饰呢？这么细小柔嫩的一根支撑物怎能承托一尊坐像？而从根与芽上怎么会既长出花来，又有半身的雕像呢？然而，人们明明知道这是谎言，仍然熟视无睹。恰恰相反，他们还挺喜欢这样，也不在意是不是现实中的真实情形……除非这些画遵循真实性的原则，否则就不应该得到认可。"如果他能活得够久，那么第四种风格可能也无法引起他的好感。这种风格既包括相对保守的红白色构图，也包括有时甚至过于艳丽的惊人铺张画面，跨度极广，它同样也不怎么关心真实性的问题。

这个庞贝房屋装潢按时间顺序发展的模式得到了很多方面的支持。毕竟，庞贝人在室内设计上的品位是完全有可能随着时间而发生了变化的。对任何习惯了在旧房屋里工作的现代建筑工人来说，当他把那些风行于 20 世纪和 19 世纪的一层层装饰图层剥下来时，他非常清楚接下来会看到什么风格的墙绘。庞贝城里为何不会有同类的变化呢？事实上，这片遗址有大量证据完美契合"四种风格"依次发展的观点。正如你可能会预期的那样，庞贝的大部分——占 80% 左右——彩绘墙壁都属于第四种风格，是时间顺序上的最后一个。此外，虽然庞贝建筑和绘画的定年通常比较困难，没有证据表明公元前 1 世纪中叶前的哪一面室内墙壁上曾经出现过第四种风格的设计。

不过，某些现代考古学家对于"四种风格"过于痴迷，使这种理论变得过于僵化。的确，每个在公元 79 年来到庞贝的访客都会发现，第四种风格主宰了几乎所有的室内景观。但不消说，城内也能看见其他所有风格，因为它们今天还在那里。有一座由于明显的原因而被称为"四种风格之家"（House of the Four Styles）的房屋，屋内炫耀性地有着"四种风格"中的每一种风格的装饰，这或许是不同时期的装饰活动渐次造成的结果。我们已经提过，"农牧神之家"内保存了大片的第一种风格的装饰，有一种怪异的老派气质，几近于博物馆的氛围，甚至连重建的墙上也再度使用了这种风格。还有许多其他这类属于第一种风格的绘画被很好地保存了下来，直到这个城市的末日到来之前，人们无疑都在不断地润色修饰和重新绘制它们。甚至，在第一种风格风靡于家居住房装潢很久之后，公共建筑（例如广场上的长方形会堂，它是一座集司法、政治和商业于一体的多用途建筑）似乎还在经常使用这种风格。可见，无论是室内还是室外，庞贝式的装潢都结合了新式和旧式风格。

此外，一种风格和下一种之间的界线，在现实中并不像大多数书籍（包括本书在内）选出的常见"类型示例"所暗示的那么清晰，这是这种严格的框架经常碰到的问题。尽管一小撮考古学家仍然致力于对年代顺序及风格类型进一步做出划分，发明出了越来越微观的细分类型（例如将第三种类型分为1A、B、C、2A等阶段），但在一般人眼中，这些风格之间的相似性大于差异性，这或许也并不错得离谱。脑子里装着书里学来的这种类型划分，一代又一代的研究者初访庞贝时只会发现，尽管第一种风格足够鲜明，但在大多数情况下，要辨明第二种、第三种和第四种风格，却比想象中要困难得多，很多年前我自己就有这样的经历。甚至，当专家有时形容第四种风格是"兼容并蓄的"或者"撷取之前的因素并以新奇、有时甚至是意想不到的方式将之组合起来"时，他们也指向了这个问题。有人走得更远，认为第四种风格"与第三种风格几乎没什么区别"——结果只剩下了一些相对较少的具有第一种和第二种风格的例子，它们明显与众不同。

不过，更大的问题在于，"四种风格"理论几乎无视了一个可能性，即房间的功能和墙面装饰类型之间存在某种联系。在现代，这是影响房屋装饰设计的一个十分重要的因素。今天，当我们走进一座空房子时，即便里面没有床或衣橱，我们也很有可能仅凭墙上的颜色和图案就可以区分主卧室与客厅或儿童卧室。西塞罗的例子表明，对房间功能的相似关注可能会主导一个富有的罗马人如何选择雕像。那么这是否也适用于庞贝呢？而我们之前已经看到，与我们自己今天的居住环境相比，庞贝人的日常活动并不确切地与房屋内的特定房间或区域联系在一起。

答案是肯定的——或至少在一定程度上是适用的。比如斑马纹图案显然与奴仆居住区高度相关。没错，城里是有一两个较高档的房间是以这种风格装饰的，但大多数情况下这属于低等的墙饰，随意涂在厕所、奴隶房间、生活区和走廊的墙壁上（相当于现代那种便利的白色乳胶涂层）。我们也已经看到，花园墙壁的装饰主题常常是翠绿的叶饰，并暗示了一个在头脑的想象中突破了房屋的限制而向远方延伸出去的幻想野外世界（充满野兽、俾格米人和其他异域形象）。戏仿著名神话场景的画面通常出现在私人浴室中，这一点也很重要，因为这些场景在庞贝其他大多数绘画中得到了非常严肃的对待。浴室是个欢愉之所，不那么讲究社会规范。在"米南德之家"中，"热室"入口处的地面上的一幅镶嵌画就揭示了这一点：一个精神抖擞而衣着暴露的黑奴头上戴着花环，手上提着两个水瓶，它们在形状和颜色上都与他那（巨大的）阳具相呼应；下方还有 4 个刮板（刮油器）和一个拴在链子上的罐子，显然也摆成了阳具的形状（图 52）。

不过，房屋内不同区域的功用与其墙壁上的装饰、色彩和主题之间还有一些更普遍的联系。在西方的现代家庭中，柔和的色彩通常标志着卧室或浴室。在庞贝，户主看起来一般会在他最大的房间里选用黑色为主的颜料，虽然那种颜料的基本原料可能很

图 52 "米南德之家"热室入口的地板镶嵌画。一个近乎全裸的黑奴炫示着自己的硕大阳具，而在下方，浴者用来刮除身上的汗和油污的刮板被摆成了一个相应的阳具的形状。这是在向赤身裸体的浴者传达什么信息呢？

低廉（有趣的是，普林尼还提到了各种更昂贵的黑色原料，包括一种从印度进口的）。而黄色和红色则是相对高端的替代选择。

从颜料的价格以及罗马作家的评论来看，有一种叫朱砂（科学家称之为硫化汞）的红色颜料十分特殊，产自西班牙，可谓奢华至极。据普林尼介绍，由于它如此受欢迎，以至于法律限制了它的最高价格（略高于埃及蓝价格的两倍），以保证它价格"适当"。他还指出，包括朱砂在内的少数几种昂贵的颜料通常由雇主另外支付，不算在签约合同的标准价格之内。我们不难想象讨价还价的过程："……当然，我可以用朱砂来画，先生，不过这得你出钱。它得额外付费。最好是你自己能弄点儿来……"几个世纪以来，雇主和建筑工人之间的协商方式或许没发生什么太大的改变。

　　朱红色不仅仅是十分受人喜爱的色度，朱砂处理起来也十分棘手（无疑这也是它之所以诱人的部分原因）。因为在特定环境下，尤其是暴露在空气中时，它很快就会褪色，除非涂上一层特殊的油或蜡的涂层，否则就会变成一种有杂色的黑色。仿佛是为了把这一点讲透彻，维特鲁维乌斯讲了一个故事：罗马有一个地位低下却有钱的"抄写员"，他用朱砂涂绘自己的列柱廊，不到一个月就变了色。其寓意在于，他由于没有很好地了解情况而因此活该。"工作中的画师之家"里正在绘制的作品没有使用朱砂。不过，在庞贝，显然最有声望的两处装饰设计——"秘仪别墅"里的饰带和"维提乌斯之家"列柱廊旁的一个房间——使用了这种原料。

　　不同的装饰风格也标示了房屋内不同地方的不同功能，以及不同的专用程度。第一种风格通常来说见于家居房屋的中庭，城内的公共建筑继续使用了这种风格，这恐怕并非偶然。在家庭范围内，它是用来标识房屋内的公共区域的。与此类似（尽管这个论证可能令人不适地过于迂回），你能常常发现一些或大或小的房间，为了给访客留下深刻的印象，集中展示了神话题材的绘画，营造了一种画廊的氛围，此外还有奢华的建筑景观。有一位学者甚至提出了一项经验法则，至少对于第二种和第四种风格是非常适用的："透视效果上纵深感越强，表明房间的重要程度越高。"

因此，庞贝户主在装饰上做出的选择，归根结底还是在时尚与功能之间权衡的结果。它适用于所有社会等级。因为，正如我们在所有这些房屋的总体结构上所看到的那样，在奢华的豪宅和中等的房屋之间，或者在古老的精英世家的房屋和富有的释奴的房屋之间，看不出它们在品位或装潢的基本逻辑上存在明显的差别。即便穷人的房屋没有什么公共职能，户主还是会在经济能力许可的情况下遵守装饰文化的一般规范。另外，尽管现代考古学家试图证明特里马尔奇奥这类新贵品位粗鄙，但这通常更多地反映出他们自己的等级偏见。最终，有钱人和穷人的房屋里的绘画间的差别无非是这些方面：穷人家的人像场景更少，设计图案没有那么夸张奢华，也没有使用朱砂，并且他们房屋里的绘画品质普遍更加粗糙（尽管高级住宅里也会有一些平庸的画作）。庞贝就是这样一个城市，你能花多少钱，就能相应得到什么。

神话装点了房间

当18世纪的发掘者首次发现庞贝的绘画时，最让他们浮想联翩的，不是那些复杂精美或异想天开的幻想式建筑，而是第三种和第四种风格墙绘中心的人像场景。因为这是人们第一次发现了数量如此众多的古代神话的视觉再现。更重要的是，它们让我们首次看到了一项失传的绘画传统，在普林尼和其他古代作家笔下，这项传统曾被标榜为古代艺术的一个亮点。的确，普林尼经常提

及公元前 5 至前 4 世纪的著名希腊艺术家的架上绘画杰作，它们
常常是神庙和国王的珍藏；而这些则是一个罗马小城居住房屋里
的饰板，是直接画在墙上的湿灰泥上的。不过，在缺少阿佩勒斯
（Apelles）、尼西阿斯（Nicias）、波利格诺图斯（Polygnotus）和
其他画家的原作的情况下，它们是找得到的最好的证据了。其中许
多最引人注目的画作都被从原来的墙面上截取了出来并被送进了附
近的博物馆——当然，他们在那里变得更接近画廊艺术了。

　　画师及其雇主所选用的神话范围非常广泛。一些题材则完
全缺失，令人困惑。例如，庞贝城里为何很难找到俄狄浦斯神话
的痕迹？但一些庞贝绘画的主题也是我们耳熟能详的：代达罗
斯（Daedalus）和伊卡洛斯（Icarus）、亚克托安（Actaeon）无
意中（但导致了灾难性的后果）窥见狄安娜女神洗澡、珀耳修
斯（Perseus）解救锁在巨岩上的安德洛墨达（Andromeda）、自
恋的那喀索斯，以及取材自特洛伊战争的各类常见场景（帕里斯
[Paris]的裁判、木马计等等）。

　　还有一些在庞贝显然很受欢迎的主题，对我们来说则不是那
么熟悉。例如，已经发现了不少于 9 幅描绘一则被当做特洛伊战
争"前传"的故事——阿喀琉斯（Achilles）在斯基罗斯（Skyros）
岛上——的画作。乍看上去，它们的主题看起来和其他英雄乱斗
的主题十分相似。不过它有一个奇妙的故事背景。为了使这位希
腊英雄远离争斗，他被母亲忒提斯（Thetis）藏匿了起来；他装扮
成一个女人，与这座岛的国王吕科墨德斯（Lycomedes）的女儿们
住在一起。在得知要攻下特洛伊只能依靠阿喀琉斯的帮助后，奥
德修斯（Odysseus）伪装成一个小贩来到此处，并成功地用一个
狡猾的诡计使其"暴露"。当奥德修斯把自己的货物——小饰物、

图53　一个变装的故事，在庞贝是个受欢迎的绘画主题。画面中间，逃避特洛伊战争的阿喀琉斯装扮成了女子的模样，与斯基罗斯国王的女儿们生活在一起。但是他被奥德修斯认了出来，后者从右边猛地抓住他，将他带回战场，履行一名战士上的职责。

装饰品和各类武器——陈列出来后，那些"真正的"女孩们被饰物吸引，而阿喀琉斯则选择了武器，因此显露了自己的男子气概。接下来正如我们所见到的（见图53），奥德修斯抓住这个时机，抓住了这个逃离战争的人。

　　还有一个更加陌生的故事出现在至少4幅画作里，还有两个以此为主题的赤陶小雕像（见图54）。这是一个人们所能想象到的最极端的尽孝行为的形象。一个名为米孔（Micon）的老人被囚禁起来，因为没有食物而处于饿死的边缘。在传说中，他那刚做母亲的女儿前来探望他。为了让父亲活下去，她用自己的乳汁喂他。在"马库斯·卢克莱提乌斯·弗隆托之家"（House of Marcus Lucretius Fronto，以可能的房主的名字命名）里的一个版本中，这个场景得到了解释，人像旁写着的几行诗强调了画中的寓意："看啊，老人那可怜的脖子里的血管，在随着乳汁的灌注而搏动。

图 54 一个孝敬的女儿正给他被囚禁的父亲哺乳。这则关于孝心的虚构故事引起了庞贝人的无限遐想。在这里，这个故事以一个赤陶小雕像的形式得到了再现。在别处，它还给绘画作品提供了主题。

佩罗用自己的脸抚慰着米孔。它令人伤感地结合了端庄（pudor）与女儿的孝顺（pietas）。"这个解释或许完全多余。因为，以这个故事为主题的绘画由于它们造成的视觉冲击而在罗马非常著名：用一个差不多同时期的罗马作家的话来说，"当人们看到眼前这一切时，惊讶地睁大了双眼"。

为什么同一场景有这么多的版本？几乎可以肯定，在某些情况下，这是因为它们都是受到同一件古老的著名希腊艺术作品的启发。18 世纪的考古学家猜测，庞贝的这些作品或许能让他们一窥遗失的希腊杰作，尽管可能十分模糊，但这种想法也并非大错特错。事实上，这些墙上的图像与普林尼和其他作家对早先的绘画作品的描述有诱人的相似之处。

　　例如"悲剧诗人之家"里最著名的一块饰板，画的是希腊舰队驶往特洛伊战场之前，年轻的伊菲革涅亚（Iphigeneia）被父亲阿伽门农献祭的一幕——她被献给女神阿尔忒弥斯，以求女神报以顺风（见图55）。这个几乎一丝不挂的女孩儿被带向祭坛，她的父亲因为自己的抉择而心烦意乱，悲伤地遮住了脸。这完全符合普林尼和西塞罗对公元前4世纪的希腊画家提曼忒斯（Timanthes）的一幅伊菲革涅亚献祭图的描述："这位画家……觉得阿伽门农的脸必须被遮起来，因为他那份沉痛的悲伤是没法用画笔表现出来的。"不过，总的来说，我们在庞贝看到的这幅画无论如何都不太可能是对提曼忒斯的杰作的复制，因为后者的画里还有奥德修斯和女孩的叔父墨涅拉俄斯（Menelaus），而伊菲革涅亚本人也不像这幅画中那样正在被人带走，而是冷静地站在祭坛旁，等待着自己的命运。刻画阿喀琉斯混在斯基罗斯女人们中间这个场景的一些画，似乎也很有可能可以最终追溯到阿忒尼昂（Athenion）的一幅著名架上绘画："当尤利西斯［即奥德修斯］

图55　左边是阿伽门农王，他不忍心看着女儿被带走去献给阿尔忒弥斯女神做祭品，后者在天空中出现。这幅画（和图53一样）来自那本19世纪的著名的庞贝遗址指南，即威廉·盖尔的《庞贝图鉴》。

揭穿阿喀琉斯时，后者正穿着女孩的衣服"，普林尼这样简短地
描述它；纵然庞贝的各个版本在细节上有差异，但也同样表明它
们是同一个主题的变体，而非对原作的原样复制。

很有可能，庞贝的画师是根据一系列著名而"值得引用的"
经典之作创作的，这些杰作已经成了他们自己随时可调用的艺术
素材。我们完全没有理由假设他们曾亲眼见过原画，甚至没有理
由认为他们有样本或模板可供复制。这些著名的图像在当时是普
通艺术消费的重要组成部分，就像今天西方世界里的《蒙娜丽莎》
或者梵高的《向日葵》。就这一点而言，人们对它们可以进行任
意改编，以适应新的地点，反复使用并即兴修改，以期使人联想
起原作，而非对其原样复制。这不仅仅是绘画的情况。斯基罗斯
岛上的阿喀琉斯这个主题也出现在了镶嵌画上，而且有一种流行
的理论认为"农牧神之家"里的那幅亚历山大镶嵌画模仿的是希
腊艺术家厄瑞特里亚的菲罗克塞努斯（Philoxenus of Eretria）的一
幅画，普林尼曾经提到过这幅画。

不过，关键的问题在于，庞贝居民是如何理解所有这些装饰
着他们的墙壁的神话的呢？难道这些墙绘仅仅只是古代的墙纸，
可能偶尔有人瞥见并驻足观赏，但平时并不惹人注意？有没有可
能许多庞贝人事实上也和我们一样，难以说清许多图像上到底是
什么内容？又或者它们得到了仔细的研究，承载着某种意义并有
意向观看者传达某种特定的寓意？倘若如此，又是什么寓意呢？

考古学家们在这个问题上有分歧。有人认为这些图像大多数
不过只是引人注目的装饰品。也有人喜欢在这些墙绘中探寻复杂、
甚至神秘的意义。当然，这些绘画在每个人眼中都有所不同，而
有的观察者则比其他人更有洞察力。但有大量的线索表明，观看

者偶尔会留心观察他们身边的图像，或至少是有这种可能。就算那些最有创意的现代理论——将许多庞贝房屋的室内装饰视为一种精巧复杂的神话"密码"——明显难以令人信服，但一些画师和雇主会精心安排绘画的内容和布局。古代作家们讲过神话画作能对观看者产生影响的生动故事。一位罗马妇女即将与丈夫分别，据说当她看到特洛伊英雄赫克托尔（Hector）向妻子安德洛玛克（Andromache）做临终道别（他要奔赴战场，而且一去不返）的画作时立刻泪流满面。庞贝城里没有伤感的故事。不过有个人对自己所看到的东西非常了解，并且花了时间仔细思考，还为我们留下了一份他的思考——可能是他的思考——的记录涂写在了"尤里乌斯·波利比乌斯之家"（见图示 12）的一面墙上。在列柱廊花园旁最豪华的那个房间里有一幅巨型绘画，画的是另外一个在庞贝常见的神话场景：狄尔刻（Dirce）[1] 受罚。这是一个骇人听闻的故事，讲的是（故事太长，于此从简）一群受过忒拜王后狄尔刻迫害的人为了报复她，将其拴在了一头野牛的角上，让她在经历了漫长而血腥的痛苦后才死去。在庞贝，这幅画并没有什么特别引人注目之处，人们在城内房屋里发现了 8 幅以此为主题的画作。但就是这个版本给上面提到的那个人留下了足够深刻的印象，他用一行涂鸦文字为其做宣传，人们在房屋内奴仆居住区的一个房间里发现了它："看啊。这里不仅有那些忒拜妇女，还有狄奥尼索斯和他尊贵的侍女。"

这句涂鸦是在这幅画被发现前出土的，一度使 20 世纪 70 年

---

1 狄尔刻是忒拜国王吕科斯的王后。吕科斯的侄女安提俄珀被宙斯诱奸，生下了双胞胎安菲翁和仄忒斯。遭受狄尔刻 18 年的虐待后，安提俄珀与儿子重逢。他们当时已经继任忒拜国王，为母亲报了仇。

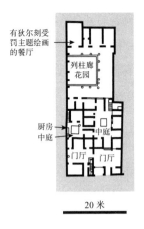

有狄尔刻受
罚主题绘画
的餐厅

列柱廊
花园

厨房
中庭

中庭

门厅　门厅

20 米

图示 12 "尤里乌斯·波利比乌斯之家"。房屋内有两个大门厅，还有标准的中庭，这是一种不常见的布局。在这个房屋的列柱廊旁边的几个房间里，我们找到了 12 名火山爆发的受害者。（见本书 10 页）

代发掘这个房屋的考古学家们感到困惑。这位涂写者在厨房里干什么？何以会提到忒拜妇女？只有将其与附近的图像联系到一起，它才得到了合理的解释。因为，除了被拴在公牛身上受罚的狄尔刻，上面还画了她被捕的画面，她在那里穿着狄奥尼索斯的信徒（涂鸦中所谓的"尊贵的侍女"）的服饰，前景中还有一个酒神的神龛和大群酒神侍女（"那些忒拜妇女"）。无论是谁在这里涂鸦，他肯定不仅仔细观察了这幅画，而且对这个故事了如指掌，认出了这个场景中的忒拜人，也知道狄尔刻（正如这则神话的文字版本所说的）是狄奥尼索斯信徒。至于他到底为何写下这句话，谁知道呢？这些文字在 2000 年后将成为一个珍贵而确凿的证据，说明庞贝城里确实有人仔细思考墙上的绘画。无论他动机何在，如果他知道了这一点，一定会大吃一惊。

在其他场合，某个特定的主题出现在了特定的地点，则清楚暗示出这是画师或雇主的故意选择。"屋大维乌斯·夸尔提欧之家"里有一个露天进餐的装置，那里的一个卧榻上方的墙壁上装饰着一幅那喀索斯凝视着水池中自己的倒影的神话主题绘画，无论是谁做的这个决定，他想必是认为在此就餐的人会欣赏这种幽默。因为，这是一处高档的装置（就像"黄金手镯之家"里的一样，见本书 129—130 页），在一对可供就餐者斜倚的卧榻间，有一条闪闪发光的水道。大概当你凝视自己在水中的倒影时，你会对神话与现实生活的这种重叠报以一丝苦笑，同时或许会思考这则神话的教训——爱上自己的影像会引发灾难性的后果。

"马库斯·卢克莱提乌斯·弗隆托之家"里那幅有关米孔与佩罗的绘画或许同样意有所指，上面的诗句强调了这则故事所赞颂的几种美德：正派或某种端庄感，以及孝顺。虽然也有考古学家认为它适合用来装饰儿童卧室（换作是我，会觉得这有些诡异），但这个图像更有可能呼应了某种特定的政治内涵。在这座房屋的外面，墙上涂写了两行用于竞选的打油诗，其中特别强调了马库斯·卢克莱提乌斯·弗隆托的"正派"：

> 如果大家认为正派完全有助于一个人飞黄腾达，
> 那么卢克莱提乌斯·弗隆托谋求的高官不可能花落别家

这难道只是一个巧合？如果马库斯·卢克莱提乌斯·弗隆托真的是这座房屋的主人（房屋内外的涂鸦表明这非常有可能），那么这幅画看起来就是为了彰显他所拥有的一项标志性的公德。

不过，更常见的是，被选择用来装饰一个房间的几个主题的组合似乎也是精心设计出来的。把图画饰板从它们的原始环境移到博物馆保存起来，的确更有利于保持其色彩和细节。但这也使我们难以在它们的原始背景下观察它们了，也无法看到它们原始的位置之间的关系。例如，"悲剧诗人之家"里的许多画作如今都陈列在那不勒斯国家考古博物馆里，仿佛是独立的画廊艺术品，但它们曾经组成了完整连贯的特洛伊战争主题：海伦跟随帕里斯动身前往特洛伊；伊菲革涅亚的献祭；阿喀琉斯的战利品，女奴兼情人布里赛伊斯（Briseis）被掳走——这就是他与阿伽门农发生争执的原因，而荷马的《伊利亚特》也以此开篇，房屋内的另一块饰板上则描绘了这次争执。问题不仅仅是主题的一致性这么简单。当这些画位于其原本的位置上时，它们巧妙的视觉并置，以及单独的画作和它们的主题间的"唤起式呼应"，一定会引发各种各样的问题。

看起来，有关海伦和布里赛伊斯的场景原本是位于中庭的两块毗邻饰板上的（见彩图 23）。这两个装饰图案描绘的都是离弃男人的女人，在特洛伊战争的故事中都是关键情节，而两位女性衣着相似、都低着头，身边均被战士围绕，更加强调了二者的相似之处。不过，对于熟悉特洛伊战争的任何人而言，这种对比都会促使他们和思考两个场景的相似性一样去思考二者的区别。因为，希腊王后海伦离开丈夫墨涅拉俄斯并踏上通奸的不贞之旅，是基于她的自由意志——而且这个行为将会推动希腊人与特洛伊人打响这场灾难性的战争。而特洛伊战俘布里赛伊斯离开阿喀琉斯后被呈送给阿伽门农王，是违背她的本意的——阿喀琉斯对于自己蒙受的损失备感愤怒，根据荷马史诗的说法，这将直接导致他的朋友帕特罗克鲁斯（Patroclus）以及特洛伊王子赫克托尔死亡。在这组画中，美德、责备、地位、性爱、动机以及苦难的根源，都被置于检审之下。无论是谁设计了这组图像，他都一定非常熟悉这些特洛伊神话故事，也必定期待他的观众们也同样熟悉。

在另外一组同样也是描绘海伦与帕里斯私通的绘画中，我

图56　在帕里斯和海伦决定私奔（由此引发了特洛伊战争）时，一个
小丘比特站在门口。不过"伊阿宋之家"里的这幅画不像看上去那么简
单。因为在这里，帕里斯坐了下来，仿佛是一个女性角色，而海伦则站
着——并且，背景建筑让人联想到庞贝城本身，表明有关通奸、私奔和家
庭破裂的神话也和现实生活息息相关。

们也能察觉到一种令人不安的画外音。"伊阿宋之家"（House of Jason，名字源自其中一个房间里的希腊英雄伊阿宋的画像）里的一个小房间里有 3 块饰板。每一幅描绘的都是悲剧降临前的片刻宁静：其一是美狄亚正看着孩子们玩耍，为了报复抛弃她的丈夫，她不久就会杀掉他们；第二幅是菲德拉（Phaedra）正在与保姆交谈，由于对继子希波吕托斯（Hippolytus）的爱无法得到回应，她无端指控这个无辜的年轻人乱伦，不久后自己也自杀身亡；第三幅是海伦在自己的婚房里招待帕里斯，之后他们将会私奔——门口站着的那个小丘比特已经揭示了这一点（见图 56）。

和"悲剧诗人之家"里的那组绘画一样，这些画作在视觉上的呼应会促使观看者对在此展现的不同版本的家庭悲剧做出比较和对比。例如，美狄亚和菲德拉都是坐着的，可能与你设想的受人尊敬的罗马女主人的形象相符；但在另一个场景中，海伦却是站立着的，而她那柔弱的"东方"情人则取代了女人的位置。不过，画中的建筑背景增添了一个令人不安的维度。每一幅画的建筑背景的相似性不仅将这 3 个故事联系了起来，建筑风格和厚重的大门也并不仅仅只是与庞贝高档家居建筑风格之间有某种偶然的相似性。这些画作通过展现从私通到杀婴的悲剧性紊乱，似乎有意要阐明神话与罗马现实生活之间的相关性：这些不幸可能会悄悄降临任何地方的任何一个家庭。

带风景的房间？

几百年来，庞贝房屋的装潢一直使学者们忙碌着，他们试图厘清其年代顺序、选择上的审美和功能因素，以及墙绘上的神话的意涵。人们继续发现了有关从设计逻辑到画师将其付诸实践的工艺流程（"工作中的画师之家"直到20世纪80年代末才出土，发掘工作至今尚未完成）各个方面的迷人细节。不过，在这些细节中，人们却常常忽视这个罗马城市室内装饰风格中的重要而显著的一点。

从庞贝房屋的布局和留存遗迹来看，其中即便不是大部分，也至少有许多可以被视为能引发幽闭恐惧症的地方。只有少数几个最富裕的家庭才会采取措施使视野与外界相通；绝大多数都是内观型的，仅有几扇临街的小窗能透进一点光。大多数房间都狭小而黑暗。尽管有的（还是那些最富裕的家庭的）房屋里配置了高档的中庭，还有广阔的内部花园和走廊，但许多房屋甚至连中庭也必定会让人觉得有些拥挤（特别是里面塞满了橱柜和织机的时候），而花园也不比一方手帕更大，更像是一处天井而非休闲放松之地。

然而墙绘装饰却与此截然不同。通过巧妙运用幻象，画师能创造出突破房屋界限的远景。在最奢华的房屋中，内墙仿佛消融在了一个有着矛盾视角、能够瞥见超越地平线的远景的幻象中。猛地向小花园的边缘望去，有时必定会分不清室内植物和墙绘上的野外景观及尼罗河之间的界线。甚至更为朴素的第一种风格墙饰有时也会让观看者感到困惑，不知道自己正在欣赏的墙面到底是由什么组成的：到底是着色的灰泥，还是它想要冒充的大理石块？

墙绘的主题有力地强化了这种有什么东西超越了房屋界限的感觉。庞贝怎么说都不过是意大利南部的一个小城。但它的墙绘在文化和视觉上指涉的东西所涉及的范围令人震惊：横跨地中海，囊括古典文学和艺术的全部元素，直至遥远的异域海岸。这些装饰中的幻想世界丝毫不会引发幽闭恐惧症。它接受了荷马史诗以降的一大批希腊 – 罗马神话与文学作品；它使人联想起希腊绘画的经典之作，并对其做了改编；它使用了从斯芬克斯到女神伊西斯的埃及文化中的亮点，也使用了嘲讽那里的居民及其怪诞习俗的讽刺诗和诙谐作品。当然，这并不全是一种温和的文化多元主义。在那些刻板的俾格米人追逐鳄鱼或放荡交媾的场景中，混合着一种挑衅式的幽默和排外情绪。不过关键的事实是，这些遥远的地方毕竟还是得到了呈现。立于属于意大利南部的混合文化根底上的庞贝，是罗马这个世界帝国的一部分——它也把这一点展现了出来。

这一点同样由房屋里的其他各种形式的装饰品和小摆设表现了出来。来自印度的拉克西米女神小雕像（见图 11）或许是一个属于这种文化"接触"的极端而不常见的例子。但有大量其他材料表明，庞贝的房屋能够达到何种向世界开放的程度，或者至少是那些房主有足够的闲钱来装修的房子。比如，许多柱子、地板砖和桌面都是由从帝国遥远地区——伯罗奔尼撒和希腊诸岛，非洲的埃及、努米底亚和突尼斯，以及今天土耳其的那些沿海地区——进口的昂贵彩色大理石制成的。希腊及其历史在其中最突出：人们根据"尤利娅·菲利克斯宅邸"里发现的那尊略显粗糙的赤陶小雕像底座上的信息认为它是"米蒂利尼的皮塔库斯"（Pittacus of Mytilene，公元前 6 世纪的希腊智者和道德学家）；城外一座出土的别墅里有一幅精美的镶嵌画，画的是一群希腊哲人聚在树下闲聊，背景看起来像雅典卫城；当然还有那幅著名的亚历山大镶嵌画。

　　最令人震惊的发现之一来自"尤里乌斯·波利比乌斯之家"，是一个公元前 5 世纪的青铜水壶，人们是在画有狄尔刻的那个大房间里发现它的。在火山爆发的时候，它和其他珍贵物品被一起打包带走。上面的一条铭文声称，它原本是竞技比赛的奖品的一部分，那些比赛是在伯罗奔尼撒的阿尔戈斯为了纪念女神赫拉而举行的。历经坎坷之后它失去了它的把柄（有一种看法认为它是在葬礼上使用的），又增添了一个旋塞，最后来到了庞贝。无论它是一件奖品还是传家宝，它都极好地见证了庞贝之外的一个世界和一段历史。

　　至于"工作中的画师之家"里的那些画师原本打算如何填充至今仍空白一片的巨大饰板，我们可能永远也无法知道了。我们也不知道他们在仓皇的逃亡中，是否及时躲避了危险。但毋庸置疑的是，他们的工作是要用颜料创造一个"带风景的房间"。

第 5 章

谋生：面包坊主、银行家和鱼露商

利润率

　　沿着"法比乌斯·鲁弗斯之家"所在的那条街有一排能够眺望海景的大型房屋，其中一座在城市的最后几年里归奥卢斯·乌姆布里基乌斯·斯考卢斯所有，此人靠做鱼露生意为生。事实上他是这个城里最大的鱼露商。从在这个地区发现的鱼露瓶上的涂绘标签来看，他与合伙人及下属分号承包了这种制备罗马食品过程中的主要佐料在当地近三分之一的供应量。这座房屋本身也很庞大，占地广阔，由至少两座原本独立的房子拼凑而成。遗憾的是，如今它已变得残破不堪，部分是因为 1943 年的轰炸使这片区域严重受损。不过从最终形制来看，它显然不止有 2 个中庭，而是有 3 个，还有一个或者更多的列柱廊（其中一个还有一个观赏性鱼池），在更低的楼层上还有一个洗浴套间。

　　我们之所以知道这里归乌姆布里基乌斯·斯考卢斯所有，是因为第三个中庭地面上的 4 个角落里各有一个装鱼露的瓶子的镶嵌装饰（见图 57）。为了妥善保管，它们都已被移走，这些图案是将白色嵌片嵌在黑底之上形成的，每一幅上都有一条铭文，标明斯考卢斯所卖的不同种类的鱼露："斯考卢斯的极品鱼露，鲭鱼制成，产自斯考卢斯工坊""最好的鱼露""斯考卢斯的极品鱼

图 57　在"乌姆布里基乌斯·斯考卢斯之家"的中庭里，4 幅鱼露瓶的镶嵌画表明了这个家庭的财富来源。这个瓶子上标的是"极品鱼露"——拉丁语"Liqua(minis) flos"，字面意思为"liquamen 之花"。"liquamen"是我们更熟悉的"garum"的同义词。

露，鲭鱼制成""一流鱼露，来自斯考卢斯工坊"。除非我们想象这是某个颇为满意的顾客选择用他钟爱的各种鱼露瓶子来装饰中庭地面，否则这必定就是斯考卢斯本人的房屋。在这里，这些室内装饰也就成了一种自我宣传和推广产品的工具。

　　斯考卢斯并不是唯一在自己房屋里公开庆祝自己生意兴隆的庞贝居民。在另外一座大房屋的主要临街入口，访客会受到镶嵌图案组成的一句标语的欢迎："欢迎光临，利润！"光是这座房屋的规模就足以表明主人如愿以偿了。但在别的地方，这样的文字顶多也就是表达一下徒劳的奢望。我们在一座小房屋的中庭地面上仍能见到这类标语："利润即幸福。"然而此处没有迹象表明这不是一种一厢情愿。

罗马经济

　　罗马帝国的经济状况是一代又一代历史学家争论的焦点，问题涉及贸易与工业、财政制度、信用体系以及利润。一方面，有些人使用非常现代的术语来解读古代经济，认为罗马帝国实际上是个广阔的单一市场。财富由于对商品和服务的需求而被创造出来，这些需求也提高了生产力，刺激贸易发展到了前所未有的程度。有关这一点最受喜爱的例子——或许看起来不大可信——来自格陵兰岛冰盖的深处，那里仍能发现罗马金属加工业造成的污染残余，直到工业革命才出现同等程度的污染。水下考古得出的结论大致一致。在地中海海底发现的遇难船只的残骸里，公元前2世纪至公元2世纪的失事船只远比16世纪之前任何一个时期的都多。但这并不代表罗马时代的造船或航海技术低劣，而是证明了当时的海运量很大。

　　另一方面，也有人认为罗马的经济生活与现代截然不同，实际上明显是"原始的"。财富及社会声望仍然以土地为基础，每个社群的主要目的都在于养活自己，而不是利用它的资源去盈利或投资。海上的远距离货物运输危险重重（所有那些沉船残骸可以作证），而陆上运输又过于昂贵。在经济这块蛋糕上，贸易只不过是极薄的一层糖衣，不成气候，也不怎么受人尊重。尽管地面镶嵌画上的铭文或许会对取之有道的利润表示庆贺，但很少有罗马作家——他们大多属于精英等级——会说贸易或商人的好话。总的来说，贸易是低俗的，而商人是不可信的。实际上，自公元前3世纪末开始，罗马社会最高等级的成员，即元老及其后代，都被明文规定不得拥有"远洋船只"，这是指能装载300个或更多的双耳瓶的船只。

另外，罗马没有发展出支撑成熟的经济所需的财政制度。我们将会看到，庞贝只有十分有限的"银行业"。我们甚至不清楚当时是否有类似欠款单据之类的东西，也不知道在你购买大宗商品时，比如房屋，是否得用小推车来运载钱币。而且，尽管罗马的金属加工业或许已经对格陵兰岛造成了污染，但很少有迹象表明当时出现了伴随18世纪工业革命出现的那种技术革新。罗马时代最重要的发明可能就是水磨了，但持有这一派观点的人也认为，这其实不能说明什么问题。不过，当你有大批奴隶可以用来生火、操纵杠杆或者推动车轮时，为何还要在乎那些新技术呢？

乡村生活与乡下产品

如今大多数历史学家都明智而审慎地选择了两种极端观点之间的折中之论。而庞贝本身也的确兼具原始的与现代的经济模式的特征。几乎可以肯定，城里的大部分财富都来自周边地区的土地，而在城内拥有最大的房屋的家庭，也一定在周边地区还有其他房产和大量地产。庞贝作为一个经济的和政治的单元，是由城市中心及其腹地组成的。城市本身之外的区域占地大概200平方公里——这个数字可能稍微大了点儿，但这个估计至少大致是合理的；因为我们完全无法在属于庞贝人的土地和相邻城市之间划定界线。这个问题还没有被考古学家们彻底探究过，因为他们的兴趣大多集中在城市里。事实上，想要找到那些掩埋在几米厚的火山灰下的别墅、农场及其他乡间聚居点得靠运气。

人们在庞贝城的腹地总共发现了近 150 座房屋遗址，不过对于它们是何种类型的住宅，以及房屋主人是谁，我们知之甚少，因为它们只有很少的一部分得到了系统的发掘。有的肯定是富人的舒适别墅，主人甚至可能远在罗马：显然并不是只有西塞罗有一座"庞贝住所"。有的是农场。还有的二者皆是。在我们所发现的这些遗址中，人们几乎总是偏爱关注更大的房屋，而非较贫穷的农民的小屋和棚屋。某些考古学家将信将疑地认为，城墙外的乡村地区有古代版的贫民窟或贫穷劳力的违章居住地，就算真有，我们也没有发现与此有关的任何痕迹。

在一个例子中，我们能确认一座乡间房产属于庞贝的一个显赫家族。20 世纪 90 年代，人们在庞贝以东几公里处的斯卡法蒂（Scafati）发掘时，发现了一个家族墓地，那里有 8 块属于公元 1 世纪的卢克莱提乌斯·瓦伦斯家族成员的纪念碑，他们大多数都有着一个完全一样的姓名，德基姆斯·卢克莱提乌斯·瓦伦斯（Decimus Lucretius Valens）。他们中既有两岁就夭折的幼童，又有一位杰出的青年，虽然他以公费葬在了别处，但在此处拥有一块纪念碑，立在其余亲属的纪念碑旁。在纪念碑上，人们感念这个年轻人曾与父亲一起捐助了一场有 35 对角斗士参与的角斗士表演。这是庞贝的捐助者所能做到的最慷慨的行为了。在庞贝城里，这个家族与阿波坦查大道尽头靠近露天竞技场的一组房屋有关系，其中包括"海上的维纳斯之家"（House of Marine Venus），在屋内花园墙壁的墙绘里，这位女神摊开四肢躺着。实际上，其中一座房屋里的一些涂鸦不仅提到了一位德基姆斯·卢克莱提乌斯·瓦伦斯，还提到了墓地里出现过的两个更独特的女性名字，尤斯塔（Iusta）和瓦伦蒂娜（Valentina）——这就把这个家族与房屋联系了起来。不过这组家庭纪念碑为何位于城外这个特定的地方？大概是因为该家族在那里有一座乡间宅邸，十分有可能就是尚未被完全发掘的毗邻墓地的那一座。

卢克莱提乌斯·瓦伦斯家族和庞贝大多数当地贵族一样，通过他们的土地出产的作物积累财富，虽然他们本人并不亲自耕作。他们的一部分田地应该是由佃户耕种的。也有一部分受到他们更直接的管理。供房主及其家人享用的令人艳羡的娱乐房间常常和一套运转着的农业设施组合在一起，后者由一位农场管理者负责运营，使用雇来的劳力和奴隶，而"秘仪别墅"和斯卡法蒂的那座房屋无疑就是这样的组合。人们在城外的许多房屋里都发现了一种独特的金属装置，几乎可以肯定就是足枷或者脚镣（有一个大到能铐住 14 人），这是证明他们使用奴隶劳动力的生动证据。就在城外的"马赛克柱子别墅"里，人们发现了仍被铁链拴着的人腿骨。从庞贝的毁灭到电影《泰坦尼克号》的灾难故事，人们想当然地认为奴隶和囚徒由于无法挣脱锁链而会恐怖地死去，早期许多介绍庞贝的旅游手册上就提及了几例（完全是虚构的）此类惨剧。在这种情况下，那些仍旧与金属熔在一起的尸骨出土时被拍摄的照片似乎证实了这种想法——尽管我们并不清楚这个奴隶是一个农场工人还是一个家庭奴隶。

在庞贝附近的乡间土地中，必定有一部分是用来牧羊的，它们既能提供羊奶，又能出产羊毛。实际上，当塞内卡声称在公元 62 年的地震中有不少于 600 只羊死去时，这暗示了这类畜牧业的规模或许是相对较大的。至于剩下的部分，我们猜想应该是在非常肥沃的火山灰的滋养下，种植着大量谷物、葡萄树和橄榄树的农业用地。这些正是古代地中海生活的主要食物，对于维持基本生存和照明（橄榄油）都十分重要，并且大多都是本地消费的。至于其中到底有多少可用耕地被分配给了哪种作物，是一个棘手的问题。罗马作家易于强调当地的葡萄树和葡萄酒，而我们在发掘的农场上也的确能看到保留下来的与葡萄酒生产相关的清晰痕迹，比如大桶和压榨机。不过这可能会让我们高估了葡萄种植的重要性。书面文字中的强调或许只是部分地反映了这一事实，即比起谷物的不同种类，罗马精英通常更关心葡萄的不同种类；而它之所以引起考古学家的显著注意，则部分源于一个事实，即酿造葡萄酒所需的全套设备让人一望而知。

近来有一个小农场得到了彻底的发掘，它位于庞贝城以北的博斯科雷亚莱（Boscoreale）附近，名为"里贾纳别墅"（Villa Regina，以其所处地点的现代名称命名）；它向我们展示，即便是在一个由葡萄园占主导地位的农场里，耕种类型也可以是多样化的（见图 58）。它在 20 世纪 70 年代被首次发掘，是一座相对朴素的房屋，底层有 10 个房间，围绕在一个庭院旁边。与富人的乡间房产的宏伟规模相比，它完全不值一提。大多数房间都与农活有关，只有两个房间内有涂绘装饰。这处地产的主人大概是一个中等收入水平的农夫，尽管他和许多城里人一样，在火山爆发时也正忙着翻修房屋：一个门口的过梁需要被支起来，地基正在加固，人行道已被移除，而厨房和涂绘过的餐厅则已不再使用。

留存下来的很多农业设备都与葡萄酒酿造有关，包括摆放在地面上的一台压榨机和 18 个硕大的储物罐（dolia），它们足以储存近 1 万升的葡萄酒。除非罗马人成天在家都过着醉醺醺的生活，否则这么大储量的葡萄酒应该不是仅仅留着自己喝的。即便是这么多的葡萄酒，不到 2 公顷的葡萄园出产的葡萄就能酿造出来（附

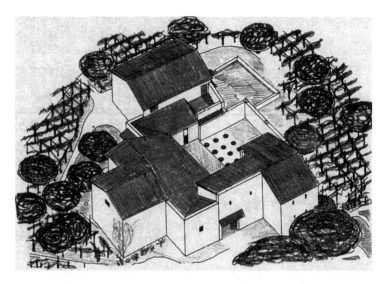

图 58　对庞贝附近的"里贾纳别墅"小农场的重建。这座朴素的房产周围环绕着葡萄园。中心庭院里还能见到摆放在地上的储物罐。

近另一座小别墅里还发现了 72 个葡萄酒储存罐，用于存储那个明显大得多的庄园出产的葡萄酒）。这片葡萄园的一部分已经得到了发掘，人们将植物根孔灌进了石膏，对残存的种子和花粉也进行了分析。结果发现，这里不仅有架在杆子上的葡萄藤的痕迹，还有生长在它们中间和旁边的其他植物——橄榄、杏、桃子、扁桃、胡桃和无花果，这些只是我们辨认出来的 80 多个种类中的很小一部分——的痕迹。

　　房屋的遗存部分也指明这里有葡萄树之外的一系列作物。这里有一片看起来像是打谷场的地方，表明人们也种植谷物，还有一间干草室，储存可作牲畜的饲料和铺草的干草。人们在这里发现了车轮及配件，因此农场中的牲畜想必包括那些能拉大车的动物，无论是骡子、驴子还是马。在一个还在维修的房间里有一头肥硕的小猪的石膏模型，这表明他们也养猪，用来吃肉。这头小猪肯定是在火山爆发的时候从自己的围栏或者某个猪圈逃到这里来的。而发掘者还在葡萄园里挖出了一只看门狗的头骨。

这种规模的葡萄酒生产应该是面向本地市场的，而非出口贸易，可能是以庞贝一家酒肆的墙上所画的那种运输方式交付给顾客的：从一辆运货车上载着的一只巨大的皮革酒囊里把酒直接倒进一个个酒瓶里（见图 59）。以我们对城里售卖葡萄酒的价格的了解（酒肆有时会为顾客标明价格），以及根据罗马作家记录的最终售价和农场价格之间的惯常溢价来看，1 万升葡萄酒或许会为这个农场主带来约 5000 到 7300 塞斯特斯的收入。不过考虑到生产和设备成本（在庞贝买一头骡子就要花 500 塞斯特斯），即

图 59　运货马车上载着的巨大酒囊将酒送到当地的商人和酒馆老板那里去。这是一幅在一个庞贝酒肆里发现的如今已经严重褪色的绘画在 19 世纪时的素描图，上面的人正要把酒倒进细颈瓶里。

便算上在那里发现的其他水果、作物或者牲畜带来的收益，实际的利润也很少。这还不算是濒临贫困线的生活。通常认为500塞斯特斯可以让一个四口之家以最低生活水平过一年，不过要经常忍饥挨饿，而一个军团士兵的基本年俸为900塞斯特斯。可这也算不上很富裕，大概足以满足一个包括奴隶在内共5到10人的家户的吃、穿、住所需，偶尔能有闲钱让他们稍微挥霍一下，比如为几个房间涂上一层装饰彩绘，让它们变得漂亮一些。

鉴于庞贝的腹地有这类农场或其他更大的庄园，那么它们的产物是否足以满足当地人口的基本主食所需而不必依靠大宗进口呢？这个问题在现代引发了大量争论，且难以达成共识。部分原因在于，对于一些对进行精确计算来说可能十分重要的数字，我们只能付诸猜测：不仅包括人口总量，还有罗马人从这片土地的产物中所获的收益，以及我们所预计的消费水平（假如每个男人、女人和小孩的饮酒量是依次降低的，平均每天消费四分之一升葡萄酒的数字是否正确？）

我们不妨试着这么推测：假设我们认为，公元79年时城里大概住着1.2万人，附近乡村还有2.4万人（这只是个猜测，部分依据此地后来的人口数字）。考虑到土壤的肥沃程度和天气情况，那么一个合理的推论是，如果200平方千米的田地中有120到130平方千米种植谷物，就足够养活全部的3.6万人。并且几乎可以肯定，不到2平方千米的葡萄园就足以为每人每天提供四分之一升的葡萄酒。至于橄榄油，如果我们估算每人的年消费量（或燃油消耗）是10升，那么生产这些橄榄油所需的橄榄林总共不超过4平方千米。这并不是说我们可以想象成片的田地只种一种作物，而这些计算可能会给人留下这样的印象。在"里贾纳别墅"

附近，橄榄树和果树就种在葡萄藤之间，这种栽种方式表明这里在古代时的种植情况能有多么混杂。

当然，改动其中任何一个粗略的估算值——例如把人口增加一半，或将可耕种土地总量减少——都会让整个图景发生巨大的变化。但即便按照上述乐观的计算，也难免会出现灾年，粮食短缺、干旱或者歉收都会迫使庞贝人去别处找吃的。尽管如此，看起来他们非常有可能经常还有盈余可供出口，这一点有其他证据可以证实。古代作家无疑将维苏威火山附近这块地区与许多知名的葡萄品种联系了起来，其中一种甚至就被称作"庞贝亚娜"。这种知名度表明葡萄酒早就远达本地之外的地区。事实上，普林尼就曾嗤之以鼻地提到过，庞贝生产的某些廉价葡萄酒品质低劣（见本书 58 页），这可能并不是说这种酒只是供本地人消费的劣质酒，而是像一位历史学家近来所提出的，这表明这种产品为了满足更大的市场需求而过度扩大产量（"为了销量而牺牲质量的老套路"）。庞贝声名远扬的也不仅只有葡萄酒。一位公元 1 世纪从事农学写作的作家科路美拉（Columella）就曾特别推荐庞贝的洋葱，普林尼也曾详细描写过庞贝的卷心菜，还提醒有心种植之人注意这种作物无法在寒冷的气候中生长。

无论陆地上还是水底的考古工作，都能偶尔帮助我们在地中海或更远的地区找到庞贝出产的产品留下的痕迹——就算卷心菜没有留下，至少陶土葡萄酒瓶在 2000 年后还是不可磨灭的。早在公元前 1 世纪初，可能在庞贝的殖民地建立之前，葡萄酒就已经从那不勒斯湾被运到了法国南部。一艘运输货船向我们提供了非常清楚的证据，它没能到达目的地，而是在离夏纳不远的昂代奥（Anthéor）附近抛了锚。船上的酒瓶塞子上印有奥斯坎文字（可由此推断遇难的年代），拼写出一个十分罕见的名字：拉西乌斯（Lassius）。在罗马世界中，我们知道的为数不多的另外几个名为拉西乌斯的人，来自庞贝和附近的索伦托，其中包括一名侍奉谷物女神刻瑞斯（Ceres）的庞贝女祭司拉西娅（Lassia），人们在城墙外发现了她的墓碑。很有可能，这批葡萄酒来自庞贝或其附近地区。

不过也有货船安全抵达了目的地。其中有的将庞贝的酒瓶运到了北非的迦太基。有一些酒瓶上印有优马奇乌斯（L. Eumachius）的名字。无论他是葡萄酒的生产者还是只是酒瓶的制造者（从标签上看两种可能性都存在），都很有可能是另外一位庞贝女祭司优马奇娅（Eumachia）的父亲。她最有名的事迹是捐助了广场上的一栋巨大的公共建筑，如今这栋建筑以她的名字被命名为"优马奇娅楼"。其他的庞贝酒瓶，其中还有一些同样印有优马奇乌斯的名字，出现在了法国和西班牙，以及意大利其他地区。甚至在米德尔塞克斯（Middlesex）[1]的斯坦摩尔（Stanmore）也发现了一只。不过，在我们急于得出庞贝葡萄酒在罗马统治下的不列颠也有繁荣的市场这个有吸引力的结论前，我们应该谨记，单凭一只细颈瓶并不必然证明存在一条主要的贸易路线。无论如何，这些酒瓶质量上乘，质地坚硬，用途多样，还常常能重复利用，就算用不了几十年，也完全能够多年使用。斯坦摩尔发现的那只酒瓶或许产自庞贝，但最终里面装的东西就不一定了。

在另一个方向上也有着大量的贸易。如果庞贝在理论上完全可以通过周边地区的供给满足所需，那它肯定没有选择这么

1　英格兰东南部古郡。

做——至少最后几年是这种情况。用来储存葡萄酒和其他食品的陶瓶清楚表明，这里有较大规模的进口贸易。许多陶瓶来自并不那么遥远的意大利其他地区。例如，庞贝稍微有点钱的人热衷于消费法勒努斯白葡萄酒，这种酒产自罗马世界里的顶级酒庄之一，那里位于城市以北 80 公里的地方。不过，城内也有从更遥远的地区进口的货物。"米南德之家"里就发现了 70 只左右的细颈瓶和其他瓶子，许多上面还标记着装的什么东西和原产地。的确，其中有一部分是本地产品：有几个上面印着优马奇乌斯图章，另外几只里装着索伦托的葡萄酒，还有一个小一点的装的是当地产的蜂蜜。不过也有一些装着西班牙产的橄榄油或鱼露，也有来自克里特的，至少有一只来自罗德岛，货单上注明里面装的是 passum，这是一种用葡萄干而非新鲜葡萄特制的甜葡萄酒。破败不堪的"阿玛兰图斯之家"里储存的细颈瓶也是差不多的情况，有的盛满了，有的还空着。这些细颈瓶可能既有第一次使用的，也有第二次、第三次使用的，相当一部分都来自克里特（有 30 只，满盛货物，想必是刚运来的一批货），也有的来自希腊，还有一个来自加沙的罕见瓶子。加沙在中世纪早期曾是最负盛名、利润最丰厚的葡萄酒中心产区，与它今天的状况形成了强烈的对比。

　　进口生意所涉及的也不仅仅是细颈瓶和其他瓶子里装的葡萄酒、橄榄油、鱼露这些货物。我们已经提到过通过显微分析从残存物中发现了异域药草和香料（见本书 49 页）。而其他各种相对难以磨灭的材质，比如高档的埃及玻璃器皿和彩色大理石，追溯起来甚至更为容易。普通的陶瓷餐具也可能同样来自外地。事实上，有只运货箱里装着 90 个左右的全新的高卢碗，还有近 40 盏陶土油灯，它们被发现时仍然完好无损；大概是因为在到达这里之后不久火山就爆发了，货物甚至还没来得及拆箱。在这个例子中，如果像考古学家所声称的那样，油灯并非产自高卢，而是来自意大利北部，那么我们必须猜测还有某种"中间商"涉入其中，将寄售的货物混合打包。

总而言之，有一点毋庸置疑，即无论庞贝的港口到底位于何处，无论与部丢利或者罗马这样的大宗贸易中心相比它显得多么渺小，它必定是一个繁荣而又国际化的、汇集着各地语言的小地方。

城市贸易

农业活动并不仅限于城外的乡村地区。根据近来的推算，甚至直到火山爆发前的几年，城墙内都有多达 10% 的土地用于农业；在更早的时期，这个比例可能还要更大。其中有的地方用于豢养牲畜，这在庞贝是一个被低估的群体，主要因为早期考古学家总是忽视动物的尸骨。但就算是他们也没有漏掉火山来袭时仍位于"农牧神之家"里的那两头奶牛留下的骨架，而我们在这一章稍后部分将会讨论另一个更为惊人的发现。这里还有大面积的种植。我们上文已经提及"尤里乌斯·波利比乌斯之家"里的那个小型"家庭菜园"，里面有一棵无花果树、一棵橄榄树、一棵柠檬树和其他果树。城里还有其他规模更大、商业性更强的种植案例。

人们曾经一度认为，露天竞技场附近那块空地是用来埋葬死去的角斗士的，或者也可能是个牲畜市场，而经历了 20 世纪 60

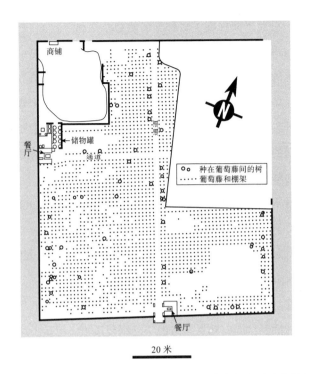

图示 13　一片发掘出来的葡萄园的平面图。现代发掘者通过辛勤努力展现了这片位于城墙之内的商业性葡萄园里的种植情况以及餐饮建筑。它的位置很好，适合各种不同类型的商业活动。它的北面紧邻阿波坦查大道；在它的南面，客人从露天竞技场来到这里也很方便。

年代的仔细发掘后，人们发现这里曾是一片密集种植的葡萄园（见图示 13），葡萄藤间还种着橄榄树与其他树木，可能还有蔬菜（或者说是从发现的一粒碳化的豆子推断有这种可能性）。这片葡萄园占地约半公顷，而葡萄酒——约有几千升——不仅可以就地酿制（从葡萄酒压榨机和大储物罐来看），而且阿波坦查大道上的一家酒肆也有零售，当有顾客来这处房产边上那两家室外餐厅吃饭时，也可以买到。还有许多其他较小的葡萄园、果园和蔬菜园（可能里面种满了那种著名的卷心菜和洋葱），所有这些都是我们根据植物根孔、碳化的种子、花粉、精心规划的菜圃和灌溉系统的痕迹识别出来的。其中有一个园子带有精心布置的灌溉系统，看起来似乎这里的花卉是为商用而种的，根据毗邻房屋里的大量玻璃罐和小玻璃瓶判断，这些花可能是用来制作香水的。一些最新的研究发现了"苗圃"的痕迹，那里或许是种植供应当地花匠的草本植物的地方。

这样看来，我们在城内的房屋里发现了那么多的农业设备——叉子、锄头、铁锹、耙子，等等——也就不足为奇了。其中一些肯定是那些住在城内却要日复一日出城耕地的人使用的。但其他的应该是那些在市中心耕种的人使用的。

不过，当人们在庞贝城中漫步时，整体印象却并不是一片祥和的园林世界，抑或刻意营造的一片田园风光。相反，这是一个熙熙攘攘、充满着商业气息的集市城镇。的确，纵观这座城市的历史，几乎可以肯定，土地和农业始终是其最重要的财富来源。现代人总爱幻想庞贝城是古代版的文艺复兴时期的佛罗伦萨，经济上取得的成就建立在许多制造行业上，政治权力被授予了那些控制这些行业的行会以及在其中投资的精明商人，但庞贝并非如此。古代庞贝的漂洗工人和纺织工人并不是经济发展的主要推动力。我们稍后马上就会探讨"银行家"卢基乌斯·卡伊基利乌斯·尤昆都斯的生意，但他决然不同于科西莫·德·美第奇。即便如此，庞贝还是拥有一套完整的服务业，从漂洗衣物到制作油灯应有尽有，并且在这个包括乡村居民在内人口总量逾 3 万的社群中承担贸易中心的角色。

这意味着当地有一套服务于买卖交易的基础设施。当地议会

图 60　别作弊。这套官方的度量量计设立在广场上。它原本是遵循奥斯坎的标准的，但正如上面的铭文所称，公元前 1 世纪时它按照罗马的标准进行了调整。

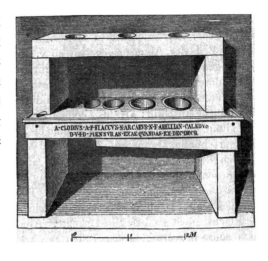

仔细规范了交易双方使用的度量标准。官方的量器在公元前 2 世纪时就已经立在广场上了，依据的是奥斯坎的度量标准（见图60）。上面有一条铭文称，至公元前 1 世纪末，这些标准已经按照罗马的体系做了调整——无论议会做了什么规定，这种变化也肯定不够彻底、备受争议，而且带有政治色彩，正如上个世纪末英国人将帝国计量单位(英磅和盎司）转变为公制单位(千克和克）一样。

　　不过，当地政府对城市商贸的干涉不止于此。我们知道，负责将摊位分配给各个商贩的是营造官（见本书 96 页）。他们可能还负责规定赶集日。在一家大型商铺的外墙上（"出售鱼露残渣，按罐出售"），潦草地涂写着一个 7 日的集市周期，以一周的每一天为基础，和我们非常相像："土星日在庞贝和努科利亚，太阳日在阿武拉（Atella）和诺拉（Nola），月神日在库麦……"这可能是一份官方的常规商用日历，而非一次性的一周安排。至少多数考古学家都是这么认为的，但它却掩盖了一个事实：另一则涂

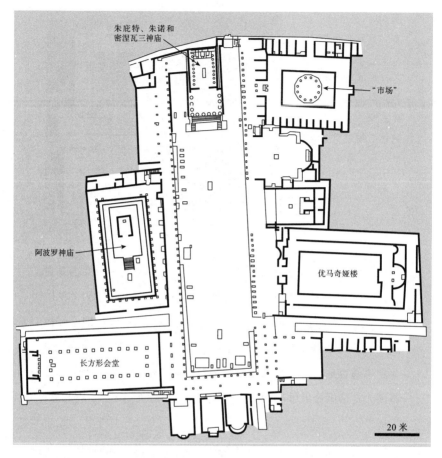

图示 14 *广场平面图。庞贝的市政中心区，不过广场周围许多建筑的名称和功能我们至今仍然弄不清楚。*

鸦上写着库麦的赶集日在太阳日，而庞贝则在水星日。无论如何，这似乎证明了其中的确存在某种程度的官方安排和有意识的协调合作。

当地议会可能也控制着主要的公共商业建筑。但要确认这一点可能比你想象中要难得多。事实上，尽管有许多自信的声明，广场周围的大型建筑到底有何用途仍然是庞贝考古中最大的谜团之一。根据最近受偏爱的猜测，广场（有一半都是在遭受同盟国的闪击战后的现代重建）西北角上的狭长建筑就是某种集市，可能是谷物市场。对面东北角上则是鱼、肉市场。对于前者的辨认，除了附近有官方的称重量计，我们没有任何证据。但对后者的辨认可能是正确的。但这要靠我们把在中心区域发现的鱼鳞特别当回事，并对那里可能存在的宗教元素以及对一个市场而言显得过于精美的涂绘装饰视而不见（见图 61）。一些考古学家更喜欢将它视为一座圣祠或神庙——或者（就像在威廉·盖尔那里）是一座兼作餐馆的圣祠。

无论官方在哪些方面介入了当地商业活动，城里展开的贸易和生意种类之繁多都特别令人震撼。如今，只是在庞贝的街道上漫步，我们很容易就能发现面包坊主使用的结实石磨和大型面包烤炉，或者漂洗工人在纺织加工过程中使用的大染缸和水槽。与此同时，那不勒斯国家考古博物馆的橱窗里还陈列着在发掘过程中发现的各类手工艺器具和设备：从重型斧头和锯条到杆秤和天

图 61　19 世纪时，食品市场的绘画是全城最享盛名的东西之一。装饰的这个部分尤其能引起游客的遐想，因为这个妇女被辨认为是一个手托调色盘的女画师。但她手上拿的其实是个献祭用的盘子。

平、测锤和钳子，再到微调过的医用装备（其中一些现代得令人惊异，比如妇科使用的扩张器［见图7］）。

它们有时可与留存下来的生意招牌或店铺招牌完美契合。例如，一家工坊外挂着一块做工粗糙的牌匾，似乎是在给"建造师第欧根尼（Diogenes）"的技艺做广告，上面画着他使用的工具（测锤、泥铲、凿子、木槌），额外还有一个代表好运的阳具。它们甚至偶尔出现在墓碑上，以纪念逝者的手艺。例如有个名为尼科斯特拉图斯·波皮迪乌斯（Nicostratus Popidius）的土地勘测员，就把他的工具——测量杆、木桩和独特的用于划定直线的格罗马仪（groma）——刻在了他为自己及妻子、孩子委托制作的纪念碑上。他曾从事最具罗马特色的一种职业，工作内容是勘定土地、划清地产界线、为土地纠纷提供建议。当维斯帕先的代理人提图斯·苏维迪乌斯·克莱门斯来到这座城市调查国有土地被私人非法占据的事件时，他需要的就是这种人。

绘画与雕塑则能为这些沉默的手艺工具带来生命，或至少能展现其使用方式。我们已经在描绘广场日常生活的绘画中见到了大量买卖场景（从面包到鞋）。而"维提乌斯之家"的一个娱乐休闲房间里还有一系列十分著名的小型涂绘饰带，上面画的是一些可爱的丘比特正在做各种手工活儿（那些在其中感受到暴发户品位的人则认为它们是媚俗之作）。他们有的正忙于酿酒，有的则在漂布和制造香水，有的似乎受雇在做花环（这是鲜花的另一商业用途），有的则在一间看起来像金属加工品商铺的房间里加工珠宝和大型青铜器皿（见彩图20）。在一块大理石牌匾上，最后这项活动也得到了生动的描绘，它原本或许是一家商铺的招牌，虽然比一般的招牌要精美。它向我们展现了青铜工匠或铜匠工作

图 62　这幅雕塑很好地描绘出了一家金属加工商铺的工作氛围。除了干活的人，场景中还有一个年幼的孩子和一只看门狗。后面则是展出的成品。

的场景——或者说从背景中展示的成品来看似是如此——集中展现了生产过程的 3 个阶段。左边的一个人正用一个巨大的天平在称原材料（身后有个小孩想唤起他的注意，但他没有理睬）。在中间，一个人正要锤击一块砧板上的金属，同时另一个人用一对火钳把金属固定住。在右边，第四个工匠正在给一只大碗做最后的细节加工。此外，再也没有哪幅图案比这一幅能更好地表现庞贝城里到处都有狗的了。尽管它在这里令人困惑地被描绘得像一只鸭嘴兽，但这只蹲伏在最后那个工人头上的一个架子上的生物只可能是一只看门狗。

　　许多文字材料，无论是涂鸦还是更加正式的公告和纪念题词，都使我们了解到更多的情况，或提醒我们还存在着诸多未能留下痕迹的职业类型。若将所有以这类方式提及的职业计算在内（不包括文字材料中没有明确提及的陶匠或金属工之类的著名职业），我们就能看到在庞贝城中有 50 多种谋生方式：从纺织工到宝石切割工，从建筑师到糕点师，从理发师到一个名为尼婕拉（Nigella）的女释奴，后者的墓碑上将她描述为一个"公共养猪人"（porcaria publica）。除了她，并没有很多的女性曾被提及，不过有时她们也会出现在一些出人意料的情境下。例如，一个名为福斯提拉（Faustilla）的女人就是一个我们所谓的小典当商。她有 3 名顾客的涂鸦留存了下来，写着他们借了什么，所付的利息（大约每月 3%），其中两条还写了他们用来担保的东西——分别是几件斗篷和一对耳环。

要将这些谋生手段与遗址里的残余物一一对应起来更为棘手。只有在极少的几类活动中，例如烤面包或者漂洗，才有一些固定装置让我们得以确定无疑地探明一个职业。大多数沿街排列的小型商业单元里既没有家具，也没有任何器材或设备，只有在偶然的情况下，才有足够多的特别的残留物能帮助我们弄清里面曾做过或卖过什么商品。有一则涂鸦（"克苏尔慕斯的皮革铺"［Tannery of Xulmus］）曾帮助我们识别出一家皮革铺，而合理的猜测帮我们找出了织席工和补鞋匠所在的地方。无论如何，所有类型的生意都是在看起来普通的房屋里进行的。福斯提拉可能根本不需要办公室。而有画师居住的房屋（见本书 168 页）只能根据装满颜料的橱柜来辨识。在房屋的中庭里，只需再增加几台织布机和几位女仆，就能把生产自用布的纺织活动转变成商业性生产。

即便如此，还是存在一些甚至更加奇怪的不明之处。全城到处都是金属器具，而"维提乌斯之家"里的大理石牌匾上的图像和许多画作也能表明，在古代庞贝，金属加工必定是一桩大生意。但其中有很多令人困惑之处。比如，我们不知道他们是如何获取原材料的。而且迄今为止，除了少量无法明确确认的小型工坊和零售商铺（在其中一个商铺里，发现了迄今唯一的一个古代勘探员使用的格罗马仪），我们只找到了一家大铁匠铺，位于维苏威门外。或许是考虑到火灾的风险，这大体上是一个在城外活动的行当。制陶业想必也是类似的情况。因为，城内只发现了两个制陶场所，其中一个还是专业制造油灯的。

在本章剩余的部分，我们将会探讨庞贝商业生活中的 3 项实例，其中每一项的职业都可以和地点对应起来，并且差不多能与我们所关注的个人——一个面包坊主、一个银行家和一个鱼露商——对应起来。

一个面包坊主

在"工作中的画师之家"与阿波坦查大道的主干道之间，有一家大型烤面包店，最近才得到彻底的发掘。面包坊主在庞贝街道上很常见。城内已知的烤面包坊有 30 多家。有的承担整个制作过程：研磨谷物，烤制面包，然后销售。还有一些没有研磨设备，据此推测他们可能是用现成的面粉制作面包的。虽然在某些地方会莫名聚集着几家面包坊（比如在广场东北方向的一条路上，100 来米内就有 7 家），但全城到处都有面包坊，因此没有哪个庞贝人会远离面包供应。此外，庞贝人在临时摆设的街边小摊上也能买到面包，并且无疑还能等着驴子或骡子驮着面包送货上门（见

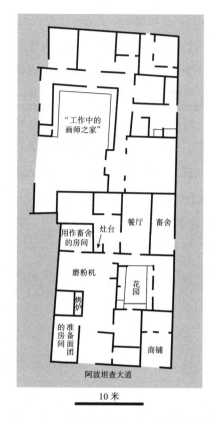

图示 15 "贞洁恋人之家"面包坊。这家商业面包坊也做餐饮生意。至少这里的餐厅十分宽敞，因此差不多可以肯定它是给面包坊主及其家人之外的人用的。火山爆发的时候，屋内还有两个房间用作畜舍。

图 27，64）。

　　阿波坦查大道上的这家面包坊既能研磨面粉，也能烤制面包——或许还有其他娱乐功能（见图示 15）。这是一栋双层建筑，有一个阳台遮住了位于街道上方的部分屋前空地。人们在下层的房间里找到了相当大的一部分上层地板，并使其保存了坍塌时的样子，这在庞贝并不多见——没错，这算得上是考古遗址保护的一个壮举，但这个特征却使外行的观察者更加难以看清建筑的整体布局和外观了。房产一角有一座神龛，是城里许多街道或十字路口处都能见到的那种：一个粗糙的祭坛立于人行道上，其外墙上方的灰泥上还绘有一幅宗教献祭图。

主街上有一扇门通向面包坊本身，另有一扇（靠近祭坛）通向一个有一定规模的两室的商铺。它们在底层看起来是完全独立的两个单元，但通往上层的楼梯的摆放位置表明，整栋建筑的上部是相互连通的。所有这些非常有可能都是属于同一个业主的，尽管我们必须想象这家商铺不是卖面包的而是卖其他东西的（因为，如果是卖面包的，零售区和旁边烤面包的地方之间就必定会建立直接的通路）。在这栋复合建筑和庞大的"卡伊乌斯·尤里乌斯·波利比乌斯之家"之间的小巷上，还有一扇通往一个畜舍的侧门。这条小巷是阿波坦查大道的分支，这正是我们在第 2 章提到的那个积满秽物的粪坑所在的地方，就在火山爆发前不久，它被挖开得到清理，成堆的秽物还堆放在粪坑旁的地面上。

从正门进入面包坊，你就走进了一个宽敞的前厅，这里有屋内通往上层房间的几座木梯中的一座。根据左侧墙上大多是数字的涂鸦判断，交易的某些环节可能是在这里完成的——清点寄售的面包数量，甚至有可能是在向顾客卖面包。由于主要的烤炉——与现代意大利的大型烧炭披萨烤炉颇为相似——就在前方几米远处，想必任何来客都能在这里看见和听见烤制面包的过程（见图63）。左边那个大房间是用来准备面团的。墙上开了个窗口，给和面工人和捏面包的工人们带来了一点光，他们中前者在一个大石碗里和面，后者在一张木桌上把面团捏出面包的形状（木桌的木头部分没有留存下来，但砖石支柱得以保存）。工作环境必定又热又脏。不过还有一些改善环境的尝试：一面墙上有一幅窥

镜自怜的裸体维纳斯的绘画。这很难不让我们联想起现代工厂墙上的那些美女图。

　　当面团准备就绪并被捏制成型后，他们就通过房间尽头的一扇小门直接送到烤炉前的地方了。偶尔，做面包的工人个人甚至还会为自己的作品做上标签。例如，在赫库兰尼姆城发现的几块已经碳化了的面包上，就标着"昆图斯·格拉尼乌斯·维鲁斯（Quintus Granius Verus）之奴凯莱尔（Celer）制作"的字样，而且，在我们这座面包坊里，有一些工人，甚至大多数工人都是奴隶。而在小门的另一边，面包就要被盛放在托盘里进行烤制了，其后被拿走加以储存或是贩卖。

　　我们这个烤炉历经了沧桑。炉身上有一道很大的缝隙在火山爆发前的某个时候得到了修补并被涂上了灰泥——无疑是在公元62年的大地震之后。不过自那以后又出现了更多的裂痕，或许是那些在火山爆发前的一段日子里的震荡和颤动所致，而整栋房子也正在修缮。烤炉可能仍在工作，只是产量减少了。遗憾的是，这里没有19世纪中期人们在另一家面包坊里的那种大发现。那个

图 64 一个面包摊——或者是一个由当地权贵出资摆设的免费施舍的摊位。该图是 19 世纪对原画的复制，它能让我们很好地了解到那种原本在商铺或室外摊位应该能看到的木质家具和设备是什么样的。它们如今大多都只有在图中柜台的木板上清晰可见的那种钉子留存下来。

图65　磨粉机。它原本
应该装有木头支柱（插
入方孔里），以便能让奴
隶或骡子推动磨石。

紧闭的烤炉中还整整齐齐地码着81块面包，烤过了头近2000年。它们呈圆形，每个被分为8块，和我们有时在画作中所见到的一样（见图64）。

在这个主室的后半部分放置着磨面粉的机器。机器原本有4台，这使这里成为城里规模相对较大的一家面包坊。庞贝的磨粉机有着标准形制，用产自意大利北部接近现代奥尔维耶托（Orvieto）小镇的地方的石料制作（当本地的石头大概就算不是非常好但也可以使用时，这项专门的进口令人震惊）。这种简单的设备是一个分为两部分的系统（见图65）。首先将谷物倒进上部的石腔里，然后（利用木头支柱和把手）使它抵着下方的固定磨盘转动，这样就能碾磨谷物，化为面粉后落入下面的托盘里。不过当火山爆发的时候，这家面包坊里只有一台石磨还可以正常工作，其部件完好无损且没有移位。其他石磨里有一台的上半部分已经碎了，而另外两台则被用来承装当时修缮和翻新房屋所需的石灰。

石磨是怎么转起来的呢？是人推还是牲畜拉？二者都有可能，不过在这个案例上我们可以肯定，是由骡子、驴子或小马来拉的。事实上，做面包的房间里还发现了两具牲畜的遗骨，它们必定是在试图逃跑时最终倒下的。它们的畜舍看起来是通向磨面粉区域的一个房间——这原本是个奢华得多的房间，墙上满是精致的绘画，后来却被改建成了畜舍，还加上了一条食槽。不过，它们并不是房屋内仅有的牲畜。还有 5 只被更安全地关在一间通往一条小巷的畜舍里。它们首次被发掘出来时，人们就用传统的骨头分类法鉴定它们为 4 头驴子和 1 头骡子，年龄在 4 至 9 岁不等。不过，最新的动物 DNA 鉴定分析表明，其中 2 头是马或骡子（由母马和公驴所生），另外 3 头是驴子或驴骡（由公马和母驴所生）。几个世纪以来，动物识别的困难程度明显比外行人所想象的要难得多。

第二间畜舍里发现的牲畜尸骨仍保持着发现时的原样（见图 66），等到有一天这处房产最终向公众开放时，它们将会成为令人毛骨悚然的一幕。不过，它们也有助于我们了解面包坊内的各种日常生活，以及更一般的庞贝世界。首先，这些牲畜的数量非常确定地表明，面包坊主只是想让面包坊暂时减产。毕竟，若是永久性地将规模缩至只剩一个石磨，你不会留着 7 头牲畜，它们都需要花钱喂养。这也表明，它们既被用于碾磨谷物，也用于运送成品面包。而且，这里没有留下任何货车的痕迹，除非房主是驱车逃生的，否则就说明，这些牲畜是驮着满载的篮子运送货物的。

不过除此以外，我们在小心发掘这个畜舍的过程中还首次很好地了解到了城里这些四腿"居民"——而非两腿居民——的生活条件。这里的地面十分坚硬，是由碎石和水泥混合制成的。从

图 66 这个火山爆发的受难者提醒我们，牲畜在城里的各类生意中非常重要——拉动机械和运输货物。但想必它们也对街道卫生造成了严重的破坏。

一扇朝小巷而开的窗口里透进来了一些光亮与空气。沿房间较长一侧设有一条木质食槽，而且这里曾经还有一条饮水槽，不过似乎在火山爆发前就已经毁掉了。两头牲畜所在的位置表明它们生前拴在食槽旁边，不过有一头无疑没有被拴住，或者是挣脱了，因为它看起来似乎是想从通往小巷的那扇门逃跑。日常饲料以燕麦和蚕豆为主，就储藏在畜舍上方的一间阁楼里。换言之，一切都与我们今天的情形相差不大。

这个面包坊还有另一个令人感到意外的发现。楼上和楼下的大多数房间都不大，而且朴实无华，可能是面包坊主及其家眷和奴隶居住的地方。房屋里还有一方小巧的花园，同时也发挥着天井的作用，若没有了它，房屋内就会变得相当昏暗——人们还在这里发现了一只轻微损坏了的古罗马苍蝇的残骸（具体品种还存在争议）。厨房的灶台上还发现了最后一餐的残留：某个种类的一只鸟和正在烹制的野猪肉。不过真正令人意外的是那个装饰华丽的巨型餐厅，它还有一扇朝花园而开的大窗。尽管火山爆发前它已不能使用了（根据在那里发现的一堆石灰判断），屋内还是被饰以交替出现的黑色、红色饰板，在三面主墙的中心拼缀成一幅幅宴饮图，以及相互依偎着的伴侣图（见彩图 10）。与庞贝的一些狂放的性爱场景图相比，这些图在对激情的表现上显得高雅多了，房屋也就依此有了现代的名称："贞洁恋人之家"。

为什么这个不起眼的面包坊里会有一个这么宽敞的餐厅呢？可能是出于这位面包坊主的奢侈。但它更有可能是他赚钱的另一条途径。尽管算不上现代意义上的餐馆，但就餐者在这里吃饭可能还是需要付费的——食物既可以由旁边的厨房提供，也可以自带。这里的就餐环境不算理想。为了抵达餐厅，你或者要穿过畜舍，或者要途经烤炉和磨粉机。但房间的装饰足够精美，而且它一定能让那些不愿挤进穷人的普通住所的顾客感到舒服。它可能并不是城里唯一做了如此布置的地方。在另一座房屋里，也有一个同样巨大的餐厅，那里还有数量惊人的赞颂漂洗工的涂鸦。那么它是否如某些考古学家所猜测的那样，是漂洗工们租来用于晚上聚会的地方？

要不是因为房屋修缮，我们这位面包坊主的面包生产规模会相对较大，还能通过餐饮生意增加收入。至于他到底是谁，我们不得而知。不过，对于接下来要探讨的这位庞贝商人，我们能知晓他的名字："银行家"卢基乌斯·卡伊基利乌斯·尤昆都斯。

一个银行家

在庞贝发掘的历史上，最不寻常的发现之一是 1875 年 7 月里发现的 153 份文件，它们被收藏在我们如今称之为"卡伊基利乌斯·尤昆都斯之家"的那个房屋的上层的一只木箱里。每一份文件的正文最初是刻在大约 10 厘米 ×12 厘米的木头写字板上覆着的蜡层上的（通常 3 块木板组成一份文件，偶尔在木板的外侧表面有直接用墨水书写的摘要）。不用说，蜡层已经消失了，但文字还可以辨识，或者部分如此，因为金属的书写工具或笔尖实际上穿透了蜡层，在下方的木头表面上留下了痕迹。

除了其中一份，所有文件记录的财务往来都与卢基乌斯·卡伊基利乌斯·尤昆都斯相关，时间从公元 27 年至地震前的 62 年 1 月。其中唯一的例外是那份最早的公元 15 年的文件，涉及一个名为卢基乌斯·卡伊基利乌斯·菲利克斯（Lucius Caecilius Felix）的男人，他也许是尤昆都斯的父亲或者叔父。大多数文件都与尤昆都斯参与的拍卖相关：相关拍卖品的卖主正式宣布尤昆都斯已经支付应付费用的收据（亦即竞拍价格扣除佣金及其他费用）。不过，其中有 16 份文件涉及尤昆都斯与当地市议会达成的各种协议。我们今天习惯称呼他为一名"银行家"，可实际上这个现代术语并不能准确说明他在当时的角色。他是典型的集拍卖商、中间人和放债者多重身份于一身的罗马人。事实上，正如写字板所表明的那样，他在拍卖过程中两头获利——不仅从卖方那里索取佣金，还能带息放款给买家，使其能够承担购买费用。

对于庞贝经济的历史，这些文件可谓是一座金矿。我们从中能够得到有关庞贝财务交易的一手资料——包括交易的商品、交

图 67 尤昆都斯的写字板，原本是好几页固定在一起的，里面写在蜡上的文字可以受到外侧表面的保护。这么做能相对容易地保证这些交易记录的安全。

易时间以及交易金额。此外，在这些文件上签字作证的多达 10 人，因此这是我们所拥有的最全面的一份庞贝居民登记簿。然而，有些情况需要提醒一下。我们不知道为何这些文件被留了下来，也不知道它们在尤昆都斯自公元 27 年到 62 年的交易中占多大比例，或者说，何以单单选择这些文件加以保存。再比如，与菲利克斯相关的单独那一份文件是怎么回事？难道它仅仅是因为尤昆都斯出于感情上的缘由为了纪念先辈才被保存下来？记录为何在公元 62 年戛然而止？他果真如某些现代学者所设想的那样死在了那场地震中吗？有没有可能那些后来的文件储藏在了更便利的地方，而没有藏在这个阁楼里？有一件事是确定的，即我们对尤昆都斯任一时期的活动都无法做到全面了解。我们所有的仅仅是他的档案橱柜中经过挑选的一部分内容，或许是他任意挑选的，或许有一定标准，只是我们如今已无法重建那些标准了。

即便如此，它们也是极为精彩的生动的一手资料。其中那份与卡伊基利乌斯·菲利克斯相关的文件，关注的是一头由菲利克斯以 520 塞斯特斯拍卖的骡子的最终付款，它也是有关庞贝城里这类牲畜的价格的关键证据。在此，买卖双方都是释奴，而且买家支付的款项也无需由菲利克斯本人交给卖家，而是由后者的一个奴隶负责移交。这一切都要加盖印章并注明日期，是以罗马纪年体系标准根据罗马城里在职的两位执政官名字来命名该年的：

> 以 520 塞斯特斯的总额将一头骡子卖给马库斯·庞波尼乌斯·尼科（Marcus Pomponius Nico），马库斯的释奴：依据与卢基乌斯·卡伊基利乌斯·菲利克斯订立的合同条约，据称马库斯·凯利尼乌斯·幼发拉提斯（Marcus Cerrinius Euphrates）已收到此款项。马库斯的释奴马库斯·凯利尼乌斯·幼发拉提斯宣布已收到的上述款额，是由卡伊基利乌斯·菲利克斯的奴隶菲拉德尔福斯（Philadelphus）交付的。（盖章）
>
> 交易完成于庞贝，六月初一前五天（5月28日），德鲁苏斯·恺撒（Drusus Caesar）和盖乌斯·诺班努斯·弗拉库斯（Gaius Norbanus Flaccus）执政期间（公元 15 年）。

不过，尤昆都斯本人的拍卖纪录上并不会每次都具体说明买进和售出的商品。大多数情况下都只是简单注明"拍卖"，再加上卖家的名字。但我们发现其中的确有几个是贩卖奴隶的。公元 56 年 12 月，一位名为乌姆布里基娅·安提欧奇斯（Umbricia

Antiochis）的女人在卖掉她的奴隶特罗菲姆斯（Trophimus）之后，收到了 6252 塞斯特斯。这名奴隶显然是一件值钱的商品，价格是几年前另外一个仅以略高于 1500 塞斯特斯的价格就卖了的奴隶的 4 倍多。后者售价差不多是那头骡子的 3 倍，这令人不安地联想到罗马奴隶制的核心就是把人"商品化"，在那个社会里每个罗马奴隶可能会有的全部期望就是获得最终的自由。此外，我们还知道尤昆都斯以差不多 2000 塞斯特斯的价格拍卖了一些"黄杨木"（一种通常用于制作写字板的木材——但他用的这些写字板是松木的），还卖过一些亚麻布，它们是"马西鲁斯（Masyllus）之子，亚历山大里亚的托勒密（Ptolemy of Alexandria）"的财产；这是另一则与海外进口和异邦商人相关的很好的例子，不过遗憾的是，竞价结果没能留存下来。

总体而言，尤昆都斯经手的既非大宗买卖，也不属于极小的生意。在他所有记录在案的竞拍中，最大数额高达 38 079 塞斯特斯。无论这桩买卖的商品是什么（只是简单注明了"马库斯·卢克莱提乌斯·莱鲁斯［Marcus Lucretius Lerus］的拍卖"），是我们在本章前面所见到的小农场可能的年销售额的 5 倍以上。不过，纵观全部档案，只有 3 宗的支付价格超过了 2 万塞斯特斯，低于 1000 的同样也仅有 3 例。中间价位在 4500 塞斯特斯上下。尤昆都斯的佣金似乎也有变化。其中两份记录表明大概在百分之二左右。但大多数情况下，我们只能依据付给卖家的最终数额来推测大致的佣金额度——有时甚至高达百分之七。尤昆都斯是否能凭此过上好日子，完全取决于他参与了多少拍卖，以及交易商品的价值。

不过拍卖并非他唯一的收入来源。还有另外一套 16 份文件，记载的是他与城里的管理部门订立的贸易合同。正如在罗马世界常见的那样，庞贝当地的税务征收通常会包给私人收税员（当然他们会从中渔利）。尤昆都斯的职业生涯的一部分是征税，他至少参与了两项税务征收：一种是市场税，可能是面向那些小摊贩征收的；另一种是放牧税，可能是向使用公有牧场的人征收的。在他的文件中，我们发现了这两种税的几份收据：每年 2520 塞斯特斯的市场税，2765 塞斯特斯的放牧税（有时分两期付款）。他还租了几套公家房产，可能是用来经营或转租的。其中一套是一个农场，年租金 6000 塞斯特斯。这似乎是尤昆都斯所能偿付的上限金额了——至少如果是因为现金流而非他的无能导致他一次又一次拖欠租金的话。另一处是一个漂洗坊（fullonica），他每年得为此缴纳 1652 塞斯特斯。

这里，让我们再次感到惊讶的是当地政府在经济上所扮演的角色，它不仅仅会征税，而且在城里和周围的乡村地区还拥有房产，通过租赁获取利润。是以文件中出现了一个"祖传农场"可能并不令人稀奇，但市政府是怎么拥有一座漂洗坊的仍然是个谜。实际上，这一点过于蹊跷，以至于有些历史学家怀疑此处的 fullonica 指的根本就不是漂洗坊，而是一种"对漂洗业征收的税"。换言之，这也许是尤昆都斯负责征收的一项税，而非证明他将业务拓展到了纺织和漂洗行业这些领域的证据。谁知道呢？不过，无论这些还是其他房产的相关细节如何（尤昆都斯不太可能是城里唯一的承租人），这些写字板的确给我们提供了一条从城市的角度了解此类事务的组织模式的线索。文件表明，城市公共资产的日常管理并不是由从精英中选举出来的官员负责，而是交给了一名公有奴隶——或者如同文件中有时正式称呼他的，是一名"受女神维纳斯神圣庇护的科尔内利乌斯的殖民地的殖民者们公有的奴隶"。尤昆都斯的写字板上提到过其中两位：第一个名为塞昆都斯，公元 53 年时收取了农场租金；他后来可能被普利瓦图斯（Privatus）所取代，后者收取了后面的所有租金。

文件中列出的买家和卖家、服务人员和官员，以及（人数最多的）见证人总计为我们提供了一份公元 1 世纪中期时的 400 名左右的庞贝居民的名单。他们包括从公有奴隶到格奈乌斯·阿莱乌斯·尼基迪乌斯·迈乌斯的各种各样的人，后者是当地政治精英的重要成员之一，是我们在第 3 章中曾探讨过的那座用于出租的大房产的主人，他在尤昆都斯的一份拍卖文件中作为证人出现。不必细读这些档案，就能看出其中对于支撑着整个罗马世界的社会和商业关系的个人地位的关注。当奴隶在文件中出现时，他们会被明确指明是奴隶，同时主人的名字也会专门列出；释奴的情况也同样如此。证人名单的排序问题乍看之下不是那么明显。不过近来有细致的分析确凿无疑地指出，证人名字在任何情况下都是按他们的社会威望排序的。例如，在尼基迪乌斯·迈乌斯出现的那份名单里，他的名字就排在第一位。在两个场合中，那些整齐的等级标定引起了争议，或有人认为至少要加以修改。在两份名单中，书写者费力擦掉了（更准确地说是刮去了）一个名字，并更改了等级排序。

尽管如此，无论再怎么强调等级，这些写字板展现的是在庞贝的一个充满购买与销售、借入与贷出等活动的形形色色的社会。尽管释奴在名单上可能是排在底部的，但他们能和最古老和最高贵的家族的成员一起扮演交易证人的角色。其中还能见到女性角色，不过不是作为证人。写字板上的其他 115 个名字里有 14 位女性。她们都是拍卖中的卖家（其中一个就是奴隶特罗菲姆斯的卖家）。当然，这不是一个很大的比例，但与一些有关她们的身份和地位的更悲观的现代记述想要让我们相信的相比，它仍然表明女性在早期罗马帝国的商业生活中更为"显眼"。

除了文件里的内容，关于卡伊基利乌斯·尤昆都斯本人的情况我们知道的比较少。一般认为（事实也八九不离十）他是个奴隶家族的后代，不过他自己生而自由。我们不知道他在哪里举行拍卖，也不知道他是否是在一个与他的房屋分开的"办公室"里运作一切的。不过，那座房屋还透露了更多的一些信息。屋内十分宽敞，装饰华丽，这些足以证明他在生意上大获成功。其中的装饰包括花园墙壁上的一幅大型狩猎野兽图，早已褪色，难以辨认；还有一幅一对男女交媾的绘画，如今收藏在那不勒斯国家考古博物馆的私密陈列室中，而在当时则位于列柱廊的柱廊里（是一种动人的还是有些粗俗的展示，取决于你的立场）；正门门口有一只看门狗的镶嵌画，样子温顺得难以置信；还有那些著名的大理石浮雕饰板，上面似乎描绘的是公元 62 年的地震（见图 5）。

我们也有可能拥有他的肖像。房屋的中庭里有两座头像方碑，在罗马世界，它通常是一根方柱支撑着一个大理石的或青铜的头像的样式。就男性肖像而言，方柱的拦腰处可能还会附着着生殖器，说实话，这让整体效果显得相当怪异。在其中一座方碑上，生殖器和青铜头像——这是一尊个人特征非常鲜明的男性肖像，他头发稀疏，左脸颊上长着一颗显眼的疣子（见图 68）——留存了下来。两根方柱上都刻着完全一样的铭文："释奴菲利克斯为我们的卢基乌斯的守护神祇修建此碑。"而这个菲利克斯与卢基乌斯之间，以及与写字板上的卢基乌斯·卡伊基利乌斯·菲利克斯和卢基乌斯·卡伊基利乌斯·尤昆都斯之间到底有何关系，

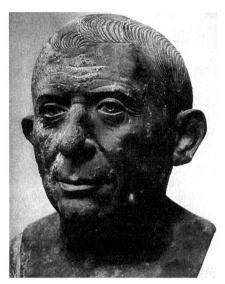

图 68　"卡伊基利乌斯·尤昆都斯之家"里发现的这尊铜像表现的或许就是这位银行家本人，或者更有可能是他的大家族或先辈中的一位。无论如何，这尊雕像生动地刻画了一个庞贝的中年人，连疣子也如实表现。

我们不得而知。方碑上的这个菲利克斯或许是那位银行家，也有可能是拥有相同名字的该家族的一名释奴。写字板上的那个卢基乌斯·卡伊基利乌斯·尤昆都斯或许和这尊雕像毫无关联。不过，尽管考古学家有时会依据风格认定，这尊塑像的年代必然早于公元 1 世纪中期，但从其朴实无华的外貌特征来看，说他就是我们那位拍卖商、中间人和放债者，也并非毫无可能。

　　除了尤昆都斯的写字板，城里还发现了其他此类书面记录。1959 年，人们就在庞贝城外发现了另外一大批公元 1 世纪的文件。其中详细记载了部丢利港口的各类法律和商业协议——合同、贷款、借据、保证书——涉及部丢利的一个名为苏尔皮基乌斯（Sulpicius）的"银行家"世家。但这些写字板是如何穿越那不勒斯湾最终流落到距离部丢利 40 公里外的庞贝附近的，我们只能付诸猜测。

　　庞贝本身特别有趣的一项发现是几块涂蜡写字板，它们与几只银器被一同收藏在一个洗浴套间的火炉内。上面记录着一位名为狄基蒂娅·马尔佳丽斯（Dicidia Margaris）的女人向女释奴波派娅·诺特（Poppaea Note）放了一笔贷，而波派娅交出了她自己的两个奴隶——"辛普列克斯（Simplex）和佩特里努斯（Petrinus），或者其他什么名字的人"——作为抵押。如果她没能在接下来的11月1日之前偿还贷款，那么狄基蒂娅就可以"于12月的望日［13日］……在庞贝的广场公开"售卖这些奴隶，收回这笔钱。她们还就万一奴隶的竞拍价格多于或少于欠款总额的情况商定了缜密的安排。我们再一次惊讶地看到两位女性订立了一份商业协定（尽管狄基蒂娅是派她的男性监护人出面代理的）。同样令人感到惊讶的是奴隶仿佛被当成活着的担保物被打包交付出去。但更让我们好奇的是这份文件的日期。这些安排事项可追溯至公元61年，不过直到18年后，这些写字板显然被认为仍很重要，因此与传家宝一道被藏匿起来加以妥善保护。为什么会这样？难道这笔贷款的偿还仍存在争议？抑或问题出在奴隶的售卖上，致使其中一位女性仍然认为有必要保存这份书面协议？

　　这不可避免地引出了庞贝人识字水平和文字运用能力的问题。我们很容易产生一种印象，即庞贝人受教育水平极高，那里甚至是一个文明程度很高的地方。人们在那里找到的上万份文字材料大多是用拉丁语写的，也有一些用的是希腊语和奥斯坎语，并且至少有一份是希伯来语的。选举海报、涂鸦和各类公告——价格清单、角斗士表演广告、店铺招牌——布满了墙面。很多涂鸦都很类似，内容从求助（"商铺里丢失了一只青铜罐，归还者奖励65塞斯特斯"）到粗鲁的吹嘘（"我在这儿干了一帮女孩"）不等。

但有一些显得更有修养。例如，我们在其中发现了 50 多处对著名拉丁文学经典的引用或改编，包括维吉尔、普罗佩提乌斯、奥维德、卢克莱修和塞内卡的诗句，更不消说还有荷马的《伊利亚特》中的一小段（用的是希腊语）。也有许多其他的诗歌片段，要么属于某个拙劣的庞贝诗人的原创，要么撷取自更受欢迎的诗篇。

如今修习拉丁语的学生在读到一种古怪的罗马爱情诗——诗人在其中想象一个被锁在女友房屋门外的伴侣对着紧闭的大门抒发自己的苦恼——时会感到困惑，可他们若是看到在庞贝有这样的一首诗就是写在门口时将会被逗乐：

> 但愿我可以用我环抱的双臂搂抱你的脖颈
>
> 用吻轻覆你那可爱的双唇……

评论家认为这首诗完全不像一首诗，很可能只不过是将各种记错了的诗句拼在了一起，并不完全令人满意。此外，按字面意思来看，这首诗像是一个女人写给另一个女人的[1]（或者这进一步证明了诗的拙劣），他们难以决断是否要接受这一点。

尽管这些文字十分动人，也富有感召力，有人认为这代表了庞贝民众普遍的识字水平和较高的文化诉求，不过历史学家和考古学家近年来喜欢给这种观点泼一大盆冷水。乍看之下，那些摘

---

1 这首诗的第三行用了阴性呼格 pupula，表明诗是写给一位姑娘的。而在第五行，阴性的 perdita（神魂颠倒）修饰 ego，表示作者也是女性。此外，开头部分用了一系列指小词（小手臂，brachiola；小吻，oscula；小嘴唇，labellis），这在卡图卢斯之后的罗马男性诗人中较少出现，可能也暗示了作者的女性身份。见 Kristna Milnor, *Graffiti and the Literary Landscape in Roman Pompeii*，Oxford（2014），214 页起。

自伟大文学经典的片段令人印象深刻。可若进一步探究就会发现，其实它们大部分都可疑地集中在作品的开头部分或是那些最著名的妙语上。例如，在对维吉尔《埃涅阿斯纪》的 36 处引用中，有 26 处都来自第一卷或第二卷的开头部分（还有 4 处来自第七卷或第八卷的开头）。这看起来更像是庞贝人对名言比较熟悉，而无法证明他们认真研读了文学作品。那些能在墙上涂写"我歌唱武器和人……"（《埃涅阿斯纪》卷一）的人对维吉尔作品文本的熟悉程度，并不见得比能引用"生存还是毁灭"之人对莎士比亚作品的熟悉程度更高。

此外，还有人对精英以外还有多少人具备读写能力的问题提出了质疑。我们总是容易想象那些吹嘘性爱功绩的粗俗涂鸦出自庞贝社会中较穷的人和受教育水平较低的人之手。可实际上并没有任何证据可以表明，上层人士不会以这种方式吹嘘自己的"战果"（无论如何，一句引自《埃涅阿斯纪》的话实际上是在妓院里发现的）。而且有人指出，许多涂鸦根本就不是写在街头上的，而是在屋内的墙上发现的——还都是豪宅，也并不总是写在墙上很高的地方。可见，这并不是普通的街头妓女写下的，而是某个富家子弟，有时甚至可能是孩子（从高度来判断）写下的。

这些对我们都是重要的警告，提醒我们不能把庞贝的文化虚饰太当回事儿。不过，像目前常见的观点认为拥有读写能力的人仅限于市议会成员以及其余男性精英和一些商人及手艺人，也不必然是正确的。这里的关键并不是涂鸦，虽然它们的确有吸引力。其中许多可能实际上是富家孩童涂上去的。选举公告也不是重点，因为只有很少的人会阅读或注意到它们。真正重要的其实是我们在尤昆都斯的卷宗里发现的那些文件，以及波派娅和狄基蒂娅之间订立的那份被妥善保管起来的贷款合同和酒瓶上的那些标签，后者详细记载了这些货物从何而来，又将运往何处。我们从中能清晰地看到，对许多远非属于富人阶层的居民而言，阅读与书写必定和他们组织自己生活的方式密切相关，也和他们工作和谋生的能力密切相关。

一位鱼露商

正是从形状、大小不一的陶土容器上所绘制的标签以及中庭的镶嵌画中，我们才得以追踪到奥卢斯·乌姆布里基乌斯·斯考卢斯及其家族售卖鱼露的详情。鱼露在罗马人的餐饮中是一种主要食物，几乎可以作任何食物的调料。以最好、最乐观的情况来估计，它或许近似东南亚人用发酵鱼类制成的酱料（来自越南的 nuoc-mam 或来自泰国的 nam-pla）。或者，它可能是一种臭气熏天的食物，是腐烂的盐渍海鲜的混合物。而罗马人似乎也和我们一样，对它怀有矛盾的感情。公元 1 世纪的讽刺作家马提亚尔曾在一篇文章中嘲笑一个名为弗拉库斯的男人（这名字本身就极具讽刺意味[1]），因为他甚至在自己的女友吃下 6 份鱼露之后还想方设法让自己成功勃起。而在其他地方，这位诗人却又明显以一种严肃的态度将这同一种食物形容为"高贵的"或者"贵气的"。总之，不管喜不喜欢它，大量的古代作品都提到它有刺鼻的气味。

---

1 flaccus 意为软弱无力的。马提亚尔，《警铭诗》11.27.1-2：弗拉库斯，如果女友向你要了 6 份鱼露，你还能勃起，那你就硬了。（Ferreus es, si stare potest tibi mentula, Flacce, Cum te sex cyathos orat amica gari）

制作鱼露需要将不同的海鲜用盐腌渍，然后装在大缸里在阳光下放几个月的时间，令其充分发酵（在卖给犹太人的产品里［见本书 29—30 页］，制作者可能会特别关注使用哪些海鲜）。最后就能得到各种不同的酱料了。而经过发酵后浮在表面的那层清澈液体就是鱼露——尽管我们并不清楚这与罗马人使用的另外一个词语 liquamen 有何不同。最终留在缸底的被称为 allec，即沉淀物或渣滓，同样也能用于烹饪。一种叫 muria 的卤水也是其副产品。制作过程的主要步骤必定是在庞贝完成的，因为普林尼曾声称该城以其鱼露闻名遐迩。可是在城市里，我们却并没有发现任何相关设备存在的迹象。大概，它们是在城外海岸附近的大型盐田上完成的。而城内的鱼露商铺则专注于分销而非生产。这些酱料被大量储存在 6 只大储物罐里，然后被倒进细颈瓶和其他更小的容器里，这样就可以在店铺前售卖了。在这些储物罐里，还残留着一些做鱼露剩下的鳀鱼鱼骨的渣滓。

可以确定的是，乌姆布里基乌斯·斯考卢斯及其家族售卖全部各类鱼露（可能自己也做），然后仔细地用鱼露瓶上的标签对其加以区分。为了鼓吹自己的产品质量上乘，还会带上夸张的常见推销用语：不仅是"极品鱼露"（liquaminis flos），而且还是"优质极品鱼露"（liquaminis flos optimus）或者"绝对极品鱼露"（liquaminis floris flos）；他们还特意强调他们纯用鲭鱼制作的鱼露，这是行家最推崇的鱼露种类。但标签也向我们透露了这个家族的商贸联系的结构。因为，有的标签明确声称这些产品来自"斯考卢斯工坊"，而有的则指向"奥卢斯·乌姆布里基乌斯·阿巴斯坎图斯（Aulus Umbricius Abascantus）工坊"或者"奥卢斯·乌姆布里基乌斯·阿迦托普斯（Aulus Umbricius Agathopus）工坊"。

从这些名字来看，上述这些人都曾是斯考卢斯的奴隶，如今经营着各个工坊或其他鱼露批发商铺，仍部分依附于昔日的主人。还有一些标签向我们表明，斯考卢斯一家并没有把鸡蛋放在一个篮子里。一个标签显示，他们也从西班牙（罗马世界最大的鱼露批量生产基地）进口鱼露，然后在庞贝转卖。

然而这宗鱼露生意的特别之处在于其所得利润的规模。庞贝许多买卖和商铺大部分规模很小，它们大多数的利润同样微薄，仅能勉强糊口或略有结余。我们从尸体上找到的或（似乎是）留在抽屉里的现金数量就能证实这一点，它们很少超过 1000 塞斯特斯。然而，斯考卢斯的房屋大小及其留存下来的商品数量表明，当时面临灾难的是一笔不小的财富。就我们目前所知，在公元 1世纪前，这个家族在庞贝城里并不活跃，也不出名。而到了 1 世纪中期，斯考卢斯靠卖鱼露发了财，与他同名的儿子则在当地政府中谋到了最高职位，即年度选举的双执法官（duoviri）之一。儿子死得很早，先于父亲去世，赫库兰尼姆门外还有一座专门为其修建的纪念碑：

> 悼念墨涅尼乌斯部落（Menenian Tribe）[1] 的奥卢斯之子，奥卢斯·乌姆布里基乌斯·斯考卢斯，拥有司法权的双执法官之一。市议会通过投票决定，将此地作为其墓地，拨款 2000 塞斯特斯用于他的葬礼，并在广场上为其竖立一座骑马塑像。这是他的父亲斯考卢斯为他修建的。

---

1 罗马共分为 4 个城市部落和 31 个农村部落。召开部落大会（comitia tributa）时，公民以各自的部落投票，每个部落一票。

　　与同时期拨给马库斯·奥贝留斯·菲尔慕斯葬礼的大额款项相比，这笔钱并不算多（见本书3—4页）。但这仍然是颁给城市里一位最显要成员的一项殊荣。不过，我们应该注意的是，要不是我们有和这个家族的商业活动相关的其他证据，我们就无法根据墓碑认定这个靠腐鱼赚钱的斯考卢斯家族是暴发户。

　　这就是对罗马经济状况刨根问底或者搞清是谁或什么东西激发了罗马经济十分困难的原因之一。

第 6 章

谁在管理城市？

投票，投票，投票

就像所有人可能会合理地期待的那样，小奥卢斯·乌姆布里基乌斯·斯考卢斯在庞贝的当地政坛干得不错。他被市民同胞推举为双执法官的一员，任期一年，这"两个人"在城里是最高级别的官员。尽管在墓碑上没有提及，但他在早年肯定还担任过另一种年选的官职，即"营造官"。因为这一较低的职位不仅能使一个人几乎是自动终身进入市议会（议员的等级），还能允许他担任更高官职的候选人。换言之，没有人能够越过营造官而直接成为双执法官之一（duumvir，这是"双执法官"正确的单数形式）。而城里通常只有一个职位比一般的双执法官更尊贵，即"五年度双执法官"（duoviri quinquennales）。这个特殊头衔反映的是双执法官每隔 5 年就会有一项额外任务，要为议会招募新成员并更新当地公民的名单。这些人在城里才是真正的大人物。在本章，我们稍后就会看到一位曾 5 次当选双执法官，且其中两次是"五年度双执法官"的大人物。尽管乌姆布里基乌斯·斯考卢斯的政治生涯十分成功，但他也没有达到这个高度。

庞贝城里有超过 2500 幅的选举海报，是用红色或黑色的颜料涂写的鲜明文字，生动地捕捉了年度选举的氛围。它们覆盖了一些房屋的外墙，一层盖着一层，因为每到新一年的选举，公告就会被涂在去年的上面。不出所料，它们大多聚集在城里的要道上，因为它们只有在这种地方才有可能被大量人群围观。不过，人们也在墓碑表面发现了它们，甚至偶尔是在大型房产屋内——例如"尤里乌斯·波利比乌斯之家"的屋内就有（外墙上也有）一则呼吁人们支持盖乌斯·尤里乌斯·波利比乌斯竞选双执法官的公告。

这些公告遵循着相当标准的模板。上面会给出竞选人的名字及其谋求的职位，营造官或双执法官（甚或给出两位竞选者的名字，他们可能达成了协议，组团参加竞选）。上面常常注明支持者的名字，可能还有支持的理由。比较典型的格式是，"请选举波皮迪乌斯·塞昆都斯（Popidius Secundus）为营造官，他是一个棒小伙"或者"阿非利加努斯和维克托尔（Victor）正在为马库斯·科尔莱尼乌斯（Marcus Cerrenius）竞选营造官拉选票"。偶尔，他们甚至会向某些潜在的投票人直接发起呼吁："请选举卢基乌斯之子，卢基乌斯·波皮迪乌斯·阿姆普利阿图斯（Lucius Popidius Ampliatus）为营造官——我指的是你们俩，特雷比乌斯（Trebius）和索特里库斯（Soterichus）。"

有时标语涂写工的名字也会出现在上面，因为公告的涂写似乎需要专业技能。我们现在总共有差不多30位熟练的宣传员的名字，他们提供服务无疑是要收费的。当然，他们并不是全职的。一个标语涂写工队伍中的一位成员用自己白天的工作标明了他的身份，称自己是一个"漂洗工"（"漂洗工慕斯提乌斯［Mustius］做的粉刷工作"）。这些人有的似乎在当地还有一块"地盘"。例如埃米利乌斯·凯莱尔，我们曾见过他"借助月光独自"涂写了一场角斗士表演的广告，而他也在聚集在城市北部靠近他自己住处（根据另外一处签名"埃米利乌斯·凯莱尔在此居住"判断）的一块区域里的几则竞选公告上签了自己的名字。在其中一则呼吁人们支持卢基乌斯·斯塔提乌斯·勒凯普图斯（Lucius Statius Receptus）竞选双执法官的公告上，他签上了"他的邻居埃米利乌斯·凯莱尔所写"的字样。显然，他也担心对手的团队会带着颜料桶或一把石灰来搞破坏，于是加上了这么一句："如果哪个卑鄙小人敢把它涂掉，我就祝你倒霉运。"至于这些人是按什么标准来选择哪一块墙面涂写标语的，我们只能付诸猜测。不过通常而言他们应该至少得到了房屋主人的默许。若非如此，那些精心涂写的标语可能第二天就被抹掉了。

尽管这些公告是程式化的，但它们的确有助于我们深入了解庞贝政治生活的方方面面。支持者的名字就能向我们讲述有时令人好奇的故事。有的似乎只是单纯的个人举荐，虽然他们可能是在参选人的温和鼓动下这样做的。有一些人诉诸提图斯·苏维迪乌斯·克莱门斯，他是维斯帕先皇帝的代理人（见本书64—65页），有段时间曾利用自己在帝国中的职位对该城当地政府施加影响（或者说介入干涉）。他们刻意宣称其候选人"有苏维迪乌斯·克莱门斯撑腰"。其他的则声称要为城里的公民团体代言。例如，漂洗工、磨坊工、养鸡人、葡萄采摘者、织垫工、膏药贩、渔夫以及伊西斯崇拜者各自都明确表示支持某一个特定的候选人。其中有几个团体略显神秘。比如为马库斯·爱比迪乌斯·萨比努斯竞选营造官拉票的"坎帕尼恩西斯"（Campanienses）是谁？支持马库斯·科尔利尼乌斯的"萨利尼恩西斯"（Saliniensis）又是谁？

几乎可以肯定，我们在这里能一窥庞贝的投票组织的基础结构。在罗马，通常举行选举的方式是先把所有选民划分为几个小组。每个小组首先进行内投，选出一个单一人选，而能够赢得大多数小组支持的候选人就是最终的获选者。人们常常将这个制度比作古代雅典的民主制度，但它要比后者采取的简单的群众集会举手表决方式复杂，因而这种比附是不合适的。实际上，它与现代大多数国家采取的选举制度非常相似。坎帕尼恩西斯和萨利尼恩西斯，以及其他公告中提及的佛伦西斯（Forenses）和厄布兰恩西斯（Urbulanenses），很有可能指的是属于城内特定区域、或许以不同的城门命名（我们已经看到［见本书 25 页］，古代居民称呼我们所谓的赫库兰尼姆门为盐门，或萨利尼恩西斯门）的 4 个小组。周边的乡村可能也有投票区。

　　我们可以想象，选举当天，当地公民出现在广场上，按照所属的不同地区划分开来，分别上交其地区的选票，然后为那些赢得大多数地区选票的候选人当选而欢呼。至于具体的投票过程是怎样的，我们并不十分清楚，但几乎可以肯定，这应该是某种形式的无记名投票。近来有一个别出心裁的观点认为，那些在广场的入口处至今仍能看到的隔离设施，就是为了阻止没有资格在选举日投票的人进入而立在那里的。

　　所有这些投票者都是男性。在希腊或罗马世界里，除了君主制下偶然出现的一两个女王，几乎没有城邦或国家会赋予女性正式的政治权力。女性在哪里也没有选票。不过，令人惊讶的一个事实是，在我们所知的庞贝城里的选举公告中，上面有一位女性或者一个女性团体的名字的不少于 50 份，她们均为候选人的支持者。这是否意味着，女性其实也很热衷于将她们排除在外的政治程序？在某些情况下的确是这样的，尽管并不总是那种狭义上的紧急关头的政治介入。以塔伊狄娅·塞昆达（Taedia Secunda）为例，她就为卢基乌斯·波皮迪乌斯·塞昆都斯竞选营造官一职签下了自己的名字，而正如选举公告上所清楚表明的那样，她是此人的祖母。在许多其他场合下，这些女性的支持必定出自对家族或个人的忠诚。尽管如此，她们觉得展现自己的支持是有价值的这个简单的事实就再次表明，在庞贝城的公共生活中，女性是"显眼"的。

但是这些标语有时可能比初看上去还有更深的意味。阿波坦查大道上的一家酒肆的外墙上就有几个支持不同候选人的女性名字：阿塞丽娜（Asellina）、艾戈莱（Aegle）、泽米丽娜（Zmyrina）和玛利亚（Maria）。她们很可能就是这家酒肆的女侍（其中艾戈莱和泽米丽娜这两个显然是希腊名字，这表明她们是奴隶）。或许她们各自有中意的候选人，于是委托当地的标语涂写工展现她们的偏好。也有可能这是一个玩笑，或者有一点负面宣传的意味。某个街头讽刺作家或政敌筹划了这种常见的竞选公告，却将当地女侍的名字作为支持者插了进去。

无论这些海报背后的指使者到底是谁，盖乌斯·尤里乌斯·波利比乌斯和他的友人肯定是不高兴的。因为泽米丽娜宣称她支持"C. I. P."（尤里乌斯·波利比乌斯是妇孺皆知的人物，首字母的缩略名字不会引起误会）的那则公告后来就被人做了手脚，那些人采取的损毁手段正是埃米利乌斯·凯莱尔在警告任何人不得涂掉其作品否则就会"倒霉运"时所想到的。或者说，他们至少部分是这样做的。因为在这里，只有泽米丽娜的名字被抹上了一层石灰，而剩下的部分还是能辨认的，仿佛这位急切的候选人只想把不合适的支持所蕴含的危险意味清除。

事实上，这种似乎是负面宣传手段的公然展示不合适的支持，在庞贝的选举中不止发生了一次。在我们目前所发现的海报中，没有一个曾列举过某位特定候选人的缺点，或者以这种方式试图劝阻选民给某位候选人投票。不过我们的确在其中发现了一些稀奇古怪的支持者。比如，那则"深夜酒徒"支持马库斯·科尔利尼乌斯·瓦提亚竞选营造官的海报可能是一个善意的玩笑——或许是他们在某个深夜豪饮一通后委托涂写的。可是，诸如"扒手们""逃跑奴隶"或"闲汉们"的支持，除了意味着鼓励人们投反对票，很难想象还会有什么其他含义。

那么这些支持者在投票给某位候选人时，给出的是什么理由呢？如果将其一一列举，那么大多数其实都和公告本身一样是程式化的。他们最爱用的一个词是"dignus"——意为"当之无愧的"或"适合职位要求的"——在不同的公告中反复出现。这个词在拉丁语中比在英语中负载着更多的意义，包含了受到公众尊重和公共荣誉的重要意涵（例如，为了维护自身的"尊荣"［dignitas］，尤里乌斯·恺撒在公元前49年跨越了卢比孔河，并发起了对抗敌手庞贝的内战）。甚至连怎样的行为才能赢取或证明自己该受这种尊重，或者怎么做才能成为一个成功的营造官或双执法官，这些海报都鲜有提及。有一处涂鸦——看起来不像是选举公告，尽管它很久以前就消失不见了——赞美马库斯·卡塞利乌斯·马克鲁斯（Marcus Casellius Marcellus）是一个"优秀的营造官和伟大的竞技比赛举办者"。少数试图为竞选支持给出具体理由的，也无非就是"他带来了好吃的面包"（既有可能指的是盖乌斯·尤里乌斯·波利比乌斯作为面包坊主的特性，也可能指的是他发放免费面包的计划）以及"他不会挥霍城市的财富"（可能暗示了布鲁提乌斯·巴尔布斯［Bruttius Balbus］在当地财政管理上的审慎态度——

或者更有可能暗示的是他为了公众利益愿意慷慨拿出自己的钱）。

当然，选民可能还会在餐桌上、广场上或者酒肆里讨论各种城市政策和政治，不过这在那些使用标准化措辞的海报上几乎没有留下任何痕迹。庞贝很可能其实是个政治氛围十分浓厚的城市。但对城里的男性来说，在选择一个候选人时同样可能和女性一样，最重要的考虑是家族关系、个人忠诚和友谊这些因素。虽然塔伊狄娅·塞昆达是唯一一个让这种家族关系凸现出来的，但其实还有很多支持者都标明了自己是相关候选人的"门客"或"邻居"。当然，这仍然算得上是"政治"，只是别有一番风味。无疑，海报的作用在于宣告，而非说服。也就是说，它们的主要意图是为了展现对候选人的支持，而并非试图通过论证使选民的心意发生转变——这样一来，在候选人自己的家里何以还会出现表示对他的支持的字样就有了符合逻辑的解释（不过前提是盖乌斯·尤里乌斯·波利比乌斯的确是住在这个以他的名字命名的房屋里的）。

目前我们还没有发现任何一则支持小奥卢斯·乌姆布里基乌斯·斯考卢斯选举的海报，无论是竞选营造官还是双执法官的。这并不太令人感到意外，因为他可能是在火山爆发的一二十年前获取的职位，甚至可能是在公元 62 年的地震之前。不错，的确有一些属于该城更早时期的竞选公告留存了下来。有的甚至能追溯至略早于公元前 80 年建立殖民地的时期，差不多有十几则是用奥斯坎语写的。但是，正如你可能预期的，它们绝大多数其实都是城市最后那几年里写下的，并且晚于地震造成破坏及其引发的重新装修。有好几个属于这个时期的候选人的名字出现在了远超 100 则的不同的公告中。这种信息密度鼓励历史学家尝试得出的有关庞贝政治的推论，远比从公告措辞中提取的要详细得多。

　　一些最复杂的研究工作致力于首先为这些公告代表的竞选活动排出一个相对顺序——接下来，如果可能的话，再为庞贝最后10年左右的选举梳理出一份完整的年表。谁在哪一年参与了什么职位的竞选？这项研究所依赖的方法，实际上是对那些涂写着文字的墙面进行"考古"，而且事实上，竞选公告不会在特定的竞选结束后就立刻被洗掉或移除，而只是简单地被下一年支持新竞选人的新公告覆盖，这有利于人们的研究。如果从最上面一层涂写公告开始，你会发现，某些候选人的竞选公告不仅数量庞大，而且似乎从未被别的海报覆盖过。合理的推测是，那些人应该是公元79年参加最后几次竞选的候选人（也许是在春天举行的于7月上任的选举）。若是如此，那么在庞贝城的最后一年，马库斯·萨贝利乌斯·莫德斯图斯（Marcus Sabellius Modestus）似乎和格奈乌斯·赫尔维乌斯·萨比努斯（Cnaeus Helvius Sabinus）结盟竞选营造官，以对抗卢基乌斯·波皮迪乌斯·塞昆都斯和盖乌斯·库斯皮乌斯·潘萨（Caius Cuspius Pansa）。以同样的方式推断，竞选双执法官一职的候选人则应该是盖乌斯·加维乌斯·鲁弗斯（Caius Gavius Rufus）和马库斯·霍尔科尼乌斯·普利斯库斯（Marcus Holconius Priscus）。

　　将这些海报层层剥开，下一步就是要判定，到底哪一则在上，哪一则在下——并依此推断哪一则在时间上更晚。理论上，我们应该能够据此建立一份候选人年表。与只是辨认最晚时期的候选人相比，这项任务要棘手得多。由于墙面的剥落和涂字的褪色，要在各个公告之间建立起精确的联系并不总是容易的，更不用提将散落在全城不同地方的证据整合起来事实上是一项无比复杂的工作。迄今为止，就连1世纪70年代的候选人名单也还没有哪一份能令所有人信服。不过尽管如此，有一点达成了普遍的共识，那就是竞选营造官的候选人数量远比竞选双执法官的要多。事实上，在一项对公元 71 年到 79 年的年表的重建中，每年都只有两人参选双执法官：换言之，候选人数与职位数相同。

如果这一情况属实（在某几年里事实肯定如此），那么这些海报的目的就不可能是说服选民在两位候选人中做出取舍。初看上去，这也让庞贝的民主给我们留下了悲观的印象。也就是说，尽管庞贝看上去有一种活跃的民主文化，但在选人担任主要官职时，它并没有为选民提供选择的余地。但仔细思考后，事情又似乎并非如此。因为，由于庞贝城（通常来说罗马城市都是如此）的政治原则是没有人能越过营造官直接当选双执法官，也由于每年只选出两位营造官，那么当然也就基本不存在为了更高的官职而展开的竞争了。

竞选营造官的竞争有时十分激烈：格奈乌斯·赫尔维乌斯·萨比努斯在公元 79 年是候选人，此前他还至少尝试了一次，但没有成功当选，我们可以从必定是更早的公告上知道这一点。只有当两个以上有资格参选双执法官的竞选者在同一年都热切想要获得该职位时，才需要竞争——或许是因为他们尤其热衷于当选"五年度双执法官"这一更具威望的职位，或许是因为他们想要再次当选。事实上，除非每个做过营造官的人都当选了双执法官（在这期间，至少有一些会去世、迁走，或不再想担任公职），那么有些人仅仅为了填补空缺就会不止一次担任双执法官。换言之，在通往庞贝的公职和显赫地位的路途上，需要大家竞争的是营造官这个职位。

但是，当我们思考庞贝的政治生活时，要记住一个关键事实，即选民的数量是很小的。我在上一章曾提及一个对人口总量的粗略估计，让我们暂且回到那个估值：城市里有 1.2 万人，周边乡村有 2.4 万人。假如我们遵从一种通常在这类计算中使用的经验法则，那么我们就能推断出，几乎一半的人口都应该是奴隶。而在剩下的人中，超过半数都应该是女人和孩子，他们没有投票资格。这也就意味着，城里的选民数量在 2500 人左右，而周围的乡村可能有约 5000 名选民。换言之，庞贝城里的有投票资格的居民数量，差不多和一所大型英国综合中学或一所大型美国高中的在校生人数相等。即便加上周边有投票资格的居民，总人数也还不到一所普通英国大学的在校生的一半。

这类比较提供了一种有用的比例感。在近来有关庞贝选举的讨论中，关于"选举代理人"的角色以及各类"拉拢支持"手段的问题引起了极大关注，我自己也提到了"宣传员"，而且不止一次地谈到了竞选"活动"。但所有此类表述过于夸大了这个过程的规模及其组织的正式程度。当然，各种意识形态争论可能会将庞贝人划分为不同阵营，尤其是殖民者在同盟战争之后强行对城市施加影响的那段时间，我们能察觉到各种内部的紧张（见本书 56—57 页）。但有一个可能的事实我们很难否认（正如选举海报本身所揭示的那样），即在城市的最后几年里，大多数选举其实都表现为家族、友人，以及其他个人关系的延伸。一个常被问到的问题是，在庞贝这样一个没有任何官方途径可以证明一个人的身份或其是否有权投票的社群中，他们是如何监管大选的参与者的呢？例如，他们如何防止奴隶或异邦人出现并篡夺政治权利呢？答案其实非常简单。当几千名选民到达广场时，他们首先得通过路障，然后分开进入各自的投票区里，这样一来任何不速之客就很容易被发现了。因为大家彼此之间都互相认识。

官员的负担？

规模并非我们理解庞贝政治文化的唯一要素。其他还有城市所享有的自治程度以及当地社群所能做出的决策的类型这些问题。在庞贝，男性公民聚在一起选出他们的营造官和双执法官。公民大会的功能仅限于此（在成为罗马的殖民地后，他们就失去了在前罗马时期所拥有的更广泛的权力）。不过，由于营造官会被召入市议会，因此公民大会也间接选举了市议会，或者其中的大部分成员，就像我们马上会看到的。但这些当选官员具体是干什么的呢？他们拥有哪些权力？选民的选择为什么可能是重要的？作为一个从公元前 1 世纪早期成为罗马城市的地方，庞贝从来没有做过关于战争与和平的重大决定，也不曾制定任何国家政策。这些都是在首都罗马进行的。但罗马的惯例是让本地社群去管理他们自己的本地事务。那么到底关键点在何处呢？

我们从城市本身就能得到一些相关线索，包括留存下来的镌刻在墓碑上、公共建筑上或者雕像基座上的铭文，以及卢基乌斯·卡伊基利乌斯·尤昆都斯的涂蜡写字板和其他记录或提及当地官员和议会各项行动和决策的不那么正式的文件。我们此前提到过，议会曾决定将庞贝的度量衡系统按罗马标准进行改造，而营造官则负责分配或批准商贩的销售摊位。我们从尤昆都斯的写字板上还看到当地也会征税，城市本身所拥有的地产会被议会或当选官员租出去，尽管日常的管理工作是由一名"公有奴隶"来负责的。庞贝的两个主要官职的头衔也向我们清楚地揭露了一些相关职责的本质。"拥有司法权的双执法官"可能掌管法律事务。而营造官，至少从罗马城本身的营造官的职责来看，应该特别与城市里的建筑和道路网络相关。事实上，他们偶尔被称作"掌管街道和神圣的及公共的建筑的双执法官"，而非营造官。

　　其他文本中还能发现其他的活动。显然，市议会有权发布为当地名流或皇家成员竖立雕像的法令。在其他情况下，它可以为修建这类荣誉标志批准用地：普通公民可以提出倡议并自己出资修建雕像，但还要得到议会的允许才能在公共场所修建。同样地，议会也可以拨款为社群里的重要人物筹办公共葬礼，并为其划拨一块符合身份的墓地。而在公共建筑方面，议会会做好预算，然后双执法官就会寻找承建商，最后还负责对工程进行验收。在庞贝成为殖民地后的早期修建的"有顶剧院"（或称"Odeon"）的门口有一则铭文，上面记录了上述程序（见图69）："双执法官——盖乌斯之子盖乌斯·昆克提乌斯·瓦尔古斯和马库斯之子马库斯·波尔基乌斯（Marcus Porcius）——在议员的决议下，批准了修建'有顶剧院'的合同，并对工程做了验收。"这是一项可以追溯到罗马人接管这座城市之前的传统。正如我们已经看到的，在城里的一个主要浴场内的一面日晷上，有一则奥斯坎语的铭文记录了一位公元前2世纪的市镇官员马拉斯（典型的奥斯坎名字）之子马拉斯·阿提尼乌斯（Maras Atinius）用"罚款得来的钱"制作了这面日晷。

　　我在这里特别强调了致敬雕像、葬礼和建筑工程，这可能会产生误导。这种强调很大程度上是因为我们现在所拥有的证据主要来自雕像基座、墓碑和公共建筑上的铭文。但是它们背后的捐赠、施惠以及公众和个人的慷慨之举是一个重要的主题。因为，无论当选官员做了些什么，清楚的是，人们期待、甚至要求他们自己慷慨地为本地社群掏钱。那对负责修建"有顶剧院"的双执

图 69　在"有顶剧院"里发生过什么？这幅 19 世纪的作品中幻想的音乐和舞蹈显然无益于我们了解曾在这里举行过的演出。不过它的确让我们了解到这个如今已经成为露天剧院的地方在还有屋顶的时候看起来是什么样的。

法官还自掏腰包建了露天竞技场，并"将其永久献给殖民者们"。

奥卢斯·克洛狄乌斯·弗拉库斯（Aulus Clodius Flaccus）在公元 1 世纪早期曾三度担任双执法官，每一次他都向城市施惠，尽管规模不那么大，却也是一系列可观的赠礼，这一切被详细记录在了他的墓冢上。第一次，他为了纪念阿波罗在广场举办了竞技比赛——有一场游行，公牛和斗牛士、拳击手、音乐表演和歌舞，其中有一个著名演员皮拉德斯（Pylades）的名字被单独列了出来。（这是广场的另一个显著的功用，考虑到那些公牛，这也是要保证广场的出入口一定能被封锁的另一个原因。）他第二次当选的是五年度双执法官，这一次他在广场举办了更多的竞技比赛，内容与上一次的差不多，没有了音乐表演；到了第二天，他在露天竞技场展示那些"运动员"，包括角斗士和野兽（野猪和熊），费用中有一些是他独自承担的，还有一些是他和同事分摊的。第三次时，要么是表演本身没那么盛大奢华了，要么就是墓冢上的描述有所收敛："他与同事一起举办了竞技比赛，还有一流的表演团的表演和额外的音乐表演。"

看起来，举办竞技比赛和盛大表演是这类施惠的标准内容。格奈乌斯·阿莱乌斯·尼基迪乌斯·迈乌斯在 1 世纪 50 年代担任五年度双执法官时，举办了一场大型角斗士表演，"没有花公共资金的一分钱"是一条涂写广告强调的重点。不过可能也可以用建筑工程来替代。露天竞技场有一系列铭文记录了许多官员都会用修建石头席位的方式（可能是替换此前的木椅的），"在议员的决议下，取代竞技比赛和照明设备"。这意味着，市议会允许他们花费必需的资金升级设施，而不必耗费在一场表演或"照明设备"上，无论"照明设备"指的是什么。或许有些表演是在晚上上演的，因而需要特殊的照明设备？还有一种直接把双执法官或营造官的现金转移到公共基金的情况。奥卢斯·克洛狄乌斯·弗拉库斯的铭文提到："他在［第一个］双执法官任职期间，就给了公共账目1万塞斯特斯。"这大概就是我们所知道的罗马帝国境内通常由本地官员以及议会新成员所支付的那笔费用。这些费用合起来对于任何一个城市的预算而言都是举足轻重的一部分。弗拉库斯的子孙无疑是在强调这笔特别的款项，因为他们想要讲明弗拉库斯支付的额度超过了当时的普遍额度。

在罗马世界的地方政府任职，其背后的基本观念与我们今天大不相同。我们期望地方议员在代表其所在的社群的过程中所支出的费用能得到补偿。而罗马人期望人们为其作为议会的一员或一名当选官员所享有的特权付费：地位是有代价的。换言之，当庞贝选民在给竞选官职的不同候选人投票时，其实是在相互竞争的施惠者之间做选择。

在发掘中，有一份将有助于我们更加细致地了解市政府、政府官员的职责以及议会章程的文件始终没有找到。作为罗马的殖民地，庞贝本应该有一份正式的规章（拉丁语中的 lex），它们最有可能刻写在青铜上，并被放置在神庙或其他市政建筑中予以展示。可它始终没有出现——或许是在火山爆发后不久，抢救队将其抢救（或盗窃）了出来。由于找不到这份文件，学者就只能尝试凭借现存的其他此类文件来了解庞贝的规章了。这么做的基本理由是，罗马的法律规定大多数情况下在整个罗马世界都是通用的。例如，为西班牙某殖民地所制定的条例，可能也适用于庞贝。

这个观点包含一定的真理（尽管我们过于倾向于认为罗马人在法律方面和其他许多方面一样更加注重统一和一致）。在某些方面，留存下来的规章与我们在庞贝其他类型的证据中看到的实际做法显然是吻合的。一份西班牙的规章中有一项正式的规定，要求双执法官和营造官必须举办竞技比赛，并且部分是由他们自己出资。其法律措辞如下：

> 除了那些在本条例颁布之后首次被任命的双执法官，此后无论是谁当选这一职务，在其任职期间，都应当组织一场表演或盛大演出，以献给朱庇特、朱诺、密涅瓦以及众神与诸女神，为期 4 天，要占据每一天的大部分时间，并且根据议会的决议尽可能延长，在演出和表演的花费上，他们每人都必须自己出资不少于 2000 塞斯特斯，而且法律允许每一位双执法官划拨并花费至多 2000 塞斯特斯的公款，他们这样做并不需要承担任何个人责任……

这是罗马人仔细起草的一份典型公文：注意它们是如何明文规定了这些表演必须"占据每一天的大部分时间"的（不可能侥幸只持续一个早晨）。从奥卢斯·克洛狄乌斯·弗拉库斯墓冢上的文字来判断，几乎可以肯定庞贝的规章中也必定包含着相似的条文。

现存的规章还向我们揭露了庞贝规章中必定覆盖了的问题类型。范围包括从法律实践及其程序的细节问题（哪些案件可以在当地听审，而在什么情况下又可能涉及罗马城的法庭？）到议会开会的时间表安排或议员选择居住地的相关规定（在同一份西班牙的规章中规定，必须在城市里或城市周围 1 英里内住满 5 年）。至于在那份已经失踪的庞贝文件中，这些细节问题到底在多大程度上是相似的，就很难说得清了。

　　西班牙的规章中还清楚规定了每位官员应该配备什么侍从，以及应该付给他们多少钱。同样也是用十分正式的法律措辞来表述的：

　　　　无论谁当选双执法官，他们每一个都有权利和权力配备扈从两名、仆人一名、抄写员两名、信使两名、记账员一名、传令官一名、脏卜师一名、长笛手一名……应向每个侍奉执政官的人支付的费用如下：抄写员每人 1200 塞斯特斯、仆人每人 700 塞斯特斯、扈从每人 600 塞斯特斯、信使每人 400 塞斯特斯、记账员每人 300 塞斯特斯、脏卜师每人 500 塞斯特斯、传令官每人 300 塞斯特斯。

　　这并不仅仅是一份仔细起草的法条。注意这些话是如何非常清楚地说明这就是每个双执法官将会配备的侍从的（尽管也有疏忽的地方，例如长笛手应得的费用似乎就被忽略了）。它同样生动地描绘了一位本地官员的角色，以及他可能会如何履行自己的职责。脏卜师和长笛手暗示了双执法官的宗教职责（脏卜师负责从献祭动物的内脏中读取神祇的旨意［第 9 章］）。而抄写员——目前需要支付最高费用的——和记账员则表明，这项工作涉及大量书写活动，尽管传令官的存在表明除了书信也有口传信息。扈从在罗马城是负责肩荷象征罗马官方权威的法西斯（中间有一柄斧头的束棒）的随从人员，这里提到他，表明双执法官有一定的仪式性排场。

　　问题在于，我们能否假设庞贝的双执法官享受着同样或相似的侍从的服务。这些侍从在我们从城里发现的书面证据中并不突出——不外乎尤昆都斯的写字板上提及的那位负责城里日常事务的"公有奴隶"，以及把名字签在一家旅馆墙上的4位"记账员"。这并不代表他们不存在。正如考古学界的一句老话所说，"没有证据不代表不存在"。同样，根据留存下来的证据来看，很难不令人怀疑庞贝的双执法官比其他地方的双执法官拥有的侍从要少。毕竟，如果奥卢斯·克洛狄乌斯·弗拉库斯有这么多侍从，他就任执政官时支付的钱有将近75%都得用来发薪水。

但是，这里还有更重要的一点。我们必须时刻牢记，虽然许多现代学者信誓旦旦地宣称庞贝的当地政府是如何运转的，但都不是根据来自城里或城市周边地区的证据得出的结论，而是以描述其他社群——尽管是相似的——的文件为基础的。当然，这完全有可能是真的，就像经常所说的那样，庞贝的市议会由100名成员组成，或者双执法官和营造官都身着镶紫边的白色托加袍（罗马城里的元老也是如此打扮）。不过，这些都是以我们对其他相似城市的已知事实为根据而做出的推测。

在我们对城市运转的方式的认知中，或许最欠缺的是庞贝政治生活的日常基本实践，而这又是最有趣的。例如，议会开会时会发生什么？双执法官或营造官如何度过他们的一天？或者更基本的问题，正式的政务是在什么地方处理的？一个合理的假设是，大部分是在广场处理的，但我们并不知晓到底在哪里。广场南端的3栋建筑通常被认为与当地政府有关，在该城的许多现代地图上被标注为"会议厅""政府机构"和"档案馆"（见图示14）。不过这种看法的唯一证据是它们所处的位置，以及它们没有别的明显用途而议会和其他官员肯定需要一个聚会地点这个事实。这

图 70　广场上的长方形会堂的内部简略重建图。该会堂对于这个小城而言已经是一座宏伟的建筑了。廊柱为当地涂鸦艺术家们提供了便利。

并不是一个很有说服力的论点：罗马城的元老就经常在神庙里碰面，这里的议员怎么就不能呢？

　　法律案件可能是在广场上那个庞大而装饰豪华的长方形会堂（Basilica，见图 70）中处理的。诉讼程序可能是由双执法官来主导的，并且他可能是在远端那个加高的平台上做出判决的——尽管平台正前方竖立着一个有基座的雕像会挡住视野这个事实，使这幅重建图不像初看上去那么符合真实情况。无论如何，如果认为这里是一个永久指定的法庭，并且仅作法庭使用，那我们就太高估了庞贝人花在法律事务上的时间。罗马人可能在法律事务上有天赋，可庞贝就像古代世界的其他地方一样，大多数争端是在完备的法律机制外调解的，对大多数罪行的惩处也是如此。甚至连双执法官也有可能以相对不那么正式的方式处理案件，正如我们在广场上的绘画中所看到的，有些类型的争端显然在广场的柱廊下就解决了（见图 28）。

　　关于长方形会堂，有一点是可以确定的：许多在那里消磨时光的人都有大把的空闲时间，因为这里有成百上千的涂鸦，数量不输于城内任何地方。其中几乎没有一处带有明显的法律意味（虽然"若有不慎，小问题酿大祸"这句乱涂的格言或许会吸引一颗极具法律意识的头脑）。大多数都是我们之前见过的那种街头谈话，包括一个令人印象深刻的对偶句子，它诅咒某个犯痔疮的名叫齐乌斯（Chius）的倒霉蛋的病情愈发严重（"这样它们的刺痛就会比此前更严重"）。然而，有一则涂鸦或许指涉的就是双执法官及其侍从，虽然是隐藏在一个拙劣的双关之下。它这样写道："操火（accensus）之人，鸡鸡（prick）必焚。""accensus"在拉丁语中有"火"的意思，因此乍看上去，这只不过是一句寻常而粗俗的谐语（"如果你玩火，就会……"）。可是"accensus"在罗马的城市规章中还有另一层含义：它也能指代双执法官或者营造官的"仆人"。这样一来，玩笑的性质是不是就变了呢——变得和瞎搞双执法官的助手有关了？

这或许给我们应该如何来描绘庞贝的公共生活提供了一条线索：与我们经常从高雅拉丁语文学、19世纪的绘画和小说以及各式古装动作大片拼凑得来的印象相比，它其实没有那么正式，与此同时也显得有些陌生。我们不应指望能够精确地重建庞贝议会开会的情形。我们不知道他们在哪里或隔多长时间开一次会，以及他们有多少成员或具体会讨论哪些特定话题。（他们通常会对做过营造官的人事先进行安排，从而"内定"双执法官人选吗？他们会讨论城市农场的管理问题或者尤昆都斯逾期未交的租金吗？）不过，要说他们全是身穿托加袍的古板之人，以庄重诚挚的风格发表演讲，俨然一副世界主人的样子，是非常不可能的（即便对罗马城里的元老而言，这可能也是具有误导性的印象）。他们大概更接地气一些，也没有那么浮夸——用我们的话来说，我甚至怀疑他们有些邋遢。

双执法官和营造官的情况也是如此。没错，担任这种官职必然会有一些浮夸，讲究排场。这无疑是奥卢斯·克洛狄乌斯·弗拉库斯的墓碑上的文字所暗示的那种形象，也是提及扈从和花哨托加袍的其他城市的规章所暗示的形象。但是我们很难不怀疑，日常生活的场景可能并没有这么夸张，而是更随便一些，也更简陋一些。就像学者们常做的那样，我们很容易就能为这些地方权贵设计出一份听起来令人印象深刻的时间表：起床，然后接受门客的清晨问候，出发去广场，处理财务，签署合同，裁决法律案件，在浴场社交，进餐时宴饮……几乎所有这些活动都有相关的证据（有意思的是，在来自部丢利的那些署名文件上所记录的时间［见本书 243 页］清楚地表明，他们的确偏爱在清晨 5 点到上午 11 点左右期间处理财务）。不过，要说这种日程表的规律性和系统性如何，对于其中大多数活动所实际包含的内容我们又能了解到什么程度，就是另一码事了。这些官员有多忙碌，他们一天花费多长时间履行公务，在管理城市事务时可以用上何种专业技能，而他们当中许多没有接受过或只接受过极少的法律训练的人又是如何处理法律事务的，这些问题对我们而言，仍然是有关庞贝生活的一些未解之谜。

成功的面孔

我们对那些在庞贝任职的个人的了解，远远超过我们对当地政府日常实际情形的了解。即便对于选举海报已经佚失（竞选官职的候选人名单也一并消失了）的早期时段，我们在许多情况下仍然能够推测出当选双执法官和营造官的人是谁，甚至包括他们就职的年份。这项棘手的工作需要将我们发现的名字和日期拼凑成一份清单，它们可能来自尤昆都斯的写字板，或者建筑工程或角斗士表演的赞助者的铭文，以及刻在墓碑上的姓名和官职。

最终的成果是，有那么几十年，我们能够知晓该时期内超过半数的当地官员的姓名；在奥古斯都和提比略统治期间，部分由于那时庞贝的建筑工程非常多，这个比例上升到了至少四分之三。其中有的只剩下了名字，有的则留下了多得多的信息：我们能够看到他们的一些个人成就和抱负，以及他们选择以何种方式被人铭记。只有在偶尔的情况下，我们能把名字和面孔对应起来。

这些官员都符合某种特定的类型。在庞贝，并不是每个人，甚至并不是每个自由民都有资格参加选举。设若庞贝的组织形式和罗马世界里的其他城市一样，那么官方就会要求那些想要成为营造官或双执法官的人必须是生来就是自由民的成年男性，受人尊重而且富有。这意味着，释奴不得担任这一等级的公职。在被罗马公民赋予自由之后，奴隶自身会成为一名公民，也可以在选举中投票，这项吸纳策略在蓄奴的社会中几乎是绝无仅有的。不过只有到下一代人时——因为他们的子孙不再受到上述束缚——一个释奴家庭才能彻底不受约束地开始在当地政府中任职。这也意味着，穷人不仅会因为参加竞选所需要承担的各种义务而打消念头（毕竟，他们怎么支付得起入场费和必须要做的捐助呢？），同时也因为最低财产资格达不到官方标准而无法参选：在其他城市，最低限额通常是 10 万塞斯特斯。此外还有一些规定将某些从事不体面职业的人排除在外，比如演员，还制定了担任官职的最低年龄。在庞贝，25 岁以下，或许 30 岁以下，是还不能做营造官的。

　　尽管如此，庞贝的官员还是形形色色的：从财产资格刚好达标的人到拥有巨额财产的人，从当地的土地贵族到暴发户。正如我们所看到的那样，奥卢斯·乌姆布里基乌斯·斯考卢斯的家族就是新近通过鱼露生意发财的。而盖乌斯·尤里乌斯·波利比乌斯的名字则暗示，他的家族原本起源自皇室的一名奴隶。还有的人，比如我们马上就会与之见面的马库斯·霍尔科尼乌斯·鲁弗斯，他就来自一个世世代代在庞贝都很显赫的家族，其财富大多来自家族的地产收入。

　　一代又一代的学者试图从这些多样性中找到某种模式。例如，我们能否发现暴发户的身份变得更显赫的时期？或许是在地震之后？尽管人们在这方面做了大量工作（也有创见），唯一安全的结论却只有一个，而且并不令人意外。从公元前 1 世纪早期到火山爆发之时，一些古老家族在城里的等级系统中是显赫的。在这段时期内，新涌现的家族常常获取了公职，在营造官和双执法官中占了接近一半，但他们似乎很少能在精英阶层中永久立足。换言之，这的确是一个混杂的社会，但一直是古老世家说了算。

　　只有在很偶然的情况下，当双执法官中的一个并非来自本地社群时，我们才发现一名闯入者。这或许打破了适用于当地居民的规则，但它在这些情况下几乎不会成为一个令人担忧的问题，因为这个官员是皇帝本人或一位皇子。卡里古拉就曾两次出任庞贝的双执法官，一次是在提比略统治时期的公元 34 年（那时他的年龄肯定还远未达到这个职位要求的最低年龄，但这又如何呢？），还有一次是在 6 年后，那时他是皇帝。事实上，当公元 41 年 1 月遇刺身亡时，他在庞贝担任五年度双执法官的任期还没有结束。看起来人们根本没指望他真的会履行双执法官的任何职责，因为我们每次都发现了一个额外的"拥有司法权的长官"在职——有一则铭文清楚表明，他是代表皇帝行事的。在其他情况下，"长官"也被证明是一个有用的备用官职。在露天竞技场里发生暴动以及公元 62 年发生地震后，明显被认为是"可靠人选"的经验丰富之人被任命为"长官"，带头处理了这两次突发事件。

卡里古拉担任双执法官，具体是如何安排的呢？是皇宫还是庞贝城自己主动提议的？有一种观点认为，即使是以荣誉职位的形式，将皇帝或皇子安插在当地政府中，其实是罗马城里的中央政府想要获得一些对城市事务的控制权。换言之，这是在城市管理遇到危机时对其予以惩罚或补救的措施。虽然我们很难想象疯癫的卡里古拉会发挥任何积极作用而不至于成为祸害，但可能即便只是皇室成员名义上的在场，也能让监管和中央政府的介入变得更加容易。不过更有可能的是，在双执法官的名单中出现皇室成员的姓名会被城市视为一项荣誉，因此应该是庞贝人提出的动议。而卡里古拉答应接受这个官职，则可能是庞贝与宫廷官员仔细磋商的结果——我想这与为了确保英国"皇室小成员"出席学院庆典的安全而订立的烦琐协议不会有什么不同。

市议会有一些离奇的任命，很难称得上荣誉。一位名为努米利乌斯·波皮迪乌斯·凯尔西努斯（Numerius Popidius Celsinus）的小家伙年仅 6 岁时"不花一分钱"就成了议会的一员，因为他自费重建了伊西斯神庙，至少铭文上是这么说的——我们推测可能是他那个释奴父亲以儿子的名义重建了神庙，如此便使儿子能轻易跻身当地的精英行列。另外一名过于年幼的议员是当地一个历史悠久的精英世家的年轻成员，人们在斯卡法蒂发现了这个家族的墓地（见本书 209 页）。德基姆斯·卢克莱提乌斯·尤斯图斯（Decimus Lucretius Justus）年仅 8 岁时就被任命进入议会，也没有花钱；可他 13 岁就去世了。几乎可以肯定，这些"名誉成员"并不拥有议员的完整权利。在罗马世界其他地方发现的文件显示，议员可能还分为不同的等级，有的人甚至没有在讨论中发言的权利。不管怎样，这样的少数几个未足 10 岁的孩子为我们对议会的理解增添了惊人的一笔。

在财富、影响力和权力上，营造官、双执法官和议员位于庞贝社会的最顶端。他们共同组成了当地的统治阶层，或者像人们现在经常称呼他们的那样叫作"议员阶层"（decurial class，来自 "decurion"［议员］）。尽管如此，比起首都的政治掮客，这些当地权贵还是差了一大截。10 万塞斯特斯的财产资格就已经算是可观的了（如果庞贝的规定的确如此的话）。而自奥古斯都统治时期开始，要在罗马城里成为罗马社会阶层的最高等级——元老——中的一员，财产要达到 10 万塞斯特斯的 10 倍，即 100 万塞斯特斯。事实上，许多罗马元老的确出身自意大利的外省小城。但就我们所知，没有一个来自庞贝或是庞贝的某个家族；他们或许在庞贝附近拥有迷人的海景别墅，但他们的祖籍不在那里。

这并不是说庞贝公民对首都的世界完全没有任何影响力或联系。当他们在同盟战争中获取罗马公民权之后，而在始皇帝奥古斯都建立一人统治（公元前 31 年到公元 14 年）并实际上取消了首都的民主投票程序之前，无论是在选举还是在立法上，庞贝人是有资格在罗马投票的，只要他们肯不嫌麻烦地跋涉前去那里的话。他们大多数都会被登记在同一个投票部落里（墨涅尼乌斯部落），并且在投票被废止很久之后，该部落的名称还仍然被保留在他们的正式头衔里（"墨涅尼乌斯部落的奥卢斯之子，奥卢斯·乌姆布里基乌斯·斯考卢斯"，见本书249页）。不过也有人与罗马的权力中心有着更加紧密的联系，我们从一位重要的庞贝人的职业生涯中就不难看到这一点。他就是奥古斯都统治时期的马库斯·霍尔科尼乌斯·鲁弗斯：他担任了5次双执法官，2次五年度双执法官。他是一个以酿酒闻名的古老家族的成员（普林尼提到过"Horconian"或者"Holconian"葡萄酒是当地的特产），很难算得上是一名典型的议员。在我们目前已知的庞贝人中，他或许是最有权势的，对他的城市产生了重大影响。

一座鲁弗斯的等身大理石雕像如今矗立在那不勒斯国家考古博物馆，它曾位于阿波坦查大道的十字路口，就在斯塔比亚浴场外最宽的那段路上（几乎是个小广场了），挨着一座横跨大道的大型拱门，拱门上可能还有他的家族的其他成员的雕像（见图71）。这里与矗立着大多数其他本地知名人士和皇室贵族的雕像的广场相距不远，这些雕像是由心怀感激的（或精心考虑的）市议会修建的——皇帝及其亲属占据着广场上最显眼的位置，而当地权贵则被安排在四周，以免抢了皇室的风头。不过鲁弗斯在其中却尤为突出，因为它与其他所有雕像都稍微保持了一段距离，而且很可能因此才得以幸存。火山爆发后，罗马的抢救人员似乎是沿直线抢救广场上的雕像的，几乎没有给现代考古学家留下什么。抢救者们错过了鲁弗斯雕像，因为它与主要的雕像群相距较远，在这条街稍远的地方。

这座雕像呈现出一副高傲的军人形象，身穿精美的胸甲，披着一件斗篷，右手原本还握着一支矛。当人们在19世纪50年代重新发现它时，上面还能看到颜料的清晰痕迹：斗篷曾经是红色

图 71　马库斯·霍尔科尼乌斯·鲁弗斯，最成功的庞贝公民之一——这是其位于斯塔比亚浴场外的雕塑。他看起来十分尊贵，甚至有帝王之貌。事实上这个雕像的头部很可能是把卡里古拉皇帝的头像重塑后移过来的。

的，白色胸甲带有黄边，鞋子则是黑色的。这是一件杰作。唯一不协调的地方在于头部，它看起来过于小了一些。没错，它确实是不匹配的。我们看到的这颗头颅其实是个替代品，而原来那个可能在公元 62 年的地震中损毁了（或者说这是一个猜测）。仔细观察就会发现，它原本就不是为我们这座雕像准备的。另一座雕像的头部被重新塑以鲁弗斯的容貌，然后被安在了这座雕像的脖子上。

那么在这起古代版的身份窃取案件中，到底是谁的头像蒙受了被移除和改造的耻辱呢？有个别出心裁的观点认为，这颗替代头颅原本属于皇帝卡里古拉的一座雕像，而在他于公元 41 年被刺杀后就成了多余之物。这不仅是因为他曾两度在庞贝担任双执法官，因此庞贝城很可能会委托制作卡里古拉的雕像，而且考古学家在仔细观察了这颗被改造的头颅之后认为他们在上面发现了卡里古拉那种独特发型的痕迹，而这种发型在他其他完整的妆容中是能见到的。在我们看来，将一位遭受贬抑的皇帝的雕像头颅回收利用放到鲁弗斯的身体上去，这个主意是相当可笑的，令人出乎意料的是，这种"换头"行为在罗马世界的人像雕塑中其实是挺常见的。

在斯塔比亚浴场外的那方基座上，至今还能看见雕像下方那则详细记录着他的主要官职的铭文。我们从中能够看到他曾多次担任庞贝的双执法官。但其中着重突出的是一个名为"人民举荐的军事保民官"的头衔。"军事保民官"这个职位在罗马军队中由来已久，是为军官中的年轻人准备的。可"人民举荐的"是什么意思？这好像指的不是什么实际的军事官衔，而是一种荣誉职位，在当地社群的举荐之下由奥古斯都皇帝授予，因此被称为"人民举荐的"。这为罗马带来了一个正式的"骑士"等级（仅次于元老的等级）——它无疑使被授予者感到满意，在其他方面对皇帝本人也是有用的。正如罗马传记作家苏维托尼乌斯在《奥古斯都传》中对这项大众提议所评论的，"他是为了适当补充有受人尊敬的地位的人"，此外他或许还会加上一句，也是为了适当补充忠诚之人。

几乎可以肯定的是，这份荣誉涉及与皇帝本人或与他身边的人的一些往来。因为根据铭文的记录，鲁弗斯也是"殖民地的恩主"，这种半官方的角色可能会使其代表城市介入罗马城的势力（例如，恩主可能会被期望帮助皇子或皇帝在当地安排一个双执法官的职位）。最后，他还是城里的"奥古斯都祭司"。这位始皇帝甚至在去世前就已经获取了形形色色的宗教殊荣，俨然一位神祇（见本书 403—404 页）——这在庞贝离不开忠诚的鲁弗斯的协助。

让我们回过头来再看看这座雕像，这次关注的是他的军装。我们没有理由认为鲁弗斯曾在军队中服过役。那副精致的胸甲在视觉上提醒我们注意他是一个尊贵但完全不参战的军事保民官。对于了解罗马城的纪念建筑的观看者而言，它还是对奥古斯都最奢华的新建筑之一（即所谓的奥古斯都广场）的一个很好的指涉，尽管稍微有些过度了。在那片位于罗马中心的建筑区里，到处是雕像、艺术作品和闪着光的彩色大理石，它们集中在"复仇者马尔斯"神庙——它提醒着人们（如果有此必要的话），战神马尔斯已经对刺杀奥古斯都的舅爷及养父尤里乌斯·恺撒的凶手实施了报复——附近。奥古斯都广场上原本的马尔斯雕像如今已不复存在。不过，从它的各种版本及复制品来看，我们可以肯定，鲁弗斯胸甲上的图案设计就是对马尔斯本人的胸甲的仿造。换言之，我们这位庞贝权贵在这里的打扮模仿的是奥古斯都的一位保护神的形象。

或许毫不意外的是，在一些由鲁弗斯赞助的建筑工程中，奥古斯都被表现为双执法官。在鲁弗斯第三次任双执法官时，我们知道他对阿波罗神庙做了一些翻修——把它加高了。因为有一则留存下来的铭文记载，他与同伴向毗邻房屋的主人支付了 3000 塞斯特斯（可能被拒绝了），作为加筑的新墙阻挡了后者的光线的赔偿。但后来，他和马库斯·霍尔科尼乌斯·凯莱尔（Marcus Holconius Celer，他的兄弟或儿子）还共同赞助了一项更宏大、更昂贵的改建计划：整修一座最初建于公元前 2 世纪的古老的大剧院（见图示 16）。再一次地，原本可能刻在主入口处的铭文记载，

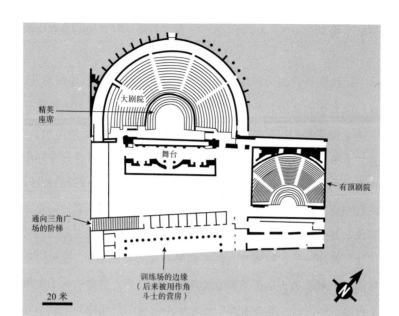

精英座席

大剧院

舞台

有顶剧院

通向三角广场的阶梯

训练场的边缘
（后来被用作角
斗士的营房）

20 米

图示 16 大剧院及其周围建筑的平面图。大剧院根据奥古斯都统治时期的政策得到了翻修和扩建。男性精英坐在前排，被精心地与身后的平民分隔开来。与之毗邻的有有顶剧院，以及在城市最后的岁月供角斗士使用的训练场，上方还有三角广场上的古老的密涅瓦和赫拉克勒斯神庙。

霍尔科尼乌斯家族"自掏腰包，修建了带顶棚的走廊、包厢和观众席"。

但对我们而言，这份清单并没能充分体现这些变化带来的影响。不仅仅是座位的数量增多了，而且在翻新了带顶棚的走廊后，它实际上将上层的新席位与下方的高档席位分隔了开来。上方的座位显然是留给穷人、奴隶或者还有女人的，他们有自己的一座从建筑外通向这里的着实破败的入口楼梯，而下方那些席位是供精英男性公民使用的。换言之，这是一项完全符合奥古斯都的政策的改建计划，目的就是确保观众能被严格按照等级区隔开来——它不像现代剧院那样用票价来做出区分，而是通过法律的手段。因此，剧院中不仅出现了更多的赞颂鲁弗斯的铭文，而且还有一条是赞颂奥古斯都的，也就并非巧合了。

这个例子很好地展现了皇帝的意愿或者罗马中央的政策变化是如何通过鲁弗斯这样的中间人——也就是说与两边都有联系的人——传达到庞贝这种小城市的。同时它也清晰地表明了家族成功是如何实现代代相传的。至少，如果鲁弗斯希望自己和凯莱尔对剧院的慷慨捐赠有助于确保霍尔科尼乌斯家族未来拥有声望，那么他想必不会失望。在庞贝见证的最后几次选举中，有一个致力于成为双执法官的人名叫马库斯·霍尔科尼乌斯·普利斯库斯，他很可能就是鲁弗斯的孙子或者重孙。

在男性精英之外？

从选举海报、施惠记录和双执法官及营造官的名单中，我们很容易得出一个印象，即庞贝城里只有男性精英是重要的。从某种意义来说，形式上的确如此：任何不满足规定财富资格的人都不得担任重要官职，释奴无论多么富有也不能担任官职，至于女人，无论她多么有能力或有雄心，抑或出身多么高贵，也没有当选的可能。不过也有许多线索表明，一些来自社会底层的公民所组成的多少还算正式的团体，能够而且的确对庞贝的公共生活造成了一定的影响。此外，就在城市的中心，还有清晰的证据表明重要的女性也造成了影响。

让我们暂时回到近来在庞贝城外的斯卡法蒂发现的那片家族

墓地上来。这里纪念的最卓著的家庭成员是一名像马库斯·霍尔科尼乌斯·鲁弗斯那样的罗马骑士（他或许叫作德基姆斯·卢克莱提乌斯·瓦伦斯，尽管这个名字并没有真正留存下来）；他的身份是由皇帝提比略亲自授予的。他在当地非常慷慨地赞助了角斗士竞技比赛，而且——正如我们已经预料的那样——"为了回馈这份慷慨"，铭文上写道，当地议会拨公款为他修建了一座骑马雕像，此外还举行了一场葬礼（不过这个词本身已经看不见了），授予了一块墓地和一篇颂词。

到目前为止，没有什么意外。不过接下来的铭文还记录了其他团体授予荣誉的投票活动。奥古斯都祭司团（和别的什么群体，令人沮丧的是后面这个词基本看不见了）以及他们的随从，还有 nates 和 scabiliari 这两个群体投票为他修建等身大小的立像。而我们此前见过的佛伦西斯则投票为他铸造"盾牌"（也就是有他的肖像的盾牌）。nates 和 scabiliari 这两个词是个谜。最合理的猜想是，scabiliari 是剧院中"打响板的"，假设这个词与拉丁语中指在默剧表演中常用的脚控大型响板的 scabellum 一词有关（见本书 348 页）。若是如此，那么 nates 有可能是指卖坐垫的，如果你要在坚硬的石头座席上一连坐上好几个小时的话，坐垫肯定是广受欢迎的商品。不过这主要是根据 natis/nates（"臀部"）这个意义确定的拉丁词语推导而来的。

可无论这些群体到底指的是什么人，我们都能清楚地看到，城里除了当地议会还有众多组织，他们可能不仅有兴趣为某位重要公民授予荣誉，而且还有做出授予决定（并贯彻实施）的体制结构，更不用说要为此花费的费用了。和卢克莱提乌斯·瓦伦斯的纪念碑上提及的那些团体一样，有几份非常零碎的涂写名单（其中一份可确切追溯至公元前 1 世纪 40 年代）记录着负责管理城里的某些当地团体的"主席"和"随从"——由奴隶、释奴和自由民混合组成，他们或许是以十字路口和经常出现在那里的神龛为基地。我们在其他地方还发现了提及"幸运的奥古斯都的城郊乡村区"的字样，它不仅有自己的官员，而且还担当了施惠者的角色，为剧院捐助了一些座位。有学者认为它主要是一个逐渐发展出了额外的社会和体制功能的乡下投票区。可实际上它似乎在公元前 7 年经历了重组，这表明它的角色可能略微有些不同。因为就在这一年，皇帝奥古斯都也在罗马重组了当地的社区团体，并将它们部分转化为向皇帝本人效忠的组织。那么这个"幸运的奥古斯都的城郊乡村区"是不是由于来自罗马的影响或动议而形成的呢？正如我们在第 9 章将要看到的那样，可以肯定的是，在庞贝城中，对罗马皇帝的宗教崇拜涉及由地位相对低下的城市居民组成的组织化群体。

不出所料的是，一旦我们将目光降至议员等级以下，证据就会变得非常稀少，也更加难以确认这些群体到底是干什么的以及他们是如何构成的，或者他们到底有多么"正式"。例如，我们可以猜想"坐垫小贩"（如果这确实是其身份的话）和佛伦西亚的地位是有差别的。可具体有什么差别呢？它们有的甚至游走于法律的边缘。塔西佗解释说，对于露天竞技场里发生的暴乱，罗马政府的回应之一就是解散那些"非法团体"。这指的是哪些团体呢？

尽管这些群体的面貌模糊不清，但重点并不仅仅在于城里存在由可能被议员等级排除在外的人形成的组织，还在于它们是按照与当地精英的组织相似的原则运转的，有时还有相似的奖赏。

例如，在这个层次上，施惠扮演着重要的角色，无论是捐赠雕像还是翻修剧院。庞贝的文化氛围是一种各个层次上都强调"给予"的文化氛围。任何类型的公职都需要对公众慷慨解囊。

在这些群体中，最重要的可能就是奥古斯都祭司团了，这是为德基姆斯·卢克莱提乌斯·瓦伦斯投票授予荣誉的几个组织之一，而且它几乎快成了一个由释奴组成的议会了。庞贝城里有关这个组织的证据已经十分零散：我们拥有许多关于其个体成员的证据，但对于这个作为一个整体的组织是干什么的，却知之甚少。再一次地，我们必须依靠从意大利其他城市得到的信息来补充我们的画面。该团体的名字十分清楚地表明，他们与对奥古斯都及后世皇帝的宗教崇拜有关，但他们完全不是一个狭义上的专门的"祭司团"。大多数情况下，我们发现他们在捐助宴会和建筑，人们甚至——和议会本身一样——需要缴费才能加入这个团体。

在庞贝城外的墓地里，有些纪念奥古斯都祭司团成员的墓碑很大，这说明他们在城里是有钱有势之人。盖乌斯·卡尔文提乌斯·奎埃图斯（Caius Calventius Quietus，几乎可以肯定他是个释奴）的墓碑文字特别夸耀他"由于慷慨"而"在议会的决议和人民的同意下"被授予了一个荣誉双人席（bisellium）——一种尤其受人尊重的剧院特别席位，通常被奖励给城里的重要人物（见图72）。庞贝的鲁弗斯们会如何评价奎埃图斯这种人，我们如今已无法知晓。但至少他在死后与那些最古老的拥有土地的家族的成员也无甚分别。尽管这是个强烈强调等级的社会，但在庞贝，即便对于议员阶层之外的人来说，获得声望的途径也比其乍看之下更为多种多样。

不过，在这个男性主导的等级社会中，最令人惊讶的地方是

图 72　一个释奴的墓冢，像其他墓冢一样立于某条出城之路的路边，上面夸耀的是盖乌斯·卡尔文提乌斯·奎埃图斯获取的公民荣誉。在人死后，很难根据墓碑文字分辨出他是庞贝的旧贵族还是新贵。

广场。这片地区中最庞大的建筑位于东南角，是奥古斯都统治时期修建的（见图示 14，图 73）。和广场上的其他许多建筑一样，它的功能也向来备受争议：它是市场、奴隶市场，还是多功能大厅？但它的灵感来源是显而易见的。我们已经知道它正立面的两尊雕塑复制的是奥古斯都广场上的雕塑。精心雕饰的大理石门框以树叶涡卷装饰，反映的是当时在首都流行的式样，并且与另外一处著名的奥古斯都纪念建筑——和平祭坛——的门框十分相似。一些艺术史学家曾将其设计理念与奥古斯都之妻里维娅在罗马修建的一条大型柱廊做过对比。

　　在很多方面这都是一个很好的对比。因为这个名为优马奇娅楼的建筑同样也是由一位女性赞助的。两个入口处上方的铭文宣称，优马奇娅是城里的一名女祭司，出身显赫并嫁入了另一个豪门，这栋建筑是她"以自己及儿子的名义……自费"修建的。她的雕像矗立于建筑的一端（见图 74），是漂洗工们出钱捐献的（因此有人幻想这整栋建筑可能是纺织工的大厅）。我们对优马奇娅几乎一无所知，对于她修建这栋纪念建筑背后的各种情形，以及

图 73　在图中这个在那不勒斯国家考古博物馆中展示的 19 世纪制作的精致的发掘现场模型中，能够看到优马奇娅楼。阿波坦查大道在其右侧延伸至远方，优马奇娅楼地基上那方开阔的宽敞庭院位于中央，而广场上的列柱廊则位于底部。

她对其布局设计的参与程度完全只能依靠猜测。最有可能的是，她试图推进儿子的事业。但有一点是确定的：这件成品最后被盖上了她自己的名字的印记，正如剧院被牢牢贴上霍尔科尼乌斯的名字的标签一样。优马奇娅在此代表了一条让首都的文化蔓延至庞贝的相似的管道。而且优马奇娅也不是唯一的这样的女性施惠者。广场上的一条铭文清楚地表明，那里的主要建筑中的另外一座就是一位名为玛米娅（Mamia）的女祭司捐助的。

　　但我们也不应因此就高估了女性在这座城市里所掌握的权力。

图 74　优马奇娅的雕像，来自她在广场上修建的那栋建筑。它有助于我们想到这位衣衫素朴的人物可能赞助了城里最大的建筑之一。

尽管女祭司也属于公职，但毕竟不同于双执法官。即便是大规模的施惠也还是与正式的权力相去甚远。虽则如此，优马奇娅这个例子还是向我们展现了该城提供的多种成名途径之一。她是另一副"成功的面孔"。

第 7 章

肉体的欢愉：食物、葡萄酒、性爱与洗浴

睡鼠是开胃菜？

20 世纪 50 年代中期，人们在庞贝露天竞技场不远处的一座小房屋里发现了一个奇怪的陶土物件，并几乎马上就辨识出这是一只"睡鼠罐"（见图 75）。他们认为，睡鼠就在其中居住，沿着罐子内缘的螺旋轨道跑上跑下（也就是罗马版的仓鼠轮）。从外面就能往几个食盘里填装食物，罐子上还有一系列用来通风和透光的小孔。罐子顶上加了个防止小东西出逃的盖子，或许也是为了用永无止境的黑暗来打乱它们的生物钟，它们因此就不会冬眠——尽管你也可能同样预料到了黑暗会让它们入睡。

我们重建的这个情形可能看起来不太像真的，但这只奇怪的罐子的确与公元前 1 世纪的一位论述农业的作家所提供的一份描述几乎完全相符："睡鼠在罐子里被养肥，许多人甚至就把罐子放在自己家里。制陶工人会将其制成一种特殊的形状。他们会在罐子内侧做上跑道和一个盛放食物的托盘。你把橡子、核桃或者栗子放进罐子里去，当盖子合上后，小动物们就会在黑暗中被养肥了。"人们在庞贝及其周边地区还发现了其他几只这样的罐子。毫无疑问，肥美丰硕的睡鼠应该就是罗马餐桌上的一道美味佳肴。在一份留存下来的汇编于 4 或 5 世纪的食谱——通常认为是著名

图75　庞贝的一个装睡鼠的容器。罗马人的确偶尔也会吃睡鼠，就像电影中演的那样。它们会被养在这种小陶罐里（约20厘米高），上面还有一个盖子——在被送上餐桌前就被关在罐子里养肥。罐子内侧上的螺旋跑道就是给这些在劫难逃的小家伙们锻炼用的。

美食家阿庇基乌斯（Apicius）编纂的，可实际上他生活的年代还要早几个世纪，几乎肯定与此书毫无关联——中，就记录了酿馅睡鼠的烹制方法（"把猪肉馅儿以及混有胡椒、坚果、罗盘草［可能是一种茴香］和鱼露的睡鼠肉馅儿塞进睡鼠"）。佩特罗尼乌斯的小说《萨梯里卡》里的核心内容是特里马尔奇奥那场豪华盛宴，开胃菜里就有一道"蘸了蜂蜜并撒上罂粟籽的睡鼠肉"。

　　奢侈无度的罗马饮食习惯是罗马生活中那些最有名且被神话化的方面之一，在现代人对它的幻想中，容易将这些可怜的小动物看得过于重要。男男女女们裸身斜倚在一起，吃着成群结队的奴隶喂给他们的葡萄，或者大嚼银盘里盛着的蘸鱼露的酿馅睡鼠，这种奢华宴会是古装电影里的常见场景，甚至在电视纪录片里也很常见。学生们在托加袍聚会上会定期模仿罗马饮食中古怪的一面，偶尔也有大胆的现代餐馆效仿，只不过都很短暂（通常都是用凤尾鱼调制品来拙劣地充当正宗的罗马鱼露，用糖鼠替代睡鼠）。

　　在本章中，我们将会探寻罗马人享受的欢愉，从吃喝宴饮到性爱和洗浴。我们将会发现（正如装睡鼠的容器所展现的那样），现代人对罗马人寻欢作乐的普遍印象并不完全是错误的。但在每一个个例中，整个画面要比我们头脑中的享乐、放纵与淫秽的刻板印象要更加复杂和有趣。

食如其人

在把吃喝宴饮神话化方面，罗马人本身也脱不了干系。皇帝的传记作家们极为看重统治者的进餐习惯。宴会通常被想象为享受他的好客的场合，不过人们也能从中看出罗马文化大幅强化的等级制度。无论真假（可能是假的），据说一位 3 世纪时的特别古怪的皇帝埃拉伽巴鲁斯（Elagabalus）曾举办过一些以颜色标记的宴会（某天所有食物都是绿色的，另一天则都是红色的），为了让客人明白自己地位卑下，他给他们提供的是用木头或者蜡制成的食物，而他自己则享用真正的食物。还有的罗马作家则详尽地探讨了精英进餐时的规则与惯例。女人应该和男人斜倚在一起吗，还是应该坐直？在共用的卧榻上，哪个地方最为尊贵？参加宴会时，什么时间到达才是符合礼节的？（答案是，既不要第一个到，也不要最后一个到，所以有必要在周围晃悠一下，以便能掐准一个合适的时间进去。）那些不同的菜肴是以什么顺序食用的？

同时，罗马人和现代人一样对稀奇古怪的菜品着迷。在特里马尔奇奥那场虚构的盛宴上，没有一样食物是其表面看起来的样子（就像特里马尔奇奥自己———一个伪装成贵族的释奴），这个玩笑流传甚广。其中一道菜是一头野猪，它周围的那圈小猪原来是蛋糕做的。把野猪剖开之后，一群画眉鸟从里面飞了出来。阿庇基乌斯的烹饪手册还推荐了一道没有这么惊艳但同样在视觉上设下"圈套"的菜品。这道令人难忘的菜是"没有凤尾鱼的凤尾鱼砂锅"。菜里混合了任意一种鱼类、"刺水母"和鱼子，保证能骗过每一位食客的眼睛："在餐桌上，没有人能认出自己吃了些什么。"

就在庞贝，我们发现了与我们现代人对罗马宴饮的刻板印象十分相符的描绘奢华宴席的墙绘。其中一幅（见彩图 10）在"贞洁恋人之家"面包坊的餐厅里，画中的两对夫妇斜倚在铺着毯子和靠垫的卧榻上。尽管它算不上是一幅描绘放荡性爱的图画，但却展示了另一种过度放纵。饮料摆在了附近的一对桌子上。他们肯定已经喝了相当多的酒，因为第三个男人已经躺在其中一个卧榻上醉倒了，背景中还有一个不得不被同伴或仆人搀扶着的女人。这个房间里还有另外一幅绘画，展现的是类似的场景，只不过这次是露天背景，卧榻上搭着凉篷，一个奴隶在一只大碗里调制着葡萄酒（在古代世界，葡萄酒里通常会兑水）。

"餐厅之家"（House of the Triclinium）是根据其餐厅里的那些绘画命名的，我们在那里发现了与这个主题相关的其他绘画。在一个场景中，一个坐在躺椅上的男人必然是刚刚抵达宴会，因为一个奴隶正在为他脱鞋，而旁边的一个客人已经开始呕吐了（见图 76）。在另一个场景中，艺人正在为卧榻上的客人们表演节目，画中还有一件引人注目的摆设。乍看上去那似乎是个活人侍者，但它实际上是一具年轻男子的青铜雕像，举着盛放食物和酒水的托盘。

那么，庞贝的餐厅和餐饮习俗是否与墙上的图像吻合呢？部分是吻合的。我们在第 3 章中已经看到，即便对城里的精英而言，

图 76　19 世纪时期复制的一幅罗马宴饮图，来自"餐厅之家"。注意看里面那些侍者，无论是奴隶还是自由民，都比客人的身形要小。但他们在这个场合里是非常有用的助手：左边那个正在给一位客人脱鞋；右边那个在照顾一位已经喝醉的客人。

这种类型的正式餐饮也可能仅仅局限于特殊的场合，大部分情况下，人们都是边走边吃，或是坐在桌子旁、列柱廊下进食。即便如此，一些发掘出来的餐厅还是展现出了对细节与奢华的极度关注——例如，"黄金手镯之家"里那个能够俯瞰花园园景、有着闪耀大理石和潺潺流水的进餐装置（见图 35）。在庞贝及其周围地区偶尔发现的银餐具及其他讲究的用餐器具，也都使人联想起罗马富人进餐的情景，以及所有与它相关的刻板印象、玩笑与文化上的陈词滥调。

　　人们在"米南德之家"里发现了 118 件银器，大多都是餐具，它们被用布仔细包裹了起来，藏在房屋里的私人洗浴套间下的地窖里的一个木箱子里。它们或是主人仓皇出逃时放在这里的，或是在房子翻修期间被储存起来的——这种情况的可能性更大，因为没有匆忙打包的迹象，其中包括几套配套的酒杯、盘子、碗和勺子（而刀则是用更坚硬的金属制成的）。甚至还有一对银质的胡椒或香料罐子，它们被巧妙地以特里马尔奇奥式的手法伪装了起来，一个外形是一只小巧的细颈罐，另一个则是香水瓶的造型。

19世纪末，人们在距离城外几英里处的博斯科雷亚莱的一座乡间宅邸里发掘出了上百件银器。几乎可以肯定，它们是在火山爆发时被特意藏在此处的，在发现它们的那个很深的葡萄酒桶里，还有一具男人——房主或想要行窃的盗贼——的尸体。在这些珍贵的餐具中，有一对酒杯再次与特里马尔奇奥的盛宴产生了共鸣。特里马尔奇奥的宴会进行到一半时，一具银骷髅被抬上了餐桌，这让他诗兴大发，就"吃、喝并享乐吧，因为你明天就会死去"（这个话题在罗马人流行的说教中很受欢迎）这个主题哼了一首糟糕的小曲儿。在博斯科雷亚莱发现的那两只银酒杯就装饰着一幅欢乐的——骷髅的——宴饮图（见图77）。其中几个被赋予了博学的希腊哲人的名字，还附上了相配的哲学口号，比如"人生的目标就是享乐"。

在某些情况下，我们几乎能把庞贝墙壁上所画的宴饮图中的物件与发掘出来的古物完全对应起来。有一批画在一座富豪的墓冢的墙面上的银器，几乎可以确定就是"米南德之家"里发现的餐具的一部分。更引人注目的是在"波利比乌斯之家"的一个大房间里发现的那尊独立青铜雕像（这里一度曾是餐厅，在火山爆发之时这里已被用来储存或安全保管物品）。这尊雕像模仿的是

图 77　对富人宴会的机智警示。这个来自博斯科雷亚莱的银杯上有一些欢乐的骷髅，它们旁边还刻着道德口号。

公元前 6 世纪希腊雕像那独特的古风风格，这个人像伸出双臂，可能举着一只托盘。尽管人们通常认为这个托盘上放着油灯，从而使这个雕像成了一个精致而昂贵的灯座，但其实它同样可能是"餐厅之家"里那幅画所描绘的那种无声的侍者，托举着食物。这个观点无疑被城里另一座房屋里发现的一组较小的餐桌摆设所印证：它们是 4 个挂着长长的阳具的年长裸体男性，每个人手里举着一只小托盘，用来盛一些开胃菜、小食或任何可口的食物（见彩图 12）。这种设计已经意外地部分得到了重生：一家著名的意大利厨具公司如今正推销着这种托盘的一种昂贵的仿制品，只是省去了那些悬挂的阳具。

不过我们有理由认为，即便是在最盛大的场合，真实的庞贝宴会与围绕着它的图像所描绘的场景也非常不同，而且远没有那么奢华精致。换言之，墙上的绘画或许反映的是一种作为典范的宴会场景（连呕吐也被包括在内），而非现实情形。当然，如果给坚硬的石头卧榻添上毯子和坐垫，应该会舒服很多，也更有吸引力。而且通过练习，以左肘斜倚半卧着的同时用右手吃饭的想法无疑是完全可行的。不过以现实的眼光来看，许多庞贝房屋内有卧榻留存下来的餐厅还是不便就餐，而且显得拥挤。即便是"黄金手镯之家"里的那些顶级装置，光是要登上卧榻就不容易，至少对手脚不太灵活的人来说是这样的。那些木梯或奴隶组成的人梯或许是有帮助的，但并没有完全解决问题。此外，卧榻上躺3个人对我们来说就挺挤的了。可能庞贝人实际上也有此感觉。而银质餐具中的不同器皿都是按照2个一组而非3个一组准备的这个事实，可能暗示了标准的"三人一榻"在现实生活中并不总是符合实际。

安排上菜的细节同样令人困惑。宽敞的展示房间里的那些可移动式卧榻或许更加灵活，能够腾出大量的空间。可那些"内置的"餐厅里的情形并非如此。在有固定卧榻的地方，通常在中央也有一个固定的桌子，食物和饮料必定是摆在那上面的。不过它不会很大，差不多只能放下9个（或者6个）盘子和酒杯。这表明可移动式餐桌和奴隶将会是重要的，不过二者也没有容身之处——特别是因为那些服务者无法像在现代餐馆里那样，在就餐者身后走动来补充食物和饮料。如果像"黄金手镯之家"里那样，中间的餐桌是一个水池，又是什么情形呢？在这里，小普林尼或许能为我们指明方向。当他的叔叔前去研究维苏威火山的爆发时，他避开了险情，因此能活下来讲述如下故事。他在一封书信中描述了他在托斯卡纳拥有的一座别墅。其中就有一个精美的花园，花园尽头有一片进餐区，前面是一个水池，由从卧榻本身喷出的水柱增补水量。他解释道，较大的盘子都为食客摆放在水池边，而较小一些的盘子和配菜则放在水面上漂流。这也许也正是"黄金

图78 适用于庞贝宴会的炊具。下面一层是大桶和罐子。上面则是更精致的器具，包括长柄勺、平底锅、模具和看起来像煮蛋器的东西。

手镯之家"里的原则。若是如此，那么无论这些安排在理论上有多么巧妙，一些食物都会被水打湿，更不用说进餐的客人了。

那么问题也随之而来，在这些讲究的餐厅里上的是哪些菜？受佩特罗尼乌斯的影响，我们倾向于认为是一些精心烹制的大型菜肴，比如腹内塞着活鸟的整只野猪，而像这样夸张的菜品还有很多。而且，在庞贝发现的炊具确实表明这里能做出精巧复杂的菜肴，只是没有特里马尔奇奥家宴上的那么浮夸。人们在其中发现了大量的大炖锅、煎锅、滤锅、过滤器，以及制作蛋糕的精巧模具（其形状明显能令人联想起现代人制作果冻用的模具：长耳兔和小胖猪，见图78）。在一个有可移动卧榻的大房间里，所有这一切或许都是可行的。可是小一些的房间就不行了，无论多么巧妙的安排都不行。考虑到空间的实际情形，以及用单手吃饭的事实，我们怀疑这里提供的菜品可能通常都是简单而小巧的，或至少被切成了一口就能吞咽的小块。与电影里所呈现的那种奢华罗马盛宴场景有所不同，我们必须要面对这样一个现实，即这里一般都是拥挤而不舒适的，任何比现代的手抓自助食物更大的食物都会让进餐变得不便而麻烦。

穷人不会为此而困扰，对他们来说，酿馅野猪和蜜汁睡鼠这些菜是他们无论如何都想象不到的。在卧榻上进食是富人的进食方式，而地位低下的人或许偶尔会去"贞洁恋人之家"面包坊里的餐厅，付费以这种方式享用特殊的一餐（虽然该餐厅位于驮兽和磨粉机之间，不太吸引人）。大多数庞贝人的日常食物远远算不上花哨。事实上，他们的食谱必定是重复的，包括面包、橄榄油、葡萄酒、奶酪（更像意大利的乳清干酪，而非英国的切达干酪）、水果、豆类以及几种农舍花园里种的蔬菜，还算得上健康。鱼类也能吃到一些（都是在附近的那不勒斯湾捕捞的，那里那时还没有像现在污染得这么严重），肉类就更少了。远比其他肉类常见的是猪肉，而且可能更多的是以香肠或血肠的形式出现的，而非一大块烤肉。此外，他们有时也会换换口味，吃一些鸡肉和鸡蛋、绵羊肉或山羊肉。

甚至在发掘更大的房屋时，也能看到这样的肉类分布比例情形。例如，人们仅仅一年就在"维斯塔贞女之家"发掘出了近250根可辨识的动物尸骨（还有1500根难以辨认）。其中三分之一都是猪的，比绵羊的或山羊的多出10%，而来自母牛的仅占2%。这只是一个粗略的数字，可能没有充分表现某类证据（共有12根可辨识的鸡骨头看起来小得难以置信）；还有大量"不可辨识物"必然会为任何明确的结论画上问号。尽管如此，这与我们从整个罗马世界搜罗到的证明猪肉是标准肉食的那类证据完美契合；在"里贾纳别墅"里发现的那头猪（见本书211页）想必就面临着成为盘中餐的命运。

一份写得很整齐的清单生动地反映了普通庞贝人的日常饮食。这份清单被刻在市中心一座连着酒肆的房屋的中庭墙壁上。和其他这类涂鸦一样，附近没有有关其目的的解释，但它看起来是一份带有价格的连续 8 天购买的食物的清单（以及其他几种必需品），我们不知道这是在哪年哪月，但不可能离火山爆发的日子很远。它可能代表的是某个人——住户或某位访客——想要尝试记录"他"，或者也有可能是"她"近来的开销。我们如今还无法破译所有这些购买的物品的拉丁术语：花了"8 个阿斯"（4 阿斯相当于 1 个塞斯特斯）的 sittule，可能是一个桶；1 阿斯的 inltynium 可能是一盏油灯；而 1 第纳瑞斯（或者 16 阿斯）的 hxeres 或许是干果或坚果——若果真如此，那可就相当昂贵了。

如果这是对一周购物的完整记录（这是一个大胆的假设），那么它给出了一份乏味的食谱，除非此人还存有其他食物，或者自己种植蔬果。他每天都会买面包，在 3 种不同类型——"面包""粗面包"以及"奴隶面包"——中选择一种或多种。在这份清单上，第一天就在"面包"上花了 8 阿斯；第二天则买了 8 阿斯的"面包"和 2 阿斯的"奴隶面包"；最后一天，"面包"和"粗面包"各自花了 2 阿斯。"奴隶面包"或许指的是账目里的一个类别，也有可能是指某种特殊类型的面包，但是它绝对不同于"粗面包"，因为其中的某一天他购入了这两种类型的面包。无论如何，这份清单不仅让我们大致了解了庞贝面包坊生产的不同产品，并且强调了面包的重要性，它是普通庞贝人食谱上的主食。它们总共花费了 54 阿斯（或 13½ 塞斯特斯），是这周的开销里最大的一笔。

其次就是分 3 天购买的油，共花费 40 阿斯，还有葡萄酒，也是分 3 天购买的，总共 23 阿斯。更不常购买的，或者说不那么昂贵的花销则包括"香肠"（1 阿斯）、奶酪（分 4 天购买，2 种类型，不过总共只要 13 阿斯）、洋葱（5 阿斯）、韭葱（1 阿斯）、小鲱鱼（2 阿斯），可能还有和牛有关的食物（bubella），或者说这个词语的大概意思如此（1 阿斯）。这基本上是一份由面包、油、葡萄酒和奶酪组成，偶尔还有些额外食物的食谱，但几乎没有肉。另外还有两份更短的清单，似乎也是食物的采购记录，证实了整体的情况。它们都列举了面包。其中一份包括葡萄酒（1 阿斯）、奶酪（1 阿斯）、油（1 阿斯）、猪油（3 阿斯）和猪肉（4 阿斯）。另外一份可能反映的是最近一次在果蔬市场的采购情况，上面有卷心菜、甜菜、芥菜、薄荷和盐（除了贵一点的卷心菜要 2 阿斯，其他所有都是 1 阿斯）。

这些清单似乎描绘了一种容易令人产生浪漫联想的简朴而健康的饮食。的确，那些声称自己贫穷却非常富有的罗马诗人经常热情歌颂农民的健康食物。他们吹嘘，只要有合适伙伴陪伴，便宜的地方劣酒和一些简单的面包、奶酪甚至要好过一场宴会。或许的确如此吧。不过普通庞贝人的饮食习惯与现代电影里的场景相去甚远，甚至与庞贝本身那些墙壁上所描绘的宴饮也大相径庭。我怀疑，如果我们都足够诚实的话，只要有机会，大多数人恐怕都更愿意和特里马尔奇奥共同进餐。

小餐馆社会

在商铺或工坊上面的小住所里的人每天都只能吃面包、奶酪和水果，那里只有很少的烹饪设备，或者完全没有。要想逃离这种生活，就只能外出就餐。长久以来，人们一直认为庞贝代表着一种廉价的小餐馆文化，街道两旁林立着酒肆、酒馆和快餐店（thermopolium，这是现代旅游手册对它的称呼，尽管这肯定不是它的标准古代术语），招呼着来往的顾客——从有闲暇的游客到没什么好地方可去的本地居民。事实上，朝向人行道而立的砖石柜台正是庞贝街景中最常见的元素之一，柜台上嵌着巨大的储物罐，后面还有展示的货架（见彩图 4）。

这些柜台通常都装饰得光鲜亮丽，基本涵盖了庞贝所有的装饰风格：有的表面是用彩色大理石精细地拼制而成，有的表面涂绘了优美的花朵图案，有的还有壮硕阳具图案的特写。建筑物外立面还会有标语或诱人的广告，以宣传里面的产品。露天竞技场旁有一家酒肆，自带一个小小的葡萄园，其外墙上就故意画了一只美丽的凤凰，旁边的标语写道："凤凰十分幸福，你也可以。"这家酒肆为尤克西努斯（"好客先生"）所有（见本书 25 页）。我们自然会想到他是在用这种从灰烬中再生的神秘鸟类来为酒肆的热情招待打广告。至于有没有更好的办法展示这种"选我"，你就要到凤凰酒肆里面去看一看了。

在开发庞贝的过程中，目前总共发现了 150 多个这样的场所（估计整座城里远多于 200 个）。我们很容易对这个城市产生一种印象，即街上挤满了各种快餐服务，从嵌在柜台上的储物罐、葡萄酒和酿馅炖菜到饥肠辘辘的人群——尽管和现代的麦当劳相比，氛围还远远没有那么"适合家庭聚会"。因此，罗马作家必定会把这类酒肆和酒馆描述为阴暗的经营场所，充斥着远比酗酒和过度消费廉价食物还糟糕的各种恶行。据说这些地方也是性交、卖淫、赌博和犯罪之地，由无法无天的店主们经营着，而他们都是些恶棍和骗子。

例如，诗人贺拉斯就曾写过其乡村庄园的地方长官，此人渴望城里那些不体面的欢愉："妓院与油腻的酒馆"，二者的相提并论无疑意味深长，暗示了它们所提供的服务类型。在一首公认的言辞夸张的讽刺诗中，尤维纳尔描写了罗马奥斯提亚港一个酒肆里的场景，那里挤满了各种令人讨厌的人，从小偷、凶手和刽子手到忙中偷闲来买醉的棺材铺老板和库柏勒女神的阉人祭司。皇帝似乎也认为需要立法管控这些酒肆。据说尼禄曾明令禁止它们贩卖任何除蔬菜和豆类以外的烹饪食物；维斯帕先则规定只能卖豆类。尽管我们并不清楚这些禁令是否有效，又能在多大程度上改善道德风气。

性交、卖淫、赌博和犯罪：所有这些在庞贝都必然会发生，无论是在酒肆还是别的什么地方。不过，大多数酒馆生活的真实情形其实并不像那些罗马上流社会的作家和立法者——他们总是随时给人们乐于在其中进行无害的娱乐活动的场所打上道德堕落的标签——所暗示的那样堕落可怕，而是更加丰富多彩。与人们惯常认为的不同，已经在庞贝挖出来的这些场所呈现出一种远为复杂多样的情况。

首先，城里真的有 200 家酒肆吗？考虑到城市人口在 1.2 万人左右，这也就意味着平均每 60 位居民就有一家酒肆，还要把男人、女人、奴隶和婴儿都算在内。当然，在这里，居民人口数量或许并不是特别有意义。因为食物和饮料店铺还要满足许多游客的需要：给港口来的水手、暂留一日的乡下人，或者在长途陆路旅行中歇脚的旅人提供服务。一座城里配备的设施，是为比城中永久居民更多的人服务的。不过尽管如此，200 家似乎也还是远远超过了需要(而且对于店主来说也很难算得上能赚大钱的买卖)，尤其是许多人其实是不太可能频繁出入酒肆的，例如奴隶中的许多人或者上流社会的妇女。

事实上，在如今被我们称为"酒肆"(或者我们更喜欢的"酒馆"或"旅馆"这些子类称谓)的地方里面，有很大一部分其实根本不是那么回事儿。它们的柜台、嵌入的储物罐以及陈列架当然都是用来卖东西的，可那些产品有各种类别，并不必然是卖即时现场食用的食物和酒水的。换言之，很可能这些酒肆中有一些其实是食品杂货铺之类的店面，在柜台上卖一些坚果、扁豆和豆子。

其实，就算它们真的是酒肆，人们传统印象中那个手执长勺从嵌在柜台上的罐子里舀葡萄酒和炖菜的酒肆老板形象，也不可能是正确的。这些罐子是用多孔的陶土制成的。没有迹象表明它们用树脂封过口。而且它们清洗起来肯定极为困难，甚至要从中取出残留的液态内容都非常不容易。在附近的赫库兰尼姆，它们的内容物的痕迹更多地留存了下来，从中可以看出它们盛装的似乎是干货——果脯、豆子或者鹰嘴豆——其中一些至少是当零食卖的。从那些偶尔幸存下来的附件和支架残余物来看，葡萄酒是盛装在地上或者墙上的架子上的瓶子里的，可能是直接倒进酒壶里给顾客的。热食是在单独的炉子里烹制的，然后从锅里盛出来给客人上菜。

这些地方到底有多么不体面是一个争论未决的问题。有人试图在庞贝城的城市布局中找到某种基本的分区，并将酒肆和妓院与和"越轨行为"有关的区域联系起来，认为它们是远离城里那些正式的公共区域的，但这一观点只有部分能令人信服。的确，正如我们在第2章中所见到的，它们在广场邻近地区的数量要比城里其他繁华地区要少得多（精明的店主显然会去寻找能最大限度促成潜在交易的地点）。但是，不仅它们的数量相对较少在一定程度上是幻觉（我们提到过，在那个现代餐馆的所在地就曾有3家），而且房价或租金等各种因素也都可能在其中发挥了作用。即便如此，毫无疑问的是，这些酒肆是与食物、酒精和性爱结合起来的欢愉联系在一起的，我们只消看看其中一两家就不难得出这一结论。

在阿波坦查大道上的一家酒肆的墙上的竞选标语中，出现了几个女性的名字（有的已经被涂掉了，见本书257页），她们或许是在里面工作的女侍：阿塞丽娜、泽米丽娜、艾戈莱和坶利亚。我们现在看到的这个单个房间只是20世纪早期发掘出来的部分，而且我们知道这片建筑有多大——如果这里有4位女侍，那么它很可能规模不小。但尽管如此，房间内留存下来的装饰和迄今发掘出来的一些物件也足以让我们很好地了解一家庞贝酒肆的布置和陈设。

酒肆外墙的下半部分被涂成了红色，上方涂写着竞选标语。外立面上没有明显的商铺招牌或广告，不过，在相隔几户人家的街角处，就画着一些精致的青铜酒器，应该是为了提示潜在的顾客，不远处就有一家酒肆。这家酒肆有一个面向街道的宽敞入口，不过被L形的柜台——坚硬的砖石结构，侧面被涂成了红色，台面则由大理石碎片拼缀而成——挡住了一部分。柜台上嵌着4只储物罐，尽头有一个小炉灶，一个青铜容器被置于其中，可能是用来烧水的，相当于我们今天用水壶烧开水。酒瓶靠墙堆放在柜台后面，从各种物件的发现地点判断，那里应该还有一个摆放其他酒肆设备的木架。房间后面还有通往上面一层的楼梯。

13. "萨尔维乌斯酒馆"墙上的系列绘画近乎一个"四格漫画"。（见本书 311页）第一个场景中的两个人曾被误认为是两个男人，直至画面被清理后才显示出左边是一位女性。尽管最后一个场景破损了，但足够让人看清店主正在发号施令："你们想打架就滚。"

14. 在装点"秘仪别墅"饰带的一众人和神中（见本书177页），一个男孩正在阅读一卷莎草纸，一个女人看着他，可能是他的母亲。这个视觉"玩笑"的一部分在于，我们这些观看者无法看到或听到这个男孩阅读的东西。

15. "农牧神之家"里的"亚历山大镶嵌画"中的战败国王大流士的脸庞。（见本书37页）

16. 浴场让普通庞贝浴者得以一窥奢华。这幅 19 世纪的绘画再现了斯塔比亚浴场的环境氛围。（见本书 334 页）

17. 在"悲剧诗人之家"的中心（档案室，见图示 6），这幅镶嵌画描绘了一组准备登台的演员。上演的将是一出萨梯剧，因此演员在努力把自己塞进山羊演出服里。（见本书 345—346 页）

18. 伊西斯神庙内的一幅绘画的 19 世纪副本。宙斯的一个情人，希腊女祭司伊娥在埃及得到了女神伊西斯的接待。根据神话，伊娥受到宙斯的妻子，善妒的赫拉的滋扰——在某个阶段，后者将前者变成了一头母牛，因此头上长角。一个河神在伊娥身下支撑着她。（见本书 413 页）

19. "古代狩猎之家"（House of the Ancient Hunt）的花园墙壁，该房屋由此绘画得名。

20. "维提乌斯之家"里的一条微小饰带的19世纪副本，描绘的是作为金属工的丘比特。

21. 来自"维提乌斯之家"的涂绘画面原件，赛车的丘比特在这里出了车祸。（见本书166页）

22. 一个异域世界的远景。在这幅画中，俾格米人正在从事各种惊险活动。一个正在骑鳄鱼，另一个明显正在被一只河马吞食，尽管身边就有人可以相助。

23. "悲剧诗人之家"墙绘的组合图案。左下方画的是海伦动身前往特洛伊。在右方，画的是特洛伊战争的另一个场景：女俘布里赛伊斯被从阿喀琉斯身边掳走，她将要被献给阿伽门农。（见本书 196—197 页）

图 79　这些铃铛是挂在哪的？这个非同寻常的明显带有阳具崇拜特征的油灯挂在酒肆的入口。它在晚上能提供一些光亮，起风时还会像风铃一样叮当作响。中间那个小雕像只有 15 厘米高。

　　顾客一进门就能看到一个青铜油灯，它就挂在柜台临街这边的上方（见图 79）。这个巧夺天工的物件曾让最初的发掘者们深感震惊，因此他们在首次公布考古成果时选择不把它展示出来。因为这盏油灯本身是系在一尊小巧的俾格米人青铜雕像上的。这个俾格米人近乎全裸，硕大的阳具几乎和本人差不多大。虽然他的右臂毁坏了，但他很可能原本攥着一把刀，仿佛要割掉那个在末端已经长出另一个小阳具的巨大阳具。更有甚者，整个物件的各个部分总共悬挂着 6 只铃铛。人们在庞贝或其附近地区找到了几个这类物件（这就是我们为何能相当肯定地认为原来有一把刀的缘故），其中一个悬挂在柜台上方，集油灯、风铃和服务响铃等多功能于一身。难道是在欢迎人们走进酒肆世界？

　　人们在这个房间里还发现了另外 7 盏陶土油灯（其中一个呈

脚的形状，外形精美），我们由此判断这里的夜晚和白天一样热闹。剩下的物件是各种实用的家居日用品，透着些许奢侈和新奇的味道。其中有大量的青铜水瓶或葡萄酒瓶，以及一个青铜漏斗，它必定是把葡萄酒从贮存容器移入服务员的容器所需的必要设备。漏斗是典型的酒肆配件，因此它也出现在了街角涂绘广告中的那套酒器里。玻璃似乎也被选为制作酒器的材质——总体而言，玻璃酒器要比我们倾向于想象的更常出现在庞贝的餐桌上，我们是受了它们相对较低的留存率的误导。它们不仅有很多在火山爆发中碎掉了，而且在现代同样命途多舛。事实上，这家酒肆里的几只玻璃容器就毁于二战，而这里原本发现过一套完好的精致玻璃碗和大口杯（此外还有一个神秘的迷你玻璃细颈瓶，底下开了一个洞，可能是用来把微量的调味剂滴入葡萄酒或水里的）。剩下的器具还包括一些廉价的陶土杯子和盘子，以及一对漂亮的壶（一个外形是小公鸡，另一个是狐狸）和一两把刀。

此外还有充足的留存痕迹表明，这个地方原本不像现在看起来这么光秃秃的。骨头制成的配件和铰链暗示这里曾有一些木头家具，或许是橱柜，或者是储物箱。我们还发现了近来的收入：总共有 67 枚硬币，一些面值较大（总共略多于 30 塞斯特斯），剩下的都是阿斯，有 2 阿斯的，也有极小的四分之一阿斯的。从确切的发现地点来看，似乎大部分柜台交易使用的都是阿斯；甚至储物罐里也发现了几个，这可能暗示着嵌在柜台上的这些罐子还另有他用。大部分较高面值的硬币收藏在柜台后面的架子上。这些现金的数量与我们掌握的有关庞贝酒肆商品价格的其他证据相吻合。另一家酒肆的一则涂鸦表明，1 阿斯就能买到廉价酒（一杯？还是一壶？），2 阿斯的酒品质更佳，而最上乘的法勒努斯白葡萄酒则要 4 阿斯或 1 塞斯特斯（尽管普林尼曾说过，一个火星就能把法勒努斯白葡萄酒点燃，如果普林尼值得信任，那么这种酒肯定就更类似于白兰地而非葡萄酒了，除非里面兑了水）。除了迎客的俾格米人，我们找到的最接近腐化堕落的迹象就是几面镜子的碎片了。

不过，真正重要的是工作人员和顾客的行为，你从实体环境出发不一定能重建他们在其中的所作所为。但城里其他两处饮酒场所里的两套绘画——墙上这些画着顾客们正在享受"酒肆生活"的场景的绘画显然是为了取悦他们——给我们提供了一个宝贵的机会，能让我们了解一家酒肆（包括人在内的一切）的氛围。尽管这些作品中充满了诙谐、戏仿和理想化的成分，但仍不失为庞贝咖啡馆文化的最佳向导。

第一套作品来自所谓的"萨尔维乌斯［Salvius，"避风港先生"］酒馆［或酒肆］"，这家小店坐落于市中心一个街角的理想地点。它们有 4 幅画，原本在主客厅的一面墙上排成一排，正对着柜台，如今它们被收藏在那不勒斯国家考古博物馆里保管（见彩图 13）。最左边是一个男人和一个女人——二人都穿着色彩艳丽的衣服，女人身披黄色斗篷，男人则穿着一袭红色短袍——他们正在接吻，但姿势却相当别扭。他们上方有一行说明："我不想和米尔塔莉斯（Myrtalis）……［这个关键词令人遗憾地看不见了］。"无论这个男人不想和米尔塔莉斯干什么，或者她是谁，我们都无从知晓了。或许这幅装饰图案表现的是古今一致的变化无常的激情："我再也不想和米尔塔莉斯混在一起了，我要和这姑娘分手。"或者，从这个不自然的姿势来看，或许这个女孩儿就是米尔塔莉斯，而且关键在于，这个男人对这次邂逅不是太上心。

在下一个场景中，一个女侍在为两个酒鬼服务，但他们在争夺葡萄酒。其中一个人说："这儿。"另一个说："不，那是我的。"而女侍似乎并不想卷入其中。"谁想要它就来拿。"她对他们说。接着，仿佛是嘲弄他们似的，她把酒递给了另一位顾客，说道："俄刻阿努斯（Oceanus），过来喝一杯。"这算不上恭敬的服务，而女侍者似乎做好了随时顶撞回去的准备。紧随饮酒图之后的是掷骰子的场景，另一场争执正在酝酿。两个人坐在桌边。其中一个高喊："我赢了。"而另一个人反对："不是 3 点，是 2 点。"在这组绘画的最后一个场景中，他们开始互殴和谩骂："混蛋，我掷了 3 点，我赢了。""不对，得了吧，舔鸡鸡的，我才赢了。"店主吃不消了，把他们赶出门外。"你们想打架就滚。"他以店主通常的口吻说道。顾客们看了这些绘画后，大概应该能领会其中的意思。

这些绘画呈现出常见且主题稍微有些过于鲜明的场景，混杂着性爱、饮酒和游戏，但绝对算不上可怕的道德堕落：有一些亲吻、有大量的酒后玩笑（不过不是我们在餐厅里的绘画上看到的呕吐），还有一场有关赌博游戏的正有点失控的争吵，以及一位不想看到自家酒肆遭到毁坏的店主。几个街区外还有一家精心装饰的酒肆，那里有非常相似的绘画。这家酒肆同样在街角有一个好位置，如今人们通常以其地点将之称为"墨丘利大道酒肆"。店里有一间直通大街的里屋，女侍大概从柜台向相邻的至多四五张餐桌上的客人提供服务。绘画就在这个房间的墙上，高度正好能让坐在餐桌旁的客人欣赏。有些画上面还附有说明文字，但它们并不是原本作为设计图案的一部分涂写上去的，而是顾客的涂鸦。

　　我们再次看到男人们（这看起来的确是个男性畅饮的世界）的玻璃杯不断被侍者或情愿或不那么情愿地斟满。在一幅画中，一位男侍（也可能是女侍，无法分辨）正在往一位客人递过来的杯子里倒酒。有人在他头顶上方写道"给我点儿冷水"——也就是和杯里的葡萄酒兑在一起。在另一个类似的场景中，写着这样一句话："再来一杯赛提亚酒（Setian）。"这指的是皇帝奥古斯都最爱喝的一种葡萄酒，用雪冰镇后风味尤佳。这里也有赌博的场景（见彩图 6），还有一幅尤其令人联想到酒肆里面的情形（见图 80）。一群看起来像是旅客的人们（其中两个穿着颇具特色的带帽斗篷）正围坐在餐桌旁吃饭。在他们上方，展现的正是这类小地方的人们解决储藏问题的方案：挑出一些包括香肠和香草在内的食物，把它们挂在固定在架子上的钉子上，或者甚至是挂在从天花板垂下的某种支架上。

　　不过，这个房间的侧壁上原本装饰着一幅展现迥然不同的主题的绘画，它很久以前就消失或损毁了（只还能看到两个人的脚和胫部），我们只能从 19 世纪的版画作品中对它有所了解（见彩图 11）。它显然在展示一种卓越的平衡术。一个男人和一个几乎

图 80　酒肆生活。这幅 19 世纪的素描画的是 4 个人围坐在桌边喝酒，由一位矮化的侍者为他们服务。他们的上方挂着一些酒肆提供的食物。

全裸的女人正立于两根拉紧的绳索上，每人各自拿着或正喝着一大杯葡萄酒。仿佛这个姿势还不够难似的，男人同时还把他那巨大的阳具从后方插入女人。事实上，我们看了原作后就会松一口气，因为它并不像这幅版画使它看起来的那么怪异。因为，拉紧的绳索这个元素极有可能是现代艺术家添进去的，他把画师的标线留下的微弱痕迹，或者也有可能是阴影，误认为这种新奇的装置。不过，即便去掉独特的平衡术这一点，这幅画还是与另一家酒肆中那个端庄的亲吻形成了挑衅式的对比。那么它描绘的是什么呢？有考古学家认为，这个场景取自当地剧院上演的淫秽的一幕（因此那个巨大的阳具可能是默剧中使用的道具）。也有人考虑到旁边的绘画画的都是酒肆生活场景，因此得出结论认为这肯定是在酒肆里就能见到的一项活动——有可能是自发的助兴表演，也可能是酒徒和酒肆女侍度过（或者是酒徒希望以此度过）夜晚的一种方式。

那么，这幅画是否表明我们应该更加严肃地看待罗马作家的谴责呢？当然，除了吃喝玩乐和轻浮的玩笑，有许多线索暗示，至少在一些这样的酒肆里，性接触并不只限于亲吻。例如，在一家酒肆的外墙上有小小的一则涂鸦（全部写在一句竞选标语里的大大的字母 O 里面）："我睡了女店主。"在其他地方，我们发现写在墙上的女性名字显然被置于情色的背景下，有时甚至还被标了价："奴隶菲莉克拉（Felicla）值 2 阿斯""女奴苏克塞萨（Successa）是个好床伴儿"。甚至还有一份被认为是价位清单的东西："阿克莉亚（Acria）4 阿斯，厄帕弗拉（Epafra）10 阿斯，菲尔马（Firma）3 阿斯。"

在解读这类材料时，我们必须要小心。假如是在今天的酒吧或者候车亭里看到"特蕾西是个婊子"或者"多娜口交收费 5 镑"之类的字样，我们并不会不假思索地认为她们真的是妓女，也不会认为"5 镑"准确地反映了这片地区的这些性服务的价位。它们很有可能仅仅是辱骂。庞贝的情形也是如此，尽管某些过分乐观的现代学者使用这类证据重建了庞贝妓女的名单，甚至计算出了这份工作的平均价格。事实上，那份"价目表"可能根本就不是那种东西。"阿斯"的字样是现代人添加上去的；原本那里只有 3 个各带一个数字的名字。

不过，某些酒肆周围聚集的那种明显带有色情意味的涂鸦并没有得到解释，尤其是那些还配有相应的装饰图案的。由此得出的结论是，尽管城里有些饮酒场所的确只是掺杂着一些性意味的饮酒之地，但有的地方与其说是酒肆，还不如说是彻头彻尾的妓院。无论是阿波坦查大道上的酒肆，还是墨丘利大道上的，通常都被认为属于这个类型：前者很大程度上依据的是那盏俾格米人油灯，后者则主要依据绳索行者（或许另外一幅只剩一个人头的绘画也能引以为证，上面原本画的是一对做爱的男女）。依据学者近来的估算，这两家只不过是冰山一角，而城里的妓院可能有35 家之多。换言之，在庞贝这个城市里，大概每 75 个自由成年男性就有一家妓院。即便加上外来的旅客、农村居民以及可能选择以这种方式花钱消遣的奴隶，这个比例乍看上去似乎也还是太高了——或者说，如果性服务的供应达到了这种水平，那么基督教卫道士对异教徒的放纵深感不安就是有道理的。

简言之，这就是"庞贝的妓院问题"。在这个小城里真的有多达35 家的妓院吗？还是应该相信最审慎的估计，即只有一家？我们该如何认出一家妓院呢？如何在妓院和酒肆之间做出区分？

造访妓院

　　罗马的性文化与我们这个时代有所不同。正如我们在庞贝所见到的那样，罗马世界中的女性远比古代地中海世界其他地方的女性更为显眼。她们采购、可与男性共餐、处置财富，并能慷慨地施惠。不过在性的方面，这仍是一个男性主导的世界，正如在政治中一样。权力、身份和好运会以男性生殖器的形象来表现。因此在整座城里，阳具会以各种意想不到的形象呈现。

　　对于现代游客而言，这是庞贝最令人困惑的一面，如果不是最令人不安的一面的话。早期学者的反应是从公众视野中移走许多这些物件，把它们放在那不勒斯国家考古博物馆的私密陈列室里收藏，或以其他方式秘密保存。（当我在20世纪80年代首次拜访此地时，"维提乌斯之家"入口处的阳具画像被遮盖了起来，除非提出请求，否则不予展示。）近年来的潮流是称其为"有魔力的""辟邪的"或者"能躲避邪眼的"，从而将公众的注意力从它的性暗示上转移。可它们仍然不可避免地含有性意味。门口有阳具物件恭迎你，烤面包炉上方也有，街道表面上刻得到处都是，还有很多上面挂着铃铛和翅膀（见图81）。其中最富有想象力的作品之一，就是那些粗大的"阳具鸟"（phallus-bird），它们曾在庞贝的微风中摇曳着叮当作响，（我猜想）这可能结合了玩笑和对男子气概的基本要素肆无忌惮地颂扬。

　　在这个世界里，那些体面、富有的已婚女性——也就是庞贝

图 81 "阳具鸟"是罗马世界中最特别的神兽之一。引人注目，十分强大——或者完全是扯淡？

城里较大房屋的主人——有两项主要职责：第一项是生孩子这个危险的工作（在古罗马，分娩的死亡率很高，现代之前的任何时代都是如此）；第二项是管理房屋和家户。罗马的一座墓碑上的墓志铭最一针见血，非常有名。这是一个丈夫写给妻子克劳狄娅的。它赞美了她的美貌、她的谈吐、她的优雅；可是最后一行写的是"她育有二子……她守在家里，纺织羊毛"。而较贫穷的女性的生活实际上更加丰富多彩——无论是做店铺主人、女老板还是放债人——不过我认为那些关于她们的角色的基本假设不会有什么很大的不同。这不是一个女性可以掌控自己的生活、命运或性行为的世界。罗马诗人和史家讲述的关于都城里的那些奔放、放纵并明显是"解放了的"女性的故事部分出于幻想，部分只适用于那些真正特立独行的人，比如皇室自身里面的一些成员。皇后里维娅就不是一个典型的罗马女性。

对于精英男性，基本的情况是，插入式性行为是与愉悦和权力相关的。性伴侣可以是同性或异性。罗马世界大量存在男性之间的性行为，但仅有十分微弱的迹象表明"同性恋"被视为一种专门的性取向，更不用说被视为一种生活方式的选择了。除非过早去世，所有罗马男性都是要结婚的。对妻子保持性忠诚并不会受到嘉奖，甚至也不受到特别的赞赏。在寻欢作乐时，不得将其他精英的妻子、女儿和儿子作为对象（一旦越界将会受到法律的严惩）。奴隶的肉体，或者说在一定程度上社会地位低的人的肉体，无论男女，都可供他们自由享用。这并非仅仅是说没有人在意一个男人睡了他的奴隶，而是至少从某方面而言，这是奴隶的用途所在。较贫穷的市民无法随时享用奴隶提供的性服务，无疑就会以妓女代替。这正如就餐一样，有钱人在家就能享用，而穷人得外出觅食。

这并没有造就一个无忧无虑的性爱天堂，即便对于男性而言也是如此。正如在大多数富有侵略性的阳具崇拜文化中一样，阳具具有的威力总是与焦虑——无论是对妻子的性忠诚问题（因此也涉及孩子的生父问题）的焦虑，还是对自身能否一展男性雄风的能力问题的焦虑——密不可分。在罗马城，如果一个男人被暗讽扮演了女性角色、被其他男人插入，就足以葬送他的政治生涯。学者有时会将许多这类侮辱视为罗马人反对同性恋的证据，但它们其实只针对扮演了被动角色的一方。而且，回到庞贝，无论那个小巧的青铜俾格米人上身还有些什么挂件，它永远定格于攻击自己那根硕大的阳具的动作，这无疑暴露了某种对性感到的不安。它或许显得有趣、奇妙而富有狂欢气质，可仍然难以避开一种更为令人不安的信号。

而罗马男人和女人之间的个人关系也并非如我干巴巴的概述可能暗示的那样毫无差异、机械呆板。他们有各种充满关怀与体贴的关系，无论是在夫妻之间、主奴之间还是情侣之间。例如，人们在庞贝城外一个定居点发现的一具女尸身上找到了一只昂贵的金手镯，上面刻着"主人赠予他的女奴"。它提醒我们，即便是在这类剥削结构中，仍然存在爱慕之心（尽管我们必然无法获知作为当事人的"女奴"是如何回应这份爱慕的）。庞贝的墙壁上，无论室内还是室外，都刻有大量生动的文字，见证了激情、嫉妒和心碎，我们很难对它们不感同身受，哪怕是年代误植的："马克鲁斯爱普莱斯缇娜（Praestina），可她毫不在乎""雷斯提图图斯欺骗了很多女孩儿"。尽管如此，罗马性关系的基调仍然是十分野蛮的，对女性并不友好。

卖淫是在这样的背景下出现在城市的街道上（或妓院里）和罗马人的想象中的。对罗马政府而言，卖淫可能成为其税收的一项来源。例如，据说皇帝卡里古拉曾向妓女收税——尽管人们只能猜测它是怎么征收的、在何处征收，以及有效期持续了多久。除了税收，当局的主要关注点并不是对妓女的日常活动加以监管，而是要在她们和"可敬的"市民，尤其是和罗马精英的妻子之间严格划出界线。卖淫的人形形色色，涉及各行各业（包括角斗士和演员），官方认为他们是"不体面的"（infamis），这种污名会使其在法律上处于不利地位。有些卖淫者反正是奴隶，或许还无所谓，但甚至那些自由民也无法受到罗马公民通常享有的法律保护，比如免受体罚。皮条客和男妓（这类人按照罗马的性观念的逻辑实际上被归为女性）无法担任公职。传统上甚至规定，妓女不允许穿着标准的女性服装，而要穿男性的托加袍。这种跨越性别界限的做法将其与可敬的贵妇人严格划分了开来。

与现实中相比，卖淫者或许在罗马人的想象中显得更加突出，扮演了从"快乐的妓女"形象到被拐卖而被迫卖淫或成为公众唾骂和耻笑的对象的可悲受害者形象。在公元前3至前2世纪的罗马舞台喜剧中，卖淫是个重要的主题。这类戏剧最典型的浪漫情节之一，就是出身良好的男青年爱上了卖淫的女奴，而后者却受控于黑心肠的皮条客。可这份爱是徒劳的，即便男青年筹到钱可以为她赎身，他们也根本不可能结婚，因为他的父亲不会支持儿子娶这样的妻子。但结局却是大团圆。因为他渴慕的对象最终被证明一直以来都是一位可敬的姑娘：她被人绑架卖给了皮条客，因此她根本就不是一个"真正的"妓女。至少在喜剧中，我们可以瞥见这样一个尴尬的事实，那就是体面和卖淫之间的界限或许并不如我们所想象的那么清晰。

基于这样的背景，考古学家开始尝试准确查找庞贝的妓女，并识别出妓院的物质遗存。最终得出的总数则完全取决于他们采用的标准。对有的人来说，仅凭几幅色情绘画就足以判定一地是性交易场所。那么按照这种解读，"维提乌斯之家"厨房附近那个饰有3幅一男一女在床上做爱的绘画的小房间就是专门的卖淫——房主（或者是他们的厨子）用来盈利的副业——场所。另外，这也可以与房屋前门廊里的一则短小的涂鸦联系起来，该涂鸦宣称"优缇奇斯"（Eutychis）的服务价格为2阿斯。当然，这个房间也有可能是为了取悦一个受人喜爱的厨子而被以这种方式装饰了一番（这里紧挨着厨房，很可能就是他的寓所），而关于优缇奇斯的那条信息（或辱骂）则完全与此没有关系。

其他人的妓院资格认定标准则要高得多。有位学者列举了3

个条件，认为它们能更加可靠地表明我们探查的某个地方主要是以性盈利的：在人们容易进出的小房间里有一张砖石床；有明确展现性交场景的绘画；有一堆像"到此一炮"之类的涂鸦。不用说，如果要求符合所有这些条件，那么城里的妓院数量会直线下降——只有一家。基于这种观点，酒肆的上层或里屋或许也能为某些人有时购买性服务提供场所，不过它算不上严格意义上的妓院。

考古学家在此面临着各种陷阱。我们已经提到过解读色情涂鸦时遇到的困难，而同样难以确定的是，那些有着砖石床和屋门直通大街的简陋单人间到底是卖淫之地还是穷人的小寓所。（毕竟，我们凭什么就认定这些石床特别适合卖淫呢？）不过最关键的问题在于，专门的妓院与城里那些性与钱并不截然分开的地方之间到底有何差别。

罗马人自己试图坚持认为卖淫者是个完全独立的女性（或男性）等级，而罗马喜剧也塑造了让我们习以为常的妓院和皮条客的形象，我们或许太容易对其信以为真了。庞贝城里的大多数"妓女"可能都是酒肆女侍或女店主（或卖花女、猪倌，以及纺织女工），她们在打烊之后和顾客睡觉，有时是为了钱，有时是在店里，有时不是。我十分怀疑她们中的许多人真的会穿托加袍（一种被罗马男性精英神话化的经典服饰），把自己视为妓女，抑或将其工作之地视为妓院——它们并不比现代的按摩院更像妓院，也不会比那种如果你愿意就能租到钟点房的旅馆更算得上妓院。换言之，在庞贝寻找妓院根本就是一个范畴错误。在整个城市里，通过性来赚钱几乎就和吃、喝、睡觉一样普通。

但有一个地方是例外：从广场向东走 5 分钟有一栋建筑，恰

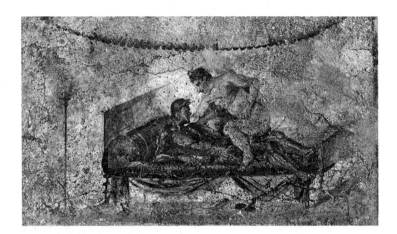

图82　妓院里这幅交欢图所展现的周遭环境非常华美，似乎不是妓院所能提供的。床看起来布置得很舒适，有个厚厚的枕头。床头左边还立着一盏油灯，根据这条线索我们猜测这个场景是在夜里发生的。

好位于斯塔比亚浴场的后方，它符合所有最严格的相关辨认标准。这里有 5 个小房间，每个里面都各嵌有一张床，还有一系列主题明确的色情绘画，展示一男一女以各种体位做爱（见图 82）。此外这里还有近 150 处涂鸦，其中许多都是"到此一炮"的类型（尽管并非全都是这种类型：至少有一个人受到了感动，刻下了维吉尔的诗句）。这是个非常灰暗而肮脏的地方。它坐落在一个角落里，有一扇可通向两边的街道的门（见图示 17）。如今这个用来应付成群旅游者的单向路线的主入口，在古代或许也同样是主入口。如果你从这边进去就会走进一条宽阔的走廊，右手边和左手边各

图示 17　妓院。没什么特别之处。这家妓院十分狭小拥挤。除了厕所之外，只有走廊旁边的 5 个小隔间。我们不知道客人在哪里付费，也不清楚上层楼面的作用。那是一个独立的出租公寓呢，还是皮条客和妓女们的宿舍？

有 3 个和 2 个小隔间。走廊的尽头是一道砖石幕墙，挡住了视线，看不到后面是什么。实际上那里有一间厕所——显然这是为了保护如厕之人的隐私而采取的一项措施，或者也可能是为了让刚来的客人不至于一进门就看见其他客人在上厕所。

在火山爆发前相对较近的一次装修中（灰泥中发现了一枚公元 72 年的硬币的印记），墙壁主要被涂成了白色。在高于小隔间入口的地方有色情绘画，画的是男人从后方、下方、上方这些方位和女人交欢。其中只有两幅明显不同。一幅只画了一个男人，他有不止一个而是两个勃起的巨大阳具（或许是本着"两个比一个好"的原则）；在另外一幅中，一个男人躺在一张床上，而一个女人站在他旁边，没有做爱，而是正看着某种画板——这里可能开了一个自我指涉的玩笑，那或许就是一幅色情绘画。

隔间本身很小，里面有短砖石床，原先床上可能还铺了床垫和床单，或者至少是某种比硬石块柔软一些的东西。如今没有任何迹象表明曾有幕帘遮挡这些隔间；不过这也有可能是 19 世纪 60 年代粗糙的发掘技术造成的后果。如果说连厕所都有实质性的屏障阻隔视线，那么不难想象这些门口至少会挂有门帘。尽管并非全部，但大部分涂鸦都来自隔间内，正是从这些文字中，我们对这家妓院的访客及用途有了一些了解。

光顾的男人们丝毫不忌讳将自己的大名留在墙上。就我们所能辨认出来的，这些名字里面没有一个是庞贝精英中的知名人物。正如我们所提到的，妓女所服务的对象可能只是那些无法轻易享受到由自己的奴隶提供的性服务的人群。其中有个人注明自己的职业是"药膏小贩"。事实上，这批涂鸦为我们提供了极佳的素材，从中可以看到庞贝城里地位相对低下的人群中还是有相当一部分人具有识字与书写能力的。他们大多数人都是作为个人签上了名："弗洛鲁斯（Florus）""菲利克斯与福尔图娜塔（Fortunata）做爱""波斯弗鲁斯（Posphorus）到此一炮"。不过似乎偶尔也有顾客是结伴前来的："赫梅洛斯（Hermeros）与菲勒特罗斯（Phileteros）和卡菲苏斯（Caphisus）到此一炮"。这可能是一场群交，但更有可能是男孩们的一夜狂欢。

　　而妓女的身份则更加难以辨认。墙上的名字包括一些希腊或东方女人的名字（有意思的是，里面还有一位"米尔塔莱"［Myrtale，见本书 311 页］，该名字通常表明奴隶的身份[1]）。不过这些也有可能是其"艺名"，专门用于这份工作，因此丝毫无法向我们透露这些女孩的真实背景信息。也没有确凿的证据可以证明男妓的存在，尽管涂鸦提及的一些性行为（例如鸡奸：拉丁语为 pedicare，通常指男性之间的性行为）让我们无法完全排除有男人和女人一样在这里工作。在有价格信息的地方，那些价格比我们经常在酒肆墙上所见的"2 阿斯"要贵得多。例如，其中一个人声称他"花了 1 个第纳瑞斯［相当于 16 阿斯］干得很爽"。这或许意味着，与女侍额外进行性交易要比在妓院里更便宜。这也有可能进一步指明，所谓的"2 阿斯"只不过一种常见的羞辱，而非真正的价格。

　　这座建筑中的涂鸦的分布情况还能告诉我们更多的信息。最

1　Myrtale（或 Myrtalis 的夺格形式）源于维纳斯的圣树桃金娘（myrtle），是妓女或女释奴的常见名字，如贺拉斯《颂歌》1.33.14，马提亚尔《警铭诗》5.4。本特利还列举了许多铭文中的例子。见 Bentley, *Q. Horatius Flaccus*, Volume 1, Weidmann, 1825 年, 77 页, 以及 Nisbet 和 Hubbard, *A Commentary on Horace: Odes Book 1*, Clarendon Press, 1970 年, 375 页。

近一项研究指出，最靠近大门的两个隔间内的涂鸦几乎占了全部的四分之三。何以如此？可能是因为它们并非性交易场所，而是等候室，因此在这里等候的男人有足够的时间将其想法和自夸刻在墙面的灰泥上。更有可能也更简单的猜测是，它们是靠近人流量更高的街道的隔间。人们走进来就进入第一个空着的"狭槽"。

至于妓院是如何组织的，就只能靠猜测了。在这里工作的女孩儿是属于一个开了一家有组织的妓院的皮条客的奴隶吗？还是说她们是临时的，更自由一些？一个相关因素是有一个在小巷里的独立入口的上层楼面。那里有 5 个房间，其中一间明显比其他房间大，它们通过一个充当它们之间的走廊的露台相连。这里没有固定的床，也没有色情绘画或任何形式的涂鸦（尽管留存下来的装饰就很少）。没有什么能够证明当初这层楼里都发生过什么。可能也是卖淫的地方。或者是女孩们的住处（若是如此，那么皮条客可能就住在那个较大的房间里）。抑或这里和妓院没有直接的联系，而是一个单独出租的公寓（地址："妓院上方"）。在这种情况下，妓女们可能就在那些小隔间里工作、休息和生活。

说实话，这个地方太阴森了。即便是成群的游客也不能使它有所改善——自几年前这里得到复原后，游客们都会直奔此地。事实证明它通常只能给游客提供短暂的乐趣。据估算，平均每位游客逗留的时间都只有 3 分钟左右。当地导游同时也会使出浑身解数使它更有吸引力，讲一些并不完全准确的有关曾经发生在这里的独特的邂逅故事。比如游客们会听到这样的解说："这些绘画都是有实际用途的。你瞧，妓女是不会讲拉丁语的。所以客人们在进门之前必须指明一幅画，好让女孩知道他们想要什么样的服务。"

痛快的洗浴

罗马有一块释奴提比略·克劳狄乌斯·塞昆都斯（Tiberius Claudius Secundus）的墓碑，是他的伴侣梅罗佩（Merope）在公元 1 世纪时为他立的，上面有如下一句十分辛辣的观察评论："葡萄酒、性爱与洗浴毁了我们的身体，可它们——葡萄酒、性爱与洗浴——构成了生命。"事实上，塞昆都斯在这方面做得并不差，因为他活到了 52 岁。但刻在这里的揶揄之词几乎可以肯定是一句为人熟知的罗马箴言。甚至远至土耳其也出现了它的另一版本："洗浴、葡萄酒和性爱让天命更快降临。"

在这一章中，我们已经了解了古代庞贝的葡萄酒和性爱。那么洗浴——包括城里那 3 个大型公共洗浴建筑群（如今依据其地点而分别被叫作斯塔比亚浴场、广场浴场和中央浴场），以及许多私人所有的向公共开放或半开放的小型商业浴室——是什么样的呢？

罗马洗浴与罗马文化是同义词：罗马人所到之处必有浴场相随。在这个意义上，洗浴不仅是一种清洗身体的方法，尽管清洁是它的一个目的。它实际上包含了各种各样（对我们来说）不同的活动：排汗、运动、汗蒸、游泳、玩球类游戏、晒日光浴、"刮汗"和擦洗。这是豪华版的土耳其浴，有各种各样的额外项目可供选择，从理发服务到在极大的大都会的浴场中能见到的图书馆。这些被设计用来容下所有这些活动的建筑群，在罗马世界里可谓是最大型和最精巧成熟的建筑杰作了。庞贝的 3 座主要公共浴场所占面积合起来甚至比广场还大，但与首都的宏伟建筑相比就很小。庞贝的整片广场浴场只有公元 3 世纪的罗马卡拉卡拉浴场里的泳池那么大。

这些浴场既是社会校平器，也是那些最淋漓尽致地展现罗马社会的不平等的场所之一。除了最穷的人，任何人都能进入浴场，包括奴隶，虽然只是作为主人的随从进入。最有钱的人的确在家就能享受自己的私人浴室，正如庞贝的"米南德之家"那栋大房子里的情形一样。不过一般情况下，有钱人还是会与没他们那么幸运的人一起洗浴。换言之，和就餐不同，他们会外出洗浴。

一方面，洗浴的惯例会让每个人降至同一水平。在光着身子或近乎全裸地洗浴（两种方式都有相关证据）的情况下，穷人大体上与富人并无不同，他们可能还更健康、体格更健硕。这是罗马社会自身的展示，没有了平日里那些标记社会、政治和经济等级的记号：镶条纹的托加袍、特别的"元老"凉鞋或诸如此类的东西。正如一位现代历史学家所说的那样，这是"社会等级臭氧层上的一个洞"。

另一方面，罗马作家向我们讲述的有关浴场和浴者的故事，却一再将我们带入一个充满竞争、嫉妒、焦虑、社会差异和炫耀的世界。这在一定程度上是一个关于肉体之美的问题，无论是男是女。根据一位古代传记作家的记载，皇帝奥古斯都的母亲在怀孕时身上长了一块难看的标记（但这其实是将要诞下神的子嗣的迹象），从此便再也无法忍受进入公共浴场洗浴了。诗人马提亚尔曾写过一首尖锐的讽刺短诗，诗中一个男子可能是在浴场里嘲笑别人患有疝气，后来有一天他在洗浴时发现自己也患上了疝气。

不过，这再一次地也是一个有关展现等级优势（和摆架子）的问题。公元前 2 世纪发生过一桩臭名昭著的事件，一位执政官的妻子在意大利旅行时，决定要使用离庞贝不远的一个城镇里的男用浴场（男用套房必定比女用套房装修得更好）。因此，她不仅把那里所有的男人都赶了出去，而且她的丈夫还因为当地的财务官清场不够迅速、浴场不够干净而将他鞭打了一顿。

这个主题也有拥有更美好的结局的例子，发生在哈德良皇帝身上。传说当他某天造访浴场时（因为甚至连皇帝都会在公共场合洗浴，或偶尔做做样子），发现有一位退伍老兵正在墙上蹭背。皇帝上前询问才知道他没钱请奴隶给自己搓背。因此哈德良给了他几个奴隶，以及他们的生活费用。当他后来有一次造访此地时，发现有一群人都在墙上蹭背。你以为皇帝会再次慷慨出手？并没有。他建议他们应该互相给对方搓背。

对于浴场的道德属性，罗马人也有一些尖锐的矛盾看法。没错，许多罗马人都认为洗浴有益健康，医生的确可能也会推荐你这么做。但与此同时，也有人强烈怀疑它是败坏道德的嗜好。裸露、奢华与高温潮湿的娱乐享受，这种结合在许多人眼里充满了危险的气息。当哲学家塞内卡抱怨自己住在浴场楼上时，令他担心的不仅仅是噪音（见本书 145—146 页）。

与对待罗马房屋的方式非常相似，考古学家也易于将罗马浴场模式化和规范化。那一整套冷、热房间的各个部分都被赋予了相应的拉丁名字：frigidarium（冷室）、tepidarium（暖室）、caldarium（热室）、laconicum（热蒸室）、apodyterium（更衣室），等等。罗马人自己有时也会用到这些名词。事实上，庞贝的斯塔比亚浴场里有一则铭文就记录了热蒸室和刮汗室（destrictorium）里的装置。但它们不像现代平面图和旅游手册所表明的那样是标准的日常词汇。我十分怀疑许多罗马人真的会在日常生活中说："我们暖室见。"

　　这些令人印象深刻的拉丁术语促使人们认为浴场里存在某种特定程序，我怀疑情况并非如此。考古学家几乎总是过分热衷于将罗马的风俗体系化。尽管研究浴场的专家通常会告诉我们，罗马人洗浴的原则是依次穿过越来越热的房间，最后再返回起点冲个冷水浴，可这些都没有确凿的证据。各种不同的途径都是有可能的（而且，实际上一些专家持完全相反的观点，认为他们会依次穿过越来越冷的房间）。也没有任何理由假设他们的一次洗浴最少要花上几个小时，抑或男人们通常在下午光顾。几乎可以肯定，与那种想要强加规则和规范的现代欲望想要让我们相信的相比，实际情况远为复杂多样，程序上也有多得多的"选择和组合"。

　　如果看一看庞贝的斯塔比亚浴场（见图示 18），我们就能更清楚地看到一个相对较大的洗浴建筑群所能提供的机会与娱乐的多样性。这是城市中心的三大公共浴场之一，火山爆发时和其他

说明：

a. 男用洗浴套间
　　入口

b. 男更衣室

c. 暖室

d. 热室

e. 火炉

f. 热室

g. 暖室

h. 女更衣室

i. 跌水池

j. 游泳池

k. 商铺

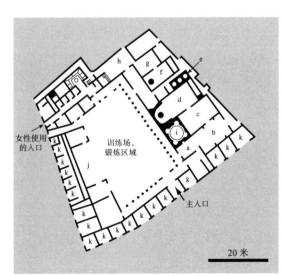

图示 18　斯塔比亚浴场

许多地方一样也处于维修状态，只有女用区域还在正常运营。实际上，在公元79年的庞贝，洗浴的空间肯定是有些紧张的。公共浴场中只有广场浴场还在满负荷运转。一个全新的浴场（中央浴场）正在修建，它是按当时最时髦的样式设计的，可是还没完工。即便是比城市运营的浴场要小、对客户可能更挑剔的私人开的商业浴场，也并不全是正常营业的。例如，其中一个已经被废弃多年（可能是破产了），而在一栋公寓大楼（页145—146）的下层楼面的萨诺浴场则还在维修。"尤利娅·菲利克斯宅邸"里的浴场是为数不多的几个还在营业的浴场之一，如租赁广告所述，"向有声望的客人提供一套精美的洗浴套间"——考虑到潜在的需求，它可能赚了不少钱。

斯塔比亚浴场是城里最古老的一家，早在罗马人殖民之前就存在了。其建造过程非常复杂，不同阶段难以厘清（而有关该建筑物的一份重要研究材料也在二战的德累斯顿轰炸中毁损了）。有些考古学家推测此地最早的建筑可追溯至公元前5世纪，是一片训练场和一排希腊式的"坐浴"。但我们今天看到的浴场是公元前2世纪中期的一项重大重建的结果，直到这个城市迎来末日之前，还做了一系列改进和翻新，包括直接从水道引水，而不再从井中引水（见图83）。我们推断该浴场为公家所有并由公家运营管理，这不仅是因为它的规模（难以想象这么大的建筑群会是私营企业），还因为有铭文记载了公款投资的情况：日晷上的奥斯坎文表明该日晷是用罚金修建的；有铭文记载，热蒸室和刮汗室由双执法官"出资修建，他们在法律上有义务用这笔钱举办竞技比赛或建造纪念建筑"。

主入口在阿波坦查大道上，就在马库斯·霍尔科尼乌斯·鲁

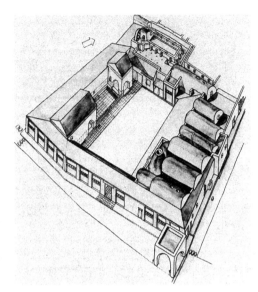

图 83　斯塔比亚浴场。这幅重建草图的中心是开阔的训练场。右边有拱顶的房间就是男女洗浴套间。阿波坦查大道沿该建筑群正面延伸（左下）——该建筑群还有一道与马库斯·霍尔科尼乌斯·鲁弗斯家族相关的大型拱门。

弗斯雕像附近，街道在此处变宽，形成了一个小广场。临街有一排商铺，但穿过前厅你就会来到一个有柱廊的庭院，这里是锻炼（和休息）的区域。在某些情况下，人们可能是在这里缴费的。因为，尽管有些公共浴场不收费，但其他的会征收一小笔费用。我们不知道这里是什么情况，但如果要收费的话，最方便的地方应该就是主洗浴套间入口（a）那个位置了。

　　洗浴套间的布局本身是极为实用的。斯塔比亚浴场由一个烧木材的火炉提供热量，它与地板下的供暖系统（hypocaust，火坑）相连。作为这种系统在罗马世界中留存下来的最早的例子（可能是坎帕尼亚地区发明的），它比以前使用火盆的系统能更有效地为房间加热（广场浴场还在使用火盆供暖系统，见图84）。其基本原理是，需要加热的房间的地板用小砖柱垫高，这样就能在地板下形成一道空气间层，从而用火来供暖——越接近火炉的房间

图 84 广场浴场的青铜火盆，带有一个典型的庞贝式的视觉双关。这是一个名为马库斯·尼基迪乌斯·瓦库拉（Marcus Nigidius Vaccula）的人送给浴场的一份礼物。"瓦库拉"意为"奶牛"——因此他在这个金属制品上还装饰了一个奶牛图案的纹章。

就会越热。根据斯塔比亚浴场的安排，火炉的两侧各有两套房间可以被加热：两个非常热的房间（d、f, f 小一点），两间暖室（c、g, g 小一点）。

为何各有两套？较小的那套是女用的，与男用的隔离开来。她们不从阿波坦查大道上那个显眼的主入口进入浴场，而是从小巷上的一道门进去，据说上面涂写着"女"的记号（刚发掘后不久还依稀可见，如今已经完全无法辨识了）。她们不会出现在那个通风的庭院里，而是要穿过一条漫长而狭窄的走廊，然后才能到达一个可以花钱寄存衣物的地方（h），再进入自己较小的套间。广场浴场也是这种安排，那里还有另外一套不那么精巧的女用洗浴套间。但中央浴场里没有分别提供房间：要么是女性不得进入，要么她们有单独的洗浴时段，要么就得触犯古代道德学家的底线了——男女混浴。

来斯塔比亚浴场的男性则有多种选择。他们将衣物留在更衣室（b），这是一个粉刷过的漂亮房间，里面还能看到一个个供浴

图 85 斯塔比亚浴场的男更衣室，修复前。清晰可见的是灰泥粉刷过的天花板以及右边存放衣物的"储物柜"。

者盛放私人物品的壁龛（见图 85）。我们不妨猜测该浴场有一名负责看管此处的工作人员，但罗马作家讲述过许多浴室中的小偷小摸的故事。或许最好还是把贵重物品留在家里吧。然后他们就能来到室外做各种各样的运动和锻炼了。这里还有一个游泳池（j），如果在这里发现的几只石球是有意义的，那么人们或许还能在这里玩某种滚球游戏。习惯上，罗马人的锻炼活动伴随着涂油和刮汗，可能由浴者自己的奴隶来做(这就是带他们来的目的)，或者像哈德良说的那样，彼此互助完成。不过浴场里可能也有专门提供这项服务的工作人员，尽管我们不清楚双执法官修建的"刮汗室"到底在哪里。在洗浴套间里面，你可以汗蒸，可以围坐在小水池（类似于现代的热水浴缸）里，或者一头扎进冷水浴（i，人们认为此处是由一个早期的热蒸室改成的）。

对那些只能住在昏暗的小房屋里或在工坊里生活的人来说，这些浴场绝对是真正的"人民宫殿"（见彩图16）。它们不仅宽敞得令人难以置信，你还能在这里得到游泳、戏水以及你喜欢的一切运动带来的乐趣，而且里面的装饰也非常富丽堂皇。洗浴套间的筒形拱顶被粉刷得五彩缤纷，阳光从天花板上的圆孔设计中倾洒进来。在没有阳光倾洒的地方，还有一连串闪烁的油灯将房间照亮。人们在广场浴场的一条走廊上发现了500盏油灯。

并非只有现代游客才会被吸引着去思考这里的卫生状况到底怎么样。水池没有进行过任何氯化处理，小便和其他不是那么无菌的身体残屑造成的污染便无法得到缓解。各种水池中的水也没能得到迅速而持续的更新，尽管他们有时也会试图导入一些活水，至少能把秽物稀释一下。洗浴套间的热水浴缸里肯定也满是细菌（就像18世纪欧洲的许多温泉浴场一样）。马提亚尔嘲笑过堆积在其中的粪便，罗马的医学作家凯尔苏斯则向人们提出明智的建议：身上若有未愈合的伤口就不要去浴场（"通常会导致坏疽"）。换言之，对地位低下的庞贝浴者而言，浴场或许充满了惊奇、愉悦和美妙。但它们同样也可能置人于死地。

不出所料，由于赤身裸体，甚至男女可能混浴（至少是在罗马人的幻想中），因此浴场也与性爱相关。正如酒肆一样，人们认为其中有些浴场其实就是打着幌子的妓院，妓女们在此徘徊等待顾客。这个问题也考验着罗马的法学作家和法学家们。在试图弄清到底应该由谁为涉及卖淫而招致的不体面受到法律的制裁时，一名作家援引"在某些行省"（换言之，不是在意大利）的一种做法，那里的浴场管理者会让奴隶来看管浴者的衣物，并提供范围宽得多的其他服务。那么他到底算不算拉皮条的呢？罗马的法

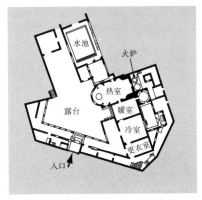

图示 19　郊区浴场。这个私人运营的小型商业浴场是围绕中心那个可以眺望海景的大露台修建的。著名的色情绘画就来自这里的更衣室。

律人在理论上做了考量。

在庞贝城墙外不远处毗邻海门的地方有一套浴室，如今被称作"郊区浴场"，我们在那里会在现实中直接面对这个问题。该浴场是在 20 世纪 80 年代被发掘出来的，是一个私人运营的商业浴场，位于一栋建筑的底层，上面是些家用和其他类型的居住房间。该浴场比市中心那些公共洗浴建筑群要小，也没有女用套间的标识，它吸引人的地方想必在于能眺望海景，浴者在宽敞的阳光露台上就能享受美景（这不是一个适合锻炼的地方）。它兴建于公元 1 世纪早期，在火山爆发时同样也在维修。

更衣室为它在现代赢得了声望。在其中一面墙上较高的地方，你仍然能够看到 8 个充满活力的性交的场景，大多都是一男一女（其中一对可能是两个女人），不过也有三人和四人的群交（见图 86）。如今只剩一面墙上有这些绘画了，而另外两面墙上原来或许也有，总共可能是画了 24 种各种各样的性交体位。在这些色情场景下方，还绘有一系列木盒子或篮子，每个上面都有编号（编号 1 ~ 16 还在）。为何会出现这些性爱图？又为什么要把它们与

图86 郊区浴场的更衣室。这些图案的细节如今或许已经难以看清，但在下方的寄存处，用透视法画了一系列带编号的盒子（这里是 3 至 6 号）。每个盒子上方都有一个性爱场景。

有编号的盒子画在一起？

最有可能的答案可能在于一个简单的事实：这是一间更衣室。与斯塔比亚浴场的更衣室不同，这里没有嵌入式的壁龛可用来存放衣物，不过在图画下方，我们还能看见一个环绕房间一周的架子——或许是用来放置个人的盒子或篮子的——的痕迹。上方的绘画就是用来为各个篮子编号的，并以一种有趣的方式为浴者做备忘，提示他们把自己的衣物放在了哪里："6 号——三人群交"。也有人试图做进一步的解读，认为这些绘画实际上是在为上层楼面的一家妓院做广告，甚至可能是可售服务的菜单（"请来半小时的 7 号服务"）。或者这也是更衣室里的女奴同时兼任妓女的一例（就像"在某些行省"一样）。在通向上层的一个入口的附近有一则涂鸦，显然是在给阿蒂可（Attice）收取 16 阿斯的（高价）

服务做宣传，也许和这些绘画有些关联。

我们不知道答案。不过这些绘画的故事还有一个奇异的意外结局。尽管我们如今见到的这 8 幅全都保存得十分完好，但它们似乎在火山爆发前的某个时刻被涂掉了。而房间里的其他装饰却丝毫未动：有人单单只想遮住这些绘画。为什么呢？有观点认为，是浴场的管理者换了人（不再是那个给应该在楼上的妓院投资的管理者）。不过，也许原因更简单。

甚至可能就是因为一些庞贝人偶尔觉得已经受够了这些性爱图。

第 8 章

娱乐与竞技

掷骰子

公元 4 世纪有一位没有在穷人身上花费过太多时间的罗马史家曾鄙夷地提到过一种奇怪的抽鼻子的声音。深夜时分，你在罗马城内的酒馆里可能就能听见这种声音。这与性爱欢愉和游戏竞技无关，而是来自赌桌。赌徒过分专注于自己的骰子，以至于将空气用力吸入鼻孔时发出了这种令人厌恶的声音。这是少数几个能让我们立即重建罗马城日常生活中的声音的机会之一——庞贝的酒肆里无疑就能听到很响的这种声音，根据我们在上一章见到的绘画判断，人们在那里进餐喝酒的同时主要就是在掷骰赌博。

我们无法确知绘画中的那些人到底在玩什么游戏。和我们一样，罗马人的棋类游戏也分很多不同的种类，有着不同的名称。"小强盗"，或"小士兵"（latrunculi）是最受欢迎的一种，庞贝人肯定也会玩；因为在一张选举海报上，一群"小士兵玩家"表示要支持某位候选人，不过该候选人可能并不想要他们的支持。另一款在罗马文学中常被提及的游戏叫作"十二标记"（duodecim scripta）。这些游戏并无规则说明书流传下来，于是就有了各种从不经意提及它们的文字中重建其玩法的学术尝试。以"小士兵"为例，玩家可能要尝试去堵住或者围住对手的棋子，玩法与现代的国际跳棋有些相似。但它们大多数和现在的游戏一样，都遵循相同的基本原则：玩家通过掷骰子来移动棋盘上的一个或多个棋子，或是走向胜利的目标；骰子落地一刻的纯粹机运是取胜的关键因素，但在移动棋子的过程中，无疑还是能用上不同数量的技巧的。必定有足够多的技巧能令皇帝克劳狄乌斯写一部（不幸遗失了）论述掷骰子（alea，这类掷骰游戏中的通用术语）的技艺的专著。

对结果下注也很关键。酒馆里的游戏会让参赌者赚得盆满钵盈或输得血本无归。有人在庞贝的一则涂鸦中吹嘘自己赢了特别惊人的一笔钱："我在努科利亚玩骰子赢了 855.5 第纳瑞斯。没骗你，这是真的。"这可是一笔不小的财富，共计 3422 个塞斯特斯，几乎相当于一名军团士兵年俸的 4 倍。在努科利亚交好运的这个人再三强调这件事的真实性，这说明大多数情况下奖金要少得多。尽管如此，它还是让我们更进一步了解了庞贝的小餐馆文化的社会层次。以当地精英的标准来衡量，这些人或许地位低下，也很贫穷，可他们还是有一些闲暇和闲钱。无论过去还是现在，赌博都不会是赤贫之人的消遣方式。

罗马当局曾明令禁止这类游戏和赌博，在规范卖淫嫖娼时也从未如此积极。但无疑收效甚微，还带着明显的双重标准。因为显然这些游戏在社会的各个阶层（正如皇帝克劳狄乌斯也热衷于此所表明的）都很流行。赌博是罗马人的典型嗜好，这令公元前 1 世纪的某个古怪的理论家甚至会认为荷马必定也是罗马人，因为后者在《奥德赛》中描述了佩内洛普（Penelope）的追求者们掷骰子的情景。尽管人们在罗马世界的很多地方都发现了棋盘，但没有一个是真的从庞贝幸存下来的。庞贝人大概用的是木质（棋盘）。至于那些有时被认为是用来掷骰子的物件会不会实际上只是小杯子，还存在诸多争议。不过，赌博用的棋子和骰子确实遍布全城，在那些最奢华的房屋里也能找到：例如人们在"米南德之家"里就发现了几个好看的骰子和一把棋子。

罗马人想要限制的不是家庭赌博，而是酒肆里的赌局。为何？无疑，这一定程度上是因为它有危害社会和经济秩序稳定的风险。在一个严格按照个人拥有的财富总量为成员划分等级的文化里，仅凭掷骰子就改变一个人的社会地位的想法几乎不可避免地会受到抵制。从这个方面来看，那个在努科利亚发横财的人不仅仅是幸运的，而且危险地破坏了社会秩序。不过，近来一种有趣的观点提出，罗马精英对酒馆赌博的质疑其实是与罗马文化中更普遍的话题相联系的，即如何利用闲暇（otium）。如何恰当地休闲？应该何时休闲？某些特定的休闲活动是否仅仅适用于某些特定的环境？能将赌博限制在私人豪宅内而不在酒肆里进行吗？不过，无论掷骰赌博是正当的还是明显不当的行为，它们在庞贝都是受人欢迎的休闲活动。我们接下来将要考察其他利用闲暇的方式，包括表演和盛大演出，由于它们需要剧院和露天竞技场，它们在考古学上留下的痕迹远比简陋的骰子游戏要多得多。值得玩味的是，庞贝人在棋盘前花费（或浪费）的时间，要远远多于观看演员或角斗士的表演所花费的时间。

追星族？

庞贝是个戏剧之都。公元 79 年时它有两家永久性的石砌剧院，尽管都在不同程度上年久失修。其中一家可追溯至公元前 2 世纪，后经马库斯·霍尔科尼乌斯·鲁弗斯的翻修与扩建，能容纳近 5000 人（见图 87）。部分永久性的砖石舞台设置，连同幕布的配件，至今仍然可见（古罗马时期的幕布不会像现代剧院里那样从上面落下来，而是从地上拉起来的）。另外一家与之直接相邻，是可容纳 2000 人的规模较小的"有顶剧院"，它是罗马在此建立殖民地后的早期出资修建露天竞技场的同一批人建造的（见图 69）。当公元前 1 世纪 50 年代罗马城里建起第一家永久性石砌剧院时，在"伟大的"庞培用东方战场上缴获的战利品的资助下，小小的庞贝城在差不多 20 年间就已经有了两家剧院。

不仅如此，当你在城里的豪宅中穿行，或者在那不勒斯国家考古博物馆的画廊与马赛克艺术长廊间徘徊时，也会不断遇到有关舞台、戏剧与戏剧表演的图像。前文已经提及，"米南德之家"的名字就取自一幅公元前 4 世纪希腊喜剧作家的肖像画，它位于列柱廊的中心壁龛里，正对着房屋大门（见图 44）。画中的米南德手持一卷莎草纸卷轴端坐着；椅子下方和卷轴上都清楚地标有他的名字。在他对面是另一个相似的人物，如今已

图 87　朝向大剧院的舞台方向——以及朝向前排那些更加宽敞的精英座席方向的景观。这幅照片中的木质舞台是为一场现代的演出搭建的。

几乎看不见，不过差不多可以肯定，那表现的是另外一名剧作家：有人猜测是欧里庇得斯。

来自城墙外"西塞罗别墅"里的两幅马赛克镶嵌画是米南德画像的很好的补充。它们由精美的小嵌片拼缀而成，创作者在上面"签上"了自己的大名：萨摩斯的迪奥斯库里德斯（Dioskourides of Samos）。其中一幅描绘了 3 名围坐在桌边喝酒的女性，另外一幅则是一群演奏着手鼓、钹和长笛的乐师（见彩图 1）。所有人物都戴着戏剧面具（其中有个女人是令人印象深刻的"老巫婆"），表明这是戏剧中的场景，而非真实生活。可这是哪部戏剧呢？在莱斯博斯（Lesbos）这座希腊岛屿上，人们幸运地发现了相似的镶嵌画，这一次还有标题，使我们几乎能够肯定它们想要描绘的是米南德喜剧中的场景：那几名女性来自《共进早餐的女子》，而乐师则取自《神灵凭附的女子》（音乐在其中被用来检验一个声称被神凭附的女孩是否在说真话）。同时，人们辨识出了"加斯卡·朗古斯之家"（House of Casca Longus）里的一幅画画的是欧里庇得斯悲剧《赫拉克勒斯的儿女》中的场景。画中的人物也同样戴着面具，这幅画还伴有另一个来自不知名喜剧中的场景，画的是一个大肚子老奴正对着一对年轻夫妇发表高见。

也有人对后台世界感兴趣。在"悲剧诗人之家"档案室中央占显著位置的镶嵌画所描绘的，正是一群准备好登台演出的演员（见彩图 17）。他们准备表演的既不是传统的悲剧也不是喜剧，而是一出"萨梯剧"——一种风格强劲的滑稽剧，在公元前 5 世纪的雅典剧场中通常跟在三联悲剧后演出，让观众得到急需的轻松调剂。在这个场景中，最左边两个人已穿戴整齐，他们穿的是这类表演中独有的山羊歌队（一支由萨梯——半羊半人的生物——

组成的歌队）服装。但剩下的人员还没有完全准备就绪。后方的那个演员还在努力地把自己塞进演出服（也是山羊装）里，长笛手还在调音，而位于中央的导演则正在下达最后的指示。在他脚边和他后面的桌子上有一些演员准备戴上的面具——不过它们同样向我们传达了一种信号，暗示我们这个场景以戏剧为主题。事实上，纵观庞贝的全部室内装潢，像这样的面具是最常见的元素之一，或是位于那些奢华的幻想建筑涂绘上，或是悬置于墙壁中间。几乎就像剧院为庞贝墙绘的全部景象提供了一个模型：绘画使房屋变成了一家剧院。

关键问题是如何把这些绘画和镶嵌画与剧院的残存遗迹联系起来。我们在其他场合已经见到，房屋或酒肆里的装饰可能以理想化或幽默的方式反映居住者和观画者的活动——喝酒、就餐或赌博。那么，庞贝房屋地板和墙上的希腊戏剧经典著作中的场景是不是就意味着当地剧院是重新上演这类戏剧的场地呢？当双执法官把资助戏剧表演作为他们必需的对城市的慷慨赠予的一部分时，他们是否会选择古老而更符合高端品位的剧目（比如米南德和欧里庇得斯的，以希腊语或拉丁语译文表演）重新上演呢？

一些现代学者认为事实就是如此。可实际上，对于这些剧院中上演了什么剧目以及上演的频率，我们几乎没有任何确凿和直接的信息。我们有角斗士表演的差不多相当于古代版节目单的东西，但剧院中的表演却没有任何节目单或涂写广告留存下来。大多数史学家其实都不太认同在庞贝舞台上能看到经典的希腊剧目的看法。毕竟庞贝墙壁上的涂鸦所引用的文学作品没有与此相关的例子（事实上，除了塞内卡一出悲剧中的一句台词，再也没有可辨识的引用是来自戏剧的）。许多描绘经典戏剧场景的绘画和镶嵌画无疑是以著名的希腊艺术作品为基础的，并有意成为对古代希腊及其标志的文化世界更一般性的象征反映。它们并不是对当地演出的直接指涉。

最有可能在庞贝戏剧舞台上上演的是各种意大利戏剧。常被提及的是一种所谓的"亚提拉闹剧"（Atellan Farces）的喜剧，它们只有少量残篇留存，不过这应该是奥斯坎人发明的剧种。其中有一些固定角色，如贪吃鬼曼都库斯（Manducus）或吹牛大王布科（Bucco），因此人们将其比作中世纪的道德剧。在这个框架内还有其他类型的罗马喜剧，像普劳图斯和泰伦斯的戏剧，甚至还有在我们的概念里算不上戏剧的表演。有人认为"有顶剧院"根本就不是用于戏剧演出的，而是早期殖民者的议事大厅。

所有这些看法都是极有可能的，但也只是有可能而已。不过经过仔细的探查，我们还是能进一步了解庞贝舞台上上演的主要节目的。学者们直到近来才将注意力转向两种作品同样已经大量遗失了的戏剧表演类型，在庞贝最后的 100 年间，它们在意大利十分风靡，从皇帝到贫民无不醉心于此。它们就是拟剧（mime）与默剧（pantomime）。拟剧分为许多形式，可以在街头或私宅里表演，也可以在剧场中作为短暂的幕间娱乐或作为正剧演出。这些粗俗的喜剧有着《婚礼》《漂洗工》或《织布女》的名字（或许正如某位学者所提出的，就像古代版的《瑞典女按摩师》）[1]，由男女演员共同出演，演员少见地不戴面具。它们有时是根据拟剧

1　Elaine Fantham 表示，织布女在古代世界的名声也许就像瑞典女按摩师之于现代情色业。见 *Roman Readings: Roman Response to Greek Literature from Plautus to Statius and Quintilian*，De Gruyter（2011），232 页。

主演（Archimimus）编造的一个情节的台词即兴表演的；有时是根据脚本演的。尽管它的名称和我们自己对"默剧"（mime）的理解都暗示着它是无声的表演，但事实并非如此——它混合着台词、音乐与舞蹈。

默剧则是一种不同的类型，通常是悲剧而非喜剧，而且我们务必不要将它与现代同名的表演形式混淆。古代默剧更类似于现代芭蕾而非我们所谓的"幽默童话剧"（pantomime）的前身。据说它是公元前 1 世纪时被引入罗马的，明星演员会表演技艺精湛的舞蹈与默剧（我们现代意义上的"默剧"），与此同时，剧团中的男女次要成员则演唱剧本歌词。后者与演奏音乐的其他人共同组成了"和音团"。其中的大型响板（scabellum）是表演使用的独特乐器，非常喧闹。明星演员需要独自一人承担剧中所有不同角色，这种表演便因此得名："全部的——模拟"（panto-mime），或者"模拟全部"。他得随着剧情的发展不断更换面具（面具上的嘴巴是合着的而非张开的，传统的古代戏剧皆是如此），以表明他饰演的是不同角色。表演的主题五花八门，大多都取自经典的希腊悲剧剧目，例如欧里庇得斯的《酒神的伴侣》，或者伊菲革涅亚的故事。如今史学家认为这些默剧绝不仅仅只是退化的戏剧。它很可能是罗马世界的普通民众认识和了解希腊神话与文学的主要途径之一。

有清晰的迹象表明，在庞贝，拟剧，特别是默剧，无论是在剧院里还是在其他地点上演，都具有巨大的吸引力。伊西斯神庙里有一尊纪念一位名叫盖乌斯·诺尔巴努斯·索雷克斯（Caius Norbanus Sorex）的男人的雕像（见图 88），他是"一位次角演员"。广场上的优马奇娅楼里有另一座此人的雕像（尽管人像已

图 88　演员兼施惠者？尽管他是"不体面"的职业中的一员（见本书 274 页），但这是庞贝公开纪念拟剧演员盖乌斯·诺尔巴努斯·索雷克斯的两座铜像中的一个。他的另外一尊雕像发现于罗马附近的内米。

经不在了，但有铭文的基座留存了下来），而在罗马城外不远的内米（Nemi），狄安娜圣所里还有一座，他在那里被称为"扮演次角的拟剧演员"。他大概是一个拟剧巡演团的成员，在意大利中部和南部各地都曾演出过。尽管他不是剧团里的首席演员，但他在庞贝的所作所为（或许他在地震后捐助了伊西斯神庙的修复工作）足以使其被竖起两尊青铜雕像加以纪念。作为一名演员，他在法律上是不体面的，但这个事实似乎并未妨碍公众"在市议会决议赐予的土地上"（位于庞贝市中心）纪念他。

　　我们已经见到了与城市中的默剧表演有关的一些线索。奥卢斯·克洛狄乌斯·弗拉库斯的墓碑上的文字记载，他在阿波罗竞技会上（见本书 266 页）承办的演出主要是"默剧，里面有皮拉

德斯"。"皮拉德斯"是皇帝奥古斯都喜爱的默剧演员，曾在后者
的私人宴会上表演过。可能是这位著名演员在弗拉库斯的慷慨之
邀下来到了庞贝，也可能是后来的某个明星采用了这个戏剧界的
著名姓名——这种令我们感到困惑的做法在古代演员中十分常见。
另外一则碑文，即德基姆斯·卢克莱提乌斯·瓦伦斯的墓志铭（见
本书 284 页），顺带提及了默剧中嘈杂的音乐。因为，如果我的
译文无误的话，那么"打响板的"就是那些用雕塑来纪念死者的
团体之一。

　　从一小部分难以破解、保存欠佳却有趣的涂鸦中，可以发现
庞贝人对默剧的热情。它们似乎都指向同一个默剧剧团的不同成
员，为首的名叫阿克提乌斯·阿尼克图斯（Actius Anicetus），人
们在附近的部丢利也发现了他的名字，被唤作"默剧演员盖乌
斯·翁米迪乌斯·阿克提乌斯·阿尼克图斯"（Caius Ummidius
Actius Anicetus）。"舞台巨星阿克提乌斯"，这则刻在一座城外
坟墓上的涂鸦显然是粉丝留下的，另外一则则写道："向阿克提
乌斯致敬，快快回到你的人民中来吧。"那些偶尔自称"阿尼克
图斯党"（Anicetiani）的人，可能是指阿尼克图斯的粉丝，而非
他的剧团中的其他成员。无论如何，在庞贝其他的涂鸦中还能找
到这些后援成员。在一座大房屋的私人浴室里，有人写下了"阿
克提乌斯的舞女"（histrionica Actica），他或许仰慕着这个剧团中
的一名女演员，却不知其芳名。在其他地方，一位名为喀斯特伦
西斯（Castrensis）的人总是伴随阿克提乌斯·阿尼克图斯的名字
在涂鸦中出现，我们因此猜测他是这个剧团中的另一个演员。还
有一个"荷鲁斯"（Horus）也是如此：一则涂鸦写道，"向阿克
提乌斯·阿尼克图斯致敬，向荷鲁斯致敬"。这似乎是个总共有

图 89　一座庞贝民宅中的这幅墙绘或许就与默剧表演有关。各种角色被呈现在与大剧院的情形非常相似的建筑正面上。

七八名演员组成的受欢迎的剧团。

　　了解了默剧的风靡程度后，我们就可以再次回到庞贝那些墙绘上来了。因为，在所有那些唤起遥远的古典时期希腊戏剧世界的绘画中，藏着一到两幅可能实际上更多地反映了属于庞贝舞台的主要节目单上的内容的画面。其中一幅可能属于此类的绘画夸张地描绘了一个舞台布景，如今已经严重褪色，几乎难以辨认。不过，我们在更早一些的素描中看到的景象，与我们在庞贝的大剧院发现的精美的舞台建筑背景非常相似，也有一个很大的中央门廊（见图 89）。一个别出心裁的观点认为，这种独特的设计图案表现的是以马尔叙阿斯（Marsyas）神话为主题的一出默剧，他得到了女神密涅瓦的长笛后便向阿波罗发起了音乐挑战。若真是如此，那么我们在舞台上的主要开口处所见到的，从左到右依次是密涅瓦、阿波罗和马尔叙阿斯，仿佛他们要被明星演员轮流饰演一般。与此同时，合唱队在背景中隐隐探出头来。

　　这或许就是我们现在所能得到的最接近真实的庞贝剧院的景象了吧。

血腥的竞技比赛

　　与这种尽管有些刺耳但无害的默剧相比，庞贝人在室外还可以看到远为血腥的场面。当拜伦勋爵写下"以屠戮供罗马人庆祝"[1]的诗句时，他指的就是字面意思。罗马人休闲的方式之一就是观看人兽对战以及角斗士间的搏斗，这些角斗士有时甚至会血战至死。学者们在角斗士到底发源于何时何地这个问题上耗费了大量心血。他们是经由神秘的埃特鲁里亚人而在罗马出现的吗？还是意大利南部未被罗马殖民时期在庞贝地区出现的一项习俗？它是否起源自史前的活人献祭传统？或许学者们在罗马人到底为何如此热衷于这项运动这个问题上还做了更多的研究工作。角斗士竞技是真实战争的替代物吗？在一个等级森严、充满条条框框的社会中，其作用是否在于释缓公众压力？或者，与喜欢观看拳击和斗牛的现代观众相比，罗马人的性情是不是更为残忍嗜杀？

　　庞贝残存下来的材料对于解决这些问题并无太大帮助。它们的答案总是最多只能算猜测性的。不过，城里的建筑、绘画和涂鸦为我们洞察野兽猎杀和角斗士竞技的基础设施与组织形式，以及角斗士本身的生存（与死亡）状况提供了罗马世界中最好的信息。我们有宣传表演和所提供的设施的海报。我们可以参观角斗士的营房，看看他们在自己的墙上都写了些什么。我们甚至能找到依据真实角斗士比赛而画的卡通漫画，上面记录了比赛的结果，以及失败者是被杀死了还是被准许留一条命。与通过阅读古代作家对有时由皇帝举办的轰动表演的浮夸记述（在这些表演中，或者是在这些作者的记述中，会有大规模的角斗士大屠杀和处死整

1　出自拜伦的《恰尔德·哈洛尔德游记》卷四，140节。

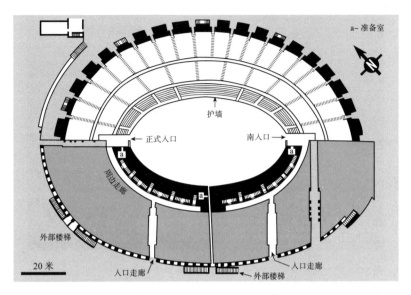

图示 20 庞贝露天竞技场。该平面图展示了座席格局（上）以及从上方基本看不到的座席底下的内部走廊和通道（下）。

栏的野兽）相比，我们借此能够更加接近罗马露天竞技场的日常文化。

绝大部分角斗士表演和野兽猎杀都在露天竞技场举行，在整个庞贝城里，这里依然是最直接给人留下深刻印象的建筑遗迹之一。它建在城市的边缘地带，由于盖乌斯·昆克提乌斯·瓦尔古斯和马库斯·波尔基乌斯在公元前 1 世纪 70 年代的慷慨之举（见本书 53，56 页），它在迄今所发现的这类永久性石造建筑中是年代最早的，即便按罗马大都会的标准来看也不啻是一座规模宏大的建筑。150 年后在总人口约 100 万人的罗马城修建的斗兽场，容量也仅仅比它的两倍多出一些：斗兽场可容纳近 5 万名观众，而庞贝露天竞技场就能容纳 2 万人。如今参观露天竞技场或许会令人感到失望：它乍看上去令人震撼，却少有有用的细节。再怎么仔

图90　露天竞技场的角斗场。前排的精英专座清晰可见，与后面的主观众席划分开来。供角斗士和野兽出入的大门分别位于椭圆形的角斗区的两端。

细观察也不见得能有收获。但是从我们已经发现的线索中，我们能够拼凑出露天竞技场那有时令人感到惊讶的历史。

　　这座建筑在公元79年被掩埋时的样貌的平面图，使我们能够很好地了解露天竞技场是如何运作的。表演区周围的座席被仔细划分了等级。前面几排是留给当地精英的，他们可以享受宽敞的席位和场边的视野，尽管要付出令人不快地接近战斗或失控的野兽的代价。如果皇帝奥古斯都在罗马城引入的规则在此地也得以实施，而且是强制执行的，那么女性可能会坐在最后排的位置上。根据座位的位置，观众可由不同路线入场。座位在主观众席的那些人沿建筑物外面的陡峭楼梯向上走，来到围绕着观众席顶层的一条通道上，再从这里选择合适的楼梯向下走到自己的座位上去。而上流社会的观众则可以通过较低的入口之一进场，来到一条环绕角斗场的内走廊上。在那里，他们可以在一系列楼梯中选择一条前往前排的座位。通过这个系统，富人永远不必与大量下层人民不期而遇，或者与他们挤在一起。为了安全起见，观众席中还设立了一道庞大的屏障，将为精英保留的地方与上方其他区域划分开来。

主要的入口是位于北边的入口，那里装饰着许多雕像。角斗士和野兽应该也是从这里进场和出场的，或者是由在南边相反的一端进出。罗马斗兽场的角斗场地板下设有地窖或地下通道，斗士们（人或兽）在那里候场，轮到他们上场时便通过活板门走入上方的公众视野中，可庞贝这个竞技场并没有这样的构造。因此，这里的设计留给人或（小型）野兽候场的唯一可能地点就是每个主入口附近的狭小房间（a）了。更大一些的野兽想必是关在外面的笼子里的，组成了一个小型动物园，这无疑会取悦往来的观众，或引起他们的恐惧。

如今哪些东西已经不见了呢？首先是木质的座位。即便在最后那些年，露天竞技场的座位也不全是石质的。在如今长满野草的地方，座位都是木头的。石凳是在各个当地官员的施惠下零星添加的。当昆克提乌斯·瓦尔古斯和马库斯·波尔基乌斯首度建造该纪念建筑时，其构架是砖石结构的，可所有座位都是木头的。更令人沮丧的是，粉刷图案也已经看不见了。该建筑在 1815 年首次被发掘时，角斗场周围的护墙上还覆盖着色彩明艳的装饰图案，就在精英席位的下方。但它们在随后到来的冬季的严寒天气中都消失不见了——幸运的是，在那里工作的画家们已经将其复制了下来。

这些图画展现了一众精美的神话人物（胜利女神是个反复出

图 91　一场比赛的开场。在已经消失不见的角斗场护墙上的绘画中，包括这个有两个角斗士正在为角斗做准备的场景。有趣的是，裁判和服务人员的数量比角斗士都多。

现的元素，她站在一只球上保持着平衡，手上拿着一根棕榈树枝，象征着胜利），以及斜靠在雕塑上的角斗士装备。不过主饰板上的画面还是与角斗场内的战斗有关。有的场景描绘野兽冲过山野荒地，使人想到在那里上演的猎杀活动（以及某些花园墙壁上的场景）。画师们沉浸于自己的幻想之中，因为就我们所知，狮子其实从来未曾出现在庞贝的演出里，即使它们在观众的想象之中漫步。

　　上面当然也少不了角斗士。其中一幅画的是一场比赛刚刚开始（图 91）。裁判站在两名角斗士中间，后者还没有为战斗完全整备完毕。左边那个正在吹奏一只带有一根装饰性手柄的硕大的卷曲号角，预示着比赛即将开始。身后的两名随从抱着他的盾牌与头盔静静待命。右边他的对手已经准备好了盾牌，尽管随从还在向他递头盔与长剑。背景上有一对胜利女神在徘徊，等着把棕榈枝和花冠奖励给最终的赢家。还有一幅图描绘的是两名更加魁梧的斗士的比赛结局。失败者扔掉了盾牌，长剑已经极度弯曲，左臂血流如注。

这种特别的装饰是在公元 62 年的地震发生之后、庞贝的最后几年里安装上去的——因为，与另外两家剧院不同，露天竞技场在火山爆发时仍处于全面运营之中。那幅有关露天竞技场在公元 59 年发生的暴动的名画（见图 16）表明，这种新的方案取代了原先没这么复杂的设计图案。如果我们可以相信画师在细节上的精确性，那么在发生暴乱的时候，护墙上装饰的是模仿大理石的绘制图案，这是一种典型的罗马式奇思妙想。不过，无论它仿绘的是大理石还是血腥的角斗场景，我们都会发现，如同经常发生的那样，废墟中的简陋单色图案使人无法看出历史遗迹那原本生动、甚至花哨的外观。

露天竞技场并不是孤零零立在那里的。与角斗士表演相关的庆典活动还蔓延到了毗邻的所谓的"大训练场"内——这是一片十分宽敞的场地，中间是一方水池，四周有列柱廊环绕，还有林荫大道。它原初的修建日期和功能都无法确定，不过树根的大小表明，它们早在火山爆发的 100 年前就已经种下了。一种观点认为，它的主要用途是为城市青年提供一个运动场所，或者至少是为富家子弟准备的，他们可能——遵循皇帝奥古斯都的政策——组成了一支准军事"军团"（介于童子军和地方自卫队之间）。实际上，几乎找不到有关这种观点的任何证据。相反，列柱廊上的涂鸦表明，它的用途混杂得多，包括作为绿荫公园、露天市场和学校等多种休闲和商业功能。当露天竞技场里面聚集了 2 万人时，它必定会充分发挥作用，为人们提供了一个休息、吃喝，甚至上厕所的地方。就我们目前所知，露天竞技场中没有厕所：这里有 2 万人，除了楼梯和走廊没别的地方可以小便。

为露天竞技场中即将上演的表演所做的广告，是涂写竞选口

号的那批标语涂写工以相同的风格涂写的，从中我们可以获得各
种信息：赞助人是谁、包含什么节目、持续多长时间，以及提供
了什么样的附加服务或额外的有趣因素。这类证据有时能与墓冢
里的纪念碑上的信息结合起来，因为死者的家属可能会在上面夸
耀他资助表演的慷慨之举。角斗士表演和猎杀野兽是我们在这座
城市已经注意到的施惠文化中的一个重要组成部分。当选官员会在
任职期间承办这些表演。城里的祭司也会这么做，我们甚至知道有
一个奥古斯都祭司承办过表演。就此而言，像公元 59 年的李维涅
乌斯·列古鲁斯这样的人可能也会以此讨好当地人，无论动机是
好是坏。有时候广告上也会着重强调演出"不是用公款"举办的。
或许市议会依惯例也会为其拨一些款项。无论如何，没有任何迹象
表明观看这类演出需要付费。它看起来像免费的娱乐项目。

　　在一面沿街的墙上，有一则为一场历时 5 天的特别长的系
列表演做宣传的海报，是由那个活跃的庞贝标语涂写工埃米利乌
斯·凯莱尔涂写的（见图 92）。正是在这个地方，他选择告诉读
者他自己"借助月光独自"工作（见本书 106 页）。广告是用典
型的辞令写就的：

　　　　德基姆斯·卢克莱提乌斯·萨特利乌斯·瓦伦斯，皇子
　　尼禄的终身祭司，为你呈上 20 对角斗士的表演。其子德基
　　姆斯·卢克莱提乌斯·瓦伦斯呈上 10 对。他们将在 4 月 8、9、
　　10、11、12 日于庞贝角斗。根据通常规则会有一场猎杀野兽
　　表演，还会搭遮阳篷。

　　这类慷慨之举的目的无疑是想加强萨特利乌斯·瓦伦斯的威

图 92 一则简洁的广告。标语涂写工埃米利乌斯·凯莱尔精心工作的结果，为德基姆斯·卢克莱提乌斯·萨特利乌斯·瓦伦斯承办的角斗士表演做宣传。（译文见本书 358 页）

望和声誉，其名字的头两个部分用了其他字母 10 倍大的字母写成。他以祭司的身份尽其所能地承办了这些竞技比赛，但通过让儿子加入这项事业（尽管比他自己名下的角斗士要少一半），他无疑也想在当地社群的政治上帮这个年轻人一把。有关时间和地点的信息都十分简单。显然没有必要注明表演是在露天竞技场举行的。我们知道，在许多意大利城市，包括罗马城本身，广场都可以用于演出，而且我们也已经见到，庞贝的广场上曾举办过动物表演。不过，角斗士表演和猎杀野兽的独特组合必定足以告诉人们要去哪里观看。需要解释清楚的关键信息是，举办表演的场所是庞贝。因为城里的墙上还有其他当地地点——诺拉、卡普阿、赫库兰尼姆、库麦——举办表演的广告，这是给那些不惮旅行前去观看的人准备的。同样，演出的具体时间也不需要标明。只要他们知道日期，就可以按照标准的开演时间入场了。

就我们所知，5 天已经是在庞贝持续时间最长的角斗士表演了。广告上的许多表演都只有一天，也有一些是 2 天、3 天或者 4 天的。即便我们假定大多数当选官员加上一些祭司会选择这种血腥的竞技作为他们对城市的施惠，甚至考虑到或许还有一些额外的商业表演，露天竞技场每年有表演的时间也不太可能超过 20 天。这里大多数时间必定是空无一人、大门紧闭的，或者被其他可能需要开阔场地的活动占用。或许就有默剧表演？

在萨特利乌斯·瓦伦斯及其儿子举办的这些竞技比赛中，角斗士表演和猎杀野兽在这 5 天的时间里是如何分布的，仍然是个谜。我们不知道每一对角斗士的表演会持续多长时间。不过在其他场合，一天之内就可以完成 30 对角斗表演，外加一场猎杀。那么我们是否可以想象，萨特利乌斯·瓦伦斯的慷慨主要表现在让他的斗士在这段时间内分布得更为稀疏？抑或角斗士不止在这期间的某一天上场？有时广告上会特别注明将会提供"替补选手"，以取代战死或受伤的斗士，而且有时显然有的角斗士会在同一场竞技表演中多次加入战斗。或许萨特利乌斯·瓦伦斯深谙此道。可他是否真的有足够的备用野兽，保证能在 5 天时间内每天都有猎杀表演呢？

从广告词的结尾可以得知，猎杀是"根据通常规则"（legitima）安排上演的。其关键含义是什么并不十分明晰，尽管有些史学家认为这不外乎是指"通常伴随着一场角斗士表演上演的猎杀"，或者就是"一场常规猎杀"的意思。我们还从中得知建筑物上会搭起遮阳篷，以便在出现炎热的晴天时为观众提供阴凉儿，这大概需要赞助者额外花钱。即便地中海地区的气候很温和，活动策划者似乎也会考虑天气状况。从记录上显示的日期来看，7 月和 8 月这两个最热的月份似乎不是受欢迎的举办表演的时间。可潮湿的天气同样可能造成不便。有的广告会谨慎地发出警告："如果天气许可的话。"

萨特利乌斯·瓦伦斯和他儿子（假设是他们选择的广告用词）没有提及另一项许多富裕的赞助者的赞助中都包含的额外事物：sparsiones。这个术语可以指任何"洒向"或"淋向"观众的东西。有时是喷向座位上的观众的香水，有时是抛向人群的小礼物（正如在"卫生与安全条例"禁止之前，人们在圣诞节默剧表演上所做的那样）。这样的挥霍或许超过了这家人历时 5 日的慷慨之举的承受范围。

他们也没有像有些人一样提到任何与表演有关联的特别时刻或纪念仪式。这类活动中最有趣的一次，是格奈乌斯·阿莱乌斯·尼基迪乌斯·迈乌斯为"进献画作"而举行的一场为期一天的表演。没有人明确知道"画作"指的是什么。不过一个很好的提议是，这些表演是在曾经覆盖在角斗场围墙上的那些杰出画作完工的庆祝日上上演的。

城里的一些绘画和雕刻作品描绘了露天竞技场里的竞技表演，偶尔还有周边的庆典和仪式，通过它们，我们能够补全广告给我们呈现的画面。有一项珍贵的证据来自城里的一片墓地，它曾经必定是被用来装饰一个奢华的墓冢的（见图 93）。它包括 3 条浮雕饰带。最下面一条描绘的是猎杀野兽的场景。其中的一部分似乎是动物在互相厮杀。两条狗正忙着攻击一只山羊和一头野猪。而人类捕手则全神贯注对付更大的野兽。其中一人刺穿了一只公牛，而另一个人则正准备击杀野猪。还有一个人败给了一头熊，后者已经在他身上咬了一大口，这使他的两位随从深感绝望。

中间最宽的一条展现的是各组角斗士，有的正在酣战，有的正在宣布获胜，也有人失利落败。这个场景最显著的一点是，赛场上的随从和官员的数量与角斗士的人数相差无几。至少有 5 个

图 93　这个浮雕板的每一层都展现了角斗士表演的不同元素。顶层：一支队伍走向露天竞技场。中间层：角斗士相互角斗。下层：在与野兽的较量中，位于右边的那名人类斗士快要被一头熊咬死了，同时在左边一头公牛即将被杀死。

人在搀扶一位几乎就要倒地的斗士。右边还有 5 个人照看着两个正在休息的斗士：一人正在治疗受伤的腿，另一人正在吃点心。该画面画得非常像是现代运动员和他们的教练。

　　浮雕最上面那一层甚至更有意思。因为它展现的是竞技比赛的盛大预备仪式，由于我们痴迷或厌恶这个场合的血腥一面，我们很容易将这个场景忘记。整个过程始于一支队伍穿过城市的街道。我们在这里看到的是他们已经抵达露天竞技场时的场景，上方角落里的遮阳篷必定说明了这一点。在右边领队的是 2 位乐师和 3 名扈从，我们在别处曾提及后者是分配给当地双执法官的下属。他们身后有 4 个人用肩扛着一个奇怪的台座。上面有两个人，可能是模型，蹲伏在一块铁砧旁，一个人举起锤子并准备击打什么。你可能预想会看到游行队列侍奉的神祇（而且宗教和城市游行队伍的确常常抬着与此非常类似的有神祇雕像的台座），可这两个小铁匠在这里算怎么回事呢？最好的提议是，这是为了赞美他们的金属加工技艺，而整个场合都有赖于此。队伍中的下一个

人手上举着标语牌，上面写的也许是表演赞助者的名字或者举办
表演的缘由，后面的某个人手上拿着象征胜利的棕榈枝。接着是
一个身着托加袍的男人。这几乎可以肯定就是赞助者本人，他
身后跟着一支展示着一件又一件角斗士装备的队伍，它们正是
铁匠们的劳动果实。走在队伍最后面的是一名小号手和两个牵马
的侍从，为了这个节庆的场合，两匹马都装配了明显是仪式使用
的马饰。

这为我们提供了一个稀有的机会，得以一窥预备仪式、不同
的盛大活动以及参与其中的从赞助者到铁匠的人群，它们给血腥
的竞技比赛提供了背景。当庞贝在公元 59 年被禁止举办演出 10
年时，这些活动是否也都随之停止了呢？无论发生暴乱的原因为
何（是否是由暴躁的性情、当地的对抗和酒精引起的亢奋，或者
某些更险恶的因素联合发挥作用所导致的结果呢？），这样一个
全面禁令都会让城市的日常生活、共享的追求，以及赞助和等级
制度的结构受到严重打击。

答案可能是否定的。塔西佗的拉丁语文献在这一点上是含糊
的：他只是说不许"再举行任何类似的集会"。但仍有一些通知
包含野兽猎杀、运动员、遮阳篷和洒落物这些内容的竞技会即将
举办的广告。这可能是观众期待的全部内容了——只是没有角斗
士。与角斗士最接近的是"运动员"。几乎可以肯定这些广告指
的是公元 59 年到 69 年之间举办的表演。换言之，禁令只是禁止
角斗士表演。其余大体上一切照常，尽管许多庞贝人肯定还是会
觉得，运动员，甚至是野兽都仍不足以替代角斗士明星的吸引力。
事实上，这些表演中的一场就是尼基迪乌斯·迈乌斯为"进献画
作"举行的庆典。如果"画作"果真指的是竞技场护墙上的那些

装饰，那么人们在这场献给精美的角斗士战斗图像的表演中却完全看不到角斗士的身影，这看上去必定是一个令人悲哀的讽刺。

大众情人

目前为止，我们已经从观众和赞助者的角度审视了这类表演。可角斗士和斗兽者本身又是怎样的呢？他们是谁？他们是如何组织起来的？我们是否能重建他们对露天竞技场的看法？角斗士的人生注定是血腥而短暂的吗？

几乎所有的角斗士都是男人。尽管现代学者经常会为可能存在反潮流的女角斗士的观点兴奋不已，但实际上在整个罗马世界，她们只有极少数可能存在。而庞贝则完全没有。从正式的法律地位来看，角斗士位于罗马社会群体的底层。许多都是奴隶，有的则是判刑的罪犯：他们是被征召的，无论本人是否愿意。还有一些是自愿加入的。因为，在罗马世界，成为一名角斗士或许是他们摆脱赤贫的不多的出路之一。简言之，他们至少能以此换得生存，但付出的高昂代价绝不仅仅是危险。他们还丧失了日常的自由，几乎等同于奴隶，掌控他们的是表演团的管理者（lanista）。

管理者在角斗士表演和猎杀野兽的整个生意（这对他们而言是一笔生意）里是关键的中间人。赞助竞技比赛的精英自己并没有用于表演的角斗士。当他们想要举办表演时，就会和这些管理者中的一员谈价格。这种生意大概没有兴隆到有一群人可供他们挑选的地步，不过在庞贝，我们知道的在城市最后 40 年间干这一行的管理者的名字就有 3 个。

最能得到确证的是一个名叫努米利乌斯·费斯图斯·阿姆普利阿图斯（Numerius Festus Ampliatus）的人。例如，广场上的长方形会堂的一面墙上有这样一则广告，通知"努米利乌斯·费斯图斯·阿姆普利阿图斯的角斗士'之家'［familia］将再次献上表演……在 5 月 15 日和 16 日"。按照惯例，阿姆普利阿图斯的表演团被称为他的"家"或"家户"（这更多地是说明拉丁语中的 familia 一词意义非常广泛，而非表面看起来那样是一种厚颜无耻掩盖罪恶的婉语）。广告中没有提到赞助者的名字，可能表明这场表演是纯商业性质的，资金来自之前的一些成功表演（正如"再次"这个词所暗示的）中的获利。他肯定不止在庞贝做生意。另外一则广告宣布他的"家户"在北边位于去罗马路上的中途的福尔米亚（Formiae）城亮相。

管理者的工作包括为自己的表演团获取角斗士，这也许意味着他得在当地的奴隶拍卖会上物色有才华的斗士。可获取之后还要训练他们。人们期望角斗士能饰演各种使用不同类型装备的身怀绝技的角色。例如，"色雷斯人"（Thrax）使用一把短小的弯刀和一面小型盾牌战斗。"鱼头"（murmillones，依据其头盔上的鱼形标志命名）则使用大型长盾。"网人"（retiarius）使用三叉戟和试图用来网住敌人的渔网战斗。管理者的本事必定是训练他的战士们熟悉这些角色，然后巧妙地让他们配对角斗：例如，"鱼头"和"网人"是广受欢迎的一对儿。

他偶尔可能也会从别的角斗士表演团里雇用额外人员填补空位，或是暂时租用一位明星斗士。有一则涂鸦几乎原样复制了一场历时 4 天的表演的节目单，如今它已被剥离了原来的墙面，收藏在那不勒斯国家考古博物馆里。上面记载了管理者的名字马库斯·梅索尼乌斯（Marcus Mesonius），然后列举了各场对决，包括角斗士的名字以及胜利者的名字。好几个人都被描述为"尤里乌斯的"或"尼禄的"角斗士，表明他们受训于皇帝自己在卡普阿开办的角斗士训练学校。他们要么是被梅索尼乌斯终生雇用的，要么是暂时雇用的。我们难免会将其与英国足球队员转会市场做比较，但事实上这里的工作是真实的战斗，而不是绕着球场踢足球。

管理者可能也要训练斗兽士（与角斗士的雇佣价格差不多），并为猎杀表演获取动物。广告上所说的阿姆普利阿图斯的"再次表演"里肯定会包含一场猎杀，但无论如何，要获取并圈养这些动物并不需要掌握什么特殊技能。在罗马城里，皇帝本人偶尔会展出（并杀掉）狮子、大象或犀牛这样的异域动物——它们都是从帝国遥远的地区捕获并运送而来的，可它们是被如何运来的我们并不知晓。1850 年，人们为了将一只小河马从埃及运到伦敦专门造了一艘汽船，船上有一个 2000 升的水箱，还有一群饲养员和当食物喂它的小动物。罗马的帝国代理人如何成功地运送了类似的动物则完全是个谜。不过在庞贝，没有这样的异域动物。我们所掌握的所有证据表明，他们的野兽是在当地捕捉的；而且即使是这样，狗和山羊也比公牛和熊更为常见。事实上，庞贝充满动物的角斗场更像现代动物园里的"儿童天地"，而非野生动物公园。

角斗士和斗兽士大多集体宿营。庞贝有两处地方被认为是角斗士营房。但他们在那里具体是如何生活的，有多少人聚居于此，又在多大程度上受到监禁，我们都非常不清楚——反正远比《斯巴达克斯》或《角斗士》这些电影所表现的要不确定得多。我们也不是很确定这些地方到底是某个"家户"的长期基地，还是提供给过路的表演团暂住的。不过这两座建筑都与角斗士息息相关。

第一座最初是城北的一座大型私宅，在公元前 1 世纪早期成了角斗士的营房，他们居住的房间环绕在宽敞的列柱廊式场地周围，这片场地可能是（或者我们猜想是）用于训练的。由于列柱廊周围有 100 多则由角斗士们自己涂写的或与之有关的涂鸦，这里确定无疑与角斗士有关联。不过这座建筑在城市的最后几年里被弃用了。可能是在公元 62 年的地震之后，抑或是在角斗士禁赛令解禁之后生意开始好转之际，角斗士们住进了大剧院旁边那片列柱围成的空旷之地。

那里看起来是由一个大型的训练区域以及环绕在它边缘的供角斗士们居住的房间组成的（见图 94）。许多房间内部都有一条木头搭成的悬廊，将房间分为两层，尽管 2 个或 3 个角斗士共享一个房间还是会很拥挤。人们在这里没有找到床的痕迹，这表明

图 94　这片广阔的场地四周围绕着住所，在城市最后的岁月里为角斗士提供了一个基地——至少从这里发现的角斗士装备来看是这样的（见图 95）。

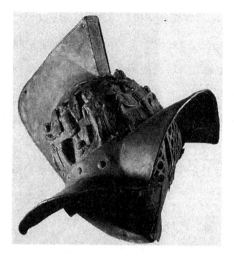

图95　在角斗士住处发现的青铜头盔之一。和其他装备一样，它也有十分精致的雕饰（上面有一个"罗马"女神像），而且保存状况良好，难以想象它在激烈的格斗中被使用过。因此它更有可能是角斗士的仪式性或游行装束。

他们充其量是睡在直接铺在地上的垫子上的。有人认为东边的一些更大的房间可能提供了用于社交的公共场所，在上方还有一间管理者或者他的某个副手居住的房间。也许吧。但实际上我们几乎没有什么证据，这只是现代人的幻想。有一个房间甚至可能被用来当作监狱或监禁区，那里还发现了铁脚镣——尽管人们在18世纪发掘那里时找到的骸骨并不是显然以这种方式被锁住的，而且说实话，脚镣并不必然和角斗士有关系。

我们又何以如此肯定这里就是角斗士的营地呢？答案很简单，就在于人们在列柱廊周围的10个房间里的不寻常发现——青铜角斗士铠甲和武器。它们合计有15具精心雕饰的青铜头盔、14副护胫、6副护肩，以及少量匕首和其他武器。它们大多数都有精心的雕饰，或是经典神话场景，或是罗马权威的象征。例如，其中一具头盔（见图95）展现的是人格化的罗马，周围围绕着战败的蛮族、囚徒和战利品。引人注目的是，它们全都保持着完好的状态。没有一个显示出曾被在战斗中使用的迹象。因此它们也有可能是游行时用来展示的，正如我们在对竞技比赛的开幕游行的再现中所见到的装备。若是如此，那么他们日常战斗使用的装备就全都没有留存下来。

这些角斗士的前途十分晦暗，但还没有糟糕到我们可能想象的那么恐怖。对他们来说，好消息是他们还是一件昂贵的商品。他们中的许多人可能是花高价买来的，而管理者还要训练和养活他们，需要耗费很多资源。他不会想要白白浪费这些资源的。即便那些不死人的角斗士表演不太可能吸引大批观众，即便赞助者希望自己的钱花得值，但对表演团的管理者而言，将死亡人数控制在最低才是符合其利益的。管理者和赞助者之间的协议肯定包含这样的内容，即当某个角斗士失利时，大多数情况下赞助者都应该引导群众允许对其暂缓行刑，而不要当场将其处死。不消说，这也必定符合角斗士的本能。他们一起训练、一起生活，无疑也会成为朋友，想必不会全力以赴相互厮杀。

这就是我们从记录了特定的几场战斗结果的庞贝涂鸦中获得的印象。最有启发性的例子之一是一组在墓冢外找到的带有相应说明文字的图画，描绘的是毗邻的诺拉城举办的为期 4 天的系列竞技比赛（见图 96）。这群角斗士有经历过 13、14 场格斗的老手，还有一名才刚刚战斗过两次的新手。没有失败者被杀掉，因为在他们每个人的图片旁边都写着字母 M，代表 missus，也就是"缓刑"的意思。也有记录了角斗士"战绩"的文字（"战斗 14 场，胜 12 场"），我们从中得知其中两名失利者至少曾两度免遭处死。在梅索尼乌斯举办的表演中，有一天有 9 对角斗士格斗。在这 18 个人中，我们仍能确认其中 8 名取得了胜利、5 名被宽恕、3 名被杀。偶尔我们还能见到庞贝的角斗士参与了 50 多场战斗的记载。

图 96　这些连环画生动地记录了诺拉的 3 场角斗士表演（最上面那对角斗士旁边记录了这个地点），它们被刻画在一座墓冢外面。其中有个斗士是初上战场。也就是中间那个叫作马库斯·阿提利乌斯（M［arcus］Attilius）的人，他被标明是个"新手"（"T"代表"新手"）。在他首战告捷（"V"代表"胜利"）后，他继续与更有经验的卢基乌斯·莱基乌斯·菲利克斯（L［ucius］Raecius Felix）战斗，并取得了胜利。最上方那些乐师提醒着我们，这些比赛必定喧闹无比。

尽管如此，即便战败常常并不意味着死亡，但从我们的标准来看，死亡人数仍然不容小觑。以不那么乐观的角度来看完全相同的这组数据，总共 18 名角斗士中会死掉 3 个，这意味着在每场表演中差不多每 6 个人中就有 1 人死去。虽然样本数据很小，但它与那些总战斗次数被记录下来的角斗士所参与的格斗的次数的总体记录是相符的。的确，也有一些久经沙场的老手，但就我们所知，他们只有四分之一战斗过 10 场以上。而我们若从相反的角度来考虑，也就是说有四分之三的人在第 10 场战斗前就死去了，这意味着每场战斗有 13% 左右的死亡率。即便我们假设他们并不经常战斗（有人估算每年 2 到 3 场），如果他们 17 岁跨入角斗场，就已经能预见自己会在 25 岁之前死去。

但如果说长寿与角斗士的生涯无缘，他们或许会收获名望。有些角斗士无疑是场上明星，他们的名字出现在表演的广告上，其中有一位叫菲利克斯的，他与几头熊的对决在一条公告中得到了特别强调。身穿特别盔甲的角斗士的人像也遍布全城，通过你能想象到的各种媒介——小型雕像、陶土油灯上的图案，或者青铜碗的把手——出现。其中一名角斗士有一个一米多高的雕像，位于露天竞技场附近的一家酒馆外，似乎起到了商标或酒馆标志的作用。角斗士们可能到处都能看到自己的人像。

人们常说他们对庞贝以及罗马世界各地的女人都有着极大的性吸引力。讽刺诗人尤维纳尔曾写过一则带有一些虚构成分的故事，说某个罗马贵妇与一个极为粗野的角斗士私奔了，她显然是被这种古代版的"粗野性伴侣"所吸引，倾心于他那危险的职业生涯所散发的魅力。罗马人在想象中确实是这样看待角斗士的。不过当我们试图跟随这些幻想来看待庞贝人的真实生活时，却发现要小心谨慎地对待它们。我们已经看到了（见本书6页）那个庞贝贵妇和她的角斗士情人在角斗士营房里被抓个正着的神话，它就仅仅只是一个神话。而一些有关角斗士的性吸引力的其他证据也需要再度予以审视。

庞贝最有名的几则涂鸦就是关于两名角斗士及其女粉丝团的。"大众情人凯拉都斯（Celadus）""女孩们的偶像，凯拉都斯""'网人'克莱斯凯斯（Cresces）把夜间、白天和其他女郎都治得服服帖帖"。想象一些痴情的庞贝女性在城里徘徊，并把她们对凯拉都斯和克莱斯凯斯的激情永久留在途经的墙上，这一幕十分美妙。而她们的确常常被现代学者如此看待。但事情没有这么简单。这些涂鸦位于角斗士旧营房里面。它们并非女孩的白日梦。这是角斗士们自己写下的，既是男性的自我吹嘘，也是几位年轻斗士令人心酸的幻想，他们自知命不久矣，或许永远都不可能拥有自己的女孩，或至少无法长久拥有。

当我们试图重建古人的日常生活时，发现证据的具体地点至关重要。

第 9 章

住满神明的城市

其他居民

庞贝城里到处都是男神和女神。到目前为止，我倾向于将这些在这座古代城市的居民的生活中无比重要的各路神祇仅仅当作背景，他们一定会对此感到无比惊讶，无论他们怎么看待我接下来的叙述。不夸张地说，这个城市里的男神和女神的肖像数以千计。如果你把它们加在一起，无论大小、无论以什么媒介出现，那么它们在数量上很可能要超过人类居民。

它们自然在类型、外形、尺寸和材质上千差万别——既有大型的涂绘的如海报女郎般的维纳斯（见图97），不自然地伸展着四肢躺在一个大贝壳上，表明她生于海浪的神话故事，也有"家户保护神"拉尔（Lares）翩翩起舞的青铜小雕像（见图98）或用来为天平配重的墨丘利半身青铜小雕像。有些可能是为了激发人们的敬畏之心：例如在广场上的神庙里发现的巨型朱庇特大理石头像（见图99）。此外还有开玩笑的戏仿，比如"米南德之家"私人浴室里发现的那些生动俏皮的讽刺画（见图51），或者一些阳具被夸大的普利阿普斯神的肖像（见图36）。还有像"尤里乌斯·波利比乌斯之家"里的那个有意做成旧式风格的阿波罗青铜像，它不仅被人们尊为圣像，而且无疑是一件珍贵的艺术品。许

图 97 罗马神明在想象中以各种各样的伪装出现。这个身旁伴有一个小丘比特的维纳斯，看起来非常像是现代的海报女郎，令人感到尴尬。

图 98 "家户保护神"拉尔的青铜小雕像，穿着他们的特色短袍（据说是用狗皮做的），手上还拿着一只献祭的碗和满溢的丰饶角。

图 99 朱庇特的庄严面孔。这个巨大的头像发现于广场上的三神庙的废墟之中。

多传统的标准化图像看起来就很安全，如身着长袍和头盔的密涅瓦或一身猎人行头的狄安娜。但像印度神祇拉克西米的象牙雕像（见图 11）或是长着狗头的埃及神祇阿努比斯（Anubis）的微型图像就并非如此了。对一些庞贝人而言，它们在最好的情况下极富异域情调，在最坏的情况下则令人感到怪异和危险。

我们如今倾向于对这些古代神祇的肖像太想当然。我们常常乐于认出能够识别神祇身份的关键属性（如果这是一道闪电，那么它一定是朱庇特），然后就此止步。这就低估了这些肖像在古代世界中所起到的文化和宗教作用。古人不像我们今天这样会探讨神力是否真实存在的问题。作为一种智识或宗教立场的无神论是完全不可理解的。事实上，除了在犹太教和基督教信徒之中，在公元 1 世纪时，认为只有一个神而非许多神的看法几乎同样是怪异的，尽管它后来成了一种共识，甚至得到了异教徒的认可。但这并不意味着古代的多神教信仰本身不存在争论和热议。可能会令罗马人产生严重分歧的，并不是诸神是否存在这样的问题（对他们来说这是事实，而非信仰），而是关于他们到底长什么样子、不同的神之间有何关联，以及他们是如何、何时和为何介入人类生活的问题。例如，他们完全有可能想知道众神是否真的具备人的形态（或者他们与人类到底有多么相似），或者他们是否真的关心凡人的生命。他们如何向人类显明自身？他们的性情有多么反复无常或善良仁慈？是朋友，还是一直都是潜在的敌人？

在这个意义上，庞贝人在日常生活中所见到的身边许多男神和女神的肖像，远比我们所设想的更有意义。无论是标准的、有趣的、昂贵的还是具有异域风情的，它们都是人们想象世界中的物质形态的神圣居民的方式。大小、形态和外表都很重要。朱庇特的巨型雕像不只是一个浮夸的造物，它还是一种表现神力的方式、一种表现了他可以如何被以物质形态——既是字面意义，也是比喻意义——描绘出来的方式。古代的宗教非常重视肖像。

没有圣书的宗教

在许多重要方面，古代罗马和意大利的传统宗教与现代世界大多数宗教都有所不同。他们有许多神祇，数量也不固定（当地可能会不断发现新神，或引入异邦神祇），但是罗马宗教与犹太教、基督教和伊斯兰教的显著区别远不止这两个方面。同样的不同之处还有：个人信徒不必持有某些信条，不存在基督教教义或记录教义的权威性神圣文本这类东西。但这并不意味着彻底的宗教自由。毫无疑问，与现代的有圣书的宗教相比，他们有着更多选择。但关键的事实在于，这个社群是通过行动和仪式来彰显它对宗教的遵守的，而非言辞。我们马上就会看到，无论在庞贝还是在别处，用牲畜献祭是其中最重要的一项活动。

该宗教体系的重心在于作为一个整体的社群，而非其中的个体成员。没错，许多庞贝男女或许会声称自己与一位或多位神祇保持着某种私人关系。他们或许会在自己的生活中发现神祇的影响，可能会在或大或小的危急关头向它们求助。城里至今还留存着与此相关的许多书面证据。剧院的走廊里就有一则涂鸦祈祷维纳斯关照一对年轻的夫妇："科米尼亚（Cominia）的奴隶米忒（Methe），来自阿泰拉（Atella），爱着克莱斯图斯（Chrestus）。希望庞贝的维纳斯女神善待他们，并祝他们百年好合。"在"尤里乌斯·波利比乌斯之家"里，有两个人留下了他们对家户守护神许下的愿望："为了盖乌斯·尤里乌斯·菲利普斯（Caius Julius Philippus）的幸福、归来和成功，普布利乌斯·科尔内利乌斯·菲利克斯（Publius Cornelius Felix）和库斯皮乌斯（Cuspius）的奴隶维塔利斯（Vitalis）在此向守护神拉尔许愿。"在罗马宗教的所有层面，无论是公开的还是私下的，这都是一个通行的标准程式：向神祇许愿后，若是愿望得以达成，那么诸神就会被回报以祭品。在这里，这些谦卑的仆人想必是在为房屋里的一位主人祈祷，祝愿他平安归来，无论他在何处。尽管我们发现了许多私人的虔诚表达，但罗马宗教独具一格的特点，体现在宗教与作为一个整体的城市或国家之间的关系上。

简言之，按照官方的说法，只要诸神受到应有的崇拜，他们便会守护并支持罗马，或者更小的庞贝。如果他们受到忽视，则必有灾难降临。照此说来——与19世纪的基督徒观点不同，他们认为维苏威火山爆发是对当地人的异教信仰或对其败坏的异教风俗施加的惩罚——庞贝人自己则更有可能认为，这个城市招致的灭顶之灾是一个信号，说明他们的异教神祇应得的崇拜没有得到正确执行。罗马人与诸神打交道时有一定的手段："你尊奉神，神就帮你"有时可以被视为罗马宗教信仰的主要指导原则。不过，如果以我们之前已经在庞贝精英和其他市民的关系中看到的那种庇护、崇敬与施惠的相互性出发，我们或许可以更好地理解这一点。庞贝居民看待他们的神祇的方式之一就是将其视为双执法官，只不过他们具有神话色彩，而且强大得多。

诸神到底隶属哪个社群是一个棘手的问题。自同盟战争以来，庞贝的宗教就混杂着罗马人和庞贝人的各种信仰。和罗马的其他地方一样，这是罗马的集中化倾向和很大程度上属于地方的特殊性相互妥协的结果。这就意味着，我们眼中的"同一个神祇"（密涅瓦、阿波罗、朱诺或者其他神祇）可能实际上在不同城市里有很大的差别。受人祈求保佑米式和克莱斯图斯的爱情的庞贝的维纳斯（Venus Pompeiana）就是很好的例子。因为，庞贝的维纳斯有全罗马世界都能认出的典型的罗马外观，她有时也会被与苏拉的殖民地的庇护女神这个角色联系起来，但她同时也拥有其独特的庞贝特性、势力和组织，以及一个或许可以追溯至奥斯坎时期的复合头衔"维纳斯·菲西卡"（Venus Fisica，我们说实话并不确定它是什么意思）。更引人注目的差别则体现在宗教仪式和庆典中。尽管罗马的和庞贝的有重叠之处，而且罗马各地到处都能发现牲祭，但还是有许多庆典是当地独有的，它们依据当地的历法和风俗举办。

　　基本的政治公理将社群的兴盛与其对诸神的崇拜联系起来，与之并行的还有祭司制度的结构与特性。在大多数情况下（尽管在本章末尾我们将会看到一些例外情况），祭司并不是由受到特别的宗教感召的人来担任，也并非全职的宗教官员，更不必对教区的会众进行道德和宗教上的训导。诸神祭司通常也就是城中处理政治事务的人。正如兼任政治领袖及祭司的西塞罗所说，"在我们的祖先受诸神感召而设计和草创的诸多事迹中，最英明的决策莫过于将对诸神的敬拜和国家的最高利益托付给同一批人"。

　　结果就是，在庞贝生活中许多出乎我们意料的地方也能发现宗教的痕迹。例如，它在整体上与政治的各个层面都息息相关，以至于罗马皇帝本人都被当作神祇对待，拥有自己的祭司。它也会在一些我们原本认为应该有宗教参与的领域缺席。例如大多数婚礼都没有举行庄严的宗教仪式。事实上，按照罗马人的说法，婚姻通常是"通过实践"来缔结的：用我们的话说也就是"通过同居"。如果共同居住超过一年，也就相当于结过婚了。

正是基于这样的背景，在本章接下来的部分，我们将会检视庞贝宗教生活的遗迹。有个经典的笑话说那些考古学家们习惯把所有他们无法完全理解的东西贴上"宗教的"标签，无论是地上奇怪的洞口，还是墙上的阳具和蛇的涂鸦，这一定程度上符合真实情况。尽管如此，我们还是要尝试识别出城里哪些地点或物件算得上宗教性的——从主要的公共神庙、祭司和仪式出发，以对埃及女神伊西斯的崇拜结尾，自 18 世纪以来，后者是庞贝宗教中让大多数参观者浮想联翩的一个方面。可我们也会想要知道，人们在神庙或圣祠里做什么、说什么，有时甚至会想要知道当他们人在这里时脑海中可能在想些什么。要记住，最重要的一点是，他们的反应是千差万别的，既有愤世嫉俗的，也有对虔敬之心的厌倦。罗马人在这类事情上也并不比我们更加意见一致。

城市神庙

对我们而言，神庙是罗马宗教最显著的标志之一，人们从柱子、三角形屋顶（或"山形墙"）和通向高台（podium）的阶梯能立即将其辨认出来。游客从高台处穿过高大的门进入建筑内部以及任何门后的空间。罗马人有一整套的不同类型的神圣空间，既有一位神祇可以说是"亲自"现身的地方，也有那些可能可以看到神祇降下的征兆的地方。我们此前已经提到过在"埃特鲁里

图 100　这幅 19 世纪的重建图画的是三神庙，两侧各有一道拱门。这幅图细节很准确，但它或许把这座神庙及周边环境表现得过于宏伟、高大和干净了。

亚柱之家"地下曾发现了一座早期乡村神龛或一片圣林的痕迹（见本书 35—36 页）。而我们稍后在本章中还会看到，在城市的最后一段时期，城里还有大量独立的祭坛和其他神圣场所。不过，令庞贝和其他罗马城市的城区景观别具一格的还是这些神庙的独特形制，这就好比教区教堂在英国村庄里是宗教的标志一样。

　　不过，与每个英国村庄里只有一座教区教堂相比，正如你可能会想到的，鉴于庞贝拥有众多神祇，城里也有许多神庙，然而没有一座神庙能够容纳可能干预了城内居民生活的所有男神或女神。它们大小各异，有着不同程度的重要性，其历史背景也迥然相异。有的甚至能追溯至城市发展的最早的时期。广场旁边的阿波罗神庙最迟应该建于公元前 6 世纪。而在所谓的"三角广场"（取名自公元 1 世纪时环绕神庙而建的三角形柱廊）上的那个密涅瓦和赫拉克勒斯神庙（见图 101）也同样如此。实际上，这里在火山爆发时可能早就是一片古旧的废墟了，尽管也有考古学家将这些断壁残垣归咎于早期发掘者的破坏性发掘技术（更不用说同盟国的炮弹轰炸了）。

剩下的大多数神庙都可追溯至公元前 2 世纪或之后。其中只有一座能让我们准确重建其修建的背景环境。福尔图娜·奥古斯塔神庙（Temple of Fortuna Augusta）的名字组合几乎难以翻译，这座小神庙是献给幸运或成功女神（福尔图娜）和皇帝的权威（形容词"奥古斯塔"可以混乱地或便利地指代第一个皇帝奥古斯都本人或更宽泛意义上的皇室权威，因为后来的皇帝都会把"奥古斯都"作为自己的头衔之一）的。根据现存的一则铭文，这是当地一位权贵、曾三度担任双执法官的马库斯·图利乌斯（Marcus Tullius）出资建造的，并且修建在他捐献给城市的自己的土地上。然而，他在这件事上十分谨慎，不愿意让别人对自己到底捐献了多少土地产生误解。神庙后面有一个石头界标，上面写着"马库斯之子马库斯·图利乌斯的私人地产"。

与神庙联系在一起的神祇有时是易于辨认的。例如，在广场一端居高临下的那座神庙就只可能是（朱庇特、朱诺和密涅瓦）三神庙——在许多或者说大多数罗马城市中，三神庙就位于这个重要的地段（见图 100）。女神福尔图娜·奥古斯塔的名字在铭文中被明确提到。而对于其他几个，我们不管怎样就只能靠猜了。海门旁边那座俯瞰大海的庞大神庙极有可能是维纳斯神庙——可是，除了一尊破旧的雕像以及这样一个信念，即城里某个地方必有一座献给这片殖民地的保护神的大神庙，我们并没有确凿的证据。而事实证明，那座蜷缩在剧院旁边高高的界墙后面、几乎

图 101　从城外仰视三角广场上的密涅瓦和赫拉克勒斯神庙。这幅虚构的重建图（注意那个驾着双轮战车兜风的御者）清楚展现了庞贝城内的梯度，它是建在不同的水平面上的。

图 102　一位早期的游客在"甜蜜的"朱庇特（或阿斯克勒庇俄斯）神庙的废墟间休息，或抓住机会对时光流逝做一些浪漫的沉思。甚至连这座很小的建筑也具有一座罗马神庙的标准结构：有一个用来放置一个或多个神像的房间（cella），还有一个外面的祭坛。

难以看见的小神庙真的是一个谜（见图 102）。考古学家们近来回到了"艺术史之父"J. J. 温克尔曼（J. J. Winckelmann）的理论——他曾于 18 世纪中期游历庞贝，并称这里是医神阿斯克勒庇俄斯（Aesculapius）的神庙——同样，人们除了这里发现的一尊医神雕像就没有更坚实的证据。也有人将其称为"甜蜜的"（Meilichios，"甜蜜蜜"之意——与冥界神祇相关的一个称谓）朱庇特神庙。他们的依据是一则提到了叫这个名字的神庙的铭文。如果这并非"甜蜜的"朱庇特神庙，那么它必定仍在城里的某个地方等待着人们去发现（如今也有人认为它可能在城外，他们将城墙外的一座神龛与其匹配起来）。我们还将再次看到，许多这类猜想之间有一种多米诺效应——确认了某一个就很容易颠覆另一个。

这些神庙的整体造型或许是我们所熟悉的。但里面的情形就陌生得多了，而且要出人意料得多。神庙并不是一群敬拜者聚集的场所或举行宗教仪式的地方。任何一座希腊或罗马神庙的核心功能都是为了安置某个男神或女神的雕像。我们不应该想象有人在这些建筑的昏暗内室里举行血腥的献祭活动。这类活动通常都是在室外举行的。神庙是安置某个神像或"祭拜雕像"的地方。拉丁文里最常见的用来指称神庙的词不是 templum，而是 aedes，它仅仅是"房屋"的意思。

然而，神庙里完全只有雕像立在那里的情况也是很少见的。许多神庙里都堆着一堆杂乱的东西，有时还是非常珍贵的东西。人们向满足了自己的一个愿望的男神或女神献上的祭品常常摆放在这里。例如，或许有人向阿斯克勒庇俄斯承诺如果自己的病情有所好转便向他献上礼物，而一旦他得以痊愈，就会把他当初许诺的礼物存放在神庙里。这里也经常展出一些雕像和其他艺术作品。在罗马城里，人们喜欢把丰富的战利品或镂刻在铜板上的权威法典放在神庙里，可能也会在神像周围开展各式各样的活动。罗马元老院就利用几座神庙里的空间集会，而最富有的一些公民会将自己的遗嘱存放在女神维斯塔的神庙中，农神庙的地下室则被用作罗马的国库。所有这些贵重物品都意味着，神庙必定得到了它们的看守者（集保安、清洁工和维修人员的职责于一身）的妥善看管，夜间大门紧锁，只有在监督下才向公众开放。

庞贝的情形也是如此。乍看上去，相关痕迹比我们可能想象的要微弱——或者是因为当火山爆发时，像维纳斯神庙这样的庙宇还在维修，或者是因为灾难过后，神庙里那些珍贵的装置和设备使其成了显眼的掠宝对象（毕竟在这两种情况下考古遗迹的情形都非常相似）。当然，也有可能是神庙忠诚的看守者在逃难时转移了更珍贵的部分财物。

不过各种有效的证据还是留存了下来。我们此前已经看到，公元前 146 年从科林斯劫掠而来的战利品被陈列在了阿波罗神庙里或附近地区。在这座神庙所在的广场上，还陈列着一对华丽的阿波罗和狄安娜青铜塑像（狄安娜如今只剩头的部分了），以及一块奇怪的"世界之脐"（omphalos）——这是在德尔菲的最著名的阿波罗神龛的神圣标志之一——的复制品，这再次展现了庞贝广泛的文化包容性。我们甚至能够了解一些有关这些神庙可能使用过的安保措施的信息。沿着福尔图娜·奥古斯塔神庙的正立面还能看到可以封锁这座建筑的金属栏杆的遗迹（见图 103）。一位研究庞贝的权威专家曾向我保证，它们是 19 世纪时为了阻止游客攀爬这座古迹而添加上去的。这仅仅是它们看起来的情形。但它们实际上是被用来阻拦古代庞贝人的。

即便城里损毁最严重的古迹也能向我们提供有关神庙里的生活和运作情况的信息，比我们一眼看过去可能认为的要多，还有有关它们的祭拜雕像和曾经放在那里的其他珍贵物品的诱人线索，以及公元 79 年庞贝城里发生的有时令人意想不到的故事。一个很好的例子是朱庇特、朱诺和密涅瓦三神庙，至少从罗马殖民者抵达这里时它就供奉着 3 位神祇，这界定了庞贝城是一座罗马城市。说实话，如今它已经没有什么看头了（见图 104）。它的台阶和一些可悲地截短了的柱子还留在前面。在高台上，还能清晰看见神庙的内室，以及里面原有的两层内部柱廊的稀疏遗迹。远端的壁龛里原本可能陈列着 3 位神祇的雕像。以其目前的状况来

图 103 这幅福尔图娜·奥古斯塔神庙的 19 世纪重建图正确地描绘了在神庙外和门廊里举行宗教仪式的场景。画家在其中加上了金属栏杆（尽管高度还不足以阻挡蓄意破坏者），并使用花彩装饰物让建筑外观显得更加漂亮。但在神庙面前敬拜的众人看起来却令人难以置信地浮夸。

图 104 三神庙如今只剩下荒凉的废墟。至于广场这一端在火山爆发时有多么破败，仍是有争议的。

看，这个地方是沉闷、简朴实用的。不过，我们在"卡伊基利乌斯·尤昆都斯之家"的一条小饰带上还能看到它在古代时的生动模样（见图5）。尽管雕饰的意图是展现地震带来的破坏（这座神庙可能在地震后再也没有恢复原样），但它也为我们提供了一幅这座建筑最初的环境及其一些装饰的很好的——或许有些虚构的成分——剪影。神庙室外台阶上嵌着一个平台，祭坛就立在平台上。台阶的两侧还各有一座骑士雕像，而祭坛后方的6根柱子被雕工省去了2根，目的是向我们展示通往内室的大门，门上方的山形墙还装饰着一个花环或花冠。

我们还有关于该建筑的原初外观及其用途的其他线索。首先，神庙立于其上的高台不是实心的。它内部中空且含有一间地下室，你既可以从神庙内部的一些楼梯走进去，也可以从东边那扇开在路面水平面上的门进入。光线可以从嵌在地下室上方的地板上的通风井进来。单独这个事实就表明这个房间有其实际用途。因为，如果从来没有人走进去过，为何要提供照明呢？有观点认为，这里是为了储存楼上多余的祭品的：当神庙的看守者觉得需要来一场大扫除时，他不会把表达虔诚的祭品扔掉，而是小心翼翼地把它们存放在地下室里。也有观点认为这里是市议会的金库，就像罗马城的国库在一座神庙的地下室里一样。这两种情况都有可能。不过遗憾的是，除了一些各式各样的雕好的大理石，没有任何迹象表明火山爆发时这里还有什么其他的东西。

此外还有清晰的迹象表明，这里的装饰一度比如今看起来要华丽得多。地面上镶嵌着大理石拼贴的几何图案（所谓的 opus sectile，即"碎块形工艺"），内室的墙壁上也有色彩鲜艳的涂绘。这些绘画如今已经褪色，几乎无法辨认，但当这座建筑在 19 世纪早期被第一次发掘出来、这座神庙是该遗址的参观热点之一时，它们是清晰可见的。事实上，这里正是诗人雪莱在 1818 年 12 月参观庞贝时为自己选定的野餐地点。虽然这里的光线原本十分昏暗——因为这里除了正门并未发现其他明显的光源——但这个有柱廊、雕像和丰富的装置与设备的内室必定非常壮观。这个地方的面积超过 10 米 × 15 米，敞开大门就可以让里面的活动一览无余，它可能是当地议会开会的地方。

也就是说，如果这里不是有太多碍事的杂物和小摆设的话。19 世纪的发掘者们发现了几则铭文，上面记录了愿望得到满足（其中还有一个为皇帝卡里古拉祈福的人）的人们献上的祭品，还发现了为纪念一个名叫斯普利乌斯·图拉尼乌斯·普罗库鲁斯·盖利阿努斯（Spurius Turranius Proculus Gellianus）的男人而建的一尊雕像的基座，这个人曾在罗马城和拉维尼乌姆（Lavinium）城担任过各种职位。他和庞贝有什么关系，以及人们为何在这片荣誉之地为其修建雕像（如果这里就是其原始位置的话），我们都不得而知。发掘者还在神庙里面和周围发现了大量雕塑碎片。威廉·盖尔在 19 世纪 30 年代描绘了这堆聚集在一起的古怪东西，让它们变得别有风味："这里发现了许多青铜手指……还有描绘一位头戴弗里吉亚帽的老人手里牵着一个小孩的一组雕像，有半英尺高；一位妇女抱着她的婴儿……一只手、一根指头和一个脚掌的一部分，都是大理石雕成的；两只穿着凉鞋的脚；一只胳膊和许多其他的巨大残片。"

在这一切之中最显眼的是一副巨大的大理石躯干，它只可能是神像的一部分，还有两颗引人注目的头像：朱庇特那颗巨大的有胡须的大理石头像（见图 99）以及一个稍小的女性头像（朱诺或者密涅瓦的）。这两个头像通常被认为是 3 位神祇的祭拜雕像仅存的部分。若是如此，那么这些雕像必定是我们所谓的"石首石肢木身（acrolithic）雕像"。这是古代一种受欢迎的制作庞大人像的方法，如果全部用坚固的大理石雕刻的话，雕像就会过于庞大、沉重而昂贵，而全部使用青铜成本就会高得多。于是人们就用木头或金属制作身躯，并将大部分身躯覆以各类布料，仅仅用大理石制作手、脚和脸部。这就部分解释了博物馆中的古代雕塑为何总是些巨大的大理石四肢和头部。这不仅仅是因为雕像容易破碎（的确易碎），也因为通常最初用大理石制成的也就只有手、脚和头部。

不过，如果进一步观察这些遗迹，火山爆发时的这个三神庙就会显得奇怪。首先，那个男性头像和硕大的躯干绝不可能属于同一尊雕像。其次，这些珍贵的祭拜雕像的残片为何会散落得到处都是也是一个谜。或许这是由火山爆发时的无效抢救工作造成的，也可能是由之后的仓促劫掠所导致的。但在这里更有可能的是，神庙中混乱的总体局面是由（在一场或多场地震之后）尚未完工的修复工程引起的，但倘若如此，他们为何对这些古老的雕像如此漫不经心？当官员们看到他们的那些神圣庄严的古老雕像的零件就散落在神庙地板上，真的会感到高兴吗？最奇怪的是，大理石躯干的后背上还有另外一幅浮雕，刻着 3 个小型人像。这块大理石显然是被重复利用了。我们近来猜测，这块硕大的男性胸部原本是用一块浮雕雕刻而成的。所有这些因素与其他努力获得的十分零散的证据结合起来，使一些考古学家认为，这座建筑在公元 79 年时并不仅仅是在修葺，它实际上不再被当作神庙使用，而是被当成雕塑储藏室、工坊和工地办事处。我们没有必要

图 105　"甜蜜的"朱庇特神庙里发现的一尊雕像：一座赤陶神像，既可能是医神阿斯克勒庇俄斯的，也可能是朱庇特的。

担心这些古老的祭拜雕像受到了怠慢。尽管这里发现的一些东西令人印象深刻，但它们只是储藏室里的多余碎片。

我们如今无法确知详情。不过，有关阿斯克勒庇俄斯的小神庙还有一些有趣的推论，以及随之而来的一连串的可能的故事。那座神庙里有 3 个赤陶雕像：一对男女全身雕像和一座一眼就能认出来的做工粗糙的密涅瓦半身像。在温克尔曼看来，男性形象是阿斯克勒庇俄斯（见图 105），那么女性就是他的女儿、另一位司健康的神祇许革亚（Hygeia），再加上密涅瓦。不过，让我们暂时假设三神庙在火山爆发时不再被当成神庙使用。庞贝人肯定会想把其中的祭拜雕像存放在安全的地方。在小神庙里发现的 3 个神像就同样有可能是朱庇特、朱诺和密涅瓦的了。有什么能够反驳它们正是被暂时存放在路边这座神庙里的来自广场的雕像的理由吗?

没错,它们并不十分巨大,也不是用大理石而是用赤陶土制成的。密涅瓦也只是一尊半身像。不过,在宗教里,神圣并不总是意味着绚丽夺目。有时最不起眼的物件具有最强的宗教能量。可能——仅仅是可能——我们找错了摆放朱庇特、朱诺和密涅瓦神像的地方。

祭神: 公开的与私人的

庞贝广场上有一座祭坛,刻在上面的是一个举行最具有代表性的古代仪式——牲祭——的场景。我们在这里看到的是其经典形式,和罗马作家的描述以及遍布罗马世界的出现在从硬币到凯旋门上的成千上万幅图像一致。它值得我们深入观察。因为,有些细节和差别不是我们这些现代人能够立刻发觉的。场景中央是一个三脚桌,在这里相当于可移动的祭坛。挨着它的那个献祭者可能是一名祭司或者政府官员(因为二者都需要代表自己的团体献祭),他正在背诵祷文,并同时奠酒和撒香。他身穿一袭托加袍,却把部分衣料拉过头顶,这是献祭的规定。背景中有一位乐师演奏着双管,而在他身后的随从们(包括一名孩子)则拿着其他装备,其中那种造型奇特的碗和罐子如今已经塞满了那不勒斯国家考古博物馆的展柜。在三脚桌的另一侧,3 个奴隶将一头体格健壮的公牛牵入场景中。他们赤裸着上身,这副打扮是专门为稍后的宰杀准备的。其中一个手里拿着宰杀要使用的斧头。

图 106　献祭一头公牛。和罗马艺术中常见的一样，广场上的祭坛描绘了一场牲祭的准备场面，而非宰杀活动本身。图中人物的社会和政治等级被表现得十分明显，形成了鲜明的对比：一边是打理牲口的半裸的奴隶，而左边则是身上大部分罩着袍子的精英祭司，他正在背诵祷文。

　　当然，这是一幅高度理想化了的献祭画面。它相当于一张纪念性的集体照，或者说——鉴于它刻在一个大理石祭坛的正面，而这里可能真的举行过献祭——它为仪式的参与者提供了一幅完美描绘他们的所作所为的图像。那头公牛不仅很顺从，而且体形很大。据估算，像这种体格的动物（假定参加献祭的人都是中等个头）身上差不多有 500 千克的肉。但我猜测，在真实情况下，献祭通常不会这么秩序井然，牲畜会更小一些，也没有那么昂贵。但即便如此，我们仍能从中获得身临其境之感：嘈杂声、音乐声和即将四溅的鲜血。我们还看到了一些仪式中体现出来的等级划分和社会习俗。官方的献祭者本人立于祭坛一旁，身上大部分披着袍子。他要宣读仪式辞令，但不必费力宰杀牺牲或弄脏自己的双手。这项苦活将由奴隶完成，他们因此不得不袒胸露背。即便（或者说尤其）是在举行仪式的时刻，罗马社会的等级区分也依然彰明较著。

　　献祭的目的是什么呢？它在某种程度上是献给神祇的一份祭

品。牲畜被屠宰之后，肉会被分走。一部分由参加献祭的人享用，一部分被卖掉，但有一部分要被放在祭坛上焚烧——肉香作为献给诸神的礼物阵阵飘向天界。它同时还能使人弄清神意。牲畜被宰杀后，脏卜师会观察牲畜尸体的内脏，寻找神的征兆。例如，在尤里乌斯·恺撒被刺杀前举行的献祭中，据说动物尸体内没有心脏。不用说，这肯定是个不好的兆头——尽管也有罗马人对此感到怀疑，认为没有心脏的动物是不可能活着的。

但献祭同时为我们提供了一个在更宏大的尺度上理解世界秩序的模型。动物不断被人类宰杀，并被献给诸神，这本身就是宇宙等级秩序的一个象征：人类位于中央，一边是野兽，一边是诸神。而献祭后的肉的分法，以及有时随之举办的公共盛宴，无不是在重申人类的团体属性以及自身内部存在等级制度。（在罗马世界里，很少有哪种公民救济不是在重申社会的等级差异——救济物被更多地分发给富人而非穷人，这对我们而言是一种令人不安的颠覆，因为我们总是倾向于认为贫民应该分到的更多。）献祭是罗马世界里最接近教义的东西——一种需要付诸行动的教义。如果像基督徒那样拒绝献祭，也就相当于拒绝传统的罗马宗教。甚至连素食主义都不仅只是一种道德或生活方式的选择。如果不参与献祭后的分享肉食，那么素食主义者就会把自身置于危险的境地，与献祭所代表的社会和宇宙秩序形成对立。

我们还希望能了解到更多有关庞贝献祭的具体细节。比如，它的资金从哪来？有多少人会亲眼看到？脏卜师是否如那份西班牙的规章所提到的那样，隶属于双执法官？有多少人会分食祭品的肉？在何地分食？罗马城在有些情况下会在广场摆设桌子。庞贝是否也会这样做？有多少肉最后会被宰杀者卖掉？甚至有现代历史学家宣称所有食用肉都来自献祭活动，是否果真如此呢？我认为事实并非如此。但如果那个被称为"市场"的建筑主要是卖肉的市场，那么它至少和城里的主神庙挨得很近，十分便利。

我们同样想知道更多的有关献祭在何时举行、隔多久举行一次的情况。在兑现誓言或者大灾过后为了安抚神祇时，人们可能会为一位神祇举行一场献祭。它或许标志着重大的历史事件或周年纪念日：皇帝即位、神庙奠基的周年纪念、新市政官员的就职，或者某位神祇的特别庆典。至于那种特别而盛大的牲畜宰杀到底多久举行一次——这里不是指那种把葡萄酒、香和谷物倒进祭坛的火焰里的简陋"快速"仪式——我们就只能猜测了。

有意思的是，那个描绘了三神庙在地震中摇摇欲坠的雕工，在三神庙附近还描绘了正在举行的献祭的场景（见图5）。其中那个巨大而独特的祭坛上显眼地刻着一只猪，但事实证明我们很难将其与广场上的任何一处遗迹对应起来。不过我们没有必要按表面去理解它，而且完全没有必要假设献祭活动恰恰在地震时进入高潮。更有可能的情况是，雕工正在试图捕捉能够象征被打断的城市生活的各种活动场景。在广场上的神庙旁，除了一个上身赤裸、手执斧头的男人把一头大公牛拉去屠宰，还能有别的什么呢？

古代的宗教庆典可能也十分有趣。我们其实非常不了解庞贝和其他地方的参与者是如何看待宰杀献祭牲畜这件事的。诗人贺拉斯曾多愁善感地沉思一头他想要献祭的小羊羔（"它的额头，刚刚鼓起两只新角，满怀爱与战斗的希望／然而这一切都是徒劳……"）。不过贺拉斯的例子可能不具有代表性。无论如何，随后举行的盛宴必定是欢乐而喜庆的。在许多其他的敬神方式中，敬拜者自身也会享受到欢愉。我们已经见到，表演、戏剧和默剧是庞贝的"娱乐与竞技"的一部分。它们以宗教内容为核心，作为庆典的一部分上演。意大利戏剧同样深深扎根于宗教庆典，丝毫不亚于希腊戏剧。许多早期"戏剧"都是在神庙前的台阶上即兴创作的，神祇就从庙内俯瞰这一切。在庞贝，大剧院就是通过一条巨大的楼梯与三角广场及位于其上的密涅瓦和赫拉克勒斯神庙直接相连的——这种联系在此也指向了戏剧的宗教层面。

　　我们碰巧最了解的是庞贝城的阿波罗神的庆典。几乎毫无疑问的是，还有许多其他神祇的庆典。不过，多亏奥卢斯·克洛狄乌斯·弗拉库斯幸存下来的墓志铭（见本书 266 页），我们看到了他担任双执法官时 3 次出资赞助的"阿波罗竞技比赛"庆典的简短流程。我们已经介绍过一些他举办的表演的类型：斗牛、拳击和默剧。墓志铭中还强调了"游行"是其中的一项。游行在古代宗教活动中也是一个特色鲜明的因素。祭司、各路官员、社团成员和特定行业的代表会列队穿过街道。有时队伍中也会出现神像，甚至是从神庙搬来的，或是以花车运输予以展示，或是将其安置在可移动的平台上扛在肩上。伴随着音乐、抛撒的香和（如果赞助人足够慷慨的话）扔向观众的小礼品，这些庆典将城市、城市中的官员、代表和神祇——向城市自身——展示出来。

　　显然，游行是转瞬即变的活动，要追踪它们穿过城市的路线是困难的。这就相当于要根据实物遗迹重建伦敦市市长就任游行的路线或一场皇家婚礼的游行线路，有人能办到吗？我们已经看到，有一种观点认为最主要的游行路线是从三角广场的旧神庙到主广场（这条路大部分时间都畅通无阻，也没有酒肆这种不体面的因素），并且想象游行队伍在密涅瓦和赫拉克勒斯神庙这个旧宗教中心与三神庙这个新中心之间移动。情况可能的确如此。不过，无论他们的确切路线如何（根据不同情况肯定还有不同的路线），我们在雕塑和绘画中有一些相关活动可能看起来的样子的证据。

在上一章中，我们已经看到了在露天竞技场中举办竞技比赛之前的游行的情形。墨丘利大道上的酒肆的正对面有一座可能是理发店的建筑，它的正立面上有一幅精美的绘画，更加生动地展示了活动的风格。在这座建筑外墙上发现的绘画大部分都已经遗失了。根据早期的副本判断，它们画的是 3 位男神和女神——墨丘利（通常与贸易和商业相关）、福尔图娜（代表好运）和密涅瓦（通常是工艺品和手艺的守护神）——再加上代达罗斯，这位神话中的工匠最著名的事迹就是为米诺斯王修建迷宫、打造了导致其子伊卡洛斯死亡的一对翅膀。不过幸运的是，其中一个场景很早以前就被搬进了那不勒斯国家考古博物馆（见彩图 5）。它画了另一个可移动的平台（拉丁语中的 fercula），与露天竞技场表演的游行队列中载着铁匠模型的那个平台类似。这个平台也是由 4 个人抬着的。它肯定很沉，因为人们挂着棍子支撑自身，而且它似乎要比之前那个更华丽——上面有一顶华盖和一个饰有花朵和叶子的框架。

在平台上展出的是 3 组人物模型。后端有女神密涅瓦的一尊雕像。绘画的这个部分严重损坏，不过她的衣服和标志性盾牌还能看见一部分。中间是在工作的 3 位木匠，其中一位显然在刨一段木头，而另外两人则在用锯子锯木头。最前面的场景非常令人困惑：一个身穿短袍的男人手里拿着一个圆规，站在一个赤裸着躺在地上的男人身旁。有个有吸引力的观点认为，这个站着的人应该还是代达罗斯，因此，该场景的这个部分应该与某个关于手艺、木工的神话有关。可地上那个人又是谁呢？是代达罗斯制作出来的雕像吗？或者是他的侄子珀尔迪克斯（Perdix）？代达罗斯因为这位聪明的小伙子发明了圆规和锯子而妒火中烧并杀死了他？无论如何，我们看到的肯定是木匠——可能代表某家工坊，也可能代表城里的整个木工行业——在队伍中扛着的一个生动场景。它是有关阿波罗竞技会上弗拉库斯的"游行"可能包含哪些内容的罕见证据。

　　献祭公牛、游行、戏剧表演……所有这些都是全城范围内的仪式。那么，在更局部或更私人化的背景下会发生什么呢？事实上，有大量证据可以证明，在城市的居民区和大大小小的私人住宅里，神祇无处不在。许多十字路口都设有神龛和祭坛，而在庞贝的房屋里，最有特色和最容易辨认的特征之一是一种我们如今用拉丁词语 lararium 称呼它的神龛，即"家户之神"或"拉尔"的神龛（尽管直到庞贝毁灭了几个世纪之后这个术语才开始在拉丁语中得到使用）。其中有的十分精美，立于豪宅的中庭或列柱廊中。例如，我们之前提到过，来参观"悲剧诗人之家"的游客的目光是如何穿过房屋直接被吸引到列柱廊花园后墙上的那座神龛上的。不过，许多其他神龛都朴实得多，常常被安置在厨房或奴仆居住区里。实际上，如果没有太多的装饰，我们很难把普通的架子或壁龛与这些外形朴素的"神龛"区别开来——那些被现代人自信地在平面图上贴上"拉尔神龛"的标签的东西，其实很有可能只不过是一个摆放日常家庭用品的架子。

　　在这些最有吸引力的神龛中，有一个位于"维提乌斯之家"的小中庭里（见图 107）。覆盖整个后墙的那幅绘画包含许多在"拉尔神龛"上常见的典型角色。左右两边都是拉尔本人，他们身穿暴露的短袍，手里拿着角杯和酒桶。这些小小的神祇常常与房屋

图 107　"维提乌斯之家"的拉尔神龛是留存下来的最有吸引力的神龛之一。在扭动的蛇的上方，两个拉尔（与图 98 中的拉尔的青铜小雕像十分相似）分别站在一个身着托加袍的男人两边，中间那人可能是家主或他的"守护神"。

的庇护和福祉有关，或者有时是与一个居民区的庇护和福祉有关（当它们作为"十字路口的拉尔"出现时）。在普劳图斯的一出戏剧中，一位在舞台上作开场白的家神发现了房子里藏着的一个罐子，里面装着黄金。而盖乌斯·尤里乌斯·菲利普斯的两个家户成员正是向拉尔为主人的平安归来起誓。不过，与许多其他神祇一样，他们也没有神话来源，即便罗马人自己也对他们的历史以及他们到底属于哪种神祇有争议。

　　在场景的中央，一个身着托加袍的男子站在两个拉尔之间，袍子拉过了头顶，仿佛正在献祭。事实上，他是在从左手那个盒子里抓出香来撒。人们可能自然认为他就是该家户的主人

图 108 一群敬拜者。很难确定在一座庞贝的房屋里能举行哪种类型的宗教仪式。这幅简略的绘画看起来画的是某种形式的集体敬拜。因为,在那个巨大的家神旁边,我们看到有男女老少一群人聚集在一座祭坛周围。

(paterfamilias),不过考古学家倾向于认为——在我看来理由并不是很充分——他是家主的守护神(genius)。不过这个差别或许也不是很重要。因为,无论他是什么身份,都是在向拉尔献祭。在他下方还有一条扭动的大蛇:它象征着繁荣、肥沃和对房屋的庇护(这是人们通常的说法)。

在许多情况下,男神和女神的小雕像都立在拉尔神龛的边缘或架子上。有时就是拉尔本身的雕像,不过人们发现了范围广得多的神祇的雕像——或许我们由此能对庞贝人在神祇上的偏好有一些了解(或者至少是那些有钱置办小雕像的富人,这些雕像大部分是青铜雕像)。除了拉尔,墨丘利也是最受欢迎的神祇,紧接其后的是埃及众神(在本章末尾我们还要对其进一步加以探讨)

和维纳斯、密涅瓦、朱庇特和赫拉克勒斯。

重要的问题是，如果有人在这些神龛旁举行了仪式，那是什么样的仪式呢？我们之所以知道有人在路口的神龛旁曾举行过献祭，原因很简单，因为我们至少在其中一处发现了灰烬和燃烧物的痕迹。这或许是由附近发现的几个涂绘名单上提到的"主席"和"随从"组织的活动（见本书285页）。至于在私人住宅里，一个常见的看法是，所有的家户成员——主人、奴隶和其他门客——会定期在拉尔神龛旁聚会，由家主主持向神祇献祭。不过这似乎不太可能。这不仅是因为它听起来和维多利亚时期的家庭祷告传统过于相似，而且还因为这种神龛有时会设在非常狭小的房间里，根本不可能让许多家户成员聚集在它周围。尽管如此，人们在一间小房屋的拉尔神龛旁发现了一幅不寻常的绘画，看起来画的正是这样的情景（见图108）。

在两个巨大的家神中间，一位家主正在祭坛边献祭。这不是那种整套的牲祭，但和广场上的那个献祭场景一样，上面也画了一位吹双管的乐师。家主身后站着的是他的妻子，而在右面还画着另外13个人，除了站在前排相同位置的小男孩，他们全都将右手放在胸前。同样，我们不能过于从表面上理解这幅画。无疑，这一群人不可能挤进发现这幅画的那个狭小房间。不过，它肯定暗示的是某种通常由整个家户参与的在拉尔神龛旁举行的仪式——而且，正式的站姿要求他们在献祭的过程中行罗马版的"合十礼"。

就像游行的情况一样，重建家庭中的宗教生活所面临的问题在于，除了一些灰烬留存了下来，这类仪式很少留下考古学痕迹。只有在极偶然的情况下，我们能从地上发现的残留物中探查到宗教活动的迹象。在一座房屋的后部，发掘者发现了一个填满碎石的深坑，上面有一块标记着 FULGUR（意即"闪电"）的瓦片。这会不会是在遭到一次雷击后为安抚诸神而举行的活动的一部分？在对"阿玛兰图斯之家"及酒肆的最近一次发掘中，人们在地上发现了一些古怪的坑洞，既有罗马占领时期的，也有之前时期的。较晚的坑洞内有绵羊和公鸡的骨头以及碳化了的无花果和松子。在较早的一个坑洞内则有一个新生仔猪、一些谷物，完整的水果以及无花果和葡萄籽。发掘者认为在这里找到了献祭的证据（仔猪的骨头有一些被烧过，而刀痕则表明猪肉被吃了一些），同时还有献祭用的整个水果和谷物，它们的剩余部分在献祭后被仪式性地掩埋了起来。换言之，这可能是在家庭里举行的某种宗教仪式的罕见证据——当然，除非它属于那句流传已久的笑话所说的那种情况："宗教"只不过是一种我们用来解释那些不容易理解的奇怪现象的便利后备理由。

政治与宗教：皇帝、随从与祭司

罗马宗教是一个灵活且可扩展的系统。新的男神和女神被从异邦引了进来。事实上，罗马人将释奴纳入公民主体的方式与其将新神请入万神庙的方式极为相似。不过新神也可以来自凡人：人神之间的界限有时是可以跨越的。在罗马神话中，赫拉克勒斯和阿斯克勒庇俄斯生来都是凡人。但这并不仅仅限于神话。许多罗马皇帝变成了神。

这个过程十分复杂，不同时期、不同场合、在罗马世界的不同地方采取不同的形式。有时罗马元老院会正式宣布一位罗马皇帝在"去世"之际成了神，还会授予他一座神庙和祭司。在一些省份，对活着的皇帝予以宗教崇拜是其对罗马表达衷心的主要方式。有时皇帝只是被比作一位神祇，享有与众神"相等的"荣誉，但并不完全等同。这一切并非像通常所描绘的那样粗陋（或愚蠢）。在罗马，人类与神祇之间的区别主要被视为权力上的区别。罗马人的全能而唯一的统治者在这个权力光谱中处于什么位置，几乎注定会引起争议。或者换句话说，如果诸神可以被视为更有权势的双执法官，那么权力远为强大的皇帝就可以，或者说必须被视为一位神祇了。简言之，有神性或准神性的威权是我们理解并呈现人类独裁统治的一种方式。

皇帝和罗马精英可以用各种方式来利用皇权所具有宗教性。在发现我们今天通常所谓的"皇帝崇拜"（imperial cult）能有效传达行省社群的忠心的同时，始皇帝奥古斯都还将自己小心地插入了罗马城居民区的宗教组织之中。传统上对"路口的拉尔"的崇拜被调整为对"皇帝的拉尔"的崇拜，以此提升这些地方崇拜的主要参与者——奴隶和释奴——对皇帝统治的忠诚度。不过，对于皇帝变神这件事，也有一些揶揄和嘲讽的声音。有一部讽刺作品写的就是步履蹒跚的老克劳狄乌斯试图在天界占据一席之地（《升天变瓜记》[*Apocolocyntosis*]）[1]，作者可能是哲学家塞内卡，它是现存的拉丁语文献中最有意思的作品之一。据说皇帝维斯帕先在临死前还自嘲了一番："天哪，"他说，"我觉得自己正在成神。"

那么这些神圣的皇帝对庞贝城产生了什么影响呢？正如在罗

---

1 描绘了克劳狄乌斯皇帝死后，天神拒绝接纳他成为自己的一员，而是发配其去冥府摇骰子。

马城一样，对皇帝的崇拜渗入（或被强迫加入）到了各种传统宗教形式中去。在马库斯·图利乌斯出资建造的神庙中，幸运女神与皇帝权威的结合就是一个典型的案例。在庞贝，我们没有直接的证据能够证明，那些在路口的崇拜像在罗马城一样具有皇帝崇拜性质。不过，有一批铭文向我们揭示，其他传统的神祇最终有可能被皇帝排挤出去。在城里的某个地方——我们不知道在哪儿——必然曾有一个献给墨丘利和他的母亲迈亚（Maia）的神龛。对他们的崇拜的证据只剩下了几块记有具体日期的铭牌，上面记录了官方祭祀人员（奴隶和释奴占了绝大多数）的献词。在时间最早的铭牌上，只记录有这些祭祀人员给墨丘利和迈亚的献词（或将他们自身仅仅描述为这两位神祇的侍从）。后来皇帝奥古斯都加入了其中："奥古斯都、墨丘利和迈亚的侍从。"公元前 2 年之后，奥古斯都彻底取而代之。在后来的献词中，再也没有提及原先那对神祇。

也有全新的与皇帝有关的因素被引入当地的宗教活动中来，包括新的祭司。正如我们已经提到过的，城里的重要祭司都来自精英等级，是兼职处理政府宗教事务的官员——我们猜测，他们有时主持献祭，有时就宗教决策和行动向议会提出建议。从提到一名"马尔斯的祭司"的文字来看，他们或许隶属于各个神祇。而自殖民地建立以来，其他人就隶属于我们或许可以称之为由祭司组成的"委员会"的组织（以罗马城里的组织为模板）。我们知道，在罗马城里，鸟卜师（augures）会关注众神降下的征兆以及其他事务。此外还有大祭司（pontifices）一职，他们主要针对宗教法、历法和丧葬礼法相关事务提供建议。仅仅在这里，妇女能担任正式的职位。维纳斯和刻瑞斯就有各自的公共女祭司。富有的优马奇娅就是这样一位"公共女祭司"，玛米娅也是。我们不清楚她们具体的宗教职责是什么。甚至有人怀疑，罗马妇女实际上是否被允许行祭。但她们肯定花了大量现金并捐助了公共工程。正如我们已经看到的那样，一则残缺的铭文表明，优马奇娅在广场上捐助的大型建筑与玛米娅捐助的相邻。

除此之外，还有专属在位皇帝的祭司职位，一般是由一些身份最显赫的公民担任，包括马库斯·霍尔科尼乌斯·鲁弗斯。其职责必然包括在重大的皇室活动和纪念日举办祭祀活动。但也很有可能，担任皇帝的祭司一职是获得首都的帝国统治集团的关注的一条捷径。在远离首都的地方，即便奥古斯都祭司在城内还有许多其他职能，但正如他们的名称所表明的，他们必然也要承担崇拜皇帝的一定责任。

人们还修建了新的神龛与神庙。和福尔图娜·奥古斯塔神庙一样，广场东边也有一座建筑是专门为皇帝崇拜修建的。那个带有献祭场景的祭坛正是来自这座神庙。实际上，正是这个祭坛本身暴露了它与皇帝奥古斯都的关系：其背面的设计图案的主要内容是公元前29年时元老院投票授予奥古斯都的两项荣誉（橡树化环和桂冠）；向献祭者的面容与那位皇帝的非常相似。我们据此推测这里可能就是负责皇帝崇拜的祭司为皇帝献祭的地方。

这样一来，我们得到的整体印象是，皇帝在庞贝的宗教世界里变得越来越重要。但或许还不至于像某些现代学者所宣称的那么重要。或许可以想见的是，考古学家和历史学家越是对罗马的皇帝崇拜感兴趣，就越是随处都能发现实物遗迹。简言之，你想要什么，就越容易找到什么。在庞贝，由于我们缺少关于广场东边那几座建筑的用途的大量证据，再加上这股热情，这就促使人们将其中至少3座建筑或建筑的组成部分归为崇拜皇帝的场所。

除了带有祭坛的这座神庙，隔壁那座建筑常常在毫无证据的情况下被贴上"皇帝崇拜建筑"的标签（尽管还有观点认为这是个图书馆，可在我看来也没有好到哪儿去）。而在市场后面，有人认为那里还有另一个皇帝神龛。这个观点主要建立在 19 世纪早期的发现上：一条手里握着一个圆球（皇室的标志？）的大理石手臂、一对被认为是皇室成员的雕像——不过也有人认为他们是两位当地权贵（困难在于认出他们是谁）。仿佛这还不够似的，有些富有想象力的学者主张广场中心的混凝土墩就是献给皇帝的一个大祭坛的基座。

如果这一切都是真的，那么公元 79 年的庞贝广场则只能被描绘为向皇室表达政治忠心的纪念建筑，其规模之大足以令现代世界最强硬的一党政权也为之哑舌。幸运的是，几乎没有一丝证据能够证明这一点。

强大的伊西斯

庞贝城里有基督教徒吗？这在公元 79 年时并不是没有可能。不过没有确凿的证据可以证明他们的存在，除了一种比较常见的罗马文字游戏中的一例。这是那些正着读和反着读完全一样、巧妙但几乎毫无意义的词组中的一个。事实证明它（差不多）是写了两遍的 PATER NOSTER（"我们的父"）的同字母异序词，还有两组字母 A 和 O（就像基督徒的"Alpha 和 Omega"）[1]。这种游

---

1 Alpha 和 Omega 是希腊字母表的第一和最末两个字母。主神在《启示录》1:8 说：我是阿拉法，我是俄梅戛，是昔在今在以后永在的全能者。

戏后来的一些例子确实看起来与基督教有关。这一个或许也有关系……也可能无关。那则几乎立即就消失了的据传包含"基督徒"（Christiani）一词的木炭涂鸦，几乎可以肯定是虔诚的想象所虚构的。不过关于犹太人的存在我们有更确凿的证据。虽然没有犹太教会堂被发掘出来，但至少在一则希伯来语铭文中，有几处可能指的是犹太圣经，还有那则著名的提到所多玛与蛾摩拉的涂鸦（见本书 32 页），以及一些可能属于犹太人的名字——更不用提那些符合犹太教规的可食用的鱼露了（见本书 30 页）。

　　尽管如此，除了我们已经提到的传统宗教，庞贝人还有其他的宗教选择。最早从公元前 2 世纪开始，意大利就有了能为人们提供非常不同的宗教体验的宗教。它们通常有入会仪式以及那种个人情感上的虔诚，而这在传统宗教中不是关键要素。它们还会向人们承诺死后能得到重生。这在传统的宗教结构框架中同样不是非常重要的，因为对其而言，死者会如阴影般继续存在，可以在墓冢上收到虔敬后代供奉的祭品——但这无疑不是一种十分令人满意的存在方式。这些宗教有差不多全职的祭司（偶尔也有女祭司），和庞贝的鸟卜官与大祭司不同，他们有训导信众的职责，过着一种特别的宗教生活。例如，他们可能会穿独特的衣服，或将头发剃光。他们一般来自异邦，或至少用容易识别的异邦标志来凸显自己的身份。

　　事实证明，我们总是倾向于歪曲和美化这些宗教。它们并非基督教的直接前身，也并不是作为传统宗教的对立面出现，向信众提供朱庇特、阿波罗这类神祇没有给予的情感和精神满足。它们并非靠承诺一个能弥补现世悲惨境遇的幸福来世来吸引信众，信众也并非主要由妇女、穷人、奴隶和其他弱势群体组成。这些宗教是罗马多神教非常重要的组成部分，而不是外在于它，尽管它们与罗马政府当局之间的关系并不稳定，有时甚至有些尴尬。因此，像酒神巴库斯（或狄奥尼索斯）崇拜和东方女神库柏勒（亦称"大母神"）崇拜都同时有一个适合公众的和一个更为神秘的形式。有入会仪式的神秘的巴库斯崇拜曾在公元前 186 年遭到罗马政府的严格限制，差不多就是全面禁止。埃及女神伊西斯的祭司曾几度被驱逐出罗马，但伊西斯教后来却从罗马皇帝那里获得了官方赞助。

　　这些宗教中有几种出现在了庞贝，尽管没有完备的组织。我们已经看到了"秘仪别墅"里的那些壁画，虽然令人困惑且无法得到彻底解读，但它们揭示的神秘场景以及对入会者必须忍受折磨的暗示，无疑充斥着一些巴库斯崇拜的元素。人们在离露天竞技场不远的一座房屋里发现了各种与东方神祇萨巴济乌斯（Sabazius）有关的物件（见图 109），尽管这里到底是不是像人

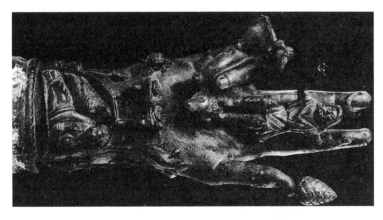

图 109　在庞贝发现的这个青铜手一般与东方神祇萨巴济乌斯有关。其意义和用途都不明了，不过饰有与崇拜相关的标志（例如拇指顶上的松果）。有一种观点认为它们是用来在杆子上展示的，或许还会出现在游行队列中。

们通常声称的那样是一个完备的神龛仍然存在争议。不过，到目前为止，这些宗教在庞贝城中最显赫的当属对伊西斯和其他埃及神祇的崇拜。

伊西斯有许多面孔，从船员的庇护神到众神之母，不一而足。不过，在有关她的神话中，一个关键因素是她使丈夫欧西里斯（Osiris）复活，后者被弟弟赛特（Seth）杀害并肢解。伊西斯将丈夫的尸体拼凑在一起，甚至继而怀上了他们的孩子荷鲁斯（Horus）。这则神话是一个提供了死而复生的希望的故事，受人崇拜。公元 2 世纪时，阿普列乌斯（Apuleius）在小说《金驴记》中描写了她的罗马信众中的这种宗教氛围。在小说中，叙述者卢基乌斯（Lucius）在历经一系列可怕的冒险后终于加入了伊西斯教。他描述了这个过程的开端：受洗礼、斋戒（不吃肉不喝酒）、教友赠礼、穿上新的亚麻衣服。不过他当然没有揭示其终极秘密："好奇的读者啊，你可能会焦急地询问，他们之后又说了和做了些什么。如果我可以，我当然会告诉你；若有他人告知，你也会找到答案。不过你们的耳朵和我的舌头都会因这种鲁莽的好奇而

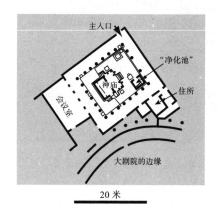

图示 21　伊西斯神庙。与庞贝传统的公共崇拜场所不同，伊西斯神庙里有供朝拜者集会的空间，甚至可能还有祭司的起居室。

受到同样的惩罚。"不过他在之后的确解释得很清楚，该宗教所承
诺的是克服死亡："已经触到了死亡的界限……我通过所有元素
得到重生，并返回人世。"

　　庞贝的伊西斯神庙是城里保存最完好、也最少遭受劫掠的建
筑之一（见图示 21）。大剧院赫然耸立于它的身旁，使其蜷缩在
旁边的一个小角落里，而它在火山爆发不久前才得到彻底的重建，
公元 79 年时处于完全正常的运转状态。一面高高的幕墙将其与街
道隔绝开来，只留有一个位于两层台阶之上的主入口，还有一扇
巨大的木门。残存的遗迹使 18 世纪的发掘者还能看到，这扇门是
由 3 块木板组成的。只有中间的部分用于日常的进出。它在节日
场合大概会完全敞开。

图 110　这座伊西斯小神庙仍然令现代游客像 18 世纪的游客那样浮想联
翩。由于火山爆发时它还在完全正常地运转，在随后几年里也未曾遭到
劫掠，因此为我们提供了一幅展现城里的一个宗教中心的最生动的画面。

这扇门通向一个有柱廊的庭院（见图110）。中间是一座小神庙，周围有其他建筑，庭院之外还有更多的房间。神庙用砖与石块砌成，外部刷上了灰泥，上面还有绘画。庭院本身的墙壁上有壁画，几乎没有一处未曾被装饰过。庭院周边及神庙自身的壁龛里都放置着雕像。在此，我们很快又遇上了贴标签和重建的老问题。考古学家对这些遗迹观察了数百年，试图将其与古代作家笔下对伊西斯崇拜的仪式和组织的描述对应起来，并给各个部分命名。因此，像西边的那个大房间通常被人以希腊语名字"ekklesiasterion"（会议室）称呼，并被认为是入会成员聚会的地方。它可能是的。不过，关键在于，这个建筑群与城里传统的向公众开放的神庙到底有何区别，以及不同的装饰和在不同的地方找到的东西是如何可能指向不同的功能的。

首先需要强调的一点是，这里不是向公众开放的，它并不会来者不拒。这个宗教只接受入会成员。其次，这座建筑非常适合宗教集会，其内或许还有一两位常驻祭司。无论会议室是否真的是教派成员聚会的地方，这里有许多地方都可供人们集会和一起做事情。此外还有一间大型餐厅、一个厨房以及可用来睡觉的地方。正如我们在其他地方所见到的那样，这里的光线同样很成问题。人们在其中一间储藏室里就发现了58盏赤陶油灯。

部分区域的具体功能是足够清楚的。神庙里原本安置着伊西斯和欧西里斯的祭拜雕像。但人们却并不是在里面的高台上发现它们的，而是在所谓的会议室里发现了一颗精致的大理石头颅，附近还有一些其他的大理石肢干（一只左手、一只带胳膊的右手，以及两只脚的前部），很可能是神庙里的石首石肢木身雕像的残余部分。神庙的祭坛在外面的庭院里，它对面是一个小型方形建筑，围住了一个凹陷的水池。考古学家称其为净化池（purgatorium），无论是否正确，它的确很有可能与清洗与净化有关，在古人对伊西斯宗教仪式的讨论中，我们常常能看到对这一点的强调。而且，不是什么水都能起作用的。至少从理论上来说，伊西斯教的入会者会用专门从尼罗河运来的水洗浴自身。

同时，无论里面发生过什么，会议室及其隔壁房间的装饰都显示出它们与其他区域有所不同。庭院的装饰画里有几幅显然画的是埃及的宗教场景，但大多数看起来都与神庙里的崇拜和伊西斯神话没什么特别的关联。相比之下，这两个房间显然具有埃及风情。会议室里原本至少有两块巨大的画有神话题材的饰板。一幅是欢迎新入教者的完美象征：它描绘的是逃离赫拉的希腊女性伊娥（Io），伊西斯亲自欢迎她来到埃及（见彩图 18）。另一个房间里陈列着画有与伊西斯有关的符号或女神本身及其仪式的绘画。除了那 58 盏油灯，这里还塞满了各种宗教设施和埃及纪念品，从一个小斯芬克斯到一个铁三角桌，应有尽有。

这里给我们留下了一个文化熔炉的整体印象。例如，标准的古典肖像（例如默剧演员诺尔巴努斯·索雷克斯的青铜雕像）和维纳斯这类传统神祇的塑像竟与"真正的"埃及古董——例如一块公元前 4 世纪的写着象形文字的埃及写字板，可能是为了激起人们对"真实"埃及的想象——共同出现。这座建筑里保存得最完好的伊西斯像也同样体现了这种融合（见图 111）。这座雕像制作于公元 1 世纪，却采用了几百年前的希腊雕塑风格。要不是她一只手上拿着特色鲜明的拨浪鼓（sistrum），另一只手上曾经拿着古埃及十字架（ankh），很难说她是埃及的神祇。我们很难不产生这样的感觉：在与传统的意大利公共事务的联系及自身所

图 111　这幅图很好地展现了庞贝的伊西斯崇拜所具有的文化融合属性，它同时跨越了埃及、希腊和罗马的文化传统。这幅 19 世纪的绘画描绘了一尊拿着埃及象征物的伊西斯女神雕像。不过雕像本身却又带有明显的希腊雕塑风格。

具有的神秘的埃及"他者性"之间，这种崇拜保持了很好的平衡。而所有那些在家户的拉尔神龛上与拉尔、赫拉克勒斯或墨丘利小模型并肩而立的埃及神祇，也都透露出了同样的信息。

伊西斯崇拜中的传统元素在主入口上方记录修复情况的铭文里得到了很好的描绘。上面写着："努米利乌斯·波皮迪乌斯·凯尔西努斯，波皮迪乌斯之子，在伊西斯神殿于地震中坍塌后，用自己的积蓄将其从地基开始加以修复。鉴于他的慷慨，议员们指派他免费成为市议会成员，尽管他年仅 6 岁。"神庙里还有这个家族施惠的其他标志。凯尔西努斯的父亲，"老努米利乌斯·波皮迪乌斯·阿姆普利阿图斯"（Numerius Popidius Ampliatus, Senior）捐赠了一尊巴库斯雕像。他们的名字还以黑白马赛克嵌片的形式与克蕾莉亚·凯尔萨（Corelia Celsa，可能是妻子和母亲）的名字一同出现在了会议室的地板上。

正如我们已经看到的那样，老波皮迪乌斯看起来似乎想用修复这座神庙的方式来让自己的幼子跻身庞贝的政治精英之列。我们无法确定波皮迪乌斯·阿姆普利阿图斯是否因为是一名释奴而无法在城里的政坛中晋升，不过这个名字的确曾出现在"奥古斯都随从"的名单里，而他们大多都是奴隶或释奴。因此看起来这极有可能。不过更有意思的是，在以施惠与慷慨为标志的庞贝市民晋升之路的这种游戏中，修复伊西斯神庙竟然很容易地被视为具有重要意义。伊西斯崇拜有入会仪式，或许在某些方面的确显得陌生而又奇怪。但说到底，它是一种公共崇拜，占用公共土地，像福尔图娜·奥古斯塔神庙一样是一种貌似有用的提升社会地位的工具。对庞贝居民来说，伊西斯是众多宗教选择中的一种。

在 18 世纪 60 年代，伊西斯神庙是首批现场得到了完全开发的建筑之一。这是个幸运的发现，它立即激发了欧洲旅行者的想象力。没错，有些煞风景的人认为它小得令人失望。不过它让大多数人感到了双重的兴奋：能同时对古埃及和古罗马有所了解。它的异域风情中带着一点邪恶的感觉，这给了 1769 年前来游览庞贝的莫扎特创作《魔笛》的想法。50 年后，它激发了布尔渥 – 利顿的灵感，在《庞贝末日》中塑造了那个卑鄙的共谋犯，埃及人阿尔巴克斯（Arbaces）——这个角色被套上了所有可以预想得到的带有种族偏见的刻板印象。但它还要为甚至更强有力的神话负责。因为，正是这座神庙几乎未被扰乱的原始状态促进了"我们的"庞贝神话——一座中途被打断的城市——的形成。

事实上，当火山浮石开始倾盆而下时，最后的祭品还在祭坛上熊熊燃烧着。至少人们是这么说的。

后记

亡者之城

尘归尘

早期前来庞贝遗址的访客都是穿过墓地进入城市的。如今我们在一个现代的游客中心购买门票、地图、旅行指南和瓶装水，仿佛进入这座被掩埋的城市就和进入一个忙碌的火车站一样。我们18世纪的先行者通常沿一条古路进城，壮观而动人的亡者纪念建筑排列在道路两旁。

罗马人将死者埋在城外。他们没有在其他设施之间的埋葬死者的城市中心墓地或乡村墓园。相反地，在庞贝，就和在罗马城一样，先人的纪念建筑都挤在城墙外进出城市的道路两旁。古代旅人进入庞贝前，常常要先路过那些生活在几十年前或者几百年前的前人的栖居之地。因为，尽管庞贝在全盛期时葬礼上通常会有火化仪式（至少从公元前1世纪罗马殖民者到达这里开始），但这并不能阻止他们建造奢华的纪念建筑。小骨灰瓮被放在具有各种豪华设计外观——从祭坛的模样到精美的半圆形座位或长凳（也为活人提供了便利的休息场所），还有带有柱子和亡者雕像的多层结构——的纪念建筑中。

对于早期的游客而言，这奠定了他们的庞贝之行的基调。庞贝是发生了一出人间悲剧之地，是亡者之城。在他们开始游览之际，首先映入眼帘的墓冢会勾起他们的万千思绪（尽管墓碑的主人多半是在病榻上溘然长逝的），令他们感慨人生的转瞬即逝，以及所有人无论高低贵贱都无法逃避死亡。土归土，尘归尘，这对庞贝来说也是合适的。

不过，在古代庞贝，死亡与纪念当然无论如何都算不上是平等的。这些墓碑恰好反映了那些我们在该城的生活中反复见到的等级差异和不平等。例如那个逃亡失败的小队（见本书 2—4 页），他们共携带着约 500 塞斯特斯，最终在马尔库斯·奥贝留斯·菲尔慕斯的墓冢旁被火山灰吞噬而亡，而仅仅这位曾经当过营造官和双执法官的菲尔慕斯的葬礼的花费就有其 10 倍之多，我们已经领略了其中的讽刺意味。他的墓冢是那种比较典型的较豪华的设计，不过也绝非最豪华的：在一块四周有简陋的围墙的场地中埋着一个骨灰瓮，旁边安着一条赤陶导管，用来输送子孙献上的祭品。除非被后来的一些新宗教更加乐观的主张说服，否则绝大多数罗马人似乎都对死后的生活持有相当灰暗消极的模糊看法。尽管如此，正如我们在此处所见，他们还是会不嫌麻烦地为自己的先祖献上食物，尽管我们并不清楚这些导管多久会使用一次。

庞贝还有许多男女精英的纪念建筑要比奥贝留斯·菲尔慕斯的华丽。事实上，女祭司优马奇娅的墓冢是目前出土的最大的一座，它自带一个露台，高高地矗立在路旁，其中还有一个亚马孙人（神话中的女战士）——它在今人看来必定是对其性别的一种扭曲反映——大理石雕像以及一大片座位区和优马奇娅本人及其几位亲戚、门客的骨灰埋葬地。在一些纪念建筑上，不仅有记录死者所享受的荣耀或所行的善举的文字，还有描绘它们的图像。我们已经看到（见图 72），奥古斯都祭司盖乌斯·卡尔文提乌斯·奎埃图斯的墓冢上刻意提到了荣誉双人席，这是对自身身份地位的一种声明，与其他那些最富有的贵族地主所做的声明一样充满了骄傲。还有的上面带有表现角斗士竞赛的雕塑或绘画，大概是想描绘死者生前资助过的表演。

许多这类纪念建筑上最后都有那种常见的俗众涂鸦，或者被竞技比赛和表演的公共告示覆盖。它们位于路边显眼之处，光滑的表面想必为信息和广告提供了便利的空间。不过我们很难不怀疑，这里也有一种"一雪前耻"的心态在作祟。在这些咄咄逼人的有关财富、权势与特权的记录上乱涂乱画，该是一件多么大快人心的事啊。

不消说，庞贝社会里较贫困的人无法享受这等豪华的最终栖息之地——除非是那些有幸被准许埋在主人墓地里的奴隶或释奴。至于剩下的人，有的或许能在一大片公共墓地中给自己购买一小

图 112　墓冢之路。这幅版画展现的是早期游客入城的路线。从赫库兰尼姆门入城，他们就会直接面对这些纪念建筑。在右边，我们堪堪可以看到一个半圆形的座席，它构成了女祭司玛米娅——歌德在一篇庞贝游记中曾称颂过她——的纪念建筑的一部分。

块。而有的人的骨灰则只能被装在廉价的容器里，直接埋进土里，只用一块普通的石头做标记。即便是这样，对于社会最底层的人而言也还是奢望。在庞贝，就像罗马世界的其他地方一样，他们的尸体可能会被随意抛弃或烧掉，根本没有任何葬礼仪式或永久性标记。

墓穴外的争执

在城外墓地留下永久记号的并非只有庞贝人生活中的不平等。有时候这座活人居住的城市中的争执与争论也会延伸到墓穴外。事实上，古代社会那粗糙的现实最为生动的剪影之一——一段关于友谊得而复失的悲伤故事——就来自努科利亚门外的一处大墓冢，它就在优马奇娅的纪念建筑附近。这是释奴普布利乌斯·维索尼乌斯·费莱洛斯（Publius Vesonius Phileros）的纪念建筑，他在生前预先建好了这座他与另外两个人共享的墓地。它很好地展现了跨越庞贝社会正式等级秩序的人际关系与情感的流动性。因为，费莱洛斯修建的这座墓还将埋葬他曾经的女主人维索尼娅（Vesonia）的尸骨，以及他自己的一位"朋友"，名为马库斯·奥菲利乌斯·福斯图斯（Marcus Orfellius Faustus）的自由民。他们三人的等身雕像——遗憾的是，头颅已经不见了——至今仍在墓冢正立面上层的壁龛里，俯瞰着来来往往的路人。

费莱洛斯在纪念建筑修好后对其做了两处调整。他在晚年时肯定成了一名奥古斯都祭司（Augustalis），并引以为豪，于是他在已经刻了3个人的名字的铭牌上加上了这个称号。由于剩余的

图 113 普布利乌斯·维索尼乌斯·费莱洛斯及其曾经的朋友的墓冢。真实情况仍是个谜，我们只知道在坟墓受托修建后这两人发生了争吵，最后竟以诉讼收场（正如正立面上附加的那块铭牌所说明的）。这座原本是为了纪念友谊而建的纪念建筑成了一块有 2000 年历史的纪念一场争执的纪念碑。

空间不大，因此拼写"Augustalis"的字母较小。另外一处调整则是，他额外加了一块说明他后来与从前的好友福斯图斯发生争执的铭牌。上面写着：

> 陌生人啊，如果你不嫌麻烦，并想获取前车之鉴，就请你驻足片刻。这个我曾经认为是朋友的人——正是他对我提出了控诉，并告上法庭。感谢诸神和我的无辜，使我免于这场飞来横祸。但愿家户守护神抑或冥界诸神都不要接受这个背叛了我们的情谊的男人。

但真实情况仍然令人困惑。例如，为什么要额外加上这段声明，而不是直接把另一个人的名字从第一块铭牌上抹去并扔掉他的雕像？我们又是否能确定声明的作者就是费莱洛斯？有没有可能真正受伤的并不是费莱洛斯，而是福斯图斯，是他把这篇声明附在了昔日好友修建的墓碑上？不过，无论具体细节如何，这都是一段罕见的关于两个普通庞贝人的友谊的故事——最后他们不仅彼此指责，而且还闹上了当地法庭，友谊因此告终。

即便是亡者的纪念建筑也能为我们提供了解一座罗马城市里的生活的宝贵线索。

参观庞贝

庞贝之行几乎从未让人失望过。人们只需随身携带 3 件重要的装备：一份地图（你可以在海门主入口处领取一份）、一瓶水（小瓶就够了，因为里面任何一处喷泉都能灌满）和一双合脚的凉鞋或鞋子（毕竟街道不太平整，对任何高跟鞋而言都充满了危险）。

这里有 3 个公共入口。最便利的路线是搭乘当地从那不勒斯到索伦托的环形旅游专列，然后在 Pompei scavi – Villa dei Misteri 站下车。这样就能从主入口进入了，沿途会不断受到导游和纪念品小贩的夹击。如果你想申请免费或打折门票，就要带上有照片的官方身份证明（护照、驾照或者真实的学生证）。抵达后要记得确认回程的列车时刻表。虽然它们一般都很准时，可即便是有舒适的传统意大利火车站酒吧，在你结束了一天的旅行之后，就是只等半小时也还是会嫌太久。

你也可以选择从露天竞技场或者位于露天竞技场和海门之间的共和国广场（Piazza Esedra）进入。不过如果选择这些入口，你就得走环形专列的一条不同支线（驶向 Poggiomarino），然后在 Pompei santuario 下车，或者走那条南北向的主国道（FS），在庞贝站下车。除非你有什么很好的理由选择其他路线，否则 Pompei Scavi 那条线将会是最佳选择，而且那里还有最好的书店。

你可以从"秘仪别墅"离开庞贝（但不能进入或回到城内，见清单第 10 条）。

广场旁边有个大型自助餐厅和酒吧，在那里你能找到这片区域唯一的厕所（免费使用，但若能留下 50 分的硬币则会受到更热情的招待）。

不过对任何游客而言，最愉快的部分都是在城里的街道上穿行。进入海门之后不久就会到达广场，但不要因为过于兴奋而把太多时间浪费在那里。后面还有好多更大的惊喜呢。一个很好的计划是顺着阿波坦查大道行走——沿途能观赏到各种临街建筑、酒肆、商铺和街道的变化特征。要随时关注交通减速措施、阻塞水流的方式，以及人行道旁那些用来拴动物的小洞，诸如此类。然后随便进入任何开放的房屋。也可以尝试任何一条能避开人流的小巷，就像老话说的那样，想象一下你回到了公元 1 世纪的那个时代。

政府在遗址的经营管理上没有投入足够的资金，这也就意味着，许多你想要一睹为快的建筑可能会谢绝入内。其中有的或许可以通过一个网站（www.arethusa.net）来开放，让你预约在限定时间进入特定的房屋，届时就会专门为你开启。（一般都管用，但并不总是如此。）下面这张清单列举了通常都会开放的前 10 座建筑。如果其中有些是你没有参观到的，那就未免有些遗憾了。

1. "悲剧诗人之家"（见本书 111—120 页）。布尔渥 - 利顿笔下的格劳库斯之家。

2. "屋大维乌斯·夸尔提欧之家"（见本书 149—152 页）。有一座带水景的壮观花园和一个室外餐厅。

3. "海上的维纳斯之家"（见本书 209—210 页）。看一眼展开身体的爱之女神。

4. 斯塔比亚浴场（见本书 329—334 页）。要想了解罗马人的洗浴情况，这里是最直接的观赏之地。

5. 广场浴场和郊区浴场（见本书 334—337 页）。如果你对浴场感兴趣，那么这里和斯塔比亚浴场形成了绝妙的对比，而且郊区浴场里那些色情绘画本身就已经值得一看了。

6. 妓院。有点低级，不过你懂的……（见本书 321—325 页）

7. 伊西斯神庙（见本书 410—415 页）。遗址里保存最完好的神庙。

8. 露天竞技场和旁边的训练场（见本书 352—359 页）。不过要记住，从海门出发到这儿路途十分遥远。你可能要提前考虑一下，到底要不要到这里来。

9. 斯特法努斯的漂洗坊（I.6.7，阿波坦查大道的南边）。较好地展现了一家商业建筑的风貌。

10. "秘仪别墅"（见本书 176—179 页）。即便经过了整葺，里面的绘画还是非常令人难忘。选择这座城外别墅作为游览庞贝的最后一站是一个好主意，这样还能经过沿途的那些墓冢。然后你就能直接离开，回到火车站去了。

如果时间充足，那么在参观完庞贝之后还应该去附近的赫库兰尼姆城看看（也位于环形专列途中，从 Ercolano 站下车只需几分钟的脚程就能走到）。这里的发掘区域比庞贝小得多，不过一些物质材料的保存（尤其是木头）要好得多，游客也更少一些。

在这两处遗址出土的最精美的考古发现，大多都陈列在了市中心的那不勒斯国家考古博物馆里，还有更多的被收藏了起来，或者暂时不对外开放。从 Piazza Cavour 或者 Museo 这两个地铁站就能轻易到达博物馆。周二闭馆，我上次造访时那里只有个没什么可喝的小咖啡馆，不过总比没有强。

扩展阅读

庞贝的相关文献卷帙浩繁，各个语种的都有。我接下来所要提供的资料不可避免是有选择性的。主要目的在于帮助读者进一步探索本书中提及的主要话题，并指明一些我讨论过的不那么常见的材料。其中尽可能地包含了比较容易找到的英文文献——但有时最好的，或者唯一的相关记录也可能是别的语种的。

一般书目

近来有好几部关于庞贝的考古学手册和史书问世。其中特别有用的有：J. Berry, *The Complete Pompeii*（London and New York, 2007）; F. Coarelli（ed.）, *Pompeii*（New York, 2002）, 原文是意大利语，不过译文有点糟糕；A. E. Cooley, *Pompeii*（London, 2003）; J. J. Dobbins and P. W. Foss（ed.）, *The World of Pompeii*（London and New York, 2007）; R. Ling, *Pompeii: history, life and afterlife*（Stroud, 2005）; P. Zanker, *Pompeii: public and private life*（Cambridge, MA, 1998）。这些书常常为我所探讨的主题提供了进一步的信息，而我在下文列出的参考书目中也没有专门提及它们。我引用的许多古代文献（无论是墙上的涂鸦还是普林尼对火山爆发的记述）都能在 A. E. Cooley and M. G. L. Cooley,

Pompeii: a sourcebook（London and New York, 2004）这本书中找到——尽管拉丁文是我自己翻译的，和 Cooley 的译文略有出入。在此我将仅仅提及那些没有包含在这部资料集中的文献。

展品目录是了解这座城市的最佳向导。J. Ward-Perkins and A. Claridge（ed.），*Pompeii AD79*（Royal Academy of Arts, London, 1976）仍然有用。更新的考古发现和前沿解读可参考 A. d'Ambrosio, P. G. Guzzo and M. Mastroberto（ed.），*Storie da un'eruzione: Pompei, Ercolano, Oplontis*（Naples, Museo Archeologico Nazionale, etc., 2003）——可以获得的英文删节版展品指南叫作 P. G. Guzzo（ed.），*Tales from an Eruption: Pompeii, Herculaneum, Oplontis*（Naples, Museo Archeologico Nazionale, etc., 2003）。同样重要且插图极为丰富的还有 M. Borriello, A. d'Ambrosio, S. de Caro, P. G. Guzzo（ed.），*Pompei: abitare sotto il Vesuvio*（Ferrara, Palazzo dei Diamanti, 1997）and A. Ciarallo and E. de Carolis（ed.），*Homo Faber: natura, scienza e tecnica nell'antica Pompei*（Naples, Museo Archeologico Nazionale, 1999），译本为 *Pompeii: life in a Roman town*（Los Angeles County Museum of Art, 1999）。近来在华盛顿国家美术馆的一场重要展览中还包含一份 C. C. Mattusch 编辑的目录，名为 *Pompeii and the Roman Villa: Art and Culture around the Bay of Naples*（Washington DC, 2008）。

有个有用的网站是在庞贝的考古专家自己筹备的（www2.pompeiisites.org）。它有英文版，能够搜到主要建筑的相关信息，还有城里最新的动态（有时候意大利版的更新更加及时）。而与庞贝相关的文献、研究动态（至少到 2007 年为止）以及电子书链接可以在 www.pompeiana.org 这个网站上找到。

引言

有关诺拉门外的发现和菲尔慕斯墓冢的情况在 S. de Caro, 'Scavi nell'area fuori Porta Nola a Pompei', *Cronache Pompeiane* 5（1979），61—101 中有详尽探讨。而在 *Storie da un'eruzione*（*Tales from an Eruption*）（出处同上）中则对他们及另外一些可能是逃难者的人进行了描述。关于庞贝的旅游史和旅游业，以及它在现代文学和电影中的再现，还有些精彩的论文包含在 V. C. G. Coates and J. L. Seydl, *Antiquity Recovered: the legacy of Pompeii and Herculaneum*（Los Angeles, 2007）这本书中；J. Harris, *Pompeii Awakened: a Story of Rediscovery*（London, 2007）则提供了生动的叙述。Primo Levi 的诗歌（由 Ruth Feldman 翻译）引自他的作品集 *Ad Ora Incerta*（Milan, 1984）。

有关古代庞贝人的身材以及从尸骨提取的其他信息在 M. Henneberg and R. J. Henneberg, in *Homo Faber*（同上），pp. 51—53 和 'Reconstructing medical knowledge in ancient Pompeii from the hard evidence of teeth and bones', in J. Renn and G. Castagnetti（ed.），*Homo Faber: studies on nature, technology and science at the time of Pompeii*（Rome, 2002），169—187 中有所分析。在大房子（"尤里乌斯·波利比乌斯之家"，IX. 13.1-3）中发现的那批骸骨的牙齿和其他生理特征是 M. Henneberg and R. J. Henneberg, 'Skeletal material from the House of C. Iulius Polybius in Pompei, 79 AD', in A. Ciarallo and E. de Carolis, *La casa di Giulio Polibio: studi interdisciplinari*（Pompeii, 2001），79—91 这篇文章的研究主题。关于庞贝骸骨的一项权威研究是 E. Lazer, *Resurrecting*

Pompeii（London and New York, 2008）。A. Butterworth and R. Laurence, *Pompeii: the living city*（London, 2005）, 207 探讨了那个渔童。而古人清洁牙齿的配方则由罗马药理学家 Scribonius Largus（*Compositions*, 60）提供。

近来非常重要的著作主要关注的是公元 62 年之后这片地区的地震活动，以及公元 79 年火山爆发的各个阶段。在这个主题上，T. Fröhlich and L. Jacobelli（ed.）, *Archäologie und Seismologie: la regione vesuviana dal 62 al 79 DC*（Munich, 1995）是本重要的论文集，里面有一些文章是英文的。关于火山爆发具体日期的探讨可参 M. Borgongino and G. Stefani, 'Intorno alla data dell'eruzione del 79 d. C.', *Rivista di Studi Pompeiani*（*RStP*）10（1999）, 177—215 和 G. Stefani, 'La vera data dell'eruzione', *Archeo 206*（2006）, 10—13。现代学者通常采用（尽管理由并不充分）塔西佗的说法（*Annals* XV, 22），认为之前那场地震发生在 62 年，而不是塞内卡所说的 63 年（*Natural Questions* VI, 1 - 3）。连续不断的地震给赫库兰尼姆城带来的结果，以及对海岸线变迁的影响，在罗马的 Herculaneum Conservation Project of the British School 这个项目中有深入探讨（www.bsr.ac.uk/bsr/sub_arch/BSR_Arch_03Herc.htm）。

战时轰炸带来的毁损是 L. Garcia y Garcia, *Danni di guerra a Pompei: una dolorosa vicenda quasi dimenticata*（Rome, 2006）这部优秀著作的研究主题（附带许多令人震撼的照片）。妓院中与阿非利加努斯有关的涂鸦则在 J. L. Franklin, 'Games and a Lupanar: prosopography of a neighbourhood in ancient Pompeii', *Classical Journal* 81（1986）, 319—328 这篇文章中得到了（过

于自信的）阐释。A. Koloski Ostrow 在 *The Sarno Bath Complex*
（Rome, 1990），59 中讨论了孩童们的信手涂鸦，而 P. M. Allison
和 F. B. Sear 在 *Casa della Caccia Antica*（VII. 4. 48）（Munich,
2002），83—84 中则分析了那些硬币的压痕。关于尿床人的涂鸦
可参 *Corpus Inscriptionum Latinarum*（*CIL*）IV, 4957。至于在房
屋 VI.1.4 中发现的大肠寄生虫卵，可参考网站：www.archaeology.
org/interactive/pompeii/field/5.html。

第 1 章

关于庞贝的前罗马时期及其发展史，有用的考古学研究著
作包括：J. Berry（ed.），*Unpeeling Pompeii: studies in Region I of
Pompeii*（Milan, 1998），17—25; M. Bonghi Jovino（ed.），*Ricerche
a Pompei: l'insula 5 della Regio VI dalle origini al 79 d.C.*（Rome,
1984）（the House of the Etruscan Column as the site of a rural
shrine, pp. 357—371）; P. Carafa, 'What was Pompeii before 200
BC? Excavations in the House of Joseph II, etc', in S. E. Bon and
R. Jones（ed.），*Sequence and Space in Pompeii*（Oxford, 1997），
13—31; S. de Caro, 'Nuove indagini sulle fortificazioni di Pompei',
*Annali dell'Istituto Universitario Orientale [Napoli]。Sezione di
Archeologia e Storia Antica*（*AION*）7（1985），75—114; M.
Fulford and A. Wallace-Hadrill, 'Towards a history of pre-Roman
Pompeii: excavations beneath the House of Amarantus（I. 9. 11-
12），1995‑8', *Papers of the British School at Rome 67*（1999），
37—144（强调了街道规划的早期起源）; S. C. Nappo, 'Urban

transformation at Pompeii in the late 3rd and early 2nd c. BC', in R. Laurence and A. Wallace-Hadrill（ed.）, *Domestic Space in the Roman World: Pompeii and beyond*（*JRA* suppl., Portsmouth, RI, 1997）, 91—120。R. M. Ammerman, 'New Evidence for the Worship of Athena at the Doric temple in Pompeii's Triangular Forum', *Journal of Roman Archaeology*（*JRA*）17（2004）, 531—536 概括了近来在密涅瓦和赫拉克勒斯神庙的早期发现, 很好用。"黄金手镯之家"（VI. 17 [ins. occ.]. 42）里的赤陶雕像的再利用情况, 在 E. M. Menotti de Lucia, 'Le terrecotte dell'Insula Occidentalis' in M. Bonghi Jovino, *Artigiani e botteghe nell'Italia preromana: studi sulla coroplastica di area etrusco-laziale-campana*（Rome, 1990）, 179—246 这篇文章中有图文说明。

P. Zanker 的 *Pompeii*（同上）在关于公元前 2 世纪（及罗马殖民早期）的该城研究上特别具有影响力。汉尼拔战争对庞贝的影响引发了许多讨论, 其中包括 Nappo, 'Urban transformation'（同上）。"农牧神之家"（VI.12.2）里的亚历山大镶嵌画是 A Cohen, *Alexander Mosaic: stories of victory and defeat*（Cambridge, 1996）的主题; 而 F. Zevi 的 'Die Casa del Fauno in Pompeji und das Alexandermosaik', *Römische Mitteilungen* 105（1998）, 21—65 则将房屋视为一个整体。关于穆米乌斯战利品的辨认, 见 A. Martelli, 'Per una nuova lettura dell'iscrizione Vetter 61 nel contesto del santuario di Apollo a Pompei', *Eutopia* 2（2002）, 71—81。而关于这一时期意大利的"罗马化"进程的更广泛的话题, 则是 A. Wallace-Hadrill, *Rome's Cultural Revolution*（Cambridge, 2008）的主题。

关于庞贝围城的相关记录收录于 F（lavio）and F（erruccio）Russo, 89 A.C. *Assedio a Pompei: La dinamica e le tecnologie belliche della conquista sillana di Pompei*（Pompeii, 2005）。西塞罗在苏拉麾下服役则在 Plutarch 的 *Life of Cicero* 3 中有所提及（不过他自己在演讲词 *Philippic* XII, 11, 27 中提到自己在敌对将领庞培手下服役过）。关于老兵在城市布局中的安顿处的讨论可参 J. Andreau, 'Pompéi: mais où sont les vétérans de Sylla?', *Revue des Etudes Anciennes* 82（1980）, 183—199 ; F. Zevi, 'Pompei dalla città sannitica alla colonia sillana: Per un'interpretazione dei dati archeologici', in *Les élites municipales de l'Italie péninsulaire des Gracques à Néron*（Rome 1996）, 125—138。而将三神庙的历史追溯至殖民地早期，则是 Pompeii Forum Project 这个项目的研究结果（见 J. J. Dobbins, 'The Forum and its dependencies', in *The World of Pompeii*【同上】, 150—183）。

关于殖民者和早期庞贝居民的政治张力，见 F. Coarelli, 'Pompei: il foro, le elezioni, e le circoscrizioni elettorali', *AION* new series 7（2000）, 87—114; E. Lo Cascio, 'Pompei dalla città sannitica alla colonia sillana: le vicende istituzionali', in *Les élites municipales,* 111—123; H. Mouritsen, *Elections, Magistrates and Municipal Elite. Studies in Pompeian Epigraphy*（Rome, 1988）, 70—89; T. P. Wiseman, 'Cicero, *Pro Sulla* 60–61', *Liverpool Classical Monthly* 2（1977）, 21—22。关于奥斯坎语的留存的讨论，可参 A. E. Cooley, 'The survival of Oscan in Roman Pompeii', in A. E. Cooley（ed.）, *Becoming Roman, Writing Latin? Literacy and Epigraphy in the Roman West*（JRA suppl., Portsmouth, RI, 2002）,

77—86。关于妓院里的奥斯坎语涂鸦，见 *CIL* IV *ad* 2200。

庞贝的鱼露远输至高卢，在 B. Liou and R. Marichal, 'Les inscriptions peintes sur l'amphore de l'anse St Gervais à Fos-sur-Mer', *Archaeonautica* 2（1978），165 中有所记录。关于斯巴达克斯这个形象，A. van Hooff, 'Reading the Spartaks fresco without red eyes', in S. T. A. M. Mols and E. M. Moormann, *Omni pede stare: Saggi architettonici e circumvesuviani in memoriam Jos de Waele*（Naples, 2005），251—256 提供了一个持怀疑性的观点。尼禄和波派娅与这个城市的关系贯穿了 Butterworth and Laurence, *Pompeii*（同上）这本书的内容。S. de Caro, in 'La lucerna d'oro di Pompei: un dono di Nerone a Venus Pompeiana', in *I culti della Campania antica : atti del convegno internazionale di studi in ricordo di Nazarena Valenza Mele*（Rome, 1998），239—244 辨认了"尼禄"赠给维纳斯的油灯。而关于尼禄的"会计师"的那则讽刺涂鸦可见 *CIL* IV, 8075，关于苏维迪乌斯·克莱门斯那不名誉的早期生涯，可参 Tacitus, *Histories* II, 12。对奥古斯都形象的传播和复制情况（比如庞贝中发现的那些形象）是 P. Zanker, *The Power of Images in the Age of Augustus*（Ann Arbor, 1989）的重大主题。

第 2 章

对罗马秽物的一项经典研究（略有些骇人听闻）是 A. Scobie, 'Slums, sanitation and mortality in the Roman world', *Klio* 68（1986），399—433。这个话题最新的研究成果是 X. D. Raventos and V. J. A. Remola, *Sordes Urbis: La eliminición de residuos en la ciudad romana*（Roma, 2000），其中 W. Liebeschuetz（51—61）（A. Wilson, 'Detritus, disease and death in the city', *JRA* 15【2002】，478—484 对此有详细评论）讨论了安条克的情况。尤维纳尔的嘲讽见 *Satires* III, 268—277（P. Green 译文）；苏维托尼乌斯记录的逸闻来自 *Life of Vespasian* 5，对"粪堆"的警告见 *CIL* IV, 6641。关于教皇在 1849 年的庞贝之行有一次主题展览，相关事件及目录见：*Pio IX a Pompei: memorie e testimonianze di un viaggio*（Naples, 1987）。

街道标志和如何认路可参考 R. Ling, 'A stranger in town: finding the way in an ancient city', *Greece and Rome* 37（1990），204—214。酒肆和"招待业"的情况见 S. J. R. Ellis, 'The distribution of bars at Pompeii: archaeological, spatial and viewshed analyses', *JRA* 17（2004），371—384。关于分区（或无分区）及越轨行为的探讨见 R. Laurence, *Roman Pompeii: space and society*（2nd ed., London and New York, 2007），esp. 82—101; A. Wallace-Hadrill, 'Public honour and private shame: the urban texture of Pompeii', in T. J. Cornell and K. Lomas（ed.），*Urban Society in Roman Italy*（London, 1995），39—62。奥古斯都关于回家吃午饭的俏皮话来自 Quintilian, *Education of the Orator* VI, 3, 63。"私有化"街道在街区 I.6 和 I.7 之间。

关于供水系统的情况在 N. de Haan and G. Jansen（ed.），*Cura Aquarum in Campania*（*Bulletin Antieke Beschaving – Annual Papers in Classical Archaeology*, Leiden, 1996）中有详细的探讨。近来 C. P. J. Ohlig, *De Aquis Pompeiorum* 一书对供水系统和水道

的年代发展做了详细的修正。*Das Castellum Aquae in Pompeji: Herkunft, Zuleitung und Verteilung des Wasser*（Nijmegen, 2001）在 A. Wilson,‘Water for the Pompeians’, *JRA 19*（2006）, 501—508 得到了概括和评论。R. Ling,‘Street fountains and house fronts at Pompeii’, in Mols and Moormann, *Omni pede stare*（同上），271—276 讨论了房主利用移位喷泉的情况。火山爆发前夜供水中断的情况记录在 S. C. Nappo,‘L'impianto idrico a Pompei nel 79 d.C.’, in *Cura Aquarum*, 37—45。

S. Tsujimura,‘Ruts in Pompeii: the traffic system in the Roman city’, *Opuscula Pompeiana* 1（1991）, 58—86 对车辙做出了突破性的研究。关于单向街系统的详尽分析可见 E. E. Poehler,‘The circulation of traffic in Pompeii's Regio VI’, *JRA 19*（2006）, 53—74。C. Saliou,‘Les trottoirs de Pompéi : une première approche’, *Bulletin Antieke Beschaving*, 74（1999）, 161—218 讨论了人行道的问题。S. C. Nappo,‘Fregio dipinto dal "praedium" di Giulia Felice con rappresentazione del foro di Pompei’, *RStP* 3（1989）, 79—96 较为全面地展现了广场的景象。罗马法中提到道路维修的是‘Table of Heraclea’, 译文见 M. H. Crawford et al.（ed.）, *Roman Statutes*（London, 1996）Vol. 1, 355—391。Herodas, *Mime* III 描述了被背上肩头遭到鞭打的男孩（这种惩罚措施在 Cicero, *Letters to Friends* VII, 25, 1 中也有提及）。奥古斯都对克尼度斯案件的裁决，译文可参考 M. G. L. Cooley（ed.）, *The Age of Augustus*（LACTOR 17, London, 2003）, 197—198。

第 3 章

几乎所有关于庞贝室内建筑的最新研究都能回溯到 A. Wallace-Hadrill 的 经 典 著 作 *Houses and Society in Pompeii and Herculaneum*（Princeton, NJ, 1994）。关于房屋里的房间的用途问题，同样具有基础性的是 P. M. Allison 的著作。她的主要成果 是 *Pompeian Households: an analysis of the material culture*（Los Angeles, 2004），还有一个很好的"网络指南"作为补充：www.stoa. org/projects/ph/home。一本重要的论文集是 Laurence and Wallace-Hadrill（ed.），*Domestic Space in the Roman World*（同上）。

"悲剧诗人之家"（VI.18.3-5）在 N. Wood, *The House of the Tragic Poet*（London, 1996）一书中得到了完美重建。19 世纪对这座房屋的关注可参 S. Hales, 'Re-casting antiquity: Pompeii and the Crystal Palace', *Arion* 14（2006），99—133 。"尤 里 乌斯·波利比乌斯之家"的花园（IX.12.1-3 ）在 W. F. Jashemski, *The Gardens of Pompeii, Herculaneum and the villas destroyed by Vesuvius,* Vol 2（New York, 1993），240—252 中有描述；附近那座花园（在今天通常叫作"工作中的画师之家"的房屋里，IX. 12）可参 A. M. Ciarallo, 'The Garden of the "Casa dei Casti Amanti"（Pompeii, Italy）', *Garden History* 21（1993），110—116。佩特罗尼乌斯对特里马尔奇奥房屋大门的描述见 *Satyrica* 28-29。

"米南德之家"（I. 10. 4）的方方面面及这片街区所有附近的房屋在 R. Ling 及其他人的著作中有十分全面的研究，分为好几卷。其中最相关的包括 R. Ling, *The Insula of the Menander at Pompeii, Vol 1, The Structures*（Oxford, 1997）和 P. M. Allison, *Vol.*

3 The Finds, a contextual study（Oxford, 2006）。G. Stefani（ed.），*Menander: la casa del Menandro di Pompei*（Milan, 2003）一书是本图文并茂的展品目录，记录了房屋里的发现。"尤里乌斯·波利比乌斯之家"是 Ciarallo and de Carolis（ed.），*La casa di Giulio Polibio*（同上）这本书探讨的主题，其中有一篇文章是讨论照明的。这座房屋"穿比基尼的维纳斯之家"（I. 11. 6）以及"那不勒斯亲王之家"（VI. 15.7–8）包含在 Allison 的著作 *Pompeian Households* 一书中。

　　赫库兰尼姆的木头家具在 S. T. A. M. Mols, *Wooden Furniture in Herculaneum: form, technique and function*（Amsterdam, 1999）中有所讨论。而厕所研究专家则是 G. Jansen，他的作品在 G. Jansen,'Private toilets at Pompei: appearance and operation', in Bon and Jones（ed.），*Sequence and Space*（同　上　），121—134 一文中得到了有用的概括。塞内卡记录的关于海绵的逸闻可见 *Letters* LXX, 20。赫库兰尼姆的残渣作为 British School at Rome's Herculaneum Conservation Project 这项计划的一部分得到了分析。关于吃正餐的地方问题，无论是在庞贝还是其他什么地方，可参考 K. M. D. Dunbabin, *The Roman Banquet: images of conviviality*（Cambridge, 2003）。

　　B. Rawson and P. Weaver（ed.），*The Roman Family in Italy: status, sentiment, space*（Oxford, 1997）很好地提供了有关罗马家庭的最新研究成果（包括介绍庞贝资源的特殊参考资料）。"一家子"这个词是 A. Wallace-Hadrill 提出来的。A. Wallace-Hadrill（ed.），*Patronage in Ancient Society*（London, 1989）详细分析了庇护制度。按时段划分功能是 Laurence, *Roman Pompeii*（同

上），154—166 提出来的。维特鲁维乌斯著作的相关部分见 *On Architecture*, VI, 5；马提亚尔的哀叹来自 *Epigrams* X, 100。

Koloski Ostrow, *The Sarno Bath Complex*（同上）讨论了那里的住所的布局问题。而 F. Pirson 则在 Laurence and Wallace-Hadrill（ed.）, *Domestic Space*, 165—181 中探讨了阿里安娜·波利安娜公寓楼（VI. 6）和"尤利娅·菲利克斯宅邸"（II. 4. 2）的租赁房产。L. H. Petersen 在 *The Freedman in Roman Art and Art History*（Cambridge, 2006）, 129—136 中为"屋大维乌斯·夸尔提欧之家"提供了一个十分正面的描述，而相反地, Zanker, *Pompeii*（同上）, 145—156 对它嗤之以鼻（他认为这座房屋是 Loreius Tiburtinus 的）。关于"法比乌斯·鲁弗斯之家"最全面的出版资料可参考 M. Aoyagi and U. Pappalardo（ed.）, *Pompei（Regiones VI-VII）. Insula Occidentalis. Volume I Tokyo-Pompei*（Naples, 2006）。塞内卡关于浴场的评论见 *Letters* LVI。Petronius, *Satyrica* 38 提到了租期是从 7 月 1 日开始；特里马尔奇奥对妻子的侮辱见 *Satyrica* 74。西塞罗对花园景观的观点参 *On the Laws* II, 2; *Letters to his brother Quintus* III, 7, 7; *to Atticus*, I, 16, 18。至于"我多希望能成为你手指上的戒指"这句诗可参 E. Courtney, *Musa Lapidaria: a selection of Latin verse inscriptions*（Atlanta, Georgia, 1995）, 82—83。

关于把庞贝房屋与某个个人联系起来的最大胆尝试来自 M. della Corte, *Case ed Abitanti di Pompei*（3rd ed., Naples, 1965）, Mouritsen, *Elections, Magistrates and Municipal Elite*（同上）, 9—27 和 P. M. Allison, 'Placing individuals: Pompeian epigraphy in context', *Journal of Mediterranean Archaeology* 14（2001）, 53—74 对此做了评论（对"维提乌斯之家"的屋主问题提出了质疑）。

公元 79 年阿玛兰图斯酒肆的情况是 J. Berry, 'The conditions of domestic life in Pompeii in AD 79: a case study of Houses 11 and 12, Insula 9, Region 1', *Papers of the British School at Rome* 52(1997), 103—125 这篇文章的探讨内容；房屋内的涂鸦在 A. Wallace-Hadrill, 'Scratching the surface: a case study of domestic graffiti at Pompeii', in M. Corbier and J.–P. Guilhembet (ed.), *L'écriture dans la maison romaine* (Paris, 即将出版) 中有讨论。家用漂洗坊可参 M. Flohr, 'The domestic *fullonicae* of Pompeii', in M. Cole, M. Flohr and E. Poehler (ed.), *Pompeii: cultural standards, practical needs* (即将出版)。卢基乌斯·萨特利乌斯·鲁弗斯的门牌及其文字在 *Notizie degli Scavi* 1933, 322—323 中有所描述；拉蒂库拉和阿提梅图斯干的丑事则记录在 *CIL* IV, 4776 和 10231 中。

第 4 章

自从庞贝被重新发现以来，城内的绘画就受到了学界的关注。R. Ling, *Roman Painting* (Cambridge, 1991) 这本书至今仍在各方面都很有用，从技术问题到神话图像应有尽有。J. R. Clarke 有几本著作探讨了庞贝及其他地区的绘画的各类主题：*Looking at Lovemaking: constructions of sexuality in Roman art, 100 BC - AD 250* (Berkeley etc., 1998)；*Art in the Lives of Ordinary Romans: visual representation and non-elite viewers in Italy, 100 BC - AD 315* (Berkeley, etc., 2003)；*Looking at Laughter: humor, power and transgression in Roman visual culture, 100 BC - AD 250* (Berkeley etc., 2008)。本章涉及的几幅绘画（包括"所罗门审判"，

以及"维提乌斯之家"和"米南德之家"浴室里的各种绘画）都在 Clarke 的书中得到了更详尽的讨论。

　　"工作中的画师之家"的发掘者 A. Varone 著文论述了屋里的绘画（及画师）的情况，其中包括一篇简短的英文文章，'New finds in Pompeii. The excavation of two buildings in Via dell'Abbondanza', *Apollo*, July 1993, 8—12。另见 'Scavo lungo via dell'Abbondanza', *RStP* 3（1989），231—238; 'Attività dell' Ufficio Scavi 1990', *RStP* 4（1990），201—211; 'L'organizzazione del lavoro di una bottega di decoratori: le evidenze dal recente scavo pompeiano lungo via dell'Abbondanza', in E. M. Moormann（ed.），*Mani di pittori e botteghe pittoriche nel mondo romano*（*Mededeelingen van het Nederlands Instituut te Rome*）54（1995），124—136。"工作中的画师之家"在 M. Tuffreau-Libre, 'Les pots à couleur de Pompéi: premiers résultats', *RStP* 10（1999），63—70 中有所探讨。最有决心（虽然并不总是令人信服）要识别不同"画手"的是 L. Richardson, *A Catalog of Identifiable Figure Painters of Ancient Pompeii, Herculaneum and Stabiae*（Baltimore, 2000）。B. W. Cunliffe, *Fishbourne: a Roman palace and its garden*（London, 1971），117 辨认了一位在菲什本的南意大利画师，但完全难以自圆其说。

　　C. C. Goulet, 'The "Zebra Stripe" design: an investigation of Roman wall-painting in the periphery', *RStP* 12-13（2001-2），53—94 全面记录了斑马纹图案。而 R. Ling and L. Ling, *The Insula of the Menander at Pompeii, Vol 2, The Decorations*（Oxford, 2005）则是一本介绍"米南德之家"里的装饰的纲要。"秘仪别墅"饰带的保存情况及其各种现代阐释，是 B. Bergmann, 'Seeing Women in the Villa of the Mysteries: a modern excavation of the Dionysiac murals', in Coates and Seydl (ed.), *Antiquity Recovered* (同上), 230—269 的主题。

对 "四种风格" 发展历程的经典构想来自 A. Mau, *Geschichte der decorativen Wandmalerei in Pompeji* (Berlin, 1882)。至于实际运用中是否严格符合的问题可参 Ling, *Roman Painting* 71 (the 'eclectic' Fourth Style) and Wallace-Hadrill, *Houses and Society* (同上), 30 (讨论了区分第三种和第四种风格的困难)。维特鲁维乌斯的评论来自他的 *On Architecture* VII, 5, 4。

房屋功能对设计的影响是 Wallace-Hadrill, *Houses and Society* (参见 38 页的相关评论) 的一个主要论题。西塞罗对于需要选择合适的雕塑的看法出自 *Letters to Friends* VII, 23。而关于颜料价格的相关信息则是 Pliny, *Natural History* XXXIII, 118 and XXXV, 30 提供的。维特鲁维乌斯提到的 "抄写员" 出自 *On Architecture* VII, 9, 2。

关于庞贝墙面上所展现的特定神话的意义，以下内容中有有用的讨论：B. Bergmann, 'The Roman House as Memory Theater: the House of the Tragic Poet in Pompeii', *Art Bulletin* 76 (1994), 225—256 and 'The Pregnant Moment: tragic wives in the Roman interior', in N. B. Kampen (ed.), *Sexuality in Ancient Art: near East, Egypt, Greece and, Italy* (New York and Cambridge, 1996), 199—218; and by V. Platt, 'Viewing, Desiring, Believing: confronting the divine in a Pompeian house ', *Art History* 25 (2002), 87—112 (关于 "屋大维乌斯·夸尔提欧之家")。

B. Bergmann, 'Greek masterpieces and Roman recreative

fictions', *Harvard Studies in Classical Philology* 97（1995），
79—120 是对希腊 "原作" 和罗马的再创作之间关系的优秀讨
论。"马库斯·卢克莱提乌斯·弗隆托之家"（V.4a）墙面上的
铭文可参 *CIL* IV, 6626。对于老人及女儿那幅画的 "惊讶" 在
Valerius Maximus, *Memorable Deeds and Sayings* V, 4, ext. 1 中有
记录。提曼忒斯的伊菲革涅亚在 Pliny, *Natural History* XXXV, 74
and Cicero, *Orator* 74 中有提及，而 Pliny, *Natural History* XXXV,
134 记载了斯基罗斯岛上的阿喀琉斯。罗马妇女对赫克托尔绘画
的反应记录在 Plutarch, *Life of Brutus* 23 中。而与狄尔刻绘画相
关的涂鸦则记录于 E. W. Leach, 'The Punishment of Dirce: a newly
discovered painting in the Casa di Giulio Polibio and its significance
within the visual tradition', *Römische Mitteilungen* 93（1986），
157—182。关于公元前 5 世纪的水壶可参 F. Zevi and M. L.
Lazzarini, 'Necrocorinthia a Pompei: un'idria bronzea per le gare di
Argo', *Prospettiva* 53–56（1988-9），33—49。

第 5 章

要了解古代经济问题的最新成果，W. Scheidel, I. Morris and
R. Saller（ed.），*The Cambridge Economic History of the Greco-
Roman World*（Cambridge, 2007）是最佳的入门书籍——包含了从
格陵兰岛冰盖搜集而来的证据。关于庞贝城本身的经济情况，W.
Jongman, *The Economy and Society of Pompeii*（Amsterdam, 1988）
提供了一个非常 "简陋的" 模型，N. Purcell, in *Classical Review*
40（1990），111—116 对该书作了有力的批判。

卢克莱提乌斯·瓦伦斯的宅邸是 M. De'Spagnolis Conticello, 'Sul rinvenimento della villa e del monumento funerario dei Lucretii Valentes', *RStP* 6（1993-4）, 147—166 这篇文章的主题。"马赛克柱子别墅"的相关情况，则在 V. Kockel and B. F. Weber, 'Die Villa delle Colonne a Mosaico in Pompeji', *Römische Mitteilungen* 90（1983）, 51—89（包括 *Notizie degli Scavi* 1923, 277 中关于能拷住 14 个人的脚镣的内容）中有所探讨。S. de Caro, *La villa rustica in località Villa Regina a Boscoreale*（Rome, 1994）是关于博斯科雷亚莱附近那处小地产的主要参考书籍（R. Ling, '*Villae Rusticae at Boscoreale*', *JRA* 9【1996】, 344—350 对此有比较全面的评论）。庞贝土地上过剩生产的估计值（以及关于那个"老套路"）来自 Purcell, in *Classical Review* 1990。庞贝的葡萄酒交易在 A. Tchernia, 'Il vino: produzione e commercio', in F. Zevi（ed.）*Pompei 79: raccolta di studi per il decimonono centenario dell'eruzione vesuviana*（Naples, 1979）, 87—96 中有探讨，而来自"米南德之家"的相关材料在 Stefani（ed.）, *Menander*（同上）, 210—223 得到了描述。"阿玛兰图斯之家"里的细颈瓶在 Berry, 'The conditions of domestic life'（同上）中有记录。D. Atkinson, 'A hoard of Samian Ware from Pompeii', *Journal of Roman Studies* 4（1914）, 27—64 主要论述了装载陶瓷餐具的货物。露天竞技场附近的葡萄园可参 Jashemski, *Gardens of Pompeii*（Vol. 2）（同上）, 89—90；城里更常见的商业种植则在 *Gardens of Pompeii*（New York, 1979）的第一卷中，特别是 201—288 页中有所讨论。M. Robinson, 'Evidence for garden cultivation and the use of bedding-out plants in the peristyle garden of the House of the Greek Epigrams（V.

I. 18i）at Pompeii'，*Opuscula Romana* 31—32（2006-7），155—159 探讨了鲜花的商业种植问题。庞贝的卷心菜和洋葱则在 Pliny，*Natural History* XIX, 139—141; Columella, *On Agriculture* X, 135; XII, 10, 1 中皆有提及。金属加工业的问题在 W. V. Harris, in Scheidel, Morris and Saller（ed.），*Cambridge Economic History*, 532 中有简短的描述；B. Gralfs, *Metalverarbeitende Produktionsstätten in Pompeji*（Oxford, 1988）的论述更加细致，也更加乐观。

　　"贞洁恋人之家"里的面包坊发掘情况可参 A. Varone, 'New findings' and 'Scavo lungo Via dell'Abbondanza'（同上）。房屋里的铭文见 Varone, 'Iscrizioni parietarie inedite da Pompei'，in G. Paci（ed.）*EPIGRAPHAI: miscellenea epigraphica in onore di Lidio Gasperini*（Tivoli, 2000），vol. 2, 1071—1093。A. Genovese and T. Cocca, 'Internal organization of an equine stable at Pompeii'，*Anthropozoologica* 31（2000），119—123 评估了动物的尸骨及喂养情况；而 M. Sica et al. 'Analysis of Five Ancient Equine Skeletons by Mitochondrial DNA sequencing'，*Ancient Biomolecules* 4（2002），179—184 则提供了线粒体 DNA 的相关证据。B. J. Mayeske, 'Bakers, bakeshops and bread: a social and economic study'，in *Pompeii and the Vesuvian Landscape*（Smithsonian Institution, Washington DC, 1979），39—58 探寻了庞贝的那些面包坊。

　　J. Andreau, *Les affaires de Monsieur Jucundus*（Rome, 1974）是关于尤昆都斯写字板的主要研究著作。证人名单的等级问题是 Jongman, *Pompeii* 探讨的主要议题。W. V. Harris, *Ancient Literacy*（Cambridge, MA, 1989）认为庞贝人的识字程度普遍不高。而 Wallace-Hadrill, 'Scratching the Surface'（同上）则不以为然，

他强调了日常阅读和写作在贸易和手工业中的重要性。

R. I. Curtis 在鱼露问题上几乎是最权威的现代学者，他在 'A Personalised Floor Mosaic from Pompeii', *American Journal of Archaeology* 88（1984），557—566 中探讨了乌姆布里基乌斯·斯考卢斯的镶嵌画，在 'The *Garum* shop of Pompeii', *Cronache Pompeiane* 5（1979），5—23 中介绍了商铺，而在 'In Defense of Garum;', *Classical Journal* 78（1983），232—240 中则分析了更一般的贸易的情况。

第 6 章

庞贝的政治生活（以及选举公告的特点）是 Mouritsen, *Elections, magistrates and municipal elite*（同上）的研究主题。P. Castrén, *Ordo populusque Pompeianus. Polity and society in Roman Pompeii*（Rome, 1975）提供了一份目前已知的庞贝家族及其成员，以及其供职情况的全面名单——其资料至今仍有其价值，只是关于克劳狄乌斯执政期间发生在庞贝的那桩"危机"事件，其观点仍有争议。J. L. Franklin, *Pompeii. The Electoral Programmata, Campaigns and Politics, AD 71-79*（Rome, 1980）试图对城里最后几年里的选举情况予以重建。这本书或许夸大了当地选举中缺乏竞争的程度，并证实了 Jongman 在 *Pompeii*（同上）中的观点，即选举实际上掌控在议会手中。这个观点受到了 H. Mouritsen, 'A note on Pompeian epigraphy and social structure, *Classica et Mediaevalia* 41（1990），131—149 的质疑，而且他还在 'Order and Disorder in Later Pompeian Politics', in *Les élites municipales*（同

上），139—144 中质疑了地震后的当地政坛发生了特别的"动乱"的观点。庞贝的选举系统和选区以及广场的布局，在 Coarelli, 'Pompei: il foro'（同上）中有讨论。对布鲁提乌斯·巴尔布斯的介绍见 *CIL* IV, 3702；而对特雷比乌斯和索特里库斯的警告则见 *CIL* IV, 7632。

女性在选举活动中的角色在 F. S. Bernstein, 'Pompeian Women and the Programmata', in R. I. Curtis（ed.）, *Studia Pompeiana et classica in honor of Wilhelmina F. Jashemski*（New Rochelle, NY, 1988）, Vol. 1, 1—18 和 L. Savunen, 'Women and elections in Pompeii', in R. Hawley and B. Levick, *Women in Antiquity: new assessments*（London, 1995）, 194—203 中有讨论。有塔伊狄娅·赛昆达的海报可参 *CIL* IV, 7469；对"酒肆女郎"的介绍见 *CIL* IV, 7862, 7863, 7864, 7866, 7873。

古代世界施惠文化的经典研究著作是 P. Veyne, *Bread and Circuses: historical sociology and political pluralism*（London, 1990）。而 R. P. Duncan-Jones, 'Who paid for public buildings in Roman cities', in his *Structure and Scale in the Roman Economy*（Cambridge, 1990）, 174—184 中则包含了许多与庞贝相关的材料（包括当地官员入职时捐献的钱财的角色）。日常工作在 Laurence, *Roman Pompeii*（同上）, 154—166 中有所讨论。关于西班牙规章可参 Crawford et al.（ed.）, *Roman Statutes*, vol 1, 393—454。有关"火"的涂鸦见 *CIL* IV, 1882。

马库斯·霍尔科尼乌斯·鲁弗斯的职业生涯在 J. H. D'Arms, 'Pompeii and Rome in the Augustan Age and beyond: the eminence of the Gens Holconia', in Curtis（ed.）, *Studia Pompeiana et classica,* vol. 1, 51—73 中有讨论。其塑像是 P. Zanker, 'Das Bildnis des M. Holconius Rufus', *Archäologischer Anzeiger* 1989, 349—361 这篇文章的主题，而其建筑工程（包括其显著的奥古斯都风格）在 Zanker 的 *Pompeii*（同上）中有突出的描述。"人民举荐的军事保民官"这个职位在 Suetonius, *Life of Augustus* 46 中有所提及。

W. van Andringa, 'Autels de carrefour, organisation vicinale et rapports de voisinage à Pompéi', *RStP* 11（2000），47—86 探讨了庞贝的当地组织。奥古斯都祭祀团在更广阔的帝国背景中所扮演的角色是 S. E. Ostrow, 'The Augustales in the Augustan scheme', in K. A. Raaflaub 和 M. Toher, *Between Republic and Empire: Interpretations of Augustus and his Principate*（Berkeley etc., 1990），364—379 的讨论主题——他还在 'Augustales along the Bay of Naples: a case for their early growth', *Historia* 34（1985），64—101 中讨论了其在那不勒斯湾的历史。庞贝城中那些难以解释的证据在 Petersen, *The Freedman*（同上），57—83 中有介绍（还讨论了努米利乌斯·波皮迪乌斯·凯尔希努斯对伊西斯神庙的重建，52—53 页）。W. O. Moeller, *The Wool Trade of Ancient Pompeii*（Leiden, 1976）大力拥护优马奇娅楼是一座漂布工人的大厅的想法；而它可能曾是个奴隶市场的观点则是由 E. Fentress, 'On the block: *catastae*, *chalcidica* and *cryptae* in early imperial Italy', *JRA* 18（2005），220—234 提出的。

第 7 章

近来有许多研究都探讨了罗马餐饮的情况。其中包括收集了许多优秀论文的 Dunbabin, *The Roman Banquet*（同上），讨论了饮食的诸多方面，此外还有 W. J. Slater, *Dining in a Classical Context*（Ann Arbor, 1991）。"贞洁恋人之家"及庞贝其他地方的宴饮图在 Clarke, *Art in the Lives of Ordinary Romans*（同上），228—233 中有讨论（主要关注这些绘画在多大程度上体现了希腊式的独特吃喝习俗）。另外还有 M. B. Roller, *Dining Posture in Ancient Rome: bodies, values and status*（Princeton, NJ, 2006），45—84 and 139—153。"米南德之家"的珍宝收录于 K. S. Painter, *The Insula of the Menander at Pompeii, Vol. 4, The Silver Treasure*（Oxford, 2001）。K. Dunbabin, 'Sic erimus cuncti ... The skeleton in Graeco-Roman Art', *Jahrbuch des deutschen archäologischen Instituts* 101（1986），185—255 探讨了死亡与宴饮之间的关联，并在 *The Roman Banquet* 中得到了概述。墓冢上的银器绘画来自（绘画丰富的）维斯托利乌斯·普利姆斯之墓。而"尤里乌斯·波利比乌斯之家"的青铜雕像则在 d'Ambrosio, Guzzo and Mastroberto, *Storie da un'eruzione*（同上），424 及 Boriello et al., *Pompei: abitare sotto il Vesuvio*（同上），231 中有描述。穷人的营养摄入情况在 P. Garnsey, *Food and Society in Classical Antiquity*（Cambridge, 1999）中得到了充分分析。"维斯塔贞女之家"的动物尸骨可见 www. archaeology.org/interactive/pompeii/field/5. html。对睡鼠罐的描述来自瓦罗的 *On Agriculture* III。睡鼠那道菜的做法来自 Apicius, *On Cookery*, VII, 9；他那道"没有凤尾鱼的凤尾鱼砂锅"见于 IV, 2, 12。特里马尔奇奥的宴饮在 Petronius 的 *Satyrica* 26-78 中有描写；埃拉伽巴鲁斯的晚餐见 *Scriptores Historiae Augustae, Life of Elagabalus* 19, 25。而普鲁塔克的 *Table*

Talk 则提供了与希腊罗马各种古怪餐桌礼仪有关的信息。普林尼对晚餐的安排在 *Letters* V, 6 中有描述。

庞贝酒肆及其菜单可参 S. J. R. Ellis, 'The Pompeian Bar: archaeology and the role of food and drink outlets in an ancient community', *Food and History* 2（2004）, 41—58, 以 及 J. Packer, 'Inns at Pompeii: a short survey', *Cronache Pompeiane* 4（1978）, 5—53。2005 年的一次展览汇集了阿波坦查大道酒肆里的几乎所有发现，并发表于 *Cibi e sapori a Pompei e dintorni*（Naples, 2005）, 115—128（分析也十分精彩）。萨尔维乌斯酒馆及墨丘利大道酒肆里的绘画在 Clarke, *Art in the Lives of Ordinary Romans*（同上）, 160—170, 134—136 及 *Looking at Laughter*（同上）, 205—209 中有描述。贺拉斯的评论见 *Epistles* I, 14, 21—22；尤维纳尔的则见 *Satires* VIII, 171—176。尼禄及维斯帕先的相关立法记录见 Dio Cassius, *Histories* LXII, 14, 2; LXV, 10, 3。而普林尼对法勒努斯白葡萄酒的探讨则是在 *Natural History* XIV, 62。

有关罗马人性爱的方方面面都在 C. Edwards, *The Politics of Immorality in Ancient Rome*（Cambridge, 1993）, M. B. Skinner, *Sexuality in Greek and Roman Culture*（Oxford, 2005）, C. Williams, *Roman Homosexuality: ideologies of masculinity in classical antiquity*（Oxford, 1999）中有了充分介绍。对于"妓院问题"，T. McGinn, 'Pompeian brothels and social history', in *Pompeian brothels*, *Pompeii's Ancient History, Mirrors and Mysteries, Art and Nature at Oplontis, & the Herculaneum 'Basilica'*（*JRA* supp., Portsmouth, RI, 2002）, 7—46 采用了不同的研究方式，而 Wallace-Hadrill, 'Public honour and private shame'（同

上）的观点更为谨慎。T. McGinn, *The Economy of Prostitution in the Roman World: a study of social history and the brothel*（Ann Arbor, 2004）探讨了罗马卖淫的更广泛的情况。还有对"专门的"妓院及其里面涂鸦的深入研究，包括 A. Varone, 'Organizzazione e sfruttamento della prostituzione servile: l'esempio del lupanare di Pompei', in A. Buonopane and T. Cenerini（ed.）, *Donna e lavoro nella documentazione epigrafica*（Faenza, 2003）, 193—215, 及一个斯坦福大学的有创新精神的网站 traumwerk.stanford. edu:3455/SeeingThePast/345。罗马人为那位尽职的妻子修建的墓碑见 M. R. Lefkowitz and M. B. Fant, *Women's Life in Greece and Rome*（London, 1982）, no. 134。而那位主人赠给女奴的手镯则在 d'Ambrosio, Guzzo and Mastroberto（ed.）, *Storie da un'eruzione*, 470, 473—478 中有介绍和探讨。普莱斯缇娜对马克鲁斯不感兴趣，可见 *CIL* IV, 7679。

关于罗马洗浴文化的历史、考古和文化的现代研究，*Roman baths and bathing : proceedings of the First International Conference on Roman Baths*（*JRA* supp., Portsmouth, RI, 1999）这本书提供了很好的介绍。G. G. Fagan, *Bathing in Public in the Roman World*（Ann Arbor, 1999）和 J. Toner, *Leisure and Ancient Rome*（Oxford, 1995）, 53—64, 这两本书对于古代洗浴社会学研究的诸多方面都有出色的论述（"臭氧层空洞"的那句妙语就出自 Toner）。F. Yegül, *Baths and Bathing in Classical Antiquity*（Cambridge, MA, 1992）探讨了帝国范围内罗马浴场的结构（也包含了对庞贝遗迹的详细描述）。关于郊区浴场的权威性著作是 L. Jacobelli, *La pitture erotiche delle terme suburbane di Pompei*

（Rome, 1995），Clarke, *Looking at Laughter*（同上），194—204 and 209—212 也提供了有用的讨论。

写着"葡萄酒、性爱与洗浴"的墓碑源自 *CIL* VI, 15258；那句在一个勺子上的土耳其文则来自 *CIL* III, 12274c。奥古斯都母亲的那个故事出自 Suetonius, *Life of Augustus* 94；马提亚尔关于疝气的短诗出自 *Epigrams* XII, 83；残忍的鞭刑故事在 Aulus Gellius, *Attic Nights* X, 3 有描述；而哈德良的智慧与慷慨则是 *Scriptores Historiae Augustae, Life of Hadrian* 17 中一则轶事的主题。关于这里糟糕的卫生情况，参 Martial, *Epigrams* II, 42 和 Celsus, *On Medicine* V, 26, 28d（不过总体而言凯尔苏斯对于浴场的医疗条件持有更乐观的态度）。浴室管理员的双重角色在 *Digest of Justinian* III, 2, 4, 2 中有所提及。

第 8 章

N. Purcell, 'Literate Games: Roman urban society and the game of *alea*', *Past and Present* 147（1995），3—37 和 J. Toner, *Leisure*（同上），89—101 介绍了赌博的情况。而抽鼻子的噪声在 Ammianus Marcellinus, *Histories* XIV, 6 中有所提及。

罗马剧院的分布情况在 R. C. Beacham, *The Roman Theatre and its Audience*（London, 1991）中有讨论。而 C. Edwards, *The Politics of Immorality*（同上），98—136 则探讨了"剧院文化"在道德上的模糊性。拟剧和默剧是 E. Fantham, 'Mime: the missing link in Roman literary history', *Classical World* 82（1989），153—163（"瑞典女按摩师"的精彩评论就来自这里）和

E. Hall and R. Wyles（ed.），*New Directions in Ancient Pantomime*（Oxford, 2008）这两本书的主题。盖乌斯·诺尔巴努斯·索雷克斯的职业生涯和肖像在 M. G. Granino Cecere,'Nemi: l'erma di C. Norbanus Sorex', *Rendiconti della Pontificia Accademia Romana di Archeologia* 61（1988-9），131—151 有介绍。J. L. Franklin,'Pantomimists at Pompeii: Actius Anicetus and his troup', *American Journal of Philology* 108（1987），95—107 则试图拼凑出一个完整的默剧团及其粉丝团。

庞贝露天竞技场的构造问题在 D. L. Bomgardner, *The Story of the Roman Amphitheatre*（London and New York, 2000），39—54 和 K. Welch, *The Roman Amphitheatre from its origins to the Colosseum*（Cambridge, 2007），192—198 中有非常清晰的讨论。L. Jacobelli, *Gladiators at Pompeii*（Rome, 2003）汇集并较好地展现了庞贝城里与角斗士表演和组织相关的证据。K. Hopkins and M. Beard, *The Colosseum*（London, 2005）以批判的眼光审视了日常角斗士表演的频率和奢华程度问题，尤其是那些罗马城之外的表演，这一观点在本书中得到了体现。B. Maiuri, 'Rilievo gladiatorio di Pompei', *Rendiconti dell'Accademia Nazionale dei Lincei (scienze morali etc.)*, Series 8, Vol. 2（1947），491—510 细致分析了那块绘有游行、角斗士竞技和斗兽表演的浮雕。尤维纳尔讲述贵妇与角斗士的经典片段来自 *Satires* VI, 82—113。

第 9 章

本章标题取自 K. Hopkins, *A World Full of Gods: pagans, Jews*

and Christians in the Roman empire（London, 1999），书中讲述了两位虚构的现代时间旅行者回到古代世界，试图弄清庞贝的文化和（特别是）宗教。本章采取的主要方式（包括献祭方式和"异域"宗教）不可避免地借鉴了 M. Beard, J. North and S. Price, *Religions of Rome*（Cambridge, 1998）这本书的内容，这里提及的许多宗教主题都能在该书中找到。第二卷（《原始资料集》）包含了大多数我援引或提及的古代文献资料。J. Scheid, *Introduction to Roman Religion*（Edinburgh, 2003）也很有助益。贺拉斯论献祭见 *Odes* III, 13。

关于庞贝城里各式各样的教派、神龛和神庙，L. Barnabei, 'I culti di Pompei: Raccolta critica della documentazione ', in *Contributi di Archeologia Vesuviana* III（Rome, 2007），11—88 提供了较为全面的证据和参考文献。关于对"甜蜜的"朱庇特神庙的鉴别的最新进展，可参 F. Marcatelli, 'Il tempio di Escalapio a Pompei ', in *Contributi di Archeologia Vesuviana* II（Rome, 2006），9—76。关于三神庙内的雕塑的有用讨论，可参见 H. G. Martin, *Römische Tempelkultbilder: eine archäologische Untersuchung zur späten Republik*（Rome, 1987），222—224。关于庞贝的维纳斯，还有另外一种观点见 J. B. Rives, 'Venus Genetrix outside Rome ', *Phoenix* 48（1994），294—296。而木匠的那个移动平台，则在 Clarke, *Art in the Lives of Ordinary Romans*（同上），85—87 中有介绍。

P. Foss, 'Watchful Lares. Roman household organization and the rituals of cooking and eating ', in Laurence and Wallace-Hadrill（ed.），*Domestic Space in the Roman World*（同上），196—218 探

讨了家户宗教和拉尔的问题。拉尔神龛在 G. K. Boyce. *Corpus of the Lararia of Pompeii*（Rome, 1937）中有详细分类，有关他们的绘画最近收录在了 T. Fröhlich, *Lararien- und Fassadenbilder in den Vesuvstädten. Untersuchungen zur 'volkstümlichen' pompejanischen Malerei*（Mainz, 1991）。标记着 FULGUR 字样的瓦片在 A. Maiuri, '"Fulgur conditum" o della scoperta di un bidental a Pompei', *Rendiconti dell'Accademia di Archeologia, Lettere e Belle Arti, Napoli*, 21（1941），55—72 中有介绍。"阿玛兰图斯之家"的"献祭"则在 M. Fulford and A. Wallace-Hadrill, 'The House of Amarantus at Pompeii（I. 9. 11–12）: an interim report on survey and excavations in 1995–6', *RStP* 7（1995–96），77—113 中有评论。关于更普遍的古代家户宗教活动，包括罗马在内，可以参考 J. Bodel and S. Olyan（ed.），*Household and Family Religion in Antiquity*（Oxford, 2008）。

在对广场的许多现代重建中，广场上不可思议地聚集着许多与皇帝崇拜有关的建筑，这一点在 I. Gradel, *Emperor Worship and Roman Religion*（Oxford, 2002），103—108 中有详尽分析。其他有用的论文收录在 A. Small（ed.），*Subject and ruler: the cult of the ruling power in classical antiquity*（*JRA* supp., Portsmouth，RI, 1996）（尽管有的文章过于夸大了某些非常微小，甚至根本就不存在的皇帝崇拜痕迹）。

R. E Witt, *Isis in the Graeco-Roman World*（London, 1971）仍然对我们了解罗马帝国里的伊西斯文明很有帮助。伊西斯神庙是 20 世纪 90 年代早期一次大型展览的主题，可参见 *Alla ricerca di Iside: analisi, studi e restauri dell'Iseo pompeiano nel Museo di Napoli*（Naples, 1992）。与此相关的还有 E. A. Arslan（ed.）*Iside: il mito, il mistero, la magia*（Milan, 1997）。

尾声

　　I. Morris, *Death-ritual and social structure in classical antiquity*（Cambridge, 1992）概述了希腊和罗马的墓葬文化。*Pompei oltre la vita: nuove testimonianze dalle necropoli*（Pompeii, 1998）是一次庞贝墓冢展览的目录。Petersen, *The Freedman*（同上），60—83 探讨了释奴的墓冢。关于作为房屋的墓冢（以及费莱洛斯的例子），可以参见 A. Wallace-Hadrill, 'Housing the dead: the tomb as house in Roman Italy', in L. Brink and D. Green（ed.）*Commemorating the Dead. Texts and Artifacts in Context*,（Berlin and New York, 2008），39—77。E. Rodriguez-Almeida, in *Topografia e vita romana: da Augusto a Costantino*（Rome, 2001），91—103 审视了费莱洛斯墓冢上的铭文。

致 谢

庞贝是个十分值得游览和研究的地方。我在那里所做研究的每个阶段，都离不开 Soprintendenza Archeologica di Pompei（由 Pietro Giovanni Guzzo 负责）全体工作人员的帮助，他们总是不辞辛劳地对访问学者予以协助；我尤其从 Mattia Buondonno 那里学到了许多关于庞贝的知识，无论是古代庞贝还是现代庞贝。这本书背后的调研工作之所以能够完成，同样要感谢罗马英国学院的 Maria Pia Malvezzi 和 Andrew Wallace-Hadrill 的鼎力相助。造访庞贝的旅程因为 Zoe 和 Raphael Cormack 而更加有趣——当然，还有 Robin Cormack，他敏锐的双眼和有关庞贝的专业知识帮助我更深入地认识了这个地方，远远超出了我的预期。本书中最有洞察力的见解都要归功于他。

许多国内外的朋友都以各种方式为我提供了帮助。我尤其要感谢 Rebecca Benefiel, John Clarke, Louise Guron, Edith Hall, Henry Hurst（和他 2008 届庞贝学习班的学生们），Bradley Letwin, Michael Larvey, Roger Ling, Martin Millett, Clare Pettitt, Mark Robinson 和 Nicholas Wood（为了他对"悲剧诗人之家"所做的精彩重建）。在与 Andrew Wallace-Hadrill 的讨论中迸发了许多值得纪念、有趣和具有指导性意义的瞬间，让我更好地去理解庞贝。

本书有一部分是我在拉斯维加斯的 Getty Villa 做访问学者时写就的，在那里我得到了 Ken Lapatin 和 Claire Lyons 在专业知识上的帮助，以及 Kristina Meinking 这个得力助手。和往常一样，古典学系和古典学图书馆（Lyn Bailey 负责）的工作人员和同事们给予了莫大的帮助；另外还有 Profile Books 的团队——Claire Beaumont, Peter Carson, Penny Daniel, Andrew Franklin, Kate Griffin, Ruth Killick。

我与 Simon Price 在 1978 年于剑桥初次相遇，若不是因为过去 30 年间与他就罗马宗教问题（及其他话题）的交流，第 9 章的内容就会大幅缩水。我这本书是献给 Simon 的。

出版后记

我们去年出版了玛丽·比尔德的代表著作《罗马元老院与人民：一部古罗马史》，在这部凝聚了作者 50 多年研究成果的罗马通史中，读者已经能够充分领略到比尔德的几点突出风格：在宏大框架下极为关注细节；从考古成果出发审视文献材料；对既有观点敢于大胆质疑；幽默风趣，语言平易近人。

在读者手头这本《庞贝》中，比尔德把这些特点发挥到了极致。由于题材涉及的时间和空间跨度，比尔德在《罗马元老院与人民》中采用了粗笔写意和细笔雕画相结合的方式，而在本书中，她得以聚焦庞贝，从出土的一砖一石出发，为我们用工笔描绘了公元 1 世纪时这座城市中的生活的方方面面，以及更广阔的罗马帝国在其中的缩影。

可以说，比尔德犹如一个侦探，在无数的出土证据、史料文献以及当下科学技术检测出来的证据细节间建立联系，为读者尽可能呈现一幅真实的图景。但她在字里行间从不掩饰我们对庞贝其实还有大量未知，我们之前做出的推断很可能是站不住脚的。正是这种理智上的诚实让我们尤其觉得她描绘的庞贝图景无比真实。

本书在学术研究和可读性上达到了相当高的平衡，因此荣获

2009 年沃尔夫森历史奖，甚至有人称之为"将古代史的研究提升到了一个新水平"，而王晨先生悉心添加的注释为我们补充了一些这些年的研究成果以及背景知识，希望读者能够从中有所收获。

服务热线：133-6631-2326　188-1142-1266

服务信箱：reader@hinabook.com

后浪出版公司

2019 年 8 月

© 民主与建设出版社，2023

图书在版编目（CIP）数据

庞贝：一座罗马城市的生与死 /（英）玛丽·比尔
德 (Mary Beard) 著；熊宸, 王晨译校. -- 北京：民
主与建设出版社, 2019.9（2024.1重印）
书名原文：Pompeii : The Life of a Roman Town
ISBN 978-7-5139-2524-2

Ⅰ. ①庞… Ⅱ. ①玛… ②熊… ③王… Ⅲ. ①古城遗
址(考古)—意大利 Ⅳ. ①K885.468

中国版本图书馆CIP数据核字(2019)第121279号

Copyright © Mary Beard, 2008, 2009, 2010
Originally published in English, entitled Pompeii by Profile Books Ltd, London
This simplified Chinese edition published by Ginkgo (Beijing) Book Co., Ltd. 2019
本书简体中文版由银杏树下（北京）图书有限责任公司出版。

版权登记号：01-2023-3145
审图号：GS（2019）2505

庞贝：一座罗马城市的生与死
PANGBEI: YIZUO LUOMA CHENGSHI DE SHENGYUSI

著　者	［英］玛丽·比尔德	
译　者	熊　宸	
责任编辑	王　颂	
封面设计	墨白空间·陈威伸	
出版发行	民主与建设出版社有限责任公司	
电　话	（010）59417747　59419778	
社　址	北京市海淀区西三环中路 10 号望海楼 E 座 7 层	
邮　编	100142	
印　刷	北京盛通印刷股份有限公司	
版　次	2019 年 10 月第 1 版	
印　次	2024 年 1 月第 5 次印刷	
开　本	889 毫米 ×1194 毫米　1/32	
印　张	14.75	
字　数	330 千字	
书　号	ISBN 978-7-5139-2524-2	
定　价	99.80 元	

注：如有印、装质量问题，请与出版社联系。